U0730008

复杂项目全过程工程咨询
理论与实践

董永贤　主　编
鲁　嘉　裘　彬　裘黎英　陈春来　副主编
陈旭伟　主　审

中国建筑工业出版社

图书在版编目（CIP）数据

复杂项目全过程工程咨询理论与实践/董永贤主编
. —北京：中国建筑工业出版社，2020.12（2021.4重印）
 ISBN 978-7-112-25741-6

 Ⅰ.①复… Ⅱ.①董… Ⅲ.①建筑工程—咨询服务
Ⅳ.①F407.9

 中国版本图书馆CIP数据核字（2020）第252510号

　　本书以全过程工程项目管理为视角对全过程工程咨询服务所涉及的各项咨询种类和专项服务业务内容作了相关阐述，针对复杂项目的界面管理和集成进行了理论探讨，同时也客观分析了当前全过程工程咨询中存在的问题，并对今后的发展提出了路径建议。全书在项目实践案例中围绕近些年全过程工程咨询服务组合的不同模式，在项目类别上涵盖了大型民用建筑项目、大型市政工程项目、大型工业建筑项目和大型基础设施项目等不同类型，并分别从工程勘察、工程设计、工程监理、工程造价和房地产管理等不同牵头单位类别的视角去剖析来自全国各地的多个实践案例，供广大同行参考交流、批评指正。在此，也向提供相关案例的单位表示衷心感谢。

责任编辑：朱晓瑜
责任校对：张惠雯

复杂项目全过程工程咨询理论与实践
董永贤　主　编
鲁　嘉　裘　彬　裘黎英　陈春来　副主编
陈旭伟　主　审
*
中国建筑工业出版社出版、发行（北京海淀三里河路9号）
各地新华书店、建筑书店经销
北京建筑工业印刷厂制版
北京市密东印刷有限公司印刷
*
开本：787毫米×1092毫米　1/16　印张：21¾　字数：411千字
2021年2月第一版　　2021年4月第二次印刷
定价：**76.00**元
ISBN 978 - 7 - 112 - 25741 - 6
　　　（36773）

版权所有　翻印必究
如有印装质量问题，可寄本社图书出版中心退换
（邮政编码 100037）

本书编制成员

第一章 董永贤 周 帅

第二章 柴恩海 王洪磊

第三章

第一节 董永贤 孙 飞

第二节 董永贤 江观全

第三节 黄 旭 何让珍

第四节 黄 群 齐宇文

第五节 冯一方 郑 辉

第六节 丁桢荣 张 磊

第七节 沈加斌

第八节 方 黎 吴 鉴

第九节 黄 群

第十节 方 黎 李 进

第十一节 鲁 嘉 张 磊

第十二节 鲁 嘉 丁康俊

第四章（以姓氏笔画排序）：

王惠祥 邓铭庭 齐宇文 杨石飞 汪国好

陈春来 黄轩安 裘 彬 裘黎英 裘黎明

魏丹枫

前　言

　　2017年2月,《国务院办公厅关于促进建筑业持续健康发展的意见》(国办发〔2017〕19号)在完善工程建设组织模式中提出了全过程工程咨询。2017年5月发布的《关于开展全过程工程咨询试点工作的通知》正式拉开了以试点项目为代表的相关全过程工程咨询模式的构建。同年11月又颁布了《工程咨询行业管理办法》进一步规范和肯定了全过程工程咨询管理工作,并提倡使用多种方式创新全过程工程咨询服务模式,之后的2019年3月,国家发展改革委会同住房和城乡建设部正式印发《关于推进全过程工程咨询服务发展的指导意见》(发改投资规〔2019〕515号),把全过程工程咨询分为投资决策综合性咨询和工程建设全过程咨询,使全过程工程咨询有了国家层面的指导依据,为推进全过程工程咨询指明了发展方向和实施路径。

　　全过程工程咨询作为业主侧的项目管理模式,是一种集成管理,可以概括为"1+X"模式。其中"1"是指全过程项目管理,是贯穿始终的总控,而"X"是指包含可研、专项咨询、招标代理、造价咨询、勘察、设计、监理等咨询实施内容的全部或部分。对于大型复杂项目,项目管理要素繁多,目标管控难度大,全过程工程咨询更是改变了以往要素碎片化、目标难统一的困境,成为引领并统筹其他工程参与方的一条主线,也为实现项目管理从注重工程实施阶段转向注重工程全生命周期创造了必要条件。

　　浙江省作为试点省份先后出台了《浙江省全过程工程咨询

试点工作方案》《浙江省建设工程咨询服务合同示范文本》、关于贯彻落实《国家发展改革委、住房城乡建设部关于推进全过程工程咨询服务发展的指导意见》的实施意见、《浙江省推进全过程工程咨询试点工作方案》等一系列文件，为这项工作的有序推进提供了政策依据。

本书以全过程工程项目管理为视角对全过程工程咨询服务所涉及的各项咨询种类和专项服务业务内容作了相关阐述，针对复杂项目的界面管理和集成进行了理论探讨，同时也客观分析了当前全过程工程咨询中存在的问题，并对今后的发展提出了路径建议。全书在项目实践案例中围绕近些年全过程工程咨询服务组合的不同模式，在项目类别上涵盖了大型民用建筑项目、大型市政工程项目、大型工业建筑项目和大型基础设施项目等不同类型，并分别从工程勘察、工程设计、工程监理、工程造价和房地产管理等不同牵头单位类别的视角去剖析14个来自全国各地的实践案例，供广大同行参考交流与批评指正。在此，也向提供相关案例的单位表示衷心感谢。

编著人员以参与浙江省工程建设标准《全过程工程咨询服务标准》编审和浙江五洲工程项目管理公司相关人员为基础，增加了部分案例提供单位的项目负责人。浙江五洲工程项目管理公司作为国内最早实践全过程工程咨询模式的企业，是一家业务范围涵盖了前期咨询、设计、代建、项目管理、招标代理、绿色建筑咨询、BIM咨询等工程建设全寿命周期的全资质、一站式、综合性顾问咨询服务商，企业立足高端咨询、高端品牌、高质量发展，在投资决策综合性咨询、工程建设全过程咨询、未来社区建设服务、工程云建设等多个领域为国家和省市级发展改革、住房和城乡建设等部门提供标准制定、技术支撑服务，具有较丰富的全过程工程咨询理论研究和实战应用经验。

浙江省工程建设标准《全过程工程咨询服务标准》已正式颁布实施,《房屋建筑和市政基础设施建设项目全过程工程咨询服务技术标准》也在征求意见中,相信其他试点省份也会陆续出台相关服务标准,这将为全过程咨询的整体健康发展创造良好的条件,并不断引领行业迈向继往开来的新时代。

| 目 录 |

第一章

全过程工程咨询概述

当前整个建筑业正处于快速发展过程中，为满足行业发展的健康有序与可持续性，全过程工程咨询服务应运而生。本书第一章从国内外工程咨询业的发展历程，介绍了全过程工程咨询产生的缘由和背景，阐述了全过程工程咨询的定义和服务范围，明确其原则目标，通过收集汇总各地开展全过程工程咨询试点工作的经验，总结了全过程工程咨询服务对建筑工程管理的积极意义、面临的问题，并提出未来发展路径建议。

第一节　全过程工程咨询的概念及发展

一、国内外工程咨询行业的发展历程

1. 工程咨询业概述

咨询（Consulting）一般意指征求意见（从咨询者的角度看）、顾问（从被咨询者的角度看）。现代咨询是以信息为基础，基于专家的知识经验，对客户所委托的任务开展分析、研究，并提出建议、方案和措施，并在需要时协助实施的一种智力密集型的服务。

工程咨询（Engineering Consulting）是受客户委托，在规定的范围内，运用多方面、多领域的知识和经验，为工程项目的决策、实施、管理和运行提供方案和措施，并可在客户需要时协助实施的咨询服务。工程咨询的范围贯穿了工程项目建设的全过程，咨询师（工程咨询公司）应该在项目的全过程中为业主进行工程咨询服务。

由于建设项目具有阶段性的特点，工程咨询也一样，可分为项目投资前期咨询、勘察设计咨询和工程造价咨询等专业咨询服务。与国际工程咨询业不同的是，中国工程咨询还分化出了工程建设监理咨询和招标代理咨询。

2. 国外工程咨询行业的发展历史

工程咨询业是近代工业化的产物。1818年成立的英国土木工程师协会是建筑业第一个专业人士组织，但工程咨询还未完全从建筑工程领域分离出来，建筑师受业主雇佣负责组织施工和设计；19世纪40年代，设计与施工分离，工程承包市场形成，建筑师的作用开始转变，由为业主设计、组织施工演变为业主的顾问，到19世纪90年代，美国土木工程师协会成立，这标志着独立执业的咨询机构开始出现。1904年，丹麦国家咨询工程师协会成立，这标志着工程咨询业的名称正式产生。

20世纪50年代，信息技术的产生发展促使工程咨询业向科技化和智力密集型

的产业演进，1955年，国际咨询工程师联合会（FIDIC）成立，这标志着工程咨询业的成熟和规范发展；自20世纪70年代开始，国际项目管理热潮不断涌现，使得国际工程咨询业的外延不断扩大，跨越到新的台阶。自进入21世纪以来，战略咨询和全生命周期咨询已在国际工程咨询业建立，工程咨询业走向综合型、国际化，突破了以技术为核心的狭义服务，向融资、建设和经营领域延伸，并逐渐成为大型工程咨询公司的主营业务，如EPC模式（设计—采购—施工）和项目管理承包的模式（PMC）。

3. 我国工程咨询行业的发展历史

20世纪50年代——工程咨询专业基础形成期。受苏联模式的影响，当时主要采用工程项目投资决策体制及概预算管理制度。在1957年颁布的《关于编制工业与民用建设预算的若干规定》中建立了工程项目概预算制度。20世纪八九十年代，各专业工程咨询业初步形成。1982年国家计委开始重视投资前期工作，明确规定把可行性研究纳入基本建设程序，并成立了中国国际工程咨询公司负责大型项目的前期论证工作。1985年，政府开始推行的"先评估、后决策"制度使得项目前期咨询产业正式形成。

20世纪80年代末，设计院成为率先走入市场的咨询机构；到90年代，设计咨询业开始形成了以建筑、结构及工业设计为主业并辅以可行性研究和概预算编制业务的发展方向。20世纪80～90年代初期，中国工程造价管理工作进行恢复、整顿和发展，全国颁布了大量有关工程造价管理方面的法规和文件，培育了工程造价咨询业的基础。90年代初，中国的工程造价管理体制开始"量、价"分离，逐步实现以市场机制为主导，由政府职能部门实行协调监督，全国各地进行了工程造价管理模式、理论和方法的探索与改革。

工程监理咨询和招标代理咨询是中国工程咨询业的特色，中国监理咨询业发展可分为三个阶段：1988～1993年，为监理试点阶段，对象大多为国家、地方重点工程项目。1993～1998年四川彩虹桥事件前，为监理咨询发展阶段，出现投资较大、具有一定规模的工程项目，开始委托社会化独立的监理单位。自彩虹桥事件至今，为建设监理全面强制性实施阶段，主要是委托监理。招标代理咨询业是中国新兴的专业工程咨询业，中国的招投标机制从20世纪80年代开始酝酿，至1999年8月30日《招标投标法》的出台使得中国的招投标机制初步完善起来，之后的几年，建筑领域的招标代理业开始迅速发展。

21世纪是中国大力发展全过程工程咨询，与国际惯例全面接轨的时期。中国的工程咨询公司积极与国际惯例接轨，转制成为国际型的工程公司和项目管理公司，积极发展全过程工程咨询和工程总承包业务，大力开拓国际市场。2002年，建设部《关于培育和扶持一批工程总承包企业和工程项目管理企业的指导意见》（建办市函〔2002〕308号）是中国工程总承包和工程项目管理咨询开始走向规范发展的标志，在投资控制、安全质量、工期进度等方面的社会与经济效益极为显著。

4. 我国工程咨询行业的现状

2017年2月21日，《国务院办公厅关于促进建筑业持续健康发展的意见》（国办发〔2017〕19号）提出了培育全过程工程咨询，这是在建筑工程全产业链中首次明确了"全过程工程咨询"这一理念。

2017年4月，住房和城乡建设部关于印发建筑业发展"十三五"规划的通知里，再一次指出全国工程工程咨询的方向，从企业开展项目投资咨询、工程勘察设计、施工招标咨询、施工指导监督、工程竣工验收、项目运营管理等覆盖工程全生命周期的一体化项目管理咨询服务，培养一批具有国际水平的全过程工程咨询企业。

2017年5月2日，住房和城乡建设部发布《关于开展全过程工程咨询试点工作的通知》（建市〔2017〕101号），选择8省市和40家企业开展全过程工程咨询试点工作。

2017年11月，国家发展改革委发文《工程咨询行业管理办法》，其中工程咨询服务范围新增加全过程工程咨询。

2018年，住房和城乡建设部发布《关于推行全过程工程咨询服务发展的指导意见和建设工程咨询服务合同示范文本意见的函》，进一步推进工程建设组织模式的完善与全过程工程咨询服务的发展。

2019年由国家发展改革委、住房和城乡建设部联合发文《关于推进全过程工程咨询服务发展的指导意见》，再次对全过程工程咨询的工作进行完善和重点推广。

全过程工程咨询企业主要有两种服务形式：一是由一家咨询企业实施；二是由多家具备不同专业优势的咨询企业形成联合体实施。根据《关于推进全过程工程咨询服务发展的指导意见》规定，国家鼓励投资咨询、招标代理、勘察、设计、监理、造价、项目管理等企业，采取联合经营、并购重组等方式发展全过程工程咨询。

从相关统计年鉴可以看到，2018年，我国全年固定资产投资（不含农户）635636亿元，比上年增长5.9%，我国全行业发展水平已经达到全球平均发展水平所应当具备的规模。同年我国工程咨询行业总收入约为7000亿元，发展水平明显有所欠缺。"十三五"期间，我国固定资产投资增速有所放慢，但是工程咨询行业发展稳步加快，但与发达国家差距仍然明显，发展提升空间仍然很大。随着

PPP、BOP、EPC等项目管理方法的不断提出和发展，传统的工程咨询已经满足不了业主的要求。

二、国际工程咨询企业的发展启示

随着全球化进程的推进，中国企业海外业务比重逐渐提高，但与国际优秀工程咨询企业同台竞技，我们依然存在差距。美国AECOM通过收购、兼并等金融手段快速占领市场，柏克德（Bechtel）作为美国最大的工程公司成功转型工程咨询，本部分以这两家国际知名公司为例，探寻国际工程咨询企业转型升级的发展经验。

1. 美国艾奕康（AECOM）发展经验

AECOM是全球首屈一指的一体化基础建设公司（图1-1），在全球提供设计、建造、金融和运营基础设施资产等服务。作为《财富》500强公司之一，业务遍及全球140多个国家，年营业额200亿美元。中国地区代表作有香港邮船码头、上海迪士尼公园酒店、苏州工业园金鸡湖总体规划及景观规划、宁波杭州湾新城总体规划及城市设计等。AECOM的快速发展可以从以下几方面总结：

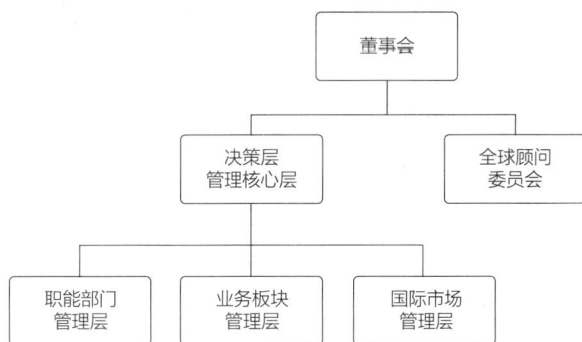

图1-1 AECOM组织架构

（1）创新组织管理架构

AECOM在全球启动了平衡矩阵式管理架构，兼顾各个业务板块专业能力建设和国际市场快速发展之间的均衡管理。AECOM将业务按照专业整合为AECOM建筑、AECOM规划与设计、AECOM交通、AECOM水务与市政发展、AECOM环境、AECOM建筑工程、AECOM项目管理与工程管理七大板块，同时在全球建立多个区域公司。在各个区域公司，AECOM鼓励各地区积极扩展自己的业务，并且在拓展方向上给予他们很大的自由。

（2）制定全球化、多元化、协同化增长的发展战略

AECOM的发展战略是保持在核心市场的竞争优势和领先地位的同时，抓住机遇进入新兴市场和区域，充分把握全球经济发展"一体化"的契机，在全球市场进行多元化、协同化增长。

首先，扩展与客户的长期合作关系，为客户提供多种服务。AECOM与世界范围的许多大型企业、政府机构、私营机构建立了长期合作关系。在保证满意度的同时，争取向他们销售更多的新服务。例如，由于AECOM环境服务业务板块的成长，就能够为交通基础设施建设项目提供环境服务。同时，凭借AECOM内部知识管理，能够根据客户的需要，在全球任何地区为客户复制同样优质的服务。

其次，进一步扩大核心市场的竞争优势。AECOM在交通基础设施、房建、环境、能源、水务与水处理、政府服务等核心市场具有领先优势，并将自身的品牌优势和资源优势转化为竞争优势，扩展基础设施的升级换代、环境保护和政府外包服务等潜在重点市场，进一步扩大规模。

再者，采取均衡的资金分配战略，进行适当并购。AECOM通过并购在新的区域市场和业务板块迅速建立领先地位。新设立的投资基金——AECOM基金专门进行公私合营项目和房地产项目的投资。

此外，重视人力资源管理。AECOM认为有经验的员工和管理团队是企业最有价值的资源，吸引和保留关键员工一直以来是企业成功的关键。AECOM采取多种措施为员工提供培训、专业发展机会、以绩效考核为基础的奖励、获得股票的机会以及其他具有竞争力的福利政策，以增强员工队伍的凝聚力。

（3）打造全方位的服务能力——客户"一站式"的合作伙伴

AECOM的团队有来自世界各地的科技人员、规划师、建筑设计师、景观设计师、各类工程师、项目管理人员、工程造价师、施工经理、经济分析师等跨学科的专业人员，他们汇聚在一起形成了综合竞争优势，可以为各个层次、各个行业的客户提供各种范围、各种规模的全方位服务，使AECOM成为客户"一站式"的合作伙伴。

2. 柏克德（Bechtel）发展经验

柏克德公司（Bechtel）是国际工程承包领域的领先企业，多年来一直在ENR国际承包商排行榜中名列前茅，是一家有着一百多年历史、具有国际一流水平的工程建设和项目管理公司。经过一百多年的发展，柏克德传承了优秀的企业文化，实现了业务的全球化布局，进入了发展成熟阶段。尤其是近年来，其业务更多倾向于总承包管理（MC）和与投融资相结合的工程承包等相对高端的领域。

（1）重视新技术应用，创新管理模式

以技术为本是柏克德领先竞争对手，保持较强竞争力的重要手段。为满足全球化的工程管理需要，柏克德公司率先采用系列信息化技术，通过技术更新和创新，提高效率，降低成本，确保工程质量。在管理和商业模式创新上，柏克德公司也不遗余力，采用矩阵式管理模式，职能部门和区域项目双汇报机制。在工程承包模式上，柏克德是最先尝试EPC交钥匙模式的公司之一。

（2）重视履约能力培养，赢得固定客户

强大的履约能力是工程承包企业的核心竞争力。柏克德通过一个又一个里程碑式项目的成功履约，培养了自身的施工管理能力、工程设计能力及业务创新能力，同时赢得了客户的信任和良好的口碑。大量项目的积累，使柏克德形成完善的项目施工管理体系，通过集成化软件快速处理施工组织方面的问题。柏克德通过数万个项目的实践，逐渐树立了善于执行复杂项目、善于完成恶劣环境项目的良好企业形象。

（3）与同行业企业横向联合，在合作中成长

柏克德的合作对象除了供应商、分包商之外，还包括竞争对手、政府和军方等重要客户。柏克德持续在不同阶段与不同合作伙伴进行联合，并在合作中逐渐成长起来。柏克德通过合作获得订单，同时获取新的经验，帮助自身迅速进入新的领域，通过合作打开市场，提高知名度和影响力。

（4）善于把握历史机遇，构建良好的政府关系

追随美国全球战略与各国政府的合作项目是柏克德发展壮大的重要支柱。第二次世界大战前后，柏克德在胡佛大坝项目上开始合作，之后进入造船厂建设领域。里根执政期间，柏克德和联邦政府的关系更为密切，政府要员中，多人曾在柏克德工作或者担任顾问。伊拉克战争结束后，柏克德公司积极参与伊拉克重建，并获得了战后美国政府签订的最大一份伊拉克重建合同。

（5）为客户解决融资难题，促进市场的培育

柏克德是融资推动业务发展方面的先行者。20世纪70年代，柏克德开始尝试资本项目，较强的融资能力成为柏克德的核心竞争力之一。柏克德公司成立了专门从事投融资管理的BEN公司，为客户提供项目拓展、结构化融资和信贷方面的专业顾问服务。

（6）注重人才的培养和管理，善于知识积累

柏克德把知识、经验和人才作为企业的重要资产。先进的知识管理能力和员工培训机制是公司的核心竞争力之一。柏克德高度重视人才培养和技术培训，并把培训分成三个层次：一是一般性项目管理培训，以理论为主，依靠内网自学；二是在工程项目上开设项目管理专门课程，以实用为主；三是由专业培训机构进

行短期培训，培养公司有潜力的职工。在知识管理上，柏克德投入大量资金建立了一套基础的知识管理体系，用以规范企业的管理知识，促进知识迅速普及到公司的每一位员工。

3. 国际工程咨询企业的特征

国际工程咨询企业具有以下特征：

（1）具备全过程工程咨询的能力。即具备项目前期咨询、可行性研究、工程设计、设备采购、施工管理、培训、售后服务等工程项目总承包的全功能。

（2）具有与工程公司功能相适应的组织机构。公司管理以工程项目为中心，以专业部室为基础，按照项目实施阶段设置组织机构。通常包括项目管理部、项目控制部、前期咨询部、设计部、采购部、施工部、开车（试运营）部等生产部门。

（3）具有科学的管理体系。在专业设置、设计程序、设计方法、项目管理、表达方式上符合国际惯例。实行项目经理负责制，通过矩阵式管理，有效实施建设工程进度、费用、质量控制。以质量、水平、信誉、服务赢得用户满意，保证项目成功和企业盈利。

（4）拥有配套的高素质人才队伍。按照核心层、骨干层、工作层配备员工，核心层由具有领导才能和决策能力的高层次人才组成，骨干层由管理专家、营销专家、技术专家、安全专家、合同专家、法律专家组成；工作层由工作效率高、业务素质好的各类专业技术人员组成。

（5）建立了完善且适应国内外工程建设需要的标准体系。包括技术标准和管理标准，重点是企业标准和国际标准。在项目管理方面，建立了程序文件、作业文件和项目管理手册。

（6）建立了先进的计算机系统。包括设计协同、项目管理协同和企业管理信息化平台，具有完备的工程数据库、标准库及软件系统。可以实现营销、设计、采购、施工一体化的科学管理和程序化的运作方式。

（7）具有国际认证的质量保证体系。建立了符合标准的企业质量体系、质量手册、质量体系程序文件，保持质量体系持续有效。

（8）具有辐射全球范围的营销网络和营销机制。一般按照国家、区域进行划块管理，为突出专业技术优势，通常采用事业部制，具有准确、及时、高效的营销决策机制。

（9）具有较强的融资能力。既能为公司筹措实施国外承包项目的流动资金，又能帮助业主筹措建设资金，为业主联系获得政府贷款或者国际金融组织的贷款提供服务。

三、国内全过程工程咨询模式的提出

2017年2月21日，《国务院办公厅关于促进建筑业持续健康发展的意见》（国办发〔2017〕19号）在完善工程建设组织模式中提出了全过程工程咨询。2017年5月发布的《关于开展全过程工程咨询试点工作的通知》，正式拉开以试点项目为代表的相关全过程工程咨询模式的构建；同年11月，颁布了《工程咨询行业管理办法》，进一步规范和肯定了全过程工程咨询管理工作的先进性和创新性，提倡使用多种方式创新全过程工程咨询服务模式。2018年11月，国家发展改革委和住房和城乡建设部联合下发《关于推进全过程工程咨询服务发展的指导意见（征求意见稿）》；2019年3月，国家发展改革委连同住房和城乡建设部印发《关于推进全过程工程咨询服务发展的指导意见》（发改投资规〔2019〕515号），在房屋建筑和市政基础设施领域推进全过程工程咨询服务，从鼓励发展多种形式全过程工程咨询、重点培育全过程工程咨询模式、优化市场环境、强化保障措施等方面提出一系列政策措施。

第二节 全过程工程咨询的定义和内容

一、全过程工程咨询的定义

1. 全过程工程咨询的定义

《国务院办公厅关于促进建筑业持续健康发展的意见》（国办发〔2017〕19号）明确提出："加快推行工程总承包和培育全过程工程咨询"，住房和城乡建设部在发布的《工程勘察设计行业发展"十三五"规划》中再次明确：培育全过程工程咨询。住房和城乡建设部《关于征求推进全过程工程咨询服务发展的指导意见（征求意见稿）》（建市监〔2018〕9号）对全过程工程咨询做出定义：全过程工程咨询是对工程建设项目前期研究和决策以及工程项目实施和运行（或称运营）的全生命周期提供包含设计和规划在内的涉及组织、管理、经济和技术等各有关方面的工程咨询服务。全过程工程咨询服务可采用多种组织方式，为项目决策、实施和运营持续提供局部或整体解决方案。

2. 投资决策综合性咨询和工程建设全过程咨询

2019年，国家发展改革委、住房城乡建设部联合印发《关于推进全过程工程咨询服务发展的指导意见》（发改投资规〔2019〕515号），在房屋建筑和市政基础设施领域推进全过程工程咨询服务发展，针对项目决策和建设实施两个阶段，

重点培育发展投资决策综合性咨询和工程建设全过程咨询，为推进全过程工程咨询指明发展方向和实施路径。

投资决策综合性咨询是指综合性工程咨询单位接受投资者委托，就投资项目的市场、技术、经济、生态环境、能源、资源、安全等影响可行性的要素，结合国家、地区、行业发展规划及相关重大专项建设规划、产业政策、技术标准及相关审批要求进行分析研究和论证，为投资者提供决策依据和建议。投资决策综合性咨询服务可由工程咨询单位采取市场合作、委托专业服务等方式牵头提供，或由其会同具备相应资格的服务机构联合提供。

工程建设全过程咨询是指咨询单位提供招标代理、勘察、设计、监理、造价、项目管理等全过程咨询服务，满足建设单位一体化服务需求，增强工程建设过程的协同性（图1-2）。全过程咨询单位应当以工程质量和安全为前提，帮助建设单位提高建设效率、节约建设资金。工程建设全过程咨询单位提供勘察、设计、监理或造价咨询服务时，应当具有与工程规模及委托内容相适应的资质条件。工程建设全过程咨询项目负责人应当取得工程建设类注册执业资格且具有工程类、工程经济类高级职称，具有类似工程经验。工程建设全过程咨询服务中承担工程勘察、设计、监理或造价咨询业务的负责人，应具有法律法规规定的相应执业资格。

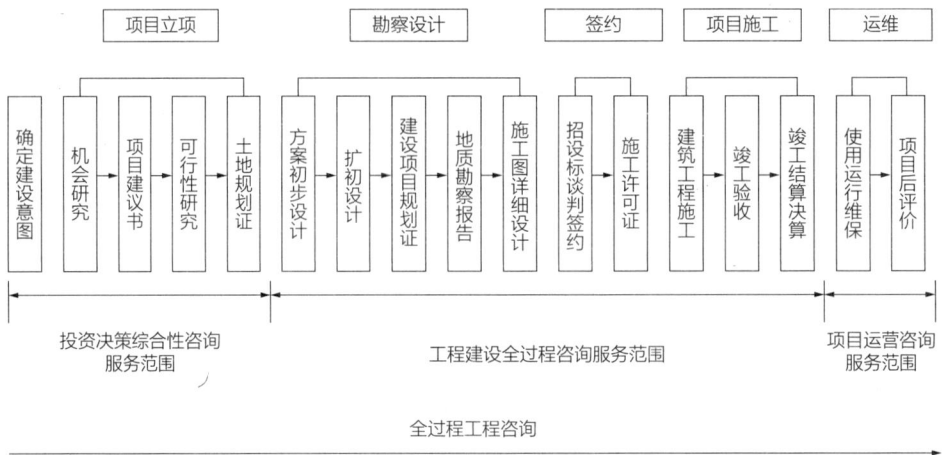

图1-2　全过程工程咨询涵盖的阶段

二、全过程工程咨询服务范围和内容

全过程工程咨询服务内容包括投资咨询、勘察设计、招标代理、施工监理、造价咨询、项目管理等，服务范围包括项目前期投资决策阶段、工程建设阶段和项目运维阶段。

投资决策综合性咨询服务的时间范围是从建设意图产生到项目立项。具体内容可以分为四类:一是项目咨询类,主要是发改、财政等政府部门的程序审批文件编制,包括项目建议书、可行性研究报告、项目申请报告、资金申请报告,PPP项目立项一方案两论证等。二是规划咨询类,有些项目会通过规划的形式进行项目论证、代替机会研究与项目建议书等,如总体规划、专项规划、区域规划及行业规划等的编制与管理。三是策划研究类,对一些影响项目决策的重大事项,单纯依靠可行性研究等不能满足决策需要,应开展专题策划或研究,如项目决策策划、投融资策划、运营策划与风险分析报告等。

工程建设全过程咨询是以工程建设环节为重点推进全过程工程咨询服务,包括招标代理、勘察、设计、监理、造价、项目管理等咨询服务,满足建设单位一体化服务需求,增强工程建设过程的协同性。在工程建设全过程平台上,统一控制工程质量、进度和效益。此阶段主要以工程建设实施、工程技术和管理为咨询服务的主要内容与特点。

三、全过程工程咨询相关概念辨析

1. 全过程工程咨询与监理、项目管理一体化

建设工程监理与项目管理一体化是指工程监理单位在实施建设工程监理的同时,为建设单位提供项目管理服务。由同一家工程监理单位为建设单位同时提供建设工程监理与项目管理服务,避免建设工程监理与项目管理职责的交叉重叠。工程监理企业通过接受业主委托,将建设工程勘察、设计、保修阶段项目管理服务与建设工程监理一并纳入建设工程监理合同;也可单独与建设单位签订项目管理服务合同,为建设单位提供建设工程勘察、设计、保修阶段项目管理服务,但建设工程监理与项目管理一体化,其工作内容仍限制在工程建设的实施阶段,而全过程工程咨询还包括前期投资决策阶段。

2. 全过程工程咨询与代建制

代建制是通过招标的方式,选择专业的代建单位,负责项目的投资管理和建设组织实施工作,项目建成后交付使用单位的制度。代建期间,代建单位按照合同约定代行项目建设的投资主体职责,有关行政部门对实行代建制的建设项目的审批程序不变。代建单位主要履行建设单位业主方项目管理部分的职能,一般都不包含可行性研究、设计、造价咨询、招标代理、工作机制监理等单项实施业务。同时,代建单位需代表政府发展改革部门履行对项目投资概算

的控制职能，部分地方甚至由代建单位作为建设期法人与承包商签订合同，责任和风险较大。

而全过程工程咨询的范围包含项目前期投资决策和运维的全生命周期，除了承担业主方项目管理的工作内容外，还承担了部分阶段实施性业务服务。

3. 全过程工程咨询与国际咨询师业务

咨询工程师（Consulting Engineer）是以从事工程咨询业务为职业的工程技术人员和其他专业（如经济、管理）人员的统称。此外，绝大多数咨询工程师是以公司形式开展工作，因此咨询工程师一词在很多场合指的是工程咨询公司。

全过程工程咨询与国际咨询师的性质主要有两点不同：一是在服务的对象上，后者广泛而明确，既服务于业主又可服务于政府和贷款银行及援助机构，而前者虽未明确设立服务对象，但从形式逻辑上可作最广义的理解；二是在服务的内容上，前者更比后者狭窄，后者可以成为总承包商。

4. 全过程工程咨询的服务牵头单位

国内全过程工程咨询市场只要资质满足要求，各类咨询企业都能发挥自身优势介入全过程。各类咨询企业的充分竞争能促进企业加大培养力度，提升管理能力和技术水平，促使企业之间合作开发、互利共赢，推动我国的咨询服务向着更高水平迈进。

（1）监理单位牵头全过程工程咨询

监理企业服务于建设项目具体实施阶段的全过程，较其他咨询企业服务周期长，对法律政策理解透彻，能够较好地控制工程施工质量并保障施工安全。在协调工程进度时积累了丰富的经验，能够合理安排全过程工程咨询进度。在项目实施过程中，监理咨询与各参与方建立了良好的关联，具备全过程工程咨询协同管理的能力。

监理企业转型全过程工程咨询的途径，即向上游探索。监理企业服务项目的阶段在后期，可通过施工监理向前延伸到设计管理，由设计管理研究至前期策划管理，通过开展招标代理业务和全过程造价咨询业务实现服务范围的延伸。

目前，国内较为推荐采用监理牵头发包其他机构组成联合体进行全过程工程咨询服务，而监理报酬研究较为成熟，监理是建设单位项目管理的延伸，其作为中介机构获取报酬，要负担必要的支出，其经营活动需要达到收支平衡且略有节余，与全过程工程咨询机构的报酬获取原则基本一致，因此监理作为牵头单位可以很好地实现报酬机制的探索。

（2）设计单位牵头全过程工程咨询

设计是投资人意图的直接表达，全过程工程咨询以设计为牵头单位，设计的好坏能够对建设项目的整体起到决定性的作用，决策阶段可研就是对项目的初步设计，至施工阶段的施工图深化设计，具有良好的贯穿度，项目全局观明显。此外，设计能够有效管控造价。因此，设计单位转型全过程工程咨询有天然的优势，后续设计公司应重视专业发展，培养全过程工程咨询复合型人才。

（3）造价咨询企业牵头全过程工程咨询

造价咨询单位从项目的前期至竣工阶段对项目成本进行了控制，对项目的全过程有了一定的认识。全过程工程咨询服务中，全过程的造价咨询贯穿建设项目，从项目立项起至项目实施运营，以投资控制角色在咨询服务中起到重要作用。全过程工程咨询服务的实施需要整合投资决策、勘察设计、造价等专业，也会促进各阶段造价人员的配合和衔接。但是，由于造价咨询服务的专业性，使其扩展业务形成具有全过程工程咨询能力的联合体时，只能通过发包业务，不能形成自身的全过程工程咨询服务团队，并且由于对其他咨询服务报酬机制的不熟悉，在确定全过程工程咨询服务报酬时，在投资人与发包的咨询机构之间难以达到平衡。

（4）招标代理单位牵头全过程工程咨询

招标代理单位也可以进行全过程工程咨询服务，从招标代理所处的咨询服务中间阶段出发，招标代理机构提供的咨询服务处在工程项目的中间阶段，在咨询服务产业链中向上游延伸和向下游延伸都提供了路径，可逐步扩展为全过程工程咨询。

（5）其他

房地产管理公司有着较强的项目策划和开发经验，也是牵头全过程工程咨询的重要力量。在某些特殊项目上，工程勘察也有机会成为牵头全过程工程咨询。

四、全过程工程咨询服务对建设工程管理的积极意义

全过程工程咨询符合供给侧结构性改革的指导思想，有利于革除影响行业前进的深层次结构性矛盾、提升行业集中度，有利于集聚和培育适应新形势的新型建筑服务企业，有利于加快我国建设模式与国际建设管理服务方式的接轨。主要体现在以下五个方面。

1. 有利于提高建设工程管理水平以实现投资效益的最大化

全过程工程咨询方作为项目总控方，对项目结果负责，迫使其必须从业主角度系统规划、全面管理，发挥其专业化、集成化、前置化的优势，全面深刻地分析工程项目管理的重点、难点和关键点；确定经济、可行的设计总体方案和重大施工方案；系统、全面、综合地分析影响建设工程目标的各项风险因素，确定具

有针对性的主要应对措施；全面、深入地理解设计意图并促进其全面落实；将建设工程项目全过程的管理理念融会贯通于建设工程项目各阶段、各专业管理中，有利于实现建设工程项目质量、进度、安全管控目标，有利于节省建设工程项目整个生命周期的投资，提高投资效益。

2. 有利于为项目业主提供优质高效的工程咨询服务

全过程工程咨询能充分调动工程咨询服务企业的积极性和能动性，可将大部分的专业化咨询企业间的协调转变为全过程咨询企业的内部协调，有效协调各环节间的关系，有效协调与工程总承包单位（或设计单位、施工单位）、主要设备和材料供应方之间的关系，减少项目业主的协调工作量，减少矛盾，提高效率。

3. 有利于相关政府行政主管部门的管理

推行全过程工程咨询，需要有关主管部门克服对工程咨询服务行业条块分割管理的问题，有利于促进政府相关部门改进工作作风、实现简政放权。对国有投资的建设工程项目，采用全过程工程咨询，可大幅度减少政府直接干预或管理建设工程项目具体事务的现象。

4. 有利于提升工程咨询企业综合实力和竞争力

开展全过程工程咨询服务，可促进工程咨询企业加快转型升级，加强资源整合，实现强强联合；通过对标国际，可更好地为建设工程项目业主提供优质的工程咨询服务，也便于持续提升建设工程管理水平。

5. 有利于降低项目系统性风险

全过程工程咨询方对项目全过程负责，能避免责任不清、互相推诿的问题，可帮助业主从专业角度避免一些政策风险、技术风险、财务风险等，降低项目主体责任风险。咨询方在项目初期就开始介入，有利于在前期发现问题，优化设计方案，发挥全过程管理优势，通过强化项目管控、感知预警风险、制定风险应对措施，有效降低系统性风险。

第三节　全过程工程咨询的原则与目标

一、全过程工程咨询的角色定位

全过程咨询的内涵可以理解为"1＋X"或"1＋N＋X"，"1＋N"是指业主方项目，1包含的内容有项目统筹总控管理、项目策划、控制、组织、协调等内容。N是指项目管理中专业管理板块，如设计管理、投资管理、采购合约管理、风险管理、信息管理等。X是指单项咨询的实施业务，通常可以包含可行性研究、环评等各类专项咨询报告、设计、招标代理、造价咨询、工程监理、BIM专项咨询。业主方根据项目的规模、重难点以及自身管理能力的实际情况，考虑X的范围和工作内容。通常项目采用的常见的X工作内容有招标代理、造价咨询、工程监理。

全过程工程咨询的1＋N就是"业主方项目管理的补充"，该模式的出现是为了帮助提升业主方项目管理，而不是要代替业主方项目管理，大多数全过程工程咨询模式，都是由业主的项目管理团队和咨询方的项目管理团队实现融合式的管理方式，既有适当的界面分工，更多的是融合成一个完整的项目管理整体系统服务于项目。

1. 业主项目管理

（1）业主项目管理的理解

在建设工程项目的全生命周期内，不同阶段的任务往往由不同参与单位完成，而各单位工作性质、任务和利益不同，于是形成不同目标类型的项目管理。

业主是建筑市场的主体，作为工程项目的投资方，应对建设工程项目的组织实施全过程管理；而建设项目的实施是一个复杂的系统工程，有其内在的客观规律，需要采用与之相适应的管理模式和管理方法去实现。

业主项目管理位于各种目标类型项目管理金字塔的顶端，具有以下特点：

1）是贯穿整个项目的纽带，集成并整合各方面资源；

2）管理范围覆盖项目建设全过程，对项目管理范围的理解从过去注重产品生产转向注重产品全生命周期；

3）包含了对各类承包商和咨询服务的管理，内容多、周期长，是综合性、系统性、集成化的管理过程；

4）一般是指导性、决策性的工作，涉及经济、技术、行政、法律等诸多知识领域。

（2）业主方项目管理的重要性及现状

1）重要性。科学、高效和规范的业主方项目管理对规范我国建筑市场、提高建筑从业人员的技术和管理水平具有积极作用，其管理效率影响建筑市场管理能力。项目建设因存在对项目进行全过程操作的需求，业主项目管理有利于在各参建单位、供应商等各方功能发生变化、整合的情况下，达到进度、质量、投资目标的最佳结合。业主方项目管理是实现与国际工程惯例接轨，增加建筑行业国际竞争力的必由之路。

2）现状。目前，针对大型工程项目管理重点往往只在于通过招投标选择好的施工企业，对业主管理的研究和重视度远远不够。建设单位决策层对项目管理的模式仍在探索中，尚未形成有效的制约机制。决策层过度依赖项目管理层和项目经理部，对项目实施管理与指导帮助有限，过程审计与财务监督控制不够，导致政令不通与信息不畅，使决策层的触角得不到有效延伸，其要求得不到有效落实。

（3）全过程工程咨询的特点

全过程工程咨询的最大特点是集成管理。全过程工程咨询的核心理念包括工程咨询的整体集成和工程设计在其中所起的主导作用，这改变了以往碎片化咨询的状况，进而引领着其他工程咨询业务的开展。碎片化整合是全过程工程咨询的外在表现，发挥工程设计的主导作用是全过程工程咨询的内在要求。全过程工程咨询业务的内涵即让内行做管理，实现提高效率与精细管理目标。采用全过程工程咨询模式有利于工程咨询企业较早介入工程中，以便其能更早熟悉图纸和设计理念，明确投资控制要点，进而预测风险并制定合理有效的防范措施，以避免或减少索赔事件。

2. 铁三角格局

在全过程工程咨询模式下，现行的五方主体责任被集中到建设方、咨询方和承包方三者身上。"铁三角"组合充分展示三角结构的稳定性。咨询方首先是咨询合同的执行人，对向建设方提供的具体咨询成果负责，同时又是建设方的利益代表，对工程建设的全过程管理进行监督，向建设方汇报所有与其利益密切相关的重要信息，以确保专业品质和建设方利益。建设方对基于咨询方意见、建议和自身经验所做出的最终决策负责。承包方接受咨询方的管理、监督和审查，对其所承包工程实体质量负责。

在全过程工程咨询模式下，贯穿工程项目全过程的全面技术和管理咨询服务充分集成于一个主体，是一种理想的状态。由于实际项目条件和建设方要求不同，会出现全过程工程咨询业务中部分业务剥离的情况。被剥离的咨询业务或作为全过程工程咨询合同的分包，或由建设方直接发包给其他咨询机构。在这种情况下，咨询方和被剥离的咨询业务中会增加一层新的审核管理界面。全过程工程咨询业务承揽方对该剥离业务的把控能力要求并不随剥离而削弱，否则只能流于外行管理内行的无效形式。

二、全过程工程咨询的遵守原则

依据2017年11月6日中华人民共和国国家发展和改革委员会令第9号发布的《工程咨询行业管理办法》，将全过程工程咨询划入工程咨询服务范围，并遵循以下原则：

1. 独立原则

独立原则是指工程咨询单位应具备独立法人地位，不受客户和其他方面偏好、意图的干扰，能独立、自主地执业，对所完成咨询成果独立承担法律责任。工程咨询单位的独立性是坚持客观、公正立场的前提条件，是其所从事市场中介服务的法律基础，是赢得社会信任的重要因素。

2. 科学原则

科学是指工程咨询的依据、方法和过程应具有科学性。工程咨询的科学性要求实事求是，了解并反映客观与真实的情况，据实比选，据理论证，不弄虚作假；要求符合科学的工作程序、服务标准和行为规范；要求运用科学的理论、方法和技术，使咨询成果能经受时间与历史的检验。工程咨询的科学化程度能决定其水准质量，进而决定咨询成果是否可信、可靠与可用。

3. 公正原则

公正是指在工程咨询工作中，坚持原则与公正立场。公正性并非无原则地调和或折衷，也不是在矛盾的双方简单持中立态度。工程咨询是原则性与政策性很强的工作，咨询工程师既要忠实地为委托方服务，又不能盲从其所有想法和意见，完全以其满意度作为评价工作好坏的唯一标准。当委托方的想法与意见不正确时，其应敢于提出不同意见，或在授权范围内进行协调或裁决，支持意见正确的一方。特别是对不符合宏观规划和政策的项目，要帮助委托方优化方案，敢于提出并坚持不同意见，甚至作出否定的咨询结论。这是对委托方负责，更是对国家、社会和人民负责。

三、全过程工程咨询的实现目标

通过高度整合服务内容可助力项目实现更快工期、更小风险、更省投资、更高品质、更绿色运维等目标，同时也是政策导向和行业进步的体现。

1. 更快的工期（有效缩短工期）

一方面，可大幅减少业主日常管理工作和人力投入，确保信息准确传达并优化管理界面；另一方面，可有效优化项目组织并简化合同关系，规避传统模式中冗长繁多的招标次数和期限，有效解决了设计、造价、招标、监理等相关单位责任分离等矛盾，有利于加快工程进度。

2. 更小的风险（有效规避风险）

作为项目主要负责方，服务商将发挥全过程管理优势，通过强化管控以减少生产安全事故，进而降低建设单位主体责任风险；同时，也有利于规范建筑市场

17

秩序，规避因众多管理关系伴生的腐败风险。

3．更省的投资（节约投资成本）

采用承包商单次招标模式能使其合同成本远低于传统模式下设计、造价、监理等参建单位多次发包的合同成本。此外，咨询服务高度整合建设全过程各阶段服务内容，将更有利于实现全过程投资控制。通过限额设计、优化设计和精细化管理等措施提高投资收益，确保项目投资目标的实现。

4．更高的品质（提高服务质量）

各专业工程无缝链接，进而弥补了单一服务模式下可能出现的管理疏漏与缺陷，提高了服务质量和项目品质。此外，还有利于激发承包商的主动性、创造性与积极性，促进新技术、新工艺和新方法的应用。

5．更绿色的运维（绿色持续发展）

通过一站式整合服务能更好地发挥限额设计、优化设计、绿色设计等作用，有利于促进BIM、装配式建筑、绿色建筑等新技术、新工艺、新材料的应用，在建设过程中遇到的不确定因素前置，减少返工和浪费；同时，能在运维阶段实现长期绿色效应。

第四节　相关政策文件及各地试点

一、相关政策文件梳理与分析

1．政策文件汇总

如表1-1～表1-5所示。

国家级文件 　　　　　　　　　　　　　　　　　　　　表1-1

文号	政策发布机关	文件名称
国办发〔2017〕19号	国务院办公厅	《关于促进建筑业持续健康发展的意见》
国办函〔2019〕92号	国务院办公厅	《关于完善质量保障体系提升建筑工程品质指导意见的通知》

部委级文件 　　　　　　　　　　　　　　　　　　　　表1-2

文号	政策发布机关	文件名称
发改投资〔2012〕1546号	国家发展和改革委员会	《关于鼓励和引导工程咨询机构服务民间投资的实施意见》
建市综函〔2017〕12号	住房和城乡建设部建筑市场监管司	《住房城乡建设部建筑市场监管司2017年工作要点》
建市设函〔2017〕62号	住房和城乡建设部	《关于征求在民用建筑工程中推进建筑师负责制指导意见（征求意见稿）意见的函》

续表

文号	政策发布机关	文件名称
建市〔2017〕101号	住房和城乡建设部	《关于开展全过程工程咨询试点工作的通知》
建市〔2017〕137号	住房和城乡建设部等部门联合发布	《贯彻落实促进建筑业持续健康发展意见》
建市〔2017〕145号	住房和城乡建设部	《关于促进工程监理行业转型升级创新发展的意见》
建市监函〔2018〕9号	住房和城乡建设部建筑市场监管司	《关于推进全过程工程咨询服务发展的指导意见（征求意见函）和建设工程咨询服务合同示范文本（征求意见函）意见的函》
发改投资规〔2019〕515号	国家发展改革委、住房城乡建设部	《关于推进全过程工程咨询服务发展的指导意见》
国家发展和改革委员会令2017年第9号	国家发展和改革委员会	《工程咨询行业管理办法》

省级文件 表1-3

文号	政策发布机关	文件名称
晋建市字〔2019〕73号	山西省住房和城乡建设厅	《关于加快培育我省全过程工程咨询企业的通知》
辽政办发〔2017〕89号	辽宁省人民政府办公厅	《关于促进建筑业持续健康发展的实施意见》
吉建办〔2018〕28号	吉林省住房和城乡建设厅	《关于推进全过程工程咨询服务发展的指导意见》
冀建质安〔2019〕7号	河北省住房和城乡建设厅	《推动工程监理企业转型升级创新发展的指导意见》
黑建函〔2017〕376号	黑龙江省住房和城乡建设厅	《关于开展全过程工程咨询试点工作的通知》
黑建函〔2018〕461号	黑龙江省住房和城乡建设厅	《关于全过程工程咨询试点企业承接业务范围的通知》
苏建建管〔2016〕730号	江苏省住房和城乡建设厅	《关于推进工程建设全过程项目管理咨询服务的指导意见》
苏建科〔2017〕526号	江苏省住房和城乡建设厅	《江苏省开展全过程工程咨询试点工作方案》
苏建科〔2018〕940号	江苏省住房和城乡建设厅	《江苏省全过程工程咨询服务合同示范文本（试行）》《江苏省全过程工程咨询服务导则（试行）》
苏发改投资发〔2019〕655号	江苏省住房和城乡建设厅	《关于推进综合性全过程工程咨询服务发展的通知》
闽建科〔2017〕36号	福建省住房和城乡建设厅、发展改革委、财政厅	《福建省全过程工程咨询试点工作方案》
闽建科〔2017〕48号	福建省住房和城乡建设厅	《关于加强工程总承包和全过程工程咨询试点项目管理工作的通知》

续表

文号	政策发布机关	文件名称
浙政发〔2011〕90号	浙江省人民政府	《关于加快建筑业转型升级进一步推进建筑强省建设的意见》
浙建发〔2017〕208号	浙江省住房和城乡建设厅	《浙江省全过程工程咨询试点工作方案》
浙建〔2018〕24号	浙江省住房和城乡建设厅、浙江省市场监督局	《浙江省建设工程咨询服务合同示范文本》（2018版）
浙发改基综〔2019〕324号	浙江省发展改革委、浙江省住房和城乡建设厅	关于贯彻落实《国家发展改革委住房城乡建设部关于推进全过程工程咨询服务发展的指导意见》的实施意见
浙发改基综〔2019〕368号	浙江省发展改革委、住房和城乡建设厅	《浙江省推进全过程工程咨询试点工作方案》
湘建设函〔2017〕446号	湖南省住房和城乡建设厅	《关于印发湖南省全过程工程咨询试点工作方案和第一批试点名单的通知》
湘建设〔2018〕17号	湖南省住房和城乡建设厅	《关于印发全过程工程咨询工作试行文本的通知》
豫建设标〔2018〕44号	河南省住房和城乡建设厅	《河南省全过程工程咨询试点工作方案（试行）》
鲁政办发〔2017〕57号	山东省人民政府办公厅	《关于贯彻国办发〔2017〕19号文件促进建筑业改革发展的实施意见》
粤建市〔2017〕167号	广东省住房和城乡建设厅	《广东省全过程工程咨询试点工作实施方案》
粤建市商〔2018〕26号	广东省住房和城乡建设厅	《建设项目全过程工程咨询服务指引（咨询企业版）（征求意见稿）》和《建设项目全过程工程咨询服务指引（投资人版）（征求意见稿）》
桂建发〔2018〕2号	广西壮族自治区住房和城乡建设厅	《广西省全过程工程咨询试点工作方案》
桂建发〔2018〕20号	广西壮族自治区住房和城乡建设厅	《关于印发广西壮族自治区房屋建筑和市政工程全过程工程咨询服务招标文件范本（试行）的通知》
宁建（建）发〔2018〕31号	宁夏回族自治区住房和城乡建设厅	《全过程工程咨询试点工作方案》
川建发〔2017〕11号	四川省住房和城乡建设厅	《四川省全过程工程咨询试点工作方案》
川办发〔2019〕54号	四川省人民政府办公厅	《关于推动四川建筑业高质量发展的实施意见》
云政办发〔2017〕85号	云南省人民政府办公厅	《关于促进建筑业持续健康发展的实施意见》

续表

文号	政策发布机关	文件名称
皖政办〔2017〕97号	安徽省人民政府办公厅	《安徽省人民政府办公厅关于推进工程建设管理改革促进建筑业持续健康发展的实施意见》
建市〔2018〕138号	安徽省住房和城乡建设厅、发展改革委等部门联合发文	《安徽省开展全过程工程咨询试点工作方案》
内建工〔2018〕544号	内蒙古自治区住房和城乡建设厅	《关于开展全过程工程咨询试点工作的通知》
陕建发〔2018〕388号	陕西省住房和城乡建设厅	《关于开展全过程工程咨询试点的通知》
陕建发〔2019〕1007号	陕西省住房和城乡建设厅	《陕西省全过程工程咨询服务导则（试行）》《陕西省全过程工程咨询服务合同示范文本（试行）》
津建设〔2018〕226号	天津市住房和城乡建设委员会	《关于印发2018年工程建设标准和勘察设计管理工作要点的通知》
渝府办发〔2018〕95号	重庆市人民政府	《关于进一步促进建筑业改革与持续健康发展的实施意见》

市级文件 表1-4

文号	政策发布机关	文件名称
京建发〔2018〕186号	北京市住房和城乡建设委员会	《关于进一步改善和优化本市工程监理工作的通知》
宁政发〔2019〕75号	南京市人民政府	《关于促进我市建筑业高质量发展的实施意见》
杭建市发〔2017〕395号	杭州市城乡建设委员会	《杭州市全过程工程咨询试点工作方案》
绍市建设〔2017〕235号	绍兴市住房和城乡建设管理局	《关于开展绍兴市全过程工程咨询试点的通知》
甬建发〔2017〕114号	宁波市住房和城乡建设局	《宁波市全过程工程咨询试点工作实施方案》
温住建发〔2018〕130号	温州市住房和城乡建设委员会	《温州市全过程工程咨询试点工作实施方案》
厦建勘设〔2017〕33号	厦门市住房和城乡建设局、厦门市发展改革委、厦门市财政局	《厦门市全过程工程咨询试点工作方案》
莆建科设〔2017〕77号	莆田市住房和城乡建设局、莆田市发展和改革委员会	《莆田市全过程工程咨询试点工作方案》
韶市建字〔2017〕215号	韶关市住房和城乡建设管理局	《韶关市全过程工程咨询试点工作方案》
明建技〔2017〕3号	三明市住房和城乡建设局、发展改革委、财政局	《三明市全过程工程咨询试点工作方案》

相关协会有关政策   表1-5

文号	政策发布机关	文件名称
中建监协〔2019〕23号	中国建设监理协会	《关于进一步推进全过程工程咨询服务工作的通知》
浙咨监协〔2019〕16号	浙江省全过程工程咨询与监理管理协会	关于印发《建设项目全过程工程咨询企业服务能力评价办法（试行）》的通知
杭咨监协〔2019〕7号	杭州市全过程工程咨询与监理行业协会	关于印发《杭州市全过程工程咨询与监理企业信用等级评价管理办法（试行）》的通知

2. 政策制定特点

（1）多样发展

鼓励支持如勘察、设计、监理等不同类型的咨询企业发展成为全过程工程咨询企业，可充分发挥自身的经验和技术优势，发展成为具有国际竞争力的企业。

（2）试点先行

鼓励一批专业技术力量雄厚、具有创新意识的工程咨询企业先试先行。有关部门坚持政府引导和市场选择相结合，因地制宜地探索合适的试点模式，积累全过程工程咨询服务经验，形成示范效应。

（3）产业整合

当前，依靠企业自身实力发展为全过程工程咨询企业难度较大，需一个较长的培育过程。因此，鼓励有关企业采用联合经营与并购重组等方式发展全过程工程咨询，加快政策推进步伐，争取在短时间内取得成效。

（4）技术支撑

技术标准和合同文件的设计是推行全过程工程咨询的重点工作，包括招标文件、合同范本、组织设计、交易制度等技术内容的设计，旨在为政策推行提供技术支撑，作为实践操作的依据。

3. 全过程工程咨询政策推行面临的问题

（1）工程咨询行业存在系统性问题

工程咨询行业的问题是系统性的，而不是某一方的单一责任。从投资决策到后期运营的各阶段和从个人到企业、行业、市场、政府监管、法律法规等各层面均存在不同程度的问题。这些问题具有系统性特征，相互影响、互相制约，是全过程工程咨询政策推行所面临的首要障碍，直接影响着政策的适用性和可行性。

（2）工程咨询服务缺乏集成性

工程咨询各阶段间存在明显技术壁垒，行业条块分割严重。同时，业主方也常基于保护自身利益采用条块化管理来制约各参与方行为。但是，条块分割造成各方沟通障碍，严重影响工程管理效率，不利于项目全生命周期价值的实现，为全过程工程咨询的政策推行带来了管理障碍。

（3）工程咨询服务管控机理认识的缺乏

当前，现行全过程工程咨询政策规范大多关注问题本身而非产生问题的根源，这是政策层面需克服的理论问题。此外，工程咨询服务实施过程缺乏基本准则指导，行业新问题多且老问题还未完全解决，使得政策推行难度大幅增加。

二、各地试点情况

1. 雄安新区试点情况

依据《雄安新区工程建设项目招标投标管理办法（试行）》的文件内容，全过程工程咨询是指对工程建设项目前期研究和决策以及工程项目实施和运行（运营）的全生命周期提供包含设计和规划在内的涉及组织、管理、经济和技术等各有关方面的工程咨询服务。

（1）工程类型

雄安新区至今开展全过程工程咨询招标的项目主要包括：由住房和城乡建设局招标的村庄综合治理、以农业农村局为业主的河流综合治理工程，以生态环境局为业主的坑塘治理工程等土木建筑业工程，以及以中国雄安集团城市发展投资有限公司为业主的社区安置房及其配套设施项目、雄安商务服务中心项目等房屋建筑业工程。

雄安新区试行办法拓宽了全过程工程咨询服务的推行范围，有助于在本区全面引入具有全过程工程咨询服务能力的企业，进而带动行业全面发展。

（2）服务内容

就房屋工程的全过程工程咨询服务内容来看，最终以1.89亿元成交的雄安商务服务中心项目全过程工程咨询服务，将可行性研究、设计、监理服务都纳入服务内容，而社区安置房及其配套设施项目（根据项目投资估算也将超亿元）的服务内容包括可研编制服务、设计服务、勘察服务、工程项目管理服务。

全过程工程咨询服务的内容因具体工程而异，基本涵盖项目投资咨询、工程勘察设计、施工招标咨询、施工指导监督、工程竣工验收、项目运营管理等涉及工程全生命周期的一体化项目管理咨询服务。相应全过程工程咨询服务期限自签订合同后至项目缺陷责任期满结束，涵盖可研服务周期、设计周期与监理服务期。

此外，正因为全过程工程咨询服务包含勘察、设计和监理，故试行办法提出"经过依法招标的全过程工程咨询服务的项目，可不再另行组织工程勘察、设计、工程监理等单项咨询业务招标"，而非释放出"取消监理"的信号。

（3）机构培养

试行办法规定，承担全过程工程咨询服务的单位应具有相应业务甲级及以上工程咨询资信评价等级，或具备甲级工程设计资质的基本能力，同时还应具有基本能力外的工程咨询资信评价、工程勘察、设计、监理、造价咨询和招标采购中的一项或一项以上资质或相应能力。

雄安新区强调了作为工程咨询行业自律标准的咨询单位资信评价，并突出工程设计资质，以引导设计企业积极发展全过程工程咨询。这也在《雄安商务服务中心项目全过程工程咨询服务招标公告》的"联合体牵头单位应当承担设计任务"中得到落实。

雄安新区还致力于引导大型勘察、设计、监理等企业积极发展全过程工程咨询服务。从具体实践来看，不同工程项目对于机构资质的要求也有不同，如《容东片区A、F社区安置房及其配套设施项目（F组团安置房及配套项目）全过程工程咨询及运营管理服务招标公告》还要求投标人具有工程勘察与房地产开发资质。

这一思路早有端倪：2018年7月，中国雄安集团有限公司发布规划咨询机构库、工程咨询机构库招标公告，在全国范围内为"规划咨询库"遴选包括市政、规划等20家设计单位、15家工程咨询单位和15家项目管理单位。通过完善智库建设，为雄安新区的详细规划、专项规划、城市空间与风貌研究或规划咨询提供全过程工程咨询支持。

雄安新区在全过程工程咨询的工程类型、服务内容、机构培养上都走出了创新之路。"雄安模式"的积极探索，给予其他地区以启示：充分做好前导性工作，顺利、有效推行全过程工程咨询发展政策，让全过程工程咨询成为建筑业创新引擎。

2. 广东省试点情况

2018年3月，广东省住房和城乡建设厅出台《全过程工程咨询服务指引（征求意见稿）》（投资人版）和《全过程工程咨询服务指引（征求意见稿）》（咨询企业版），提出"1＋N"全过程工程咨询模式。"1＋N"模式中，"1"是指当投资人委托多个咨询单位共同承担项目全过程工程咨询业务时，投资人应明确其中一家咨询单位作为全过程工程咨询单位，负责全过程工程项目管理等综合性工作，由其协调其他咨询单位分别按合同约定负责所承担的专业咨询工作。"N"

指全过程各专业咨询,包括前期工程咨询、工程勘察、工程设计、招标采购、造价咨询、工程监理、运营维护咨询和BIM咨询。通过"1+N"全过程工程咨询模式,以咨询型代建思想为指导,全面集成和融合建设项目全生命周期的各专业咨询服务业务,将优质建设项目和咨询产品相结合,对提高工程建设水平和整体效益是切实可行的。

3. 浙江省试点情况

浙江省自2017年6月开展全过程工程咨询试点工作,省政府高度重视并于2019年7月印发《关于贯彻落实〈国家发展改革委住房城乡建设部关于推进全过程工程咨询服务发展的指导意见〉的实施意见》(浙发改基综〔2019〕324号)。实施意见指出要服务"最多跑一次",积极配合并联审批、联合审批机制的探索,减少碎片化专项评价评估,将各类专项评价评估一并纳入可行性研究统筹论证,为审批制度改革深入推进提供智力支撑;配合"网上中介超市"平台建设,提升中介机构主观能动性,扩大咨询服务范围,衍生报批报建、事项协调、理论培训等具体服务,提升建设单位决策水平和政府服务效率;将开展多领域协同。率先在教育、文化、卫生等省级公共事业领域开展创新试点,房建市政领域已有试点基础的,及时总结经验,提供借鉴,试点范围逐步覆盖交通、能源、水利等基础设施领域;利用地区试点、项目试点、企业试点三种模式同步推进全过程工程咨询试点工作,通过先行先试及时总结经验、自我完善,成熟后进行示范推广。

2019年,省发展改革委联合住房和城乡建设厅下发《浙江省推进全过程工程咨询试点工作方案》,项目试点主要从省级审批的政府投资项目、"未来社区"项目、PPP项目、EPC项目以及其他特别重大项目中选取。

4. 深圳地区试点情况

深圳自建立经济特区以来,一直是改革的"试验田"、开放的"窗口"。成立于2002年的工务署是深圳市委市政府在学习借鉴中国香港地区、新加坡等国家和地区成功经验的基础上,打造而成的国内第一家政府投资工程项目建设管理单位,具有浓厚的深圳特色。工务署作为政府工程建设领域推行集中管理改革创新的产物,负责深圳市级除交通、水务以外的政府投资项目建设实施组织,是国内率先实行政府投资工程集中管理的专业机构。在当前国家推行全过程工程咨询的号召下,工务署积极响应,在多个政府工程引入全过程工程咨询服务单位,敢于尝试,勇于探索,坚持以全过程工程咨询作为进一步提升政府工程建设质量,实现高品质建设、高质量发展的重要抓手,为进一步把深圳建设成中国特色社会主义先行示范区做出应有贡献(表1-6)。

全过程工程咨询项目应用情况　　　　　　　　表1-6

序号	项目名称
1	项目一群（包括新华医院、第二儿童医院、美术馆新馆及第二图书馆、第一幼儿园、第二幼儿园、第五幼儿园、第十幼儿园、滨苑幼儿园、莲花二村幼儿园、南华幼儿园）
2	项目二群（包括香港大学深圳医院二期项目、南方医科大学深圳医院二期工程、北京大学深圳医院门急诊楼扩建工程）
3	项目三群［包括深圳市第三人民医院改扩建工程（二期）、深圳市人民医院龙华分院改扩建工程、深圳市口腔医院项目、深圳市鹏安医院项目、中国医学科学院肿瘤医院深圳医院改扩建工程（一期）］
4	项目集群（深圳市公安局第三代指挥中心、市公安局预审监管支队第一看守所维修改造工程、市公安局预审监管支队第二看守所维修改造工程、市公安局收容教育所维修改造工程、市公安局强制隔离戒毒所维修改造工程）
5	深圳市质子肿瘤治疗中心
6	深圳市大鹏新区人民医院
7	深圳市特种设备安全检验测试基地
8	深圳大学西丽校区建设工程（二期）
9	中山大学·深圳建设工程
10	深圳技术大学建设项目（一期）
11	项目集群（深圳职业技术学院学生公寓AB栋拆建工程项目、深圳职业技术学院北校区（一期）、深圳职业技术学院留仙洞校区G栋学生宿舍建设工程、深圳职业技术学院留仙洞校区体育及配套设施建设工程、深圳职业技术学院华侨城校区整体改造工程项目）
12	深圳机场三跑道陆域形成及软基处理工程
13	福田保税区1号通道桥加固工程
14	深圳科技馆（新馆）建设项目

深圳全过程工程咨询以"项目管理＋监理（＋招标代理）"为主（图1-3），后期有项目试点开始纳入设计，主要是基于以下几个原因：1）工务署介入项目的时间点。大部分项目在介入前，或正式移交工务署以前，项目使用单位已经分项开展部分投资决策论证工作；2）工务署目前有一批本地实力较强的勘察、造价咨询等招标预选单位；3）优秀的项目设计单位目前以独立运行为主，为确保项目设计质量，一般不纳入全过程工程咨询范围；4）目前，市场仍缺乏投资决策综合性咨询和工程建设全过程咨询综合实力较强的主体。

深圳工务署在探索全过程工程咨询模式的过程中得出了经验：1）发挥专业机构优势，明确全过程工程咨询定位，引入全过程工程咨询单位的同时，工务署迅速与全过程工程咨询队伍组建起更强大的项目管理团队，带领全过程工程咨询队伍开展项目管理工作；2）坚持以全过程项目管理为主的"1＋N"模式，以全过程项目管理能力作为考察的第一要素，原则上"N"应包括工程监理，并试点纳入设计等主要业务和投资咨询等专项业务；3）推荐项目集群发包形式，原则上确保单个发包价格不低于1000万元，有利于投标单位积极响应和投入，合理配备人员，科学安排工作进度，最大限度地发挥管理效能；4）强化两端管理，形成"策划—设计—施工—运营—后评估—策划"的闭环；5）建立横向评比奖赏机制，对于表现确实优胜的单位给予年度荣誉奖励，发挥激励作用；6）需要政府各主管部门跟进支持，在取费细则、服务清单、联合审批等方面尽早制定新规定。具体如图1-4、图1-5所示。

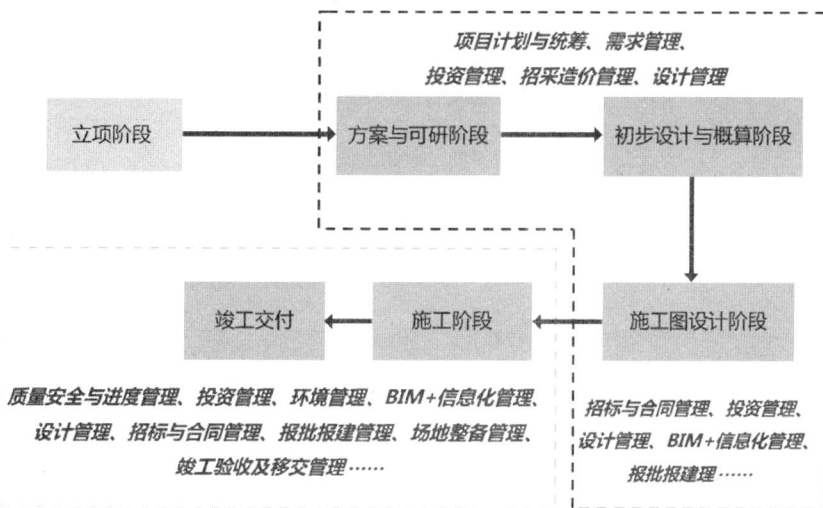

图1-3 深圳全过程工程咨询介入工作阶段及工作内容

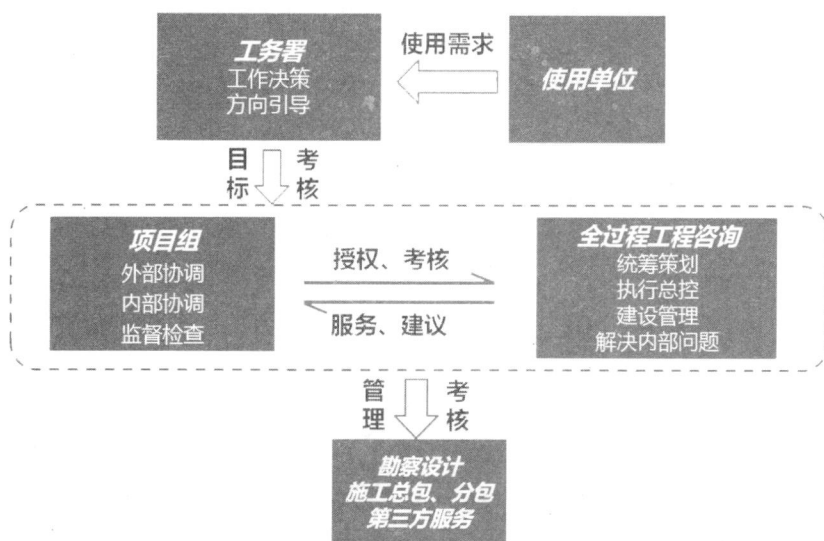

图1-4 深圳参建单位业务流程架构

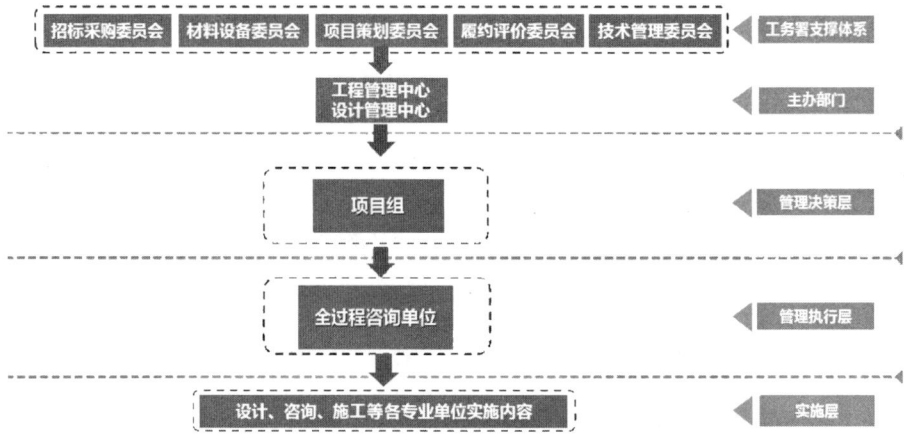

图1-5 项目管理组织架构

三、全过程工程咨询试点与实践

1. 以设计为引领的咨询类项目

在这些项目中，工程建设的主体集中在建设方、咨询方和承包方三者身上，资源高度集中、责任界面清晰，技术对于工程的质量、投资、进度的全过程把控能力有了充分发挥的可能。从该类项目取费来看，大多数阶段和业务涵盖较为完整的项目的取费尚处于总投资的1.5%～6%，只有少数取费达到了总投资的7%～12%，差异较为明显。

2. 以管理为主线（不含设计）的咨询类项目

该类项目中涵盖了很多现行的代建项目和管监一体化项目。咨询方或不承担具体的单项咨询业务，仅代表建设方对工程建设各参与方进行统筹管理，或承担其中造价、监理、招投标等业务，代表建设方对工程建设其他相关方（设计和施工等）和项目的整体进度、质量、投资等进行统筹管理。前者由于资源依旧碎片化，合同和管理界面繁多；后者把工程设计与咨询单位剥离，需以咨询方有足够的技术把控能力以及咨询合同明确的责任界定为前提，方能体现全过程工程咨询模式的价值。从项目取费来看，以管理为主线的咨询项目取费大多数处于总投资的1%～2%，少数项目能达到2%～4%。

3. 涵盖多个阶段的综合咨询类

涵盖多个阶段的单项咨询主要表现为以全过程技术咨询（投资决策咨询＋工程设计）和全过程造价咨询。该类业务模式满足了一些项目的具体需求，同时是咨询企业在业务链暂时不能全面延伸的情况下，业务升级和拓展的一种有效方式。从业务建设角度来看，各家企业与全过程工程咨询服务要求相适应的技术标准和管理体系的重建、团队和个人能力的升级才刚刚起步，绝大多数实践项目所依靠的仍是既有技术和管理体系，所提供的咨询服务成果质量距离目标值还有很大的差距，相应的取费水平也因此整体偏低。

四、全过程工程咨询面临的问题

1. 数字化普及程度欠缺

咨询企业仍依靠传统方式开展工作，未利用数字化手段来高效整合数量巨大、格式多样、来源分散的大数据，无法在短时间内对企业与行业间的信息整合提炼成有效的决策资讯。

2. 整体性服务能力不强

在工程咨询领域的勘察设计、招投标、造价、监理等工作受行业内多头管理，导致服务不清晰、松散状、碎片化，造成管理存在重复和交叉。人为的分割也不能有效提升咨询品质，使工程咨询服务产业链整体性不足。

3. 系统化管理落实不足

咨询企业对行业发展趋势不能及时进行服务标准调整与技术体系更新，未形成一套科学完整的管理制度，未改进原有企业管理制度中不适应的规范、规则与程序。

4. 专业配置合理性不够

咨询单位在工程技术领域的人员配置充分，但在市场、商务、经济、管理和法律等方面的专业人才较为薄弱，从而缺乏相关领域的系统知识，降低了咨询服务质量，难以形成竞争力。

五、全过程工程咨询的路径建议

1. 调整企业组织架构以有机整合各阶段工程咨询业务

开展全过程工程咨询，不是简单地将"碎片化"咨询拼接到一起，是将工程咨询的各阶段有机集成，形成闭环，需要把散落在各环节中的工程咨询内容统筹考虑、有机结合。企业内部要重新进行组织结构调整，打破传统的多层级管理和多业务部门并行的矩阵式管理模式，设置以项目经理为主的扁平化管理模式，增加项目经理管理幅度，不断从分散走向集中，从破碎走向整合，为业主提供无缝衔接的整体服务。

2. 开展联合经营与并购重组，加快产业融合

国内工程企业大多数业务比较单一，一般只能承接一个或几个环节的工程咨询业务。大多数咨询企业只具备一两项资质，少有能具备覆盖全过程各个环节资质的企业，业绩和人才储备不足，只能为业主提供阶段咨询服务。大型综合工程企业可通过业务整合培育自身的全产业链条从而获得全过程工程咨询能力，中小型企业则可以通过并购重组或联合经营，整合多方优势资源、扩展业务范围。

3. 提高员工综合素质并着力培养复合型人才

全过程工程咨询覆盖工程全生命周期，各阶段之间存在明显的技术壁垒，而国内长期的条块化分段咨询导致各专业人员只了解本专业技术要求，业务割裂造成知识板块孤立，不能从项目全局的高度看问题，综合素质有待培养。因此，企业需要通过内部轮岗、吸引外部优质人才，着力培养多面手，打造一支不但在前期咨询、设计造价、招标、监理等领域知识复合，而且在沟通、决策、领导等多方面能力复合的人才团队，以应对挑战。

4. 建立知识管理平台以加强知识固化和经验复用

工程咨询是智力密集型劳动，核心是咨询师的知识，但工程咨询企业普遍面临着人才断层、复合人才匮乏的问题，知识传承依然主要靠"传帮带"的模式，人才培育花费时间长，人才一旦流失就会造成人才断层、业务流失。利用IT技术建立知识管理平台，通过成果管理、知识联想、专家在线等方式，将咨询服务中的知识、案例、专家等信息固化下来，对知识的有效积累、高度共享是向全过程工程咨询企业转型的必然选择。

5. 充分利用BIM技术以提高信息化集成度

工程建设全过程管理需要协调各方资源，BIM利用数字建模软件把真实的建筑信息参数化与数字化，在建立数字化模型平台的基础上，提高建筑工程的集成化程度，让各参与方都能够充分共享建设信息，利用BIM技术把项目可研、设计、建造和运营全过程串联起来，可为项目全过程咨询管理的各项业务提供完整管理闭环，提升项目综合管理能力和管理效率。BIM可以为全过程咨询方提供数据支持、技术支持及决策支持，为业务之间的衔接提供了必要且充分的"链条"，让项目信息真正流动起来。

第二章

投资决策综合性咨询

第一节　统筹管理

一、基本概念

统筹管理指对项目投资决策阶段提供组织、管理、经济和技术等方面的工程咨询服务，包括全过程工程项目管理，以及投资咨询、勘察、设计、造价、招标代理、监理、运行维护咨询及BIM咨询等专业咨询服务。

二、服务范围

投资决策综合性咨询单位在项目决策环节统筹管理的服务范围主要有：

（1）分析并确定项目在决策环节的管理内容与范围；

（2）通过协调与研究，形成决策环节的工作流程并明确责任；

（3）检查、监督、评价项目决策环节的管理过程；

（4）履行其他措施以确保项目决策工作的顺利进行；

（5）开展项目决策环节的报建报批等。

三、服务内容

投资决策综合性咨询服务可以采用多种组织方式，由投资人授权一家单位牵头，为项目从决策至运营阶段持续提供局部或整体的解决方案以及管理服务，运用系统的理论和方法对建设工程项目进行的计划、组织、指挥、协调和控制。

1. 组织管理

对于大型或复杂建设项目，"咨询总包"机构应根据合同约定和项目情况，编制投资决策咨询工作大纲。工作大纲应主要包括项目概况、咨询业务范围、总体思路、项目组织架构、工作进度、人员安排、风险管理、合同管理、信息管理、质量管理、重点和难点分析、客户回访和评价等内容。

"咨询总包"机构应针对投资项目建立有效的内部组织管理和外部管理组织协调体系。各咨询单位应按合同要求编制工作进度计划。其中，咨询成果文件提交时间应参照行业标准，并满足投资项目总体进度要求。

2. 质量管理

"咨询总包"机构应针对项目业务特点建立完善的内部质量管理体系，并通过流程控制与机构标准等措施保证咨询成果文件质量。

咨询单位编制的各类成果文件应由专业咨询工程师审核和并经总咨询师审定。

"咨询总包"机构应基于工作大纲开展对投资人定期或不定期的回访，听取其评价意见并结合本机构质量保证体系进行总结完善。

3. 风险管理

咨询单位应根据自身资质等级、人员配置与技术能力情况，对拟承接的投资决策咨询业务的服务周期、市场状况、质量要求及收费标准等风险因素进行综合评估，以判断是否承接相关业务。

咨询单位应通过提高咨询人员业务能力、法律意识、风险意识、职业操守等措施，防范专业服务风险、职业道德风险和企业内部管理风险。

4. 信息管理

信息管理对象主要包括相关专业软件与专业数据库管理。咨询单位应利用计算机、互联网及BIM技术，将信息管理贯穿咨询服务的全过程。

咨询单位应按照国家现行有关档案管理及标准的规定，建立档案收集制度、统计制度、保密制度、借阅制度及档案管理人员守则。

咨询档案可分为成果文件和过程文件两类。成果文件应包括咨询单位出具的相关专业咨询成果文件；过程文件应包括：编制、审核、审定人员的工作底稿、相关电子文件等。

5. 合同管理

"咨询总包"机构应采用适当的管理方式，建立健全合同管理体系以实施全面合同管理，确保分包咨询的有序进行。全面合同管理应做到：

（1）建立标准合同管理程序；

（2）明确合同各相关方的工作职责、权限和工作流程；

（3）明确合同工期、费用与质量等事项的管理流程与时限等；

（4）项目合同签订后的合同管理包括：合同交底、合同台账管理、合同履约过程动态管理、合同变更与终止管理。

第二节 项目建议书

一、基本概念

项目建议书（又称项目立项申请书或立项申请报告）是项目法人在项目周期

内的最初阶段，按国民经济和社会发展长远规划、行业规划和建设单位所在的城镇规划的要求，根据本单位的发展需要，经过调查、预测、分析，以提出一个轮廓设想来要求建设某一具体投资项目和作出初步选择的建议性文件和国家据此来进行项目的立项批准。

二、编制依据

（1）国家经济的发展、国家和地方中长期规划；

（2）产业政策、生产力布局、国内外市场、项目所在地的内外部条件；

（3）有关机构发布的工程建设领域的标准、规范与定额；

（4）投资人的组织机构、经营范围、财务能力等；

（5）项目初步设想方案，如总投资、产品及介绍、产量、预计销售价格、直接成本及清单；

（6）联合建设的项目提交联合建设合同或协议；

（7）项目资金来源落实材料；

（8）其他相关的法律、法规和政策。

三、编制内容

项目建议书一般包含的内容有：

1. 总论

（1）项目名称；

（2）项目建设单位；

（3）项目建设期限；

（4）项目实施地点；

（5）项目建设内容；

（6）项目投资估算与资金筹措。

2. 项目背景

简要介绍与项目有关的背景资料。包括社会背景、实施地情况、技术情况，项目建设的可能性、必要性等。

3. 项目需求预测

包括预测产品在国内、国际市场的市场容量及供需情况，初步选定目标市场、价格走势初步预测，识别有无市场风险。

4. 项目建设内容

简要逐项说明建设内容。包括建设的项目、规模，建成后可实现的目标。项目的示范性、创新性（技术创新或机制创新）以及公益性描述。

5. 项目选址与建设条件

场址包括所在地区选择（规划选址）、场址初步比选、绘制场址地理位置示意图。建设条件包括项目道路、铁路、港口、能源供应等相关基础设施配套情况及安排。

6. 技术设备工程方案

包括技术方案、主要设备初步方案和主要建（构）筑物初步方案。

7. 环境影响评价

包括环境条件调查、影响环境因素分析、环境保护初步方案。

8. 组织机构与人力资源配置

包括生产人员、管理人员和其他人员的数量和配置方案。

9. 项目实施进度

主要包括土建施工、设备采购与安装、生产准备、设备调试、交付使用等阶段。

10. 投资估算

简要说明投资估算、资金筹措。

11. 融资方案

包括资本金和债务资金的需要数额和来源设想。

12. 财务评价

包括盈利能力分析、偿债能力分析和非盈利性项目财务评价。

13. 效益分析

简要从社会、经济、生态等方面论述，尤其注意在增加农民收入、改善农民生活方面的效益分析。

14. 结论与建议

在肯定拟推荐方案优点的同时，还应指出可能存在的问题和可能遇到的主要风险，并作出项目和方案是否可行的明确结论，为决策者提供清晰的建议。

四、编制程序

项目建议书的编制工作流程为（图2-1）：全过程工程咨询单位组建项目组—专业咨询工程师搜集资料与踏勘现场—专业咨询工程师编制项目建议书—总咨询师审核项目建议书—投资人确定项目建议书—投资人/全过程工程咨询单位申报

项目建议书—投资主管部门审批项目建议书。

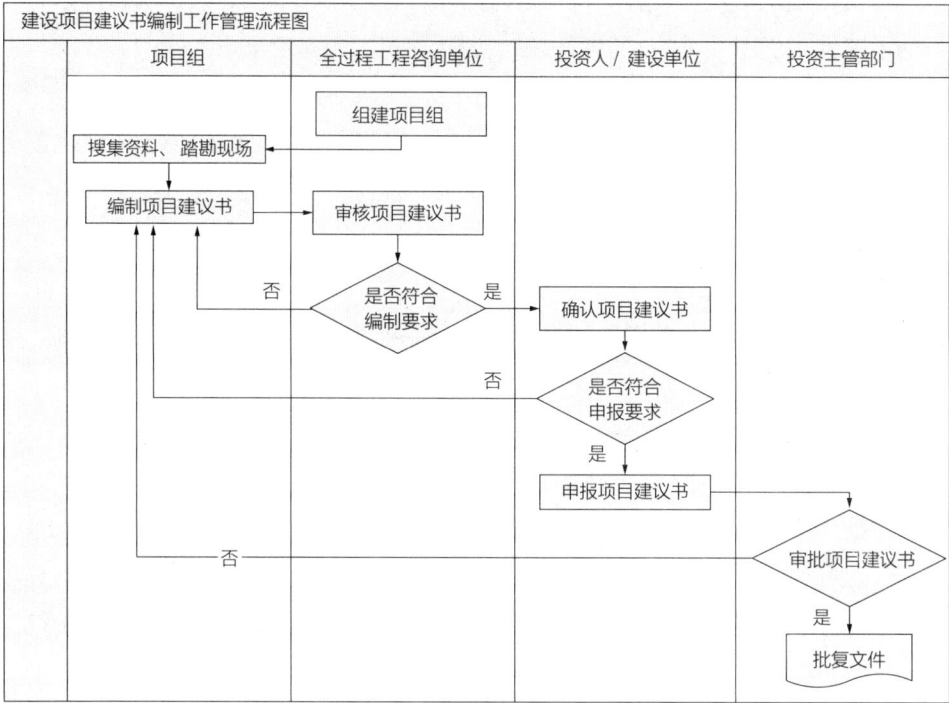

图2-1　建设项目建议书编制工作管理流程图

五、质量要求

项目建议书的深度：

（1）要充分了解国家与地方的相关法规政策，紧密结合行业特点开展论证，项目建设目标要与国家、地区、部门、行业的宏观规划目标一致。

（2）经过考察调研所得资料数据一定要准确、可靠，要有较强的说服力。此外，不同行业有不同的编制标准，应根据项目自身特点及相关政策文件进行编制。

（3）项目建议书内容应完整，文字要简练。要坚持实事求是的原则，对拟建项目的各要素进行认真的调查研究，并据实进行测算分析。

（4）项目建议书中建设投资估算误差控制指标暂定为±2%。

六、审查要点

项目建议书是要求建设某一具体项目的建设性文件，是投资决策前对拟建项目的轮廓设想，影响着项目全过程和各个方面，是项目建设程序中的一个重要环节，其审查要点主要概括为以下3个方面。

1. 项目的意义及必要性

重点阐述项目应用领域及符合国家及地方相关产业发展规划的基本情况。

2. 规模合理性

项目规模要与市场、资金能力、产能经济性、主要原料及能源供应、环境承载力相匹配。

3. 市场前景及经济效益分析

说明项目经济效益分析材料，项目建成后每年市场占有率情况预测及依据，预计每年销售额、销售量、销售收入、利率及财务费用、税率及税收优惠计算方法等。特别是涉及国民经济重大项目（包括重大技术改造项目），有关稀缺资源开发利用的项目，涉及产品、原料与燃料进出口或代替进口项目，除要进行财务评价的初步分析外，还要进行国民经济评价的初步分析，以便于对拟建项目是否需要进行深入的可行性研究做出宏观决策。

第三节　可行性研究

一、基本概念

建设项目的可行性研究是在投资决策前，运用多学科手段综合论证一个工程项目在技术上是否现实、实用和可靠，在财务上是否盈利；做出环境影响、社会效益和经济效益的分析和评价，以及工程抗风险能力等的结论，为投资决策提供科学依据。可行性研究还能为银行贷款、合作者签约、工程设计等提供依据和基础资料，其是决策科学化的必要步骤和手段。经过研究形成可研报告是项目投资决策的基础与依据。

二、研究意义

（1）可行性研究是建设项目投资决策和设计任务书编制的依据。

（2）可行性研究是建设单位筹集资金的重要依据。

（3）可行性研究是建设单位与各有关部门签订各种协议合同的依据。

（4）可行性研究是开展工程设计、施工与设备购置的重要依据。

（5）可行性研究是向当地行政机关、规划部门和环境保护部门申请有关建设许可文件的依据。

（6）可行性研究是国家各级计划综合部门对固定资产实行调控管理、发展计划编制、固定资产与技术改造的重要依据。

（7）可行性研究是项目考核和后评估的重要依据。

三、编制依据

（1）委托单位要求与批准的项目建议书；

（2）国家经济发展的长期规划，部门、地区发展规划，经济建设的方针、任务、产业政策和投资政策；

（3）对大中型骨干建设项目，须具有国家批准的资源报告、区域规划、国土开发整治规划、工业基地规划。交通运输项目需要相关的江河流域规划与路网规划；

（4）规划和自然资源局出具的选址和项目用地意见；

（5）有关的自然、地理、水文、地质、气象、经济、社会、环保等基础资料；

（6）环境保护行政主管部门出具的项目环评意见；

（7）有关行业的工程技术与经济方面的标准、规范和定额资料，以及国家正式颁发的技术法规和标准；

（8）合资、合作项目各方签订的协议书或意向书；

（9）与拟建项目有关的各种市场信息资料或社会公众要求等；

（10）根据不同行业的特殊要求需提供的其他相关资料；

（11）投资人的组织机构、经营范围、财务能力等；

（12）《投资项目可行性研究指南（试用版）》；

（13）《国家发展改革委关于发布项目申请报告通用文本的通知》（发改投资〔2017〕684号）；

（14）《建设项目经济评价方法与参数》（第三版）。

四、编制内容

《可行性研究报告》（以下简称《报告》）是投资项目可研成果的体现，是投资者进行项目决策的重要依据。

为保证《报告》的质量，应在编制前做好准备工作，进行科学分析比选论证，做到编制依据可靠、结构内容完整、深度满足投资决策和编制项目初步设计需要。根据《投资项目可行性研究指南（试用版）》以及相关政策文件的规定，建设项目的可行性研究报告一般包括以下内容：

1. 总论

（1）项目概况。

（2）项目提出的背景。

（3）编制的依据。

（4）问题与建议。

2. 市场预测

（1）市场现状调查。

（2）产品供需预测。

（3）价格预测。

（4）竞争力分析。

（5）市场风险分析。

3. 资源条件评价

（1）资源可利用量。

（2）资源品质情况。

（3）资源赋存条件。

（4）资源开发价值。

4. 建设规模与产品方案

建设规模与产品方案研究是在市场预测和资源评价（指资源开发项目）的基础上，论证比选拟建项目的建设规模和产品方案（包括主要产品和辅助产品及其组合），作为确定项目技术方案、设备方案、工程方案、原材料燃料供应方案及投资估算的依据。

（1）建设规模与产品方案构成。

（2）建设规模与产品方案的比选。

（3）推荐的建设规模与产品方案。

（4）技术改造项目推荐方案与原有设施利用情况。

5. 场址选择

（1）场址现状。

（2）场址方案比选。

（3）推荐的场址方案。

（4）技术改造项目现有场址的利用情况。

6. 技术方案、设备方案和工程方案

（1）技术方案选择。

（2）主要设备方案选择。

（3）工程方案选择。

（4）技术改造项目改造前后比较。

其中技术方案主要指生产方法、工艺流程（工艺过程）等。

设备方案选择是在研究和初步确定技术方案的基础上，对所需主要设备的规格、型号、数量、来源、价格等进行研究比选。

工程方案构成项目实体。工程方案选择是在基于选定项目建设规模、技术方案和设备条件的基础上，对主要建（构）筑物开展研究论证的建造方案。

7. 原材料和燃料供应

（1）主要原材料供应方案。

（2）燃料供应方案。

8. 总图运输与公用辅助工程

（1）总图布置方案。

（2）场内外运输方案。

（3）公用工程与辅助工程方案。

（4）技术改造项目现有公用辅助设施利用情况。

9. 节能措施

（1）节能设施。

（2）能耗指标分析（技术改造项目应与原企业能耗比较）。

10. 节水措施

（1）节水设施。

（2）水耗指标分析（技术改造项目应与原企业水耗比较）。

11. 环境影响评价

（1）环境条件调查。

（2）影响环境因素分析。

（3）环境保护措施。

（4）技术改造项目与原企业环境状况比较。

12. 劳动安全卫生与消防

（1）危险因素和危险程度分析。

（2）安全防范措施。

（3）卫生保健措施。

（4）消防措施。

13. 组织机构与人力资源配置

（1）组织机构设置及其适应性分析。

（2）人力资源配置。

（3）员工培训。

14. 项目实施进度

（1）建设工期。

（2）实施进度安排。

（3）技术改造项目的建设与生产衔接。

15. 投资估算

（1）投资估算范围与依据。

（2）建设投资估算。

（3）流动资金估算。

（4）总投资额及分年投资计划。

16. 融资方案

（1）融资组织形式。

（2）资本金筹措。

（3）债务资金筹措。

（4）融资方案分析。

融资方案是基于投资估算，对拟建项目的资金渠道、融资形式、融资成本、融资结构、融资风险、比选推荐项目的融资方案等开展研究，并基于此进一步开展资金筹措方案研究与财务评价。融资方案中主要包括：融资组织形式选择；债务资金筹措；资本金来源选择与筹措；融资方案分析。

其中，资金的筹措渠道主要包括：① 项目法人自有资金；② 政府财政性资金；③ 国内外银行等金融机构的信贷资金；④ 国内外证券市场资金；⑤ 国内外非银行金融机构的资金，如立信投资公司；⑥ 外国政府、企业、团体、个人等的资金；⑦ 国内企业、团体、个人的资金。

17. 财务评价

（1）财务评价基础数据与参数选取。

（2）销售收入与成本费用估算。

（3）财务评价报表。

（4）盈利能力分析。

（5）偿债能力分析。

（6）不确定性分析。

（7）财务评价结论。

18. 国民经济评价和社会评价

（1）影子价格及评价参数选取。

（2）效益费用范围与数值调整。

（3）国民经济评价报表。

（4）国民经济评价指标。

（5）国民经济评价结论。

19. 社会评价

（1）项目对社会影响分析。

（2）项目与所在地互适性分析。

（3）社会风险分析。

（4）社会评价结论。

20. 风险分析

（1）项目主要风险识别。

（2）风险程度分析。

（3）防范风险对策。

建设项目风险分析是基于在市场预测、技术方案、工程方案、融资方案和社会评价的论证中已开展的初步风险分析，进一步综合分析并识别拟建项目在建设运营中潜在的主要风险，揭示风险来源并判别风险程度，提出规避风险的对策。

风险因素识别：项目风险分析贯穿于项目建设和生产运营的全过程，在可行性研究阶段应着重识别以下几种风险，分别为市场风险、资源风险、技术风险、工程风险、资金风险、政策风险、外部协作条件风险、社会风险和其他风险。

风险评估方法：

① 专家评估法。这种方法是以发函、开会或者其他形式向专家咨询，对项目风险因素及风险程度进行评定，将多位专家的经验集中起来形成分析结论。

② 风险因素取值评定法。

③ 概率分析法。

风险防范对策：

① 风险回避；② 风险控制；③ 风险转移；④ 风险自担。

21. 研究结论与建议

（1）推荐方案总体描述。

（2）推荐方案优缺点描述。

（3）主要对比方案。

（4）结论与建议。

五、相关侧重

不同行业的项目性质、建设目的及其作用对社会的各种影响差甚大，研究分析方法、技术、各种经济技术指标也不同，并且即使同一行业的项目仍然会存在不同层次的差异性。可行性研究中不同行业的可行性研究侧重点不同。以下行业的可行性研究侧重点的提示可供参考使用：

（1）水利水电项目。通常具有防洪、治涝、灌溉、发电与供水等多项功能。需重点研究水利水电资源的开发利用条件，水文、气象与工程地质条件，坝型与枢纽布置，库区淹没与移民安置等；项目经济评价以经济分析为主，财务分析为辅；对社会公益与洼地水利项目，财务分析的主要目标是通过测算提出维持项目正常运行所需国家补助的资金额度和采取的经济优惠政策。

（2）交通运输项目。包括公路、机场、铁路、地铁、隧道、桥梁等。该类项目的特点是为社会提供运输服务而不生产实物产品。需重点研究项目对经济和社会发展、区域综合运输网布局和路网布局等方面的作用与重要意义，研究运量、线路方案、建设规模、技术标准和建筑工程方案等；项目经济评价以经济分析为主，财务分析为辅。

（3）农业开发项目。一般多为综合开发项目，包括农、林、牧、副、渔和加工业等项目，需重点研究市场分析、原材料供应、建设规模和产品方案等。农业项目建设内容较复杂，因受气候等自然条件影响，效益与费用的不确定性较大。项目经济评价一般分项目层和经营层，项目层次评价以经济分析为主，财务分析为辅；经营层次评价只进行财务分析。

（4）文教卫生项目。包括学校、图书馆、体育馆、医院、卫生防疫与疫病控制系统等项目。此类项目建设的主要目标在于改善公共福利环境，提高人民的生活水平。需重点研究并确定项目的服务范围与建设规模；依据项目功能定位选择较适宜的建筑方案、主要设备和器械；项目经济评价以经济分析为主，常用的方法有最小成本分析、经济费用效果分析等。

（5）资源开发项目。包括煤、石油、天然气、金属、非金属等矿产开发项目，水利水电资源的开发利用项目、森林资源的采伐项目等。该类项目需重点研究资源开发利用条件，包括资源开发的合理性、拟开发资源的可利用量、自然品质、赋存条件和开发价值；分析项目是否符合资源总体开发规划要求，资源综合利用与可持续发展的要求，以及生态环境保护的有关规定。

六、编制程序

在项目可行性报告编制阶段，其流程为（图2-2）：全过程工程咨询单位组建项目组—专业咨询工程师搜集资料、勘探现场—专业咨询工程师编制项目可行性研究报告—总咨询师审核可行性研究报告—投资人确认项目可行性研究报告—投资人/全过程工程咨询单位申报项目可行性研究报告—投资主管部门审批项目可行性报告。

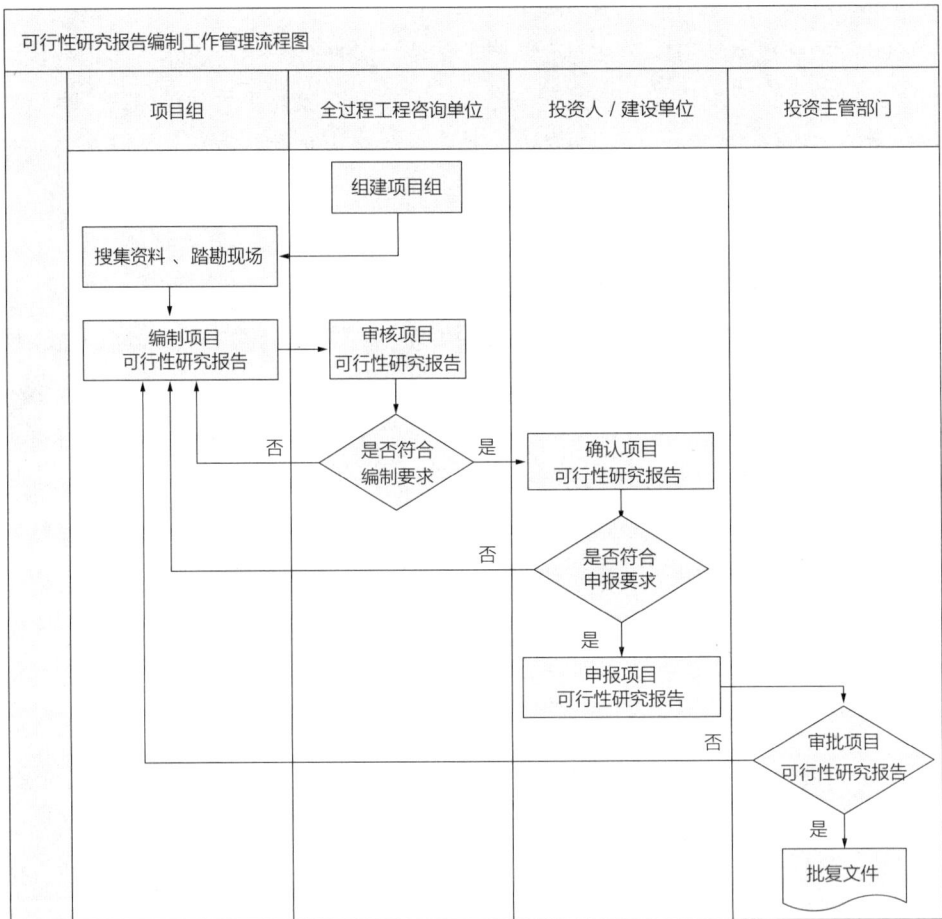

图2-2 可行性研究报告编制工作管理流程图

七、质量要求

（1）《可行性研究报告》应能充分反映项目可行性研究工作的成果，内容齐全，结论明确，数据准确，论据充分，满足决策者定方案、定项目的要求。

（2）《可行性研究报告》中选用的主要设备的规格与参数应能满足预订货要求。引进技术设备的资料应能满足合同谈判要求。

（3）《可行性研究报告》中的重大技术与经济方案应有两个以上方案以便于进行比选。

（4）《可行性研究报告》中确定的主要工程技术数据应能满足项目初步设计要求。

（5）《可行性研究报告》构造的融资方案应能满足银行等金融机构信贷决策需要。

（6）《可行性研究报告》中应反映可研过程中出现某些方案的重大分歧及未被采纳的原因，以供委托单位与投资者进行利弊权衡与决策。

（7）《可行性研究报告》应附有评估、决策（审批）所必需的合同、协议、意向书、政府批件等。

八、审查要点

项目可行性研究由可行性研究主体对政治、法律、经济、社会、技术等影响因素进行具体调查、研究，分析项目的必要性、可行性，统筹考虑影响项目可行性的各种要素。在满足内容齐全、数据准确、论据充分、结论明确的要求下，为决策者定方案、定项目提供依据，从项目投资决策和审批角度，确定其审查要点，主要概括以下5个方面。

1. 投资必要性

对于政府投资项目，主要根据市场调查及预测结果，以及有关的区域规划和产业政策等因素，针对项目投资建设的必要性开展论证。

对于企业申报项目，一是对构成投资环境的各种要素进行全面的分析论证，二是做好市场研究，包括市场供求预测、竞争力分析、定位及营销策略论证。

2. 建设方案可行性

主要从项目实施的技术角度合理设计建设方案，方案中应当包含建设项目的规模、建筑经济与技术指标、功能、标准和绿色建筑等内容，并进行比选和评价。对确定的工程技术数据和建设方案要达到方案设计的深度，并能指导初步设计的进行。

3. 投融资可行性

对于政府项目，应从项目和投资角度，考虑土地、资金、建设方案、实施进度等因素，合理确定投资并满足项目决策不同阶段对经济评价的要求。经评审批准后的投资估算应作为设计概算编制的限额指标。投资估算中主要消耗量和有关技术经济指标应作为项目设计限额的重要参照依据。

应从企业财务的角度对企业申报项目进行资本预算，以评价项目的财务盈利能力并开展投资决策，同时，要从融资主体（企业）角度评价投资收益、现金流量计划及债务清偿能力。此外，如有银行贷款等非政府资金融资的方式，应能满足项目资金筹措与使用计划对投资数额、币种和时间的要求，并满足银行等金融机构信贷决策需求。

4. 风险因素控制可行性

主要对项目的市场、技术、经济、法律、生态环境、能源、资源、安全及社会等风险因素进行专项评价，制定规避风险的对策，满足可行性论证的要求，为项目投资决策风险控制提供依据。针对不同影响因素，对专项评价展开分析，包括但不限于：环境影响评价、节能评价、社会稳定风险分析、水土保持方案、安全评价、地质灾害危险性评价、交通影响评价等方面的评价。

5. 经济可行性

应从资源配置角度衡量项目价值，评价项目在实现区域经济发展目标，以便有效配置经济资源，从而增加供应、创造就业并改善环境，进一步提高人民生活等方面的效益。

第四节　方案设计

一、基本概念

项目方案设计阶段是设计实质性的开始阶段。建筑设计方案应满足投资人的需求和编制初步设计文件的需要，同时需向当地规划部门报审。

二、编制依据

（1）与工程设计有关的依据性文件，如选址及环境评价报告、用地红线图、项目的可行性研究报告、政府有关主管部门对立项报告的批文、初步设计任务书或协议书等。

（2）设计所执行采用的主要法规和标准。

（3）设计基础资料，如地形地貌、水文地质、气象、区域位置、抗震设防烈度等。

（4）政府有关主管部门对项目设计的要求，如对总平面布置、建筑风格、环境协调等方面的要求。当城市规划等部门对建筑高度有限制时，应说明建（构）筑物的控制高度，包括最高和最低高度限值。

（5）工程规模（如总投资、总建筑面积、容纳人数等）、项目设计规模等级和设计标准（包括结构设计使用年限、建筑防火类别、耐火等级与装修标准等）。

三、编制内容

建筑方案设计成果主要包括：设计说明、建筑总平面图、建筑平立剖详图、造型设计/效果图、成果彩图/分析图。具体内容详如图2-3所示。

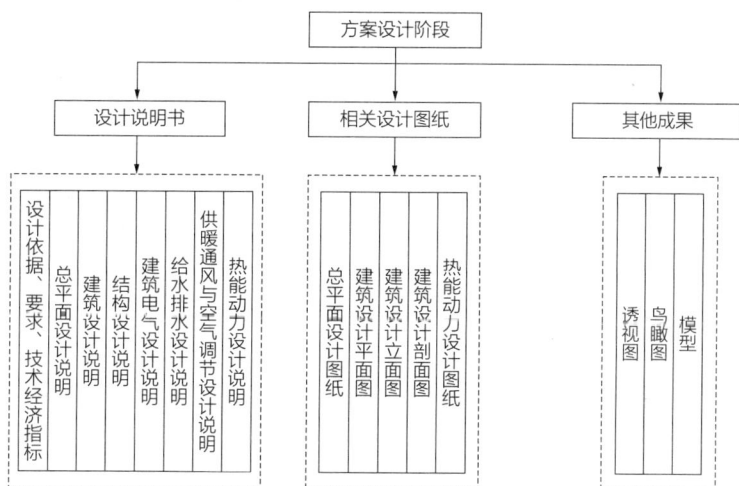

图2-3 项目方案设计阶段主要成果文件

1. 设计说明

建筑设计说明主要包含以下几个方面：

（1）设计依据与要求

① 与工程设计有关的依据性文件的名称和文号，如选址及环境评价报告、用地红线图等；

② 设计所执行的主要法规和所采用的主要标准；

③ 设计基础资料，如气象、地形地貌、水文地质等；

④ 政府有关主管部门对项目设计的要求；

⑤ 建设单位委托设计的内容和范围，包括功能项目和设备设施的配套情况等。

（2）技术经济指标表，包含以下内容：

① 总用地面积；

② 总建筑面积及各分项建筑面积（还要分别列出地上部分和地下部分建筑面积）；

③ 建筑基底总面积；

④ 绿地总面积、容积率、建筑密度、绿地率、停车泊位数（分室内、室外和地上、地下）；

⑤ 主要建筑或核心建筑的层数、层高和总高度等项指标。

（3）总平面设计说明

① 概述场地现状特点和周边环境情况及地质地貌特征，详尽阐述总体方案的构思意图和布局特点，以及在竖向设计、交通组织、防火设计、景观绿化、环境保护等方面所采取的具体措施；

② 说明关于一次规划、分期建设，以及原有建筑和古树名木保留、利用、改造（改建）方面的总体设想。

（4）建筑设计说明

① 建筑方案的设计构思和特点；

② 建筑群体和单体的空间处理、平面和竖向构成、立面造型和环境营造、环境分析（如日照、通风、采光）等；

③ 建筑的功能布局和各种出入口、垂直交通运输设施（包括楼梯、电梯、自动扶梯）的布置；

④ 建筑内部交通组织、防火和安全疏散设计；

⑤ 关于无障碍和智能化设计方面的简要说明；

⑥ 当建筑在声学、建筑防护、电磁波屏蔽以及人防地下室等方面有特殊要求时，应作相应说明；

⑦ 建筑节能设计说明。

2. 建筑总平面图

总平面图主要表示整个建筑基地的总体布局，具体表达新建建筑位置、朝向及周围环境，包括原有建筑、交通道路、绿化、地形等基本情况的图样。总平面图主要包含以下方面：

（1）场地的区域位置；

（2）场地的范围（用地和建筑物各角点的坐标或定位尺寸）；

（3）场地内及四邻环境的反映（四邻原有及规划的城市道路和建筑物、用地性质或建筑性质、层数等，场地内需保留的建（构）筑物、历史文化遗存、古树名木、现有地形与标高、水体与不良地质情况等）；

（4）场地内拟建道路、停车场、广场、绿地及建筑物的布置，并表示出主要建筑物与各类控制线（用地红线、道路红线、建筑控制线等）、相邻建筑物间的距离及建筑物总尺寸，基地出入口与城市道路交叉口间的距离；

（5）拟建主要建筑物的名称、出入口位置、层数、建筑高度、设计标高，以及地形复杂时主要道路、广场的控制标高；

（6）指北针或风玫瑰图、比例；

（7）根据需要绘制反映方案特性的分析图：功能分区、空间组合及景观分析、交通分析（人流及车流的组织、停车场的布置及停车泊位数量等）、消防分析、地形分析、绿地布置、日照分析与分期建设等。

3. 建筑平立剖详图

建筑平立剖详图是用CAD软件绘制的建筑施工图纸。主要包含以下几个方面：

（1）平面图

① 平面的总尺寸、开间、进深尺寸及结构受力体系中的柱网、承重墙位置和尺寸（也可用比例尺表示）；

② 各主要使用房间的名称；

③ 各楼层地面标高、屋面标高；

④ 室内停车库的停车位和行车线路；

⑤ 底层平面图应标明剖切线位置和编号，并应标示指北针；

⑥ 必要时，绘制主要用房的放大平面和室内布置；

⑦ 图纸名称、比例或比例尺。

（2）立面图

① 体现建筑造型特点，选择绘制1～2个代表性立面；

② 各主要部位和最高点标高或主体建筑总高度；

③ 当与相邻建筑或原有建筑有直接关系时，应绘制相邻或原有建筑的局部立面图；

④ 图纸名称、比例或比例尺。

（3）剖面图

① 剖面应剖在高度和层数不同、空间关系比较复杂的部位；

② 各层标高及室外地面标高、建筑的总高度；

③ 若遇有高度控制时，还应标明最高点标高；

④ 剖面编号、比例或比例尺。

（4）造型设计/效果图

造型设计效果图是把施工后的实际效果用真实和直观的视图表现出来，让大家能够一目了然地看到施工后的实际效果。

4. 成果彩图/分析图

成果彩图/分析图是将上述建筑方案设计的有关成果归纳汇总成彩图，然后进行各种分析，以便对设计成果做一个直观化的表述。其中，分析图主要包括交通分析、区位分析、流线分析、功能分析、景观分析。

四、编制程序

设计任务书及方案设计编制工作流程见图2-4。

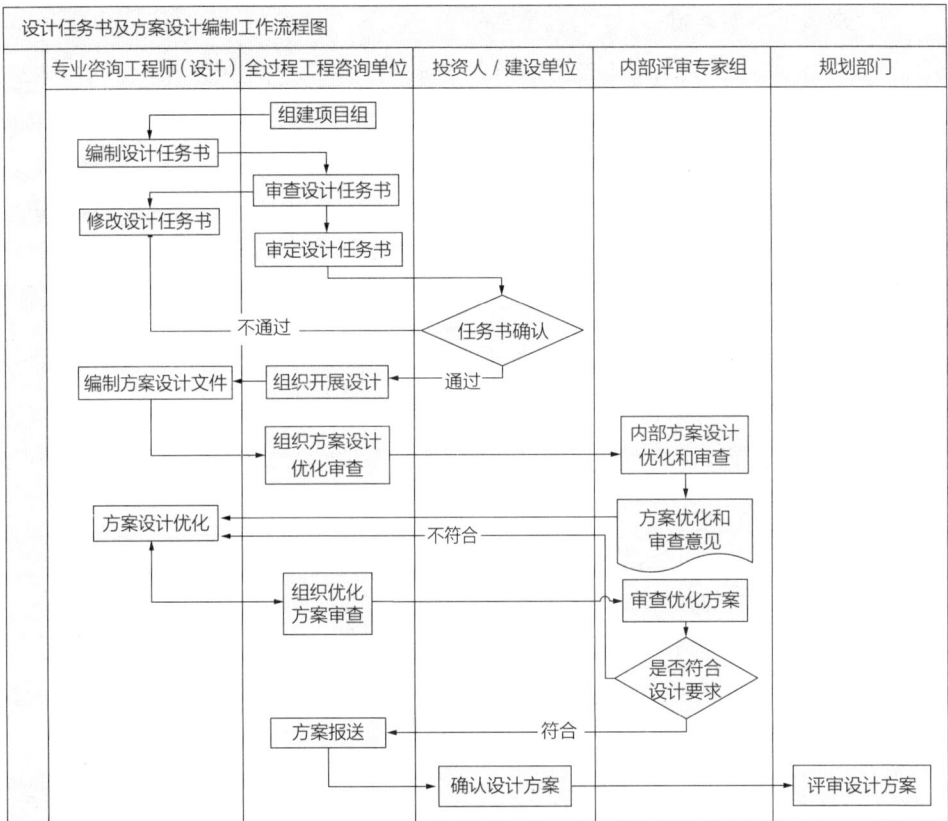

图2-4　设计任务书及方案设计编制工作流程图

五、质量要求

（1）方案设计要以满足最终投资人的需求为重点，结合使用人的需求对建筑的整体方案进行设计、评选和优选。

（2）全过程工程咨询单位及其专业咨询工程师（设计）若无能力自行完成方案设计，应进行方案设计招标，如果只对方案设计进行招标，而无需中标单位承担后续设计任务时，要在招标文件中进行说明。

（3）全过程工程咨询单位需要对方案设计组织专家进行优化，在功能、投资等方面提出合理化建议。

（4）方案设计阶段的报批管理也是全过程工程咨询单位的重点工作内容，应引起重视。

六、审查优化

在方案设计阶段，全过程工程咨询单位应组织专家委员对方案设计进行审查和优化，以确定此方案设计是否切实满足投资人要求，审查和优化内容主要有以下几点：

（1）是否响应招标要求，是否符合国家规范、标准、技术规程等的要求；

（2）是否符合美观、实用及便于实施的原则；

（3）总平面的布置是否合理；

（4）景观设计是否合理；

（5）平面、立面、剖面设计情况；

（6）结构设计是否合理，可实施；

（7）公建配套设施是否合理、齐全；

（8）新材料、新技术的运用；

（9）设计指标复核；

（10）设计成果提交的承诺。

方案设计完成后，全过程工程咨询单位应组织行业专家，针对方案的不足，结合拟建项目情况，对方案提出修改建议并编制形成正式文件。在规定的时间内，督促专业咨询工程师（设计）提出最优方案，直到满足投资人要求。

第五节 专项评价

一、环境影响评价

1. 基本概念

环境影响评价是指对规划和建设项目实施后可能引起的环境影响进行分析、预测和评估，提出预防或减轻不良环境影响的对策措施，开展跟踪监测的方法制度。目前环境影响评价主要包括规划的环境影响评价和建设项目的环境影响评价两大类，本节主要阐述建设项目的环境影响评价的相关内容。

2. 编制依据

（1）《中华人民共和国环境保护法》（主席令第9号）；

（2）《中华人民共和国大气污染防治法》（主席令第31号）；

（3）《中华人民共和国水污染防治法》（主席令第70号）；

（4）《中华人民共和国环境噪声污染防治法》（主席令第24号）；

（5）《中华人民共和国固体废物污染环境防治法》（主席令第57号）；

（6）《中华人民共和国土壤污染防治法》（主席令第8号）；

（7）《中华人民共和国放射性污染防治法》（主席令第6号）；

（8）《中华人民共和国环境影响评价法》（主席令第24号）；

（9）《建设项目环境保护管理条例》（国务院令第682号）；

（10）《规划环境影响评价条例》（国务院令第559号）；

（11）《建设项目环境影响报告书（表）编制监督管理办法》（生态环境部令第9号）；

（12）《建设项目环境影响评价分类管理名录》（生态环境部令第1号）；

（13）《建设项目环境影响评价技术导则 总纲》HJ 2.1—2016；

（14）《规划环境影响评价技术导则 总纲》HJ 130—2019；

（15）其他相关法律、法规、规划、产业政策等；

（16）建设项目有关工程技术资料及其他所需资料等。

3. 编制内容

根据建设项目特征和所在区域的环境敏感程度，综合考虑建设项目可能对环境产生的影响，对建设项目的环境影响评价实行分类管理。建设单位应当按照《建设项目环境影响评价分类管理名录》（生态环境部令第1号）的规定，分别组织编制建设项目环境影响报告书、环境影响报告表或者填报环境影响登记表。

（1）建设项目环境影响报告书的主要内容

1）建设项目概况；

2）建设项目周围环境现状；

3）针对建设项目对环境可能造成的影响开展分析、预测和评估；

4）建设项目的环境保护措施及其技术、经济论证；

5）建设项目对环境影响的经济损益分析；

6）对建设项目实施环境监测的建议；

7）环境影响评价的结论。

（2）建设项目的环境影响报告表的主要内容

1）建设项目基本概况；

2）建设项目所在地自然环境、社会环境简况；

3）环境质量现状；

4）评价适用标准；

5）建设项目工程分析；

6）项目主要污染物产生及预计排放情况；

7）环境影响分析；

8）建设项目拟采用的防治措施及预期治理效果；

9）结论与建议。

（3）建设项目环境影响登记表的主要内容

1）项目基本情况；

2）项目地理位置和平面布置示意图；

3）周围环境概况和工艺与污染流程；

4）项目排污情况及环境措施简述。

4. 编制程序

在项目环境影响评价报告编制阶段，其工作流程如下（图2-5）：全过程工程咨询单位组建项目组—专业咨询工程师根据《建设项目环境影响评价分类管理名录》确定编制环境影响报告或填报环境影响登记表—专业咨询工程师搜集资料、踏勘现场—专业咨询工程师编制项目环境影响评价报告—总咨询工程师确认项目环境影响评价报告—投资人确认项目环境影响评价报告—投资人/全过程工程咨询单位申报项目环境影响评价报告—环境保护行政主管部门审批项目环境影响评价报告。

5. 质量要求

（1）环境影响报告书编制要求

1）一般包括概述、总则、建设项目工程分析、环境现状调查与评价、环境影响预测与评价、环境保护措施及其可行性论证、环境影响经济损益分析、环境管理与监测计划、环境影响评价结论和附录附件等内容。

概述可简要说明建设项目特点、环境影响评价工作过程、分析判定相关情况、关注的主要环境问题及环境影响，以及环境影响评价的主要结论等。总则应包括编制依据、评价因子与标准、评价工作等级和范围、相关规划及环境功能区划、主要环境保护目标等。

附录和附件应包括项目依据文件、相关技术资料、引用文献等。

2）应概括反映环境影响评价的全部工作成果并突出重点：工程分析应体现

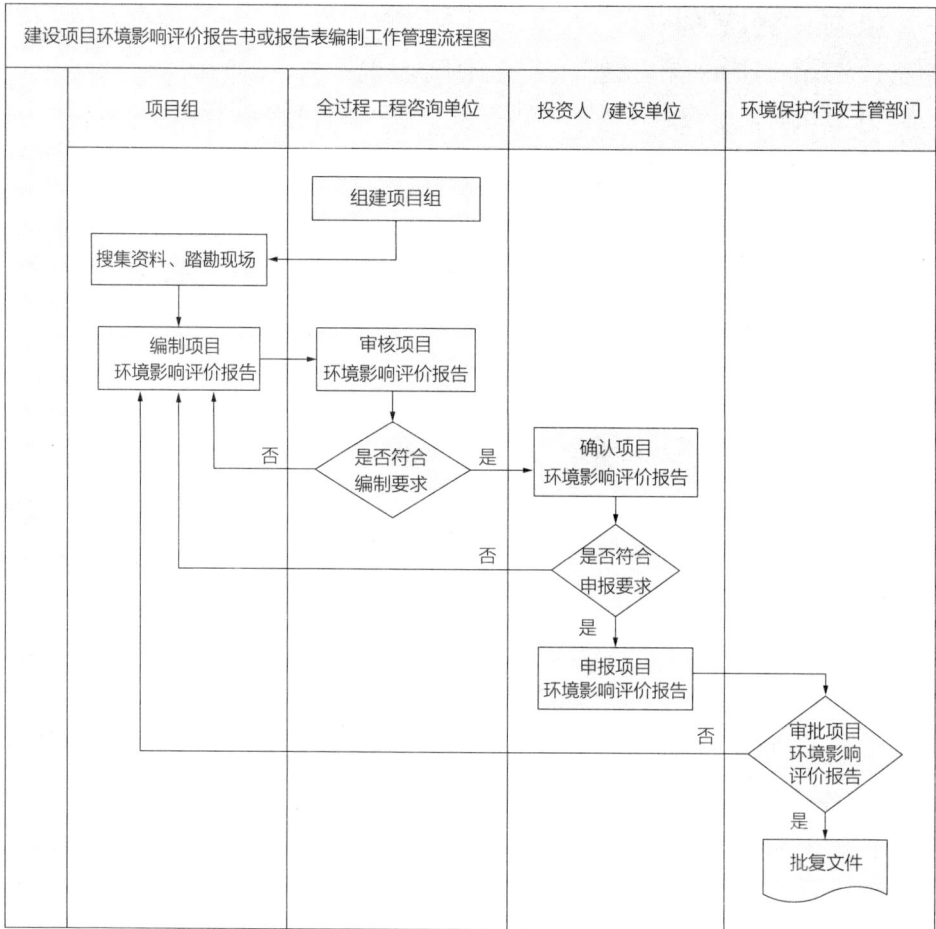

图2-5 建设项目环境影响评价工作流程图

工程特点；环境现状调查应反映环境特征；主要环境问题应阐述清楚；影响预测方法应科学；预测结果应可信；环境保护措施应可行、有效；评价结论应明确。

3）文字应简洁、准确，文本应规范，计量单位应标准化，数据应真实、可信，资料应翔实，图表信息应满足环境质量现状和环境影响预测评价要求，应强化先进信息技术的应用。

（2）环境影响报告表编制要求

环境影响报告表应采用规定格式。可根据工程特点与环境特征，有针对性地突出环境要素，或设置专题开展评价。

（3）环境影响报告书（表）内容若涉及国家秘密的按国家涉密管理有关规定处理。

6. 其他规定

（1）编制单位与人员要求

编制单位应当是能够依法独立承担法律责任的单位，具备环境影响评价技术能力。环境影响报告书（表）的编制主持人和主要编制人员应当为编制单位中的全职人员，环境影响报告书（表）的编制主持人还应当为取得环境影响评价工程师职业资格证书的人员。

（2）建设项目的环境影响评价审批要求

除重特大项目环评审批外，环境影响评价事项在开工前完成即可，建设项目的环境影响评价文件未依法经审批部门审查或者审查后未予批准的，建设单位不得开工建设。

（3）建设项目环境影响评价应避免与规划的环境影响评价相重复。作为整体建设项目的规划，按建设项目进行环境影响评价，不进行规划的环境影响评价。已进行环境影响评价的规划包含具体建设项目的，规划的环境影响评价结论应作为建设项目环境影响评价的重要依据，建设项目环境影响评价内容应基于规划的环境影响评价审查意见予以简化。

（4）按照《国务院办公厅关于全面开展工程建设项目审批制度改革的实施意见》（国办发〔2019〕11号），在各类开发区、工业园区、新区和其他有条件的区域，推行由政府统一组织对压覆重要矿产资源、环境影响评价、节能评价、地质灾害危险性评估、地震安全性评价、水资源论证等评估评价事项实行区域评估。对已经实施区域评估范围内的工程建设项目，相应的审批事项实行告知承诺制。

二、节能评估

1. 基本概念

节能评估是固定资产投资项目节能评估和审查的简称，是指根据节能法规、标准，对投资项目能源利用是否科学合理开展分析评估。

节能评估报告是指在项目节能评估的基础上，由具有工程咨询资信或能力的专业咨询工程师编制的节能评估报告书或节能评估报告表。

2. 编制依据

（1）《中华人民共和国节约能源法》（主席令第16号）；

（2）《固定资产投资项目节能审查办法》（国家发展改革委令第44号）；

（3）其他相关法律、法规、规划、产业政策等；

（4）其他相关标准及规范，节能技术、产品推荐目录；

（5）建设项目有关工程技术资料及其他所需资料等。

3. 编制内容

项目节能报告应包括下列内容：

（1）分析评价依据；

（2）项目建设方案的节能分析和比选，包括总平面布置、生产工艺、用能工艺、用能设备和能源计量器具等方面；

（3）选取节能效果好且经济可行的节能技术和管理措施；

（4）开展项目能源消费量、能源消费结构与能源效率等方面的分析；

（5）对所在地完成能源消耗总量与强度目标、煤炭消费减量替代目标的影响等方面开展分析评价。

4. 编制程序

在节能评估报告编制阶段，其流程为（图2-6）：全过程工程咨询单位组建项目组—专业咨询工程师收集资料、踏勘现场—专业咨询工程师编制项目节能评估报告—总咨询师审核项目节能评估报告—投资人确认项目节能评估报告—投资人/全过程工程咨询单位申报项目节能评估报告—投资主管部门审批项目节能评估报告。

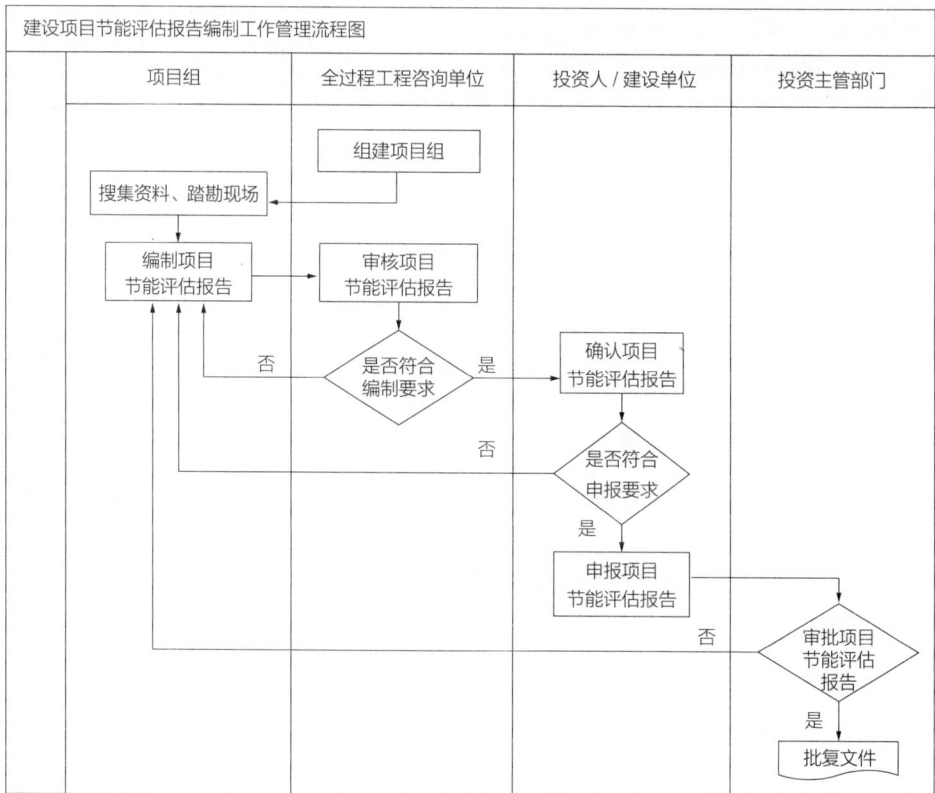

图2-6 建设项目节能评估工作流程图

5. 质量要求

项目节能评估文件应符合以下要求：

（1）项目符合节能相关法律法规、标准规范、政策；

（2）项目用能分析客观、准确，方法科学，结论准确；

（3）节能措施合理、可行；

（4）项目的能源消费量和能效水平满足本地区能源消耗总量和强度"双控"管理要求等。

6. 其他规定

（1）在《不单独进行节能审查的行业目录》中的项目，建设单位可不编制单独的节能报告，而是在项目可研报告或申请报告中对能源利用情况、节能措施情况和能效水平开展分析。节能审查机关对本目录中的项目不再单独进行节能审查并出具节能审查意见。年综合能源消费量不满1000t标准煤且年电力消费量不满500万kWh的固定资产投资项目，以及涉及国家秘密的项目参照以上规定。

（2）年综合能源消费量5000t标准煤以上的固定资产投资项目，其节能审查由省级节能审查机关负责。其他固定资产投资项目的节能审查管理权限由省级节能审查机关基于实际情况自行决定。

（3）根据《固定资产投资项目节能审查办法》有关规定，固定资产投资项目节能审查意见是项目开工建设、竣工验收和运营管理的重要依据。对于政府投资项目，建设单位在报送可研报告前需取得节能审查机关所出具的节能审查意见。对于企业投资项目，建设单位需在开工建设前取得节能审查机关所出具的节能审查意见。如未按本办法规定开展节能审查或节能审查未通过项目，建设单位不得开工建设，已建成的项目不得投入生产使用。

（4）按照《国务院办公厅关于全面开展工程建设项目审批制度改革的实施意见》（国办发〔2019〕11号），在各类开发区、工业园区、新区和其他有条件的区域，推行由政府统一组织对压覆重要矿产资源、环境影响评价、节能评价、地质灾害危险性评估、地震安全性评价、水资源论证等评估评价事项实行区域评估。对已经实施区域评估范围内的工程建设项目，相应的审批事项实行告知承诺制。

三、项目安全评价

1. 基本概念

安全评价按照实施阶段的不同分为安全预评价、安全验收评价与安全现状评价。在决策阶段中针对建设项目主要开展安全预评价。

安全预评价是指在建设项目可研阶段、工业园区规划阶段或生产经营活动组织实施前，基于相关基础资料辨识与分析建设项目、工业园区、生产经营活动存在的潜在危险与有害因素，确定其与安全生产法律法规、行政规章与标准规范的符合性，进而预测事故发生的可能性及严重程度，提出科学合理的安全措施与对策建议，并做出安全评价结论的活动。

2. 编制依据

（1）《中华人民共和国安全生产法》（主席令第13号）；

（2）《建设工程安全生产管理条例》（国务院令第393号）；

（3）《建设项目安全设施"三同时"监督管理办法》（国家安全生产监督管理总局令第36号）；

（4）《危险化学品建设项目安全监督管理办法》（国家安全生产监督管理总局令第45号）；

（5）《烟花爆竹生产经营安全规定》（国家安全生产监督管理总局令第93号）；

（6）《冶金企业和有色金属企业安全生产规定》（国家安全生产监督管理总局令第91号）；

（7）《安全评价检测检验机构管理办法》（中华人民共和国应急管理部令第1号）；

（8）《建设领域安全生产行政责任规定》（建法〔2002〕223号）；

（9）《关于加强建设项目安全设施"三同时"工作的通知》（发改投资〔2003〕1346号）；

（10）《安全评价通则》AQ 8001—2007；

（11）《安全预评价导则》AQ 8002—2007；

（12）其他相关法律、法规、规划等；

（13）建设项目有关工程技术资料等；

（14）根据不同行业项目的特殊要求所需要的其他相关资料。

3. 编制内容

根据《安全预评价导则》AQ 8002—2007规定，安全预评价报告基本内容如下：

（1）结合评价对象特点阐述编制安全预评价报告的目的；

（2）列出有关的法律法规、标准规范、规章和评价对象被批准设立的有关文件，以及其他有关参考资料等安全预评价依据；

（3）介绍评价对象的选址、总图及平面布置、水文地质条件、工业园区规划、生产规模、工艺流程、功能分布、主要原材料、主要设施设备与装置、产品

（中间产品）、经济技术指标、公用工程及辅助设施及人流和物流等概况；

（4）列出辨识与分析危险有害因素的依据，阐述辨识与分析危险有害因素的过程；

（5）阐述划分评价单元的原则与分析过程等；

（6）简单介绍所列选定的评价方法并阐述选定此方法的原因。详细列出定性与定量评价过程。明确重大危险源的分布与监控情况，以及预防事故扩大的应急预案。给出相关的评价结果，并对得出的评价结果进行分析；

（7）列出安全对策建议措施的依据、原则与内容；

（8）作出评价结论。安全预评价结论应简要列出主要危险与有害因素评价结果，并指出评价对象应重点防范的重大危险和有害因素，明确应重视的安全对策与措施建议，以及在采取安全对策措施后，存在的潜在危险与有害因素能否得到控制及受控程度如何。基于安全生产角度，给出评价对象是否符合国家有关法律法规、标准规范与规章的要求。

4. 编制程序

参见图2-7。

（1）前期准备。前期准备工作应包括：明确评价对象和评价范围；组建评价组；收集国内相关法律法规、标准规范与规章；收集分析评价对象的基础资料与相关事故案例；对类比工程进行实地调查等。

（2）辨识与分析危险、有害因素。辨识分析评价对象可能存在的危险与有害因素；分析危险有害因素发生作用的途径及变化规律。

（3）划分评价单元。应基于考虑安全预评特点开展评价单元划分，以自然条件、基本工艺条件、危险有害因素分布及状况以及便于实施评价为原则进行。

（4）定性、定量评价。根据评价的目的与要求，以及评价对象的特点、工艺、功能或活动分布，选择科学合理与适用的定性定量评价方法，对危险有害因素导致事故发生的可能性及严重程度开展评价。对不同评价单元可根据评价需要和单元特征选择不同评价方法。

（5）提出安全对策措施建议。应从评价对象的总图布置、功能分布、工艺流程、设施设备等方面提出安全技术对策措施，以保障评价对象建成或实施后能安全运行；应基于保证评价对象安全运行的需要提出其他安全对策措施。

（6）做出评价结论。应概括评价结果，并给出评价对象与国家有关法律法规、标准规范与规章的符合性结论，以及危险有害因素引发各类事故的可能性与其严重程度的预测性结论，进一步明确评价对象建成或实施后能否安全运行的结论。

（7）编制安全预评价报告等。

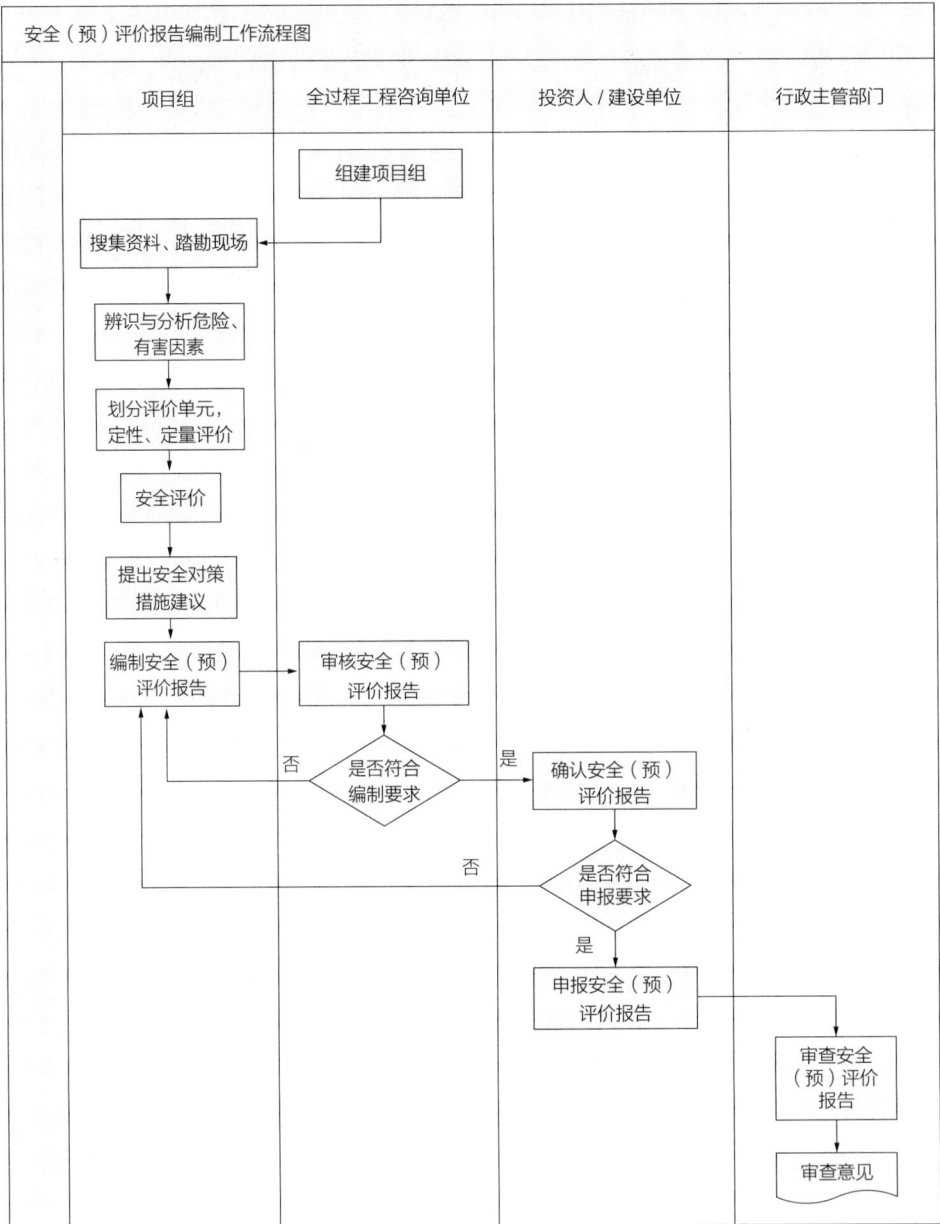

图2-7　项目安全评价工作流程图

5. 质量要求

（1）安全预评价报告是安全预评价工作过程的具体体现，是评价对象在建设或实施过程中的安全技术性指导文件。安全预评价报告文字应简洁、准确，可同时采用图表和照片以使得评价过程和结论清楚明确并利于阅读审查；

（2）评价报告内容应全面，条理清楚且数据完整，提出建议可行，评价结论应客观、公正；文字应简洁、准确且论点明确并利于阅读审查；

（3）评价报告的主要内容应包括：评价对象基本情况、评价范围与评价重点、安全评价结果及安全管理水平、安全对策意见建议，施工现场问题照片及明确整改时限；

（4）安全评价报告宜采用纸质载体并采用电子载体辅助。

6. 其他规定

根据《建设项目安全实施"三同时"监督管理暂行办法》规定，下列建设项目在进行可行性研究时，生产经营单位应当按照国家规定开展安全预评价：

（1）非煤矿矿山建设项目；

（2）生产、储存危险化学品（包括使用长输管道输送危险化学品）的建设项目；

（3）生产、储存烟花爆竹的建设项目；

（4）金属冶炼建设项目；

（5）使用危险化学品从事生产并且使用量达到规定数量的化工建设项目（属于危险化学品生产的除外，以下简称化工建设项目）；

（6）法律、行政法规和国务院规定的其他建设项目。

生产经营单位应当委托具有相应资质的安全评价机构对建设项目开展安全预评价，编制安全预评价报告并报安全生产监督管理部门审查。针对以上规定外的其他建设项目，生产经营单位应对其安全生产条件和设施开展综合分析并形成书面报告备查。

编制单位与人员要求：

（1）安全评价机构实行资质许可制度，应符合《安全评价检测检验机构管理办法》的规定。生产经营单位可以自主选择安全评价机构，接受其资质认可范围内的安全评价服务。

（2）安全评价项目组组长应具有与业务相关的二级以上安全评价师资格，并在本行业领域工作3年以上。项目组其他组成人员应符合安全评价项目专职安全评价师专业能力配备标准。

四、社会稳定风险评估

1. 基本概念

社会稳定风险评估机制是指与人民群众利益切实相关的重大决策、重要政策、重大改革措施、重大工程建设项目，与社会公共秩序相关的重大活动等重大事项在制定出台或审批审核与组织实施前，对可能影响社会稳定的因素开展系统调查，科学预测，分析评估并制定风险应对策略和预案，以确保有效预防、规避与控制重大事项在实施中或实施后可能产生的社会稳定风险。

对于重大工程建设项目，社会稳定风险评估机制包括社会稳定风险分析和社会稳定风险评估两个步骤。社会稳定风险分析应作为项目可研报告与申请报告的重要内容并设独立篇章。此外，应由项目所在地人民政府或其有关部门指定评估主体组织，对项目单位所做社会稳定风险分析进行评估论证。

2. 编制依据

（1）《国家发展改革委重大固定资产投资项目社会稳定风险评估暂行办法》（发改投资〔2012〕2492号）；

（2）《重大固定资产投资项目社会稳定风险分析篇章和评估报告编制大纲（试行）》（发改办投资〔2013〕428号）；

（3）相关法律、法规、规章与规范性文件及其他政策性文件；

（4）项目单位提供拟建项目基本情况和风险分析所必需的材料；

（5）国家出台的区域经济社会发展规划以及国务院及相关部门批准的相关规划；

（6）项目单位的委托合同；

（7）建设项目其他相关政策文件与资料；

（8）投资人的组织机构、经营范围、财务能力等；

（9）根据不同行业项目的特殊要求所需的其他相关资料；

（10）全过程工程咨询单位的知识和经验体系。

3. 编制内容

拟建项目社会稳定风险评估报告应包括以下内容：

（1）基本情况

1）项目概况。简述项目基本情况，包括：项目单位、拟建地点、建设必要性、建设方案、建设期、主要技术经济指标、环境影响、资源利用、征地搬迁及移民安置、社会环境概况（含当地经济发展及社会治安、群体性事件、信访等情况），以及投资及资金筹措等内容。

2）评估依据。社会稳定风险评估工作所依据的相关法律法规和规范性文件等；国家出台的区域经济社会发展意见与国务院及有关部门批准的相关规划，以及所采用的项目所在地人民政府确定的社会稳定风险评判标准或指标体系。

3）评估主体。拟建项目的评估主体指定方，以及评估主体的组成及职责分工，并具体说明其相关部门、社会组织、专业机构、专家学者与群众代表等参与评估工作情况。

4）评估过程和方法。简述评估工作的主要过程、程序和步骤；说明评估工作采用的主要方法。

（2）评估内容

1）风险调查评估及各方意见采纳情况。阐述对风险调查的广泛性、真实性与代表性等方面开展评估的过程和结果。说明评估主体基于实际需要直接开展或要求项目单位开展补充风险调查的情况。对所收集拟建项目各方面意见开展梳理与比较分析，形成能反映实际情况的信息资料并阐述其采纳情况。

2）风险识别和估计的评估。一是风险识别评估。对风险识别的完整性与确定性提出评估意见；基于风险调查评估结果补充完善拟建项目可能引发的主要社会稳定风险因素并汇总。二是风险估计评估。针对风险估计的客观性、分析内容完备性、分析方法的适用性等提出评估意见；预估主要风险因素的发生概率、影响程度和风险程度。

3）风险防范和化解措施评估。对社会稳定风险分析篇章中提出的风险防范与化解措施开展评估并补充完善。进一步补充完善拟建项目可能引发的社会稳定风险，并明确落实各项防范化解措施的责任主体与协助单位、具体负责内容、风险控制节点，以及实施时间和要求。

4）落实措施后的风险等级确定。对风险分析篇章中风险等级判断方法、评判标准的选择运用是否恰当、风险等级判断结果是否客观合理提出评估意见；结合补充的重要风险因素，综合以上评估结果，确定项目落实防范、化解风险措施后的项目风险等级。

（3）评估结论

1）拟建项目存在的主要风险因素；

2）拟建项目合法性、合理性、可行性与可控性评估结论；

3）拟建项目的风险等级；

4）拟建项目主要风险防范与化解措施；

5）根据需要提出应急预备与建议。

4. 编制程序

在项目社会稳定风险评估阶段，主要流程为（图2-8）：全过程工程咨询单位组建项目组—专业咨询工程师制定工作方案—专业咨询工程师调查研究—专业咨询工程师分析研究—专业咨询工程师编制社会稳定风险分析报告—总咨询师审核社会稳定风险分析报告—投资人确认社会稳定风险分析报告—政府相关主管部门评估和使用社会稳定风险分析报告。

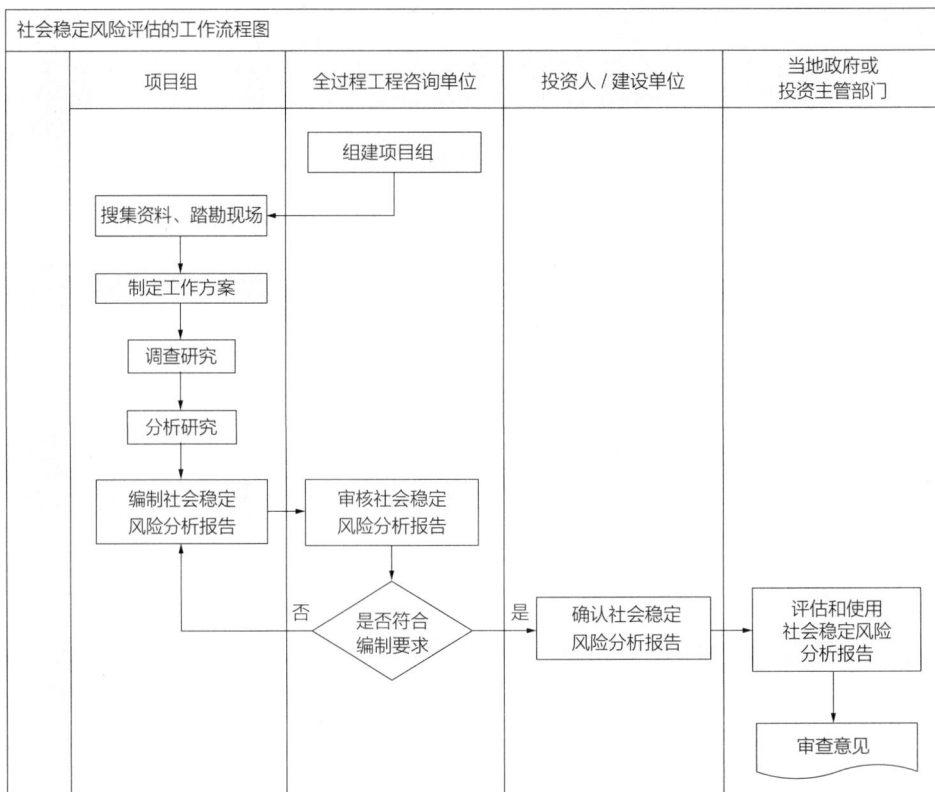

图2-8　社会稳定风险评估工作流程图

5. 质量要求

项目社会稳定风险评估报告的评估要点主要包括以下几个方面：

（1）拟建项目建设实施的合法性、合理性、可行性、可控性；

（2）风险因素变化的合理性；风险调查的全面性；公众参与的完备性；风险因素识别的全面性和准确性；

（3）风险调查结果的真实性和可信性；

（4）风险防范、化解措施的合法性、系统性、完整性、全面性、合理性、有效性；

（5）主要风险因素的完整性；

（6）责任主体的明确性；

（7）风险等级评判方法、评判标准的选择的合适性。

6. 其他规定

（1）目前，一些地方根据当地实际，按照"应评尽评"的要求确定下列重点领域建设项目应当开展风险评估工作：

1）易发生社会不稳定问题的重点领域建设项目；

2）涉及土地与房屋征收的建设项目；

3）在项目规划与环评公示阶段发生社会不稳定问题且尚未化解的建设项目；

4）在居民密集区建设且对周边群众生产生活具有一定影响的建设项目；

5）重大地质勘察和矿产资源开发项目；

6）项目单位应加强审批（核准）前的风险预研工作，凡是经预研判断可能引发社会不稳定问题的其他建设项目。

（2）社会稳定风险分析主要运用的方法包括文献收集法、访谈法、问卷法、实地观察法、对照表法、案例参照法、风险矩阵法、风险因素估计法、风险程度判断法、综合风险指数法等。

（3）重大项目所在地人民政府或其有关部门指定评估主体负责组织社会稳定风险评估工作。评估主体可委托专业机构与社会组织等第三方机构作为评估实施主体，但不发生评估主体责任转移。

（4）第三方机构应当具备社会稳定风险评估技术能力，且符合国家、地方相关管理办法的规定。

（5）评估报告应由评估主体主要负责人签字后送同级党委政法委备案，符合评估程序规范的，应出具评估报告的备案文书。评估主体所作社会稳定风险评估报告是国家地方发展改革委审批、核准或核报国务院审批与核准项目的重要依据。

五、水土保持方案

1. 基本概念

水土保持是指对自然因素和人为活动造成水土流失所采取的预防和治理措施。水土保持方案是开发建设项目总体设计的重要组成部分，是设计和实施水土保持措施的技术依据。水土保持方案编制分为可行性研究、初步设计、技施设计三个阶段。

可行性研究阶段：根据《开发建设项目水土保持方案编报审批管理规定》的内容与建设项目可研报告编制水土保持方案报告书。

初步设计阶段，根据水相关行政主管部门批准的水土保持方案（可行性研究阶段）报告书，对各项水土流失防治工程开展初步设计。

技施设计阶段，主要是按项目水土保持初步设计开展各项水土保持工程的技术设计和施工图设计。

2. 编制依据

（1）《中华人民共和国水土保持法》（主席令第39号）；

（2）《中华人民共和国环境保护法》（主席令第9号）；

（3）《中华人民共和国水法》（主席令第48号）；

（4）《中华人民共和国水土保持法实施条例》（国务院令第120号）；

（5）《开发建设项目水土保持方案编报审批管理规定》（水利部令第5号）；

（6）《开发建设项目水土保持方案管理办法》（水保〔1994〕513号）；

（7）《生产建设项目水土保持方案技术审查要点》（水保监〔2014〕58号）；

（8）《开发建设项目水土保持方案技术规范》SL 204—1998；

（9）《开发建设项目水土保持技术标准》GB 50433—2018；

（10）《开发建设项目水土流失防治标准》GB/T 50434—2018；

（11）《开发建设项目水土保持设施验收技术规程》GB/T 22490—2008；

（12）《水土保持工程设计规范》GB 51018—2014；

（13）建设项目的其他相关政策文件与建设资料。

3. 编制内容

（1）水土保持方案报告书主要内容包括：

1）方案编制总则

① 结合开发建设项目特点，阐述编制水土保持方案的目的与意义。

② 编制依据。主要包括项目建议书、可行性研究报告等；环境影响评价大纲及报告书；水土保持方案编制大纲及审查意见；水土保持方案编制委托书（合同）或任务书等。

③ 采用技术标准。包括有关水土保持的国家、地方与行业标准等。

2）建设项目区概况

① 建设项目名称、位置（应附平面位置图）、建设性质与总投资等主要技术经济指标。

② 建设规模、防治责任范围与工程布局（应附平面图）。

③ 项目区地形、地貌、地质、土壤、地面物质与植被等。

④ 项目区及周边地区水文、气象、河流及泥沙等。

⑤ 项目区及周边地区人口、土地利用、经济发展方向和水平等社会经济状况。

⑥ 项目区发展规划。

⑦ 项目施工工艺、采挖及排弃固体废弃物等特点。

⑧ 项目区域水土流失及防治情况。

3）生产建设过程中水土流失预测

① 水土流失时段的划分。

② 预测的内容方法。包括挠动原地貌、损坏土地和植被面积；弃土、弃石与弃渣量；损坏水土保持设施的面积数量；可能造成水土流失的面积及流失总量；可能造成的水土流失危害；预测结果及综合分析。

4）水土流失防治方案

① 方案编制的原则和目标。

② 建设项目的防治责任范围（应附图说明）与本方案设计深度。

③ 水土流失防治分区及水土保持措施的总体布局（应附平面布置图）。

④ 分区防治措施布局（大型建设项目还应另行编制分区防治附件）。

⑤ 方案实施进度安排及其工程量（应列表说明）。

⑥ 水土流失监测。

5）水土保持投资估（概）算及效益分析

① 水土保持投资估（概）算。包括编制依据；编制方法；总投资及年度安排（应列表说明）。

② 效益分析。主要分析和预测方案实施后在水土流失控制、生态环境恢复改善、土地生产力恢复、建设项目安全保障与地区经济发展促进等方面的作用效益。

6）方案实施和保证措施

包括组织领导和管理措施；技术保证措施；资金来源及管理使用方法。

（2）水土保持方案报告表主要内容包括：

项目简述、项目区概述、产生水土流失的环节分析、防治责任范围、措施设计及图纸、工程量及进度、投资、实施意见等内容。

4. 编制程序

在项目水土保持方案报告编制阶段，主要流程为（图2-9）：全过程工程咨询单位组建项目组—专业咨询工程师根据《开发建设项目水土保持方案编报审批管理规定》及项目自身特点确定编制水土保持方案报告书或水土保持方案报告表—专业咨询工程师搜集资料、踏勘现场—专业咨询工程师编制项目水土保持方案报告—总咨询师审核项目水土保持方案报告—投资人确认项目水土保持方案报告—投资人/全过程工程咨询单位申报项目水土保持方案报告—水行政主管部门审批项目水土保持方案报告。

5. 质量要求

生产建设项目水土保持方案技术审查要点：

（1）符合有关法律、法规、规章和规范性文件规定；

（2）符合《开发建设项目水土保持方案技术规范》等国家行业的水土保持技术规范与标准；

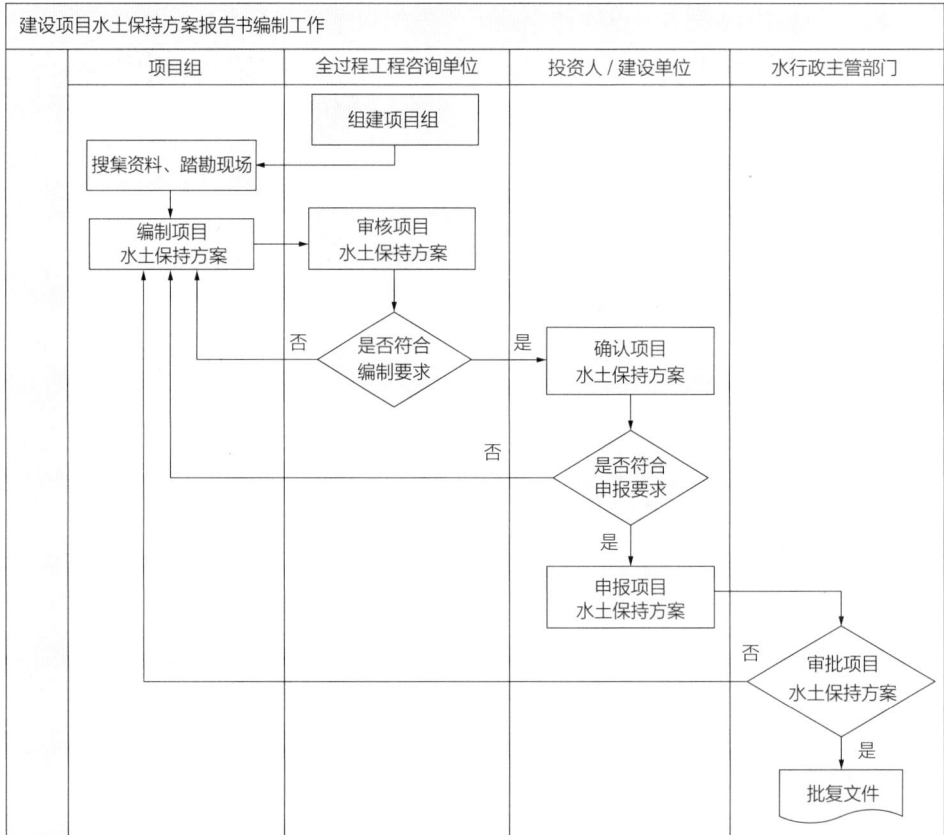

图2-9 水土保持方案工作流程图

（3）水土流失防治责任范围明确；

（4）水土流失防治措施合理、有效且与周边环境相协调，并达到主体工程设计深度；

（5）水土保持投资估算的编制依据可靠、方法合理且结果正确；

（6）水土保持监测的内容与方法得当。

6. 其他规定

（1）凡从事有可能造成水土流失的开发建设单位和个人必须编制水土保持方案。其中，对于审批制项目应在报送可研报告前完成水土保持方案报批手续；对于核准制项目应在提交项目申请报告前完成水土保持方案报批手续；对于备案制项目应在办理备案手续后、项目开工前完成水土保持方案报批手续。经批准的水土保持方案应当纳入下阶段设计文件中。

（2）水土保持方案分为水土保持方案报告书和水土保持方案报告表。凡征占地面积在1hm²以上或挖填土石方总量在1万m³以上的建设开发项目，应编制水土保持方案报告书；对于其他建设开发项目应编制水土保持方案报告表。

（3）水土保持方案报告书、水土保持方案报告表必须由取得相应资格的单位编制，其内容和格式应当符合《开发建设项目水土保持技术规范》和有关规定。

六、地质灾害危险性评估

1. 基本概念

地质灾害危险性评估，是指在查明各种致灾地质作用的性质规模与承灾对象社会经济属性的基础上，从致灾体稳定性和遭遇概率上分析着手，对其潜在的危险性进行客观评价，开展包括现状评估、预测评估、综合评估、建设用地适宜性评价及地质灾害防治措施建议等为主要内容的技术工作。

2. 编制依据

（1）《国土资源部关于加强地质灾害危险性评估工作的通知》（国土资发〔2004〕69号）；

（2）《地质灾害防治条例》（国务院令第394号）；

（3）《国务院办公厅转发国土资源部、建设部关于加强地质灾害防治工作意见的通知》（国办发〔2001〕35号）；

（4）《地质灾害危险性评估规范》DZ/T 0286—2015；

（5）《建设用地地质灾害危险性评估技术要求（试行）》；

（6）《地质灾害危险性评估及咨询评估预算标准（试行）》T/CAGHP 031—2018；

（7）建设项目的其他相关政策文件与建设资料。

3. 编制内容

地质灾害危险性评估的主要内容是：阐明工程建设区和规划区的地质环境条件和基本特征；分析论证工程建设区和规划区各种地质灾害的危险性并开展现状评估、预测评估和综合评估；提出防治地质灾害措施与建议，并作出建设场地适宜性评价结论。

地质灾害危险性评估报告书包括以下内容：

（1）征地地点及范围；

（2）项目类型及平面布置图；

（3）评价工作级别的确定；

（4）地质环境条件；

（5）地质灾害类型及特征；

（6）工程建设诱发、加剧地质灾害的可能性；

（7）工程建设本身可能遭受地质灾害的危险性；

（8）综合评估与防治措施；

（9）结论与建议。

4．编制程序

参见图2-10。

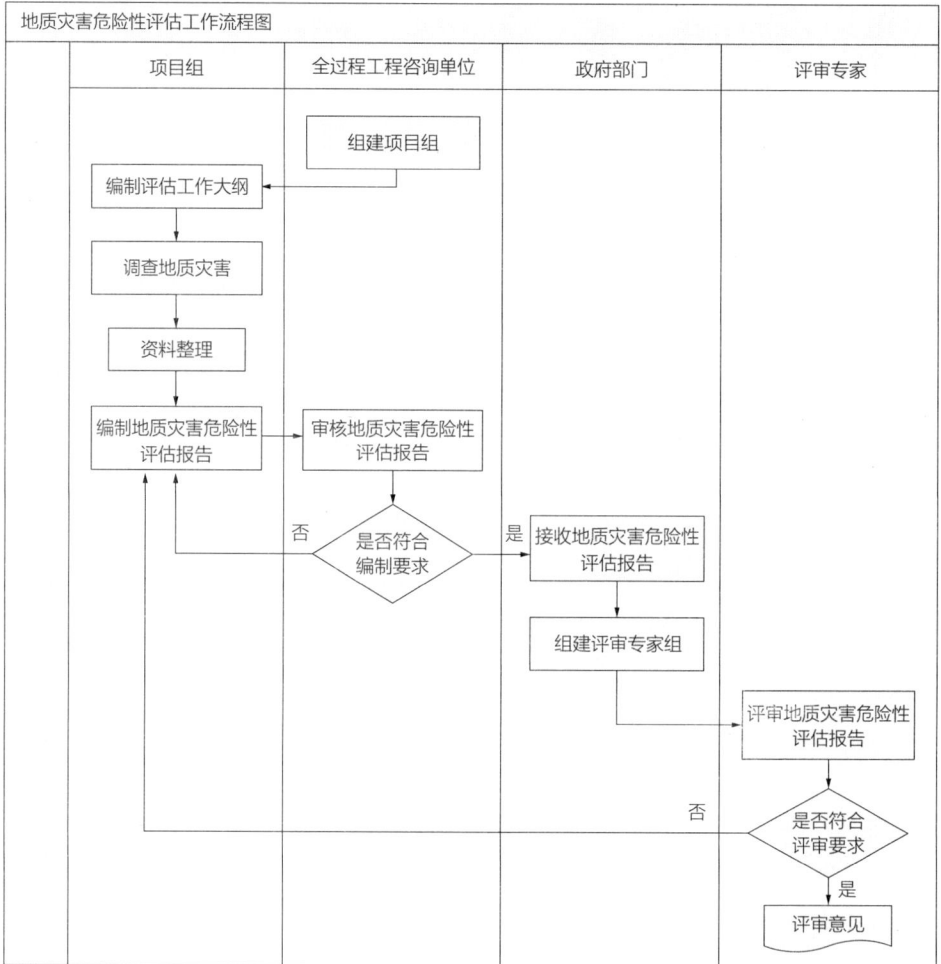

图2-10　地质灾害危险性评估工作流程图

（1）接受评估工作任务后，应根据建设工程的特点，搜集有关资料和现场踏勘，对评估区地质环境条件和地质灾害类型进行初步分析。

（2）根据地质环境条件和地质灾害类型划分评估工作范围，确定评估区面积和评估等级，编制评估工作大纲或设计书。

（3）进行现场调查，查明区域和评估区地质环境条件，分析与地质灾害形成的关系。

（4）查明评估区和周边地质灾害特征，对地质灾害危险性进行评估。

（5）根据评估区和周边地质灾害的危险性，结合建设工程特点对建设用地适宜性作出评估。

（6）提交地质灾害危险性评估报告。

5. 质量要求

开展地质灾害危险性评估应分级进行，主要根据地质环境条件复杂程度与建设项目重要性分为三级。

（1）一级评估应有充足的基础资料并进行充分论证。

1）必须对评估区内所分布各类地质灾害体的危险性与危险程度逐一开展现状评估；

2）对建设场地和规划区范围内，工程建设可能引发或加剧及本身可能遭受的各类地质灾害的可能性与危害程度分别开展预测评估；

3）基于现状评估和评估结果预测综合评估建设场地和规划区地质灾害危险性程度，并分区段划分出危险性等级，说明各区段主要地质灾害种类和危害程度，进而对建设用地适宜性作出评估，并提出地质灾害防治的措施建议。

（2）二级评估应有足够的基础资料，进行综合分析。

1）必须对评估区内分布的各类地质灾害的危险性和危害程度逐一开展初步现状评估；

2）对建设场地范围和规划区内，工程建设可能引发或加剧的和本身可能遭受的各类地质灾害的可能性及危害程度分别开展初步预测评估；

3）在上述评估的基础上，综合评估其建设场地和规划区地质灾害危险性程度，分区段划分出危险性等级并说明各区段主要地质灾害种类和危害程度，对建设场地适宜性作出评估并提出可行的防治地质灾害的措施与建议。

（3）三级评估应有必要的基础资料进行分析，参照一级评估要求的内容，作出概略评估。

目前，各方对地质灾害危险性评估报告评审普遍实行质量等级评定制度。评估报告的质量分为：优秀（90≤综合评分≤100分）、良好（75≤综合评分＜90分）、合格（60≤综合评分＜75分）、不合格（综合评分＜60分）4个等级。评分方式一般由每个评审专家自行评分，而后再取平均分作为综合评分（四舍五入，给出整数分）。评估报告质量等级作为评估单位资信年检考核和晋升资信等级的参考依据。

6. 其他规定

（1）在地质灾害易发区内进行工程建设，应当在可行性研究阶段进行地质灾害危险性评估，并将评估结果作为可研报告的组成部分；可行性研究报告如未包含地质灾害危险性评估结果，不得批准。

（2）应按国土资源行政主管部门的相关规定组织专家，对地质灾害危险性评估成果进行审查备案后，方可提交立项并进行用地审批使用。

（3）对承担地质灾害危险性评估工作的单位应实行资质管理制度。严禁不具备相应资质条件的单位从事地质灾害危险性评估工作。

（4）按照《国务院办公厅关于全面开展工程建设项目审批制度改革的实施意见》（国办发〔2019〕11号），在各类开发区、工业园区、新区和其他有条件的区域，推行由政府统一组织对压覆重要矿产资源、环境影响评价、节能评价、地质灾害危险性评估、地震安全性评价、水资源论证等评估评价事项实行区域评估。对已经实施区域评估范围内的工程建设项目，相应的审批事项实行告知承诺制。

七、交通影响评价

1. 基本概念

交通影响评价是基于分析拟建设项目对周边交通系统运行的影响，对建设项目选址、规模与规划设计方案在交通方面的合理性开展分析评价并提出改善措施，帮助规划、建设、交通管理等相关部门在土地开发管理审批程序的最后阶段进行交通与土地利用协调的决策。

交通影响评价主要在中微观层面进一步核实土地利用与交通系统规划建设的合理性，包括合理配置土地开发强度与交通系统的供求关系，避免城市功能和交通需求的过度集中，引导土地的集约化利用和中微观交通系统的合理化建设等。

2. 编制依据

（1）《中华人民共和国城乡规划法》（主席令第74号）；

（2）《中华人民共和国道路交通安全法》（主席令第47号）；

（3）《中华人民共和国道路交通安全法实施条例》（国务院令405号）；

（4）《城市规划编制办法》（建设部令第146号）；

（5）《建设项目交通影响评价技术标准》CJJ/T 141—2010；

（6）《建设项目交通影响评价技术手册》；

（7）其他相关法规、标准和规范及项目资料。

3. 编制内容

（1）交通影响评价工作的主要内容包括：

1）确定交通影响评价的范围与年限；

2）进行相关调查和资料收集；

3）分析评价范围内现状、各评价年限土地利用与交通系统；

4）分析交通需求；

5）评价建设项目交通影响程度；

6）针对建设项目评价范围内的交通系统、建设项目选址与建设项目报审方案的改善提出建议，并对改善措施开展评价；

7）提出评价结论。

（2）交通影响评价报告编制的主要内容主要包括以下几个方面：

1）建设项目概况

建设项目概况应包括建设项目主要规划设计条件、主要技术经济指标与业态以及建设方案等。

2）评价范围与年限。

3）评价范围现状与规划情况：

应介绍评价范围内现状、规划土地利用和交通发展情况。

4）现状交通分析：

① 交通调查方案说明；

② 现状交通运行状况评价应符合以下规定：

a. 应对评价范围内各种交通方式的交通流特征、交通设施与交通管理政策措施进行说明。

b. 应对评价范围内的现状道路、公共交通、自行车、行人与停车等交通系统的管理措施、供需与运行状况开展分析，并提出现状交通系统存在的主要问题。

5）交通需求预测

应对各评价年限与各评价时段的背景交通和项目新生成交通进行预测，分析评价范围内交通系统的交通量分布与运行特征。

6）交通影响程度评价

① 开展评价范围内主要交通问题分析、根据交通系统供需分析与交通影响程度评价提出评价范围内交通系统存在的主要交通问题。

② 评价建设项目新生成的交通需求对评价范围内交通系统运行的影响程度。评价对象应包括范围内各种交通系统，包括机动车、公共交通、停车、自行车和行人等。

7）交通系统改善措施与评价

① 改善出入口布局与组织，优化建设项目内部交通设施：

a. 根据出入口与外部交通衔接状况提出出入口数量、大小、位置以及交通组织的改善建议。

b. 优化建设项目内部道路与停车布局。

② 评价范围内交通系统改善：

a. 优化评价范围内交通组织；

b. 道路网络改善和改造措施；

c. 出入口或交叉口的渠化和信号控制改善；

d. 公共交通系统改善，内容宜包括公共交通运营组织、线路优化和场站改善等；

e. 自行车、行人和无障碍交通系统改善；

f. 停车设施改善，内容宜包括机动车、自行车停车设施、货车装卸点、出租车和社会车辆停靠点等。

③ 改善措施评价。

8）结论及建议应包括下列内容：

① 交通影响评价的结论与建议应包括：评价结论、必要性措施和建议性措施。

② 评价结论应明确项目建成对评价范围内交通系统的影响程度，交通改善后建设项目交通影响是否可接受，以及是否需要对建设项目的选址和（或）报审方案进行调整。

③ 必要性措施是保证建设项目交通影响可接受的前提条件，建议性措施包括对建设项目内部或评价范围内交通系统推荐采取的措施方法。对评价范围内交通系统影响为显著影响的建设项目应明确必要性措施。

9）交通影响评价报告书至少应包括如下内容的图纸：

① 项目区域位置图；

② 交通影响评价范围图；

③ 建设项目总平面及交通组织图；

④ 项目周边现状土地利用图；

⑤ 项目周边现状交通条件图；

⑥ 项目周边现状交通运行状况图；

⑦ 项目周边土地利用规划图；

⑧ 项目周边规划交通条件图；

⑨ 评价年无本项目路网交通流量及运行状况图；

⑩ 项目交通需求分布图；

⑪ 项目新增交通量在路网上的分配图；

⑫ 评价年有本项目路网交通流量及运行状况图（改善前）；

⑬ 总体交通改善措施图；

⑭ 评价年有本项目路网交通流量及运行状况图（改善后）；

⑮ 建设项目交通组织及出入口布局优化方案图；

⑯ 项目到达/离开车流交通组织建议图；

⑰ 道路交通改善措施详细方案图。

4. 编制程序

（1）组建项目组

在项目交通影响评价报告编制阶段，咨询单位组建项目组。

（2）编制评价工作大纲

专业咨询工程师充分收集建设项目用地、规划、设计方案等资料，并组织现场勘察，包括项目周边道路网现状及规划情况，项目周边建筑情况，项目区内土地利用性质分析，项目的性质、规模、面积、停车与出入口等的设置情况。在分析已有资料基础上，根据项目建设方案和规划的特点，并结合相关规范条文规定，编制评价工作大纲，明确任务，确定研究范围及预测年限，进行工作部署，提出质量监控措施和成果等。

（3）现状调查及分析

专业咨询工程师对周边道路网开展交通量调查，以便掌握地区交通流时空变化特性、道路服务水平、停车设施供需状况及公共交通现状，在调查的基础上进行现状道路服务水平、停车设施、公共交通现状供需的分析；对类似已建项目进行调查，为新建项目提供基础数据。对不同类型的建筑，还会进行不同的需求分析及调查分析。

（4）交通量预测

交通量预测包括两部分，一部分为背景交通量预测，另一部分为诱增交通量预测。进行交通量预测时，先对上述两种交通量分别进行预测，然后将二者相加，获得未来交通需求。

（5）交通影响分析评价

专业咨询工程师在考虑项目建成并充分投入使用的情况下，通过估计周边道路高峰小时交通量，开展服务水平的灵敏度分析并计算因项目新增交通量所占总新增交通量比例，以确定因项目开发对周边道路网的影响程度。

一般来说，交通影响分析应包括：新建项目对所在区域局部路网的影响程度，即交通服务水平的降低程度分析、新建项目的出入口供需关系分析设计、项目群内交通组织设计，公交分析和停车分析等。

（6）交通组织规划

专业咨询工程师基于交通评价对项目交通诱导系统和交通路线开展设计，使其路线简捷畅通，使得使用者对路线清晰明了。

（7）报告编制

专业咨询工程师在对相关资料及分析结果进行整理汇总，并在此基础上进行交通影响评价报告的编制工作。评估报告应有全面、真实的所需资料，专业咨询工程师应承诺对评估报告资料的真实性负责。

（8）报告评审

一般由规划行政主管部门会同公安、建设等有关部门建立工作机制对其进行联合审查，经修改完善的评价报告经相关部门复核后出具《建设项目交通影响评价审核意见书》。

具体工作流程参见图2-11。

5. 质量要求

（1）以上为一般交通影响评价技术工作应具备的基本内容。由于各城市交通特点和交通咨询技术水平差距较大，各地可根据实际情况，对交通影响评价工作相关内容和要求作出更加明确的规定。

（2）建设项目交通影响评价所采用的基础资料应完整、准确并有效。报告必须完整体现交通影响评价的任务和技术内容要求，提出对建设项目交通影响程度、评价范围内交通系统改善措施以及是否需要调整建设项目选址、报审方案的明确结论。

（3）为保证交通影响评价的交通需求预测资料的准确、可靠且容易取得，建设项目交通影响评价年限不宜超过正在执行的城市和镇总体规划的目标年限。因此，当建设项目正常使用第5年超出正在执行的城市和镇的总体规划的目标年限时，可用目标年限作为交通影响评价年限。

（4）交通影响评价提出的改善措施应依据相关规划进行，并在经济、技术上可行，能够获得相关主管部门和单位的认可（如调整信号配时需要获得交通管理主管部门批准，公共交通运营组织方案需要获得公共交通运营单位的支持等）。

6. 其他规定

（1）应基于城市和镇本地交通系统状况及建设项目分类、规模和区位，确定本地建设项目交通影响评价启动阈值。当建设项目规模或指标达到或超过规定的交通影响评价启动阈值时，应开展交通影响评价。

交通影响评价工作程序流程图

项目组	全过程工程咨询单位	政府部门	评审专家组

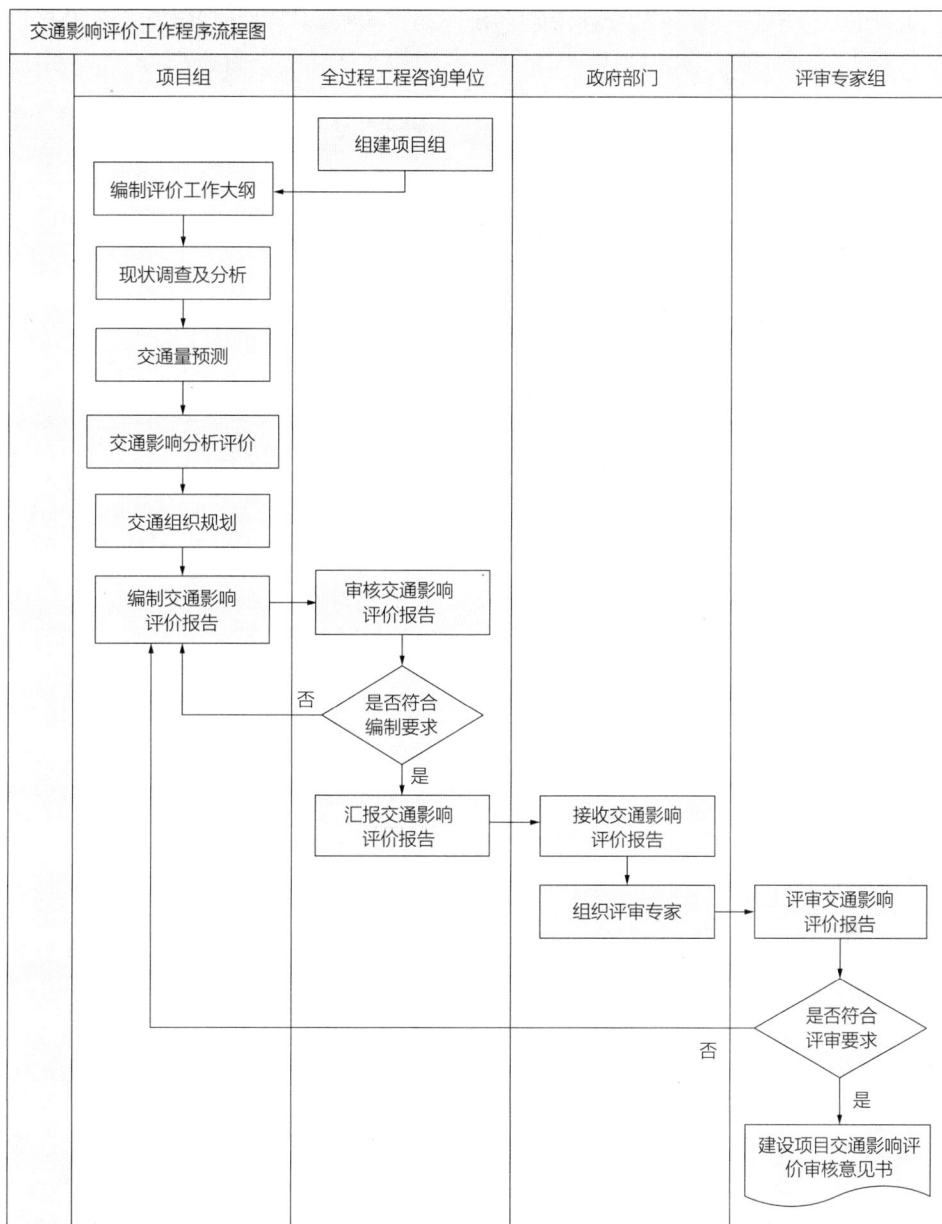

图2-11 交通影响评价工作流程图

（2）建设项目交通影响评价应在报建和（或）选址阶段进行：选址阶段的交通影响评价的结论应纳入建设项目规划设计条件；项目报建阶段的交通影响评价，其评价报告作为附件与建设项目设计方案同时报审。

（3）承担编制交通影响评价工作的单位，必须具有与交通专业相关的城市规划、工程设计、工程咨询乙级及以上资质，且技术团队中拥有城市规划、交通工程及相关专业的技术人员。

（4）对需要进行评审的交通影响评价成果，由规划行政主管部门会同公安、建设等有关部门建立工作机制对其进行联合审查，亦可邀请具有规划、道路交通等相应资格的专家组成专家组进行审查后，出具审查意见，并报送各级城乡规划主管部门备案。

第三章

工程建设全过程咨询服务内容

第一节　总控统筹管理

总控管理是以公司项目管理办角度对项目或项目群进行项目目标的统筹监控,指导项目管理过程,积累项目管理过程数据和经验,形成企业层面的项目管理组织资产。通过项目管理问题不断反馈,持续完善企业的标准化和信息化成果。

一、总控统筹职责

（1）负责项目整体管理目标的实现;

（2）提出项目成员建议名单并编制人员需求计划;

（3）参加项目信息交接会议;

（4）负责向项目部成员进行合同交底;

（5）负责提出合同变更和终止建议;

（6）组织编制项目管理策划书;

（7）组织、主持外部启动会与项目日常会议;

（8）负责统筹项目各专业工作的实施推进;

（9）负责签订项目考核责任书,开展考核自评工作;

（10）负责进度计划的编制与审核,以及进度计划的检查、控制与纠偏;

（11）负责干系人沟通管理相关成果文件的编制,并负责项目的沟通实施;

（12）负责项目收尾工作计划的编制并组织实施;

（13）负责项目管理总结报告的编制;

（14）其他事项。

二、项目统筹管理的主要内容

把项目管理工作阶段分解为项目商务交接和策划启动、规划与设计、施工前准备、施工阶段、竣工验收与移交、保修期与后评价六个管理阶段。

（1）项目交接与启动阶段:项目交接包含企业内部商务系统和生产系统之间的项目信息与公共关系移交;项目启动包含项目管理合同的策划、签订与实施,组建项目部,以及项目信息对接、项目内部启动会的召开、项目管理策划的编制和外部启动会的召开等。

（2）规划与设计阶段:规划与设计阶段包括组织项目建议书、可研报审、勘察设计招标、方案报批、初步设计及概算报批、施工图审查、配套建设申请、土地手续、所涉专项咨询的手续等工作办理，编制项目管理规划、总控计划、专业实施计划、功能策划书、设计任务书，对可研估算和初步设计概算进行评估，对勘察、设计的进度、质量、投资进行管理。

（3）施工前准备阶段

1）招标阶段：招标阶段包含编制概算分解、材料设备品牌推荐、招标模式的策划、招标规划与计划、招标方案的制定、清单/控制价/招标文件/合同的审核、询标与清标、标后总结等管理工作。

2）施工前期准备：施工前期准备包括三通一平，工程规划许可证、施工许可证、质安监等手续办理，场地、临时水电的移交，以及监理规划、施工组织设计和各管理体系的审查等工作。

（4）施工阶段：施工阶段管理内容包含施工进度、质量、投资、安全文明、合同、信息以及沟通协调等，具体管理事项包含施工进度控制，原材料、设备、隐蔽工程、分部、结构的验收等质量控制，工程款计量与支付、变更签证审查等投资控制，重大风险与环境因素的识别与管控等安全、文明标化管理，及对参建方的履约等合同管理。

（5）竣工验收及移交阶段：竣工验收及移交阶段包含组织开展各系统调试、专项检测、专项验收、工程预验收、问题整改、竣工验收、专项移交培训、工程交付、建筑物使用说明书编制、档案的移交和归档、工程结算等管理工作。

（6）保修及后评价阶段：保修及后评价阶段包含组织保修书签订和保修工作，并编制保修期管理方案、项目管理工作总结和项目管理后评价等成果文件。

三、项目组织统筹

1. 项目人员配置统筹

根据项目实施的阶段结合项目合同服务内容，安排项目人员配置，主要涉及人员有：项目总咨询师、计划工程师、项目控制经理、项目经理助理、项目秘书、报批专员、设计管理工程师（结构、建筑、机电等）、造价管理工程师（土建、安装）、招标合约工程师（招标、合约）、现场管理工程师（土建、安装、装饰等）。

2. 项目人员计划

根据项目阶段与合同服务内容组织编制项目的《人员需求计划表》。

3. 项目成员考评

应对每个项目成员进行内部考评，主要针对员工的岗位本职工作和团队协作两方面来进行。

四、项目合同统筹管理

1. 招标文件与合同统筹管理

对招标文件进行分析，内容包含歧义条款识别，合同风险与重大责任风险识别，相关法律、法规的符合性，服务范围内容与界面的清晰性，服务期限、管理目标的明确性，付款条款的合理性，责任、义务与权力的匹配性及增值溢价空间识别等，形成《招标文件分析表》。

对合同进行分解，主要包含项目概况、项目目标、商务条款、权责利、违约责任和风险管控等方面的内容。对识别出来的合同风险，应采取风险规避、转移、减轻或接受等手段，形成针对性管控措施。

2. 合同交底

项目管理办对合同进行深入的解读，分析合同关键条款，并编制《合同条款交底分解表》《合同条款风险识别表》等，组织对项目经理进行合同交底，项目经理在合同交底后编制《合同交底内容分工表》，并对项目部成员进行合同交底。

五、项目启动统筹

1. 企业内部启动会

在确定项目经理、控制经理等主要项目管理部成员后，公司项目管理办应组织项目内部启动会，搭建项目管理策划的编制目录和框架，下达公司对项目管理部的考核指标，签订考核责任书。对策划书的编制进行分工和交底，项目管理办主任组织并主持召开内部启动会。

2. 项目管理策划

项目经理统筹组织各专业，依据包含招投标文件、中标通知书、管理合同、设计技术文件、前期信息对接表、前期管理成果、管理标准以及当地规范性文件等。项目管理策划主要内容包括项目概况、重难点分析、范围管理策划、项目目标策划、项目组织策划、设计管理策划、招标合约管理策划、投资管理策划、报批文档管理策划、进度管理策划、施工质量管理策划、安全文明管理策划、信息沟通管理策划等内容。项目管理策划主要以业主需求为导向，根据项目特性，有针对性地编写《总控进度计划》《WBS工作分解》、各专业的计划和实施方案、组织和程序等成果文件。

3. 项目正式启动会

项目正式启动会是项目完成项目管理策划书后，根据项目管理策划内容制作汇报材料，外部启动会会议由项目经理组织、主持并做主要汇报；参会方为项目部、公司项目管理办、业主，使用单位及与项目相关的其他主体参加。

六、项目预算统筹管理

项目管理办作为公司管理全过程工程咨询项目的主体部门，在经过系统的分析测算后，应下达项目管理成本和收入预算计划，项目经理在成本和预算框架下编制项目预算计划表，作为项目总成本控制和咨询费收款的依据。

七、进度统筹管理

1. 编制的依据

包括合同、招标文件、补充协议、法律法规、项目所在地建设主管部门规定、项目原始依据资料（报批类成果文件）、设计成果文件、估算（概算、预算）等。

2. 进度计划体系

由四级计划体系构成：

一级进度计划：控制性进度计划即《总控进度计划》。

二级进度计划：项目部编制的指导性进度计划，即各专业进度计划。

三级进度计划：实施性进度计划，即设计院编制的设计进度计划、总承包商编制的施工总进度计划、招标代理编制的招标采购计划等。

四级进度计划：承包商、分包商提供的周期进度计划（年、月、周计划）。

3. 进度计划的管控

从四级计划—三级计划—二级计划——级计划进行控制。

4. 进度计划的检查与纠偏

以项目建设关键线路的各项工作和主要影响进度因素作为项目进度控制的重点，若进度出现偏差，项目经理应组织项目部分析存在问题，根据分析结果，项目经理应采用例会、下发进度专项联系单、组织责任方协调会议、约谈责任方、处罚等方式进行进度控制，书面资料应同时抄送业主方，项目经理应将每月检查结果、原因分析与控制措施以《项目月度动态表》形式进行上报，进度出现红色预警时，项目经理应编制《进度风险分析与控制措施表》报总控管理部批准。纠偏控制措施包括资源投入、技术、工艺、施工方案、施工组织的调整等。

八、沟通统筹管理

1. 干系人识别

潜在干系人对象包括业主、使用单位、地方政府主管部门、项目周边居民或单位、施工方、监理方、勘察设计方等。干系人识别内容包括识别对本项目有影响力的个人或组织，分析干系人的需求与期望，编制《干系人识别登记册》。

2. 沟通的实施

按照《干系人识别登记册》，结合干系人的特性，对沟通方式、沟通时间、沟通地点、沟通主题、沟通内容进行策划，形成《项目干系人沟通策划表》，经审批后实施。

九、收尾管理统筹

项目收尾工作主要包括工程清理、竣工验收及移交、资料归档及移交、项目部资产处置、竣工结算、管理费回收、保修、项目总结、项目部撤销等。

项目进入收尾阶段，项目部应制定《项目收尾工作计划》，明确责任部门（人员）、工作事项和完成时限，并按计划实施。

第二节 项目管理策划

一、项目管理策划的理解

1. 项目管理策划概念

项目管理的主要行为可以分为项目管理策划和项目过程控制两大主要动作。项目管理策划主要是在前期阶段为指导项目管理过程而编制的纲领性文件，其内容贯穿整个项目建设周期的42个项目管理过程组和各项项目建设目标。制定项目管理策划是对定义、编制、整合和协调所有子计划所必需的行动进行记录的过程，项目管理策划确定项目的执行、监控和收尾方式，其内容因项目复杂性和所在应用领域而异。项目过程控制是指包括监控、测量和评价等动作在内，通过整体变更明晰项目管理信息，并跟踪行动计划实施过程，纠正项目管理成效，确保有效解决问题的管理行为。

我国《建设工程项目管理规范》GB/T 50326—2017对项目管理规划进行了明确界定，项目管理规划的内容和项目管理策划大同小异。

（1）作为指导项目管理工作的纲领性文件，项目管理规划应对项目目标、依据、内容、组织、资源、方法、程序和控制措施进行确定。

（2）项目管理规划应包括项目管理规划大纲与项目管理实施规划。

（3）项目管理规划大纲应由组织管理层或组织委托的项目管理单位项目经理及团队编制。

2. 项目管理策划特点

项目管理策划是明确项目目标与项目管理基准的过程，项目建设过程中项目实际进展曲线通常会偏离计划基准线，而项目管理过程就是不断将实际进展把控至既定目标的纠偏过程。项目管理策划有以下三个特点：

（1）项目管理策划指规划目标及实现目标的路径。

（2）项目实际进展与项目策划可能存在偏差。

（3）项目管理控制的过程就是不断纠偏的过程。

二、项目策划和项目管理策划的主要差异

项目策划是一个逐渐明晰的过程，主要指项目可交付物的定义。项目策划通常包括对项目功能调研、设计任务书、设计方案、初步设计、施工图、建筑物或是匡算、方案估算、概算、预算清单和决算等交付内容的定义。随着项目不断推进，可交付物的定义也会愈发深入和明确。

项目管理策划包括确定目标、制定项目控制计划、搭建组织、明确管理模式、分解合同结构、识别项目干系人、做好风险管控、建立项目监控体系、组织控制措施等九大内容。

（1）确定目标：明确企业内部目标和项目管理合同目标，包括项目进度、质量、投资、安全等。

（2）制定项目控制计划：优先进行WBS编制（工作分解结构），明确项目管理范围内容和管理路径，而后再开展设计、采购、报批、施工、总控计划等专项计划的编制工作。

（3）搭建组织：确定项目整体的组织构架，制定人力资源计划。

（4）明确管理模式：确定项目具体的管理模式，例如PMC、PM、CM、指挥部＋监理等，作为分解合同结构的前提。

（5）分解合同结构：将项目合同进行分解，清晰界定项目整体的合同情况，例如EPC、平行发包、施工总承包。

（6）识别项目干系人：项目干系人是积极参与项目或其利益可能受项目实施

或完成的积极 或消极影响的个人或组织。要做到识别、沟通规划、报告系统。

（7）做好风险管控：主要包含识别风险、分析风险、风险应对、监控。

（8）建立项目监控体系：监控评价体系、挣值法、前锋线法等。

（9）控制措施：组织、经济、技术等。

三、项目管理策划书编制步骤（项目管理策划"七步法"）

1. 实地调研搭建策划思路

开展项目管理策划第一步是进行实地调研，视项目情况、建设目标、专业工作等层面搭建项目策划思路。完成项目建设目标和定位、项目策划编制依据参考、特定领域项目建设要求、各专业管理等工作内容。

2. 梳理工作进行WBS分解

开展项目管理策划第二步，是以可交付成果为导向对项目管理过程中的各专业工作进行的分组分解。从功能、项目管理、建安、合同包等维度进行WBS分解。对项目不同角度的范围有清晰的界定，将复杂的系统工程分解为单项可控的管理单元。具体的分工内容通常包括功能需求识别分解、项目管理工作分解、建筑安装与专业工程分解、合同包分解结构等。

3. 明确建设目标进行目标策划

开展项目管理策划的第三步，是基于明确建设目标进行目标策划，其是一种用来进行含有单目标和多目标的决策分析的数学规划方法。具体的目标策划通常包括质量目标、进度目标、安全目标、投资目标、运维目标、品质目标、创新目标、客户满意等。

4. 明确团队需求策划组织架构

开展项目管理策划的第四步，是根据项目开展工作需求和建设单位要求进行项目管理团队架构策划搭建。具体的组织构架通常包括项目管理部组织构架、业务流程构架、专业人员组成情况、专业小组构成人员等。

5. 编制各专业工作控制计划

开展项目的项目管理策划的第五步，是根据项目各专业内容编制"1+3"的工作进度计划，并以此指导工作。具体的控制计划通常包括总控进度计划、设计控制进度计划、报批报建进度计划、招标采购进度计划、现场施工进度计划等。

6. 管理措施与途径策划

开展项目管理策划的第六步，是制定项目具体的管理实施举措，以此开展项目建造体系策划。具体的管理措施策划通常包括快速建造体系策划、优质建造体系策划、智慧建造体系策划、绿色建造体系策划等。

7. 创新技术措施策划

开展项目管理策划的第七步，是落实绿色建筑、BIM信息技术以及智慧工地等创新技术策划。具体的管理创新技术措施通常包括绿色建筑评级策划、BIM信息技术应用策划、信息化平台应用策划、互联网展示技术策划等。

四、项目管理策划编制程序和参考目录

《建筑工程项目管理规范》GB/T 50326—2017中要求项目管理大纲编制程序包括明确项目目标，分析项目环境和条件，收集项目有关资料和信息，确定项目管理组织模式、结构、职责，明确项目管理内容，编制项目目标计划和资源计划，汇总整理七个过程。

参考项目的项目管理体系和有关规范文件。项目管理策划目录可以分为13个章节，分别为项目概况、项目范围管理规划、项目管理目标规划、项目管理组织规划、项目成本管理规划、项目进度管理规划、项目质量管理规划、项目职业健康安全与环境管理规划、项目采购与资源管理规划、项目信息管理规划、项目沟通管理规划、风险管理规划、收尾管理规划。

五、项目管理策划书的关键点

1. 交付物定义

交付物成果是项目管理中的阶段或最终交付物，是为完成某一过程、阶段或项目而必须交付的任何独特、可验证的产品、成果或提供服务的能力。

在项目管理中，交付成果始终都是关注点。交付成果覆盖了全部的项目范围，并在极大程度上反映了项目目标需求。所有的项目活动与资源均为有效完成这些交付成果而发生的。基于此，项目管理更应关注图纸和实际建筑等交付物品质和质量的把控。

在项目目标推进过程中更应聚焦用户导向。项目交付后供用户使用，应更好地满足用户需求，在了解用户需求基础上逐步完善建筑功能和建设目标。传统项目建设过程中，管理企业和人员更多着眼于内部资源管理和项目目标管理，即仅从项目层面考虑问题。而在当前行业大环境下，项目管理企业更应转变固化思维，并相应调整制度、体系和管理流程，主动倡导用户核心思维。

2. WBS工作分解

创建WBS是把项目工作按阶段可交付成果分解成较小的，更易于管理的组成部分的过程。以可交付成果为导向的工作层级分解，工作分解结构组织并定义项目的总范围。重点关注功能需求识别分解、项目管理工作分解、建筑安装与专业工程分解、合同包分解结构等。

3. 编制各层级计划

计划是分层次的，全咨主导编制项目控制类计划，设计、施工等实施单位编制实施计划，实施计划需要在控制计划的节点要求内进行细化和资源配置深化。项目管理主导编制的通常有项目总控进度计划、项目管理工作计划、设计管理控制计划、报批控制计划、采购控制计划、施工控制计划。并对项目设计、施工等单位编制的实施计划、年旬月周计划进行管理，做到实时更新、实时对照和有效把控。

4. 干系人的需求和期望

（1）干系人指积极参与项目或其利益可能受项目实施或完成的积极或消极影响的个人或组织，干系人也可能对项目及其可交付成果和项目团队成员施加影响。《项目干系人等级册》识别干系人，识别需求与期望。

（2）鉴别项目建设需求是什么、业主最想要的是什么、项目使用方需求是什么。识别业主的建设期望是什么、项目关注方的期望是什么、哪些期望可以实现。

（3）干系人核心层通常包括建设单位、使用单位、主要参建方，紧密层通常包括周边主管部门、相关单位、其他参建方，松散层为周边百姓。

（4）制定沟通计划，规划沟通制定沟通计划。管理好信息发布者是有效减少信息漏洞，提升沟通的关键点。日报、周报、月报管理过程文字留痕，定期组织项目管理例会强化信息沟通，支持项目管理者进行策划、协调控制。

5. 风险管理

风险在项目管理过程中无处不在，风险管理是项目管理知识体系的重要内容，包括识别项目风险，制定《风险清单》，分析风险发生概率、后果、触发因素，落实风险应对管理等内容。编制《风险预控表》等。

6. 合同网络图

（1）通过详细合同网络图的绘制清晰认知项目的整体，建立项目的宏观认知，从俯视视角对项目的合同结构树有了宏观的概念；

（2）合同包是项目管理的核心抓手；

（3）合同以法律合约形式分解保障项目目标。

第三节　设计管理

由于现代技术进步以及社会建设快速发展需求，对大型复杂项目建设要求越来越高，在规模、技术、工期、成本等方面都体现出新特征，具有组织复杂、技术难度高、工期紧和投资控制严格等特点。基于大型复杂项目上述特点，体现出设计管理工作在整个项目开发建设全过程中的重要作用。相对普通建设项目，大型复杂项目更需要全过程的设计管理，主要体现在以下几个方面：

（1）大型复杂项目的设计从立项、规划与设计到最终完成需经过几个不同阶段，每阶段均涉及诸多不同因素，只有在各阶段都从系统层面综合考虑这些因素，才能保证整个设计理念的一致及设计的整体协调完整。

（2）大型复杂项目的设计过程就是信息交汇、中转、转换、存储的过程。在项目设计过程中各设计单位间、设计单位与业主间的工作内容存在大量资料信息汇集、存储、传递、交换、输出等，而只有通过协调与统一管理才能保证信息高效有序地传递。

（3）根据工程项目全生命周期理论，通常把工程项目分为决策阶段、实施阶段和使用阶段。设计是贯穿整个大型复杂项目全周期的一条主线，对项目建设三大控制目标——成本、进度和质量有最直接和最重要的影响。大型复杂项目更需对设计开展全生命周期的统一协调管理。

由于大型建设项目的自身复杂性及其在质量与经济效益方面的严格要求，对项目设计管理也产生较大影响，使得设计管理具有以下几个特征：

（1）设计规模大，参与单位多，且有一定地域分散性

现代大型建设项目是一个涉及众多专业的复杂完整的系统，投资巨大且风险较高，项目设计需多个专业设计单位协同完成，设计周期时间长且工作量大。同时，由于大型项目较重视新技术应用，技术难度大且对设计单位的要求较高。项目设计参与单位众多且往往遍布全国各地，在空间上给设计管理带来挑战性。且因各参与方围绕项目开展工作的条件平台、软硬件平台和设计手段具有差异性，这些对项目设计管理的整合优化能力提出较高要求。

（2）设计管理界面较多，协调难度较大

由于项目设计专业比较多且常由不同设计单位负责，各设计专业及设计单位间交叉界面多，使得设计管理需开展大量的沟通管理工作。同时因项目的复杂性和设计系统性要求，使得各专业间技术协调难度较大。

（3）设计管理涉及信息量大、信息类型多、信息管理和应用复杂

由于工程建设规模大、涉及的设计单位众多，且其协作密切复杂，使得设计

管理工作涉及大量信息。设计管理人员不仅要了解各设计技术标准、规范及国家地方相关政策，还要同时掌握工程项目设计各方面的情况。应注重对信息变化的有效管理，一方面项目不同参与方对项目应用需求信息处理的技术应用也不同，需通过设计管理对信息进行有效组织管理；另一方面项目设计信息所在环境和过程处于动态变化中且各部分信息联系紧密，一个单位设计内容变化会引发相关单位的设计调整。

（4）设计管理系统性要求高

为保证设计高效有序进行并对设计进行有效控制，须对各设计单位进行系统的组织管理。针对大型复杂项目，首先需建立一个完整的设计管理组织构架，并基于此实现对设计单位的统一管理及各方关系协调。其次，针对不同设计单位及设计内容的性质特点采用不同设计管理方法。

一、设计管理组织

全过程工程咨询模式下，全过程工程咨询单位协同业主进行设计管理工作。全过程工程咨询单位具有较强的专业管理能力，并通过市场机制选择优秀的专业设计公司来完成专业设计任务。在全过程工程咨询模式下，设计管理存在以下两种管理模式。

（1）设计总包管理模式

设计总包管理模式即"业主和全过程工程咨询单位联合管理＋设计总包单位"的组织结构。通过选择综合实力强且具备相关经验的设计单位，统筹整个项目的设计工作并处理设计中出现的所有问题。优点是业主和全过程工程咨询单位设计管理工作较轻松，大量设计管理工作转移到设计总包单位，只需与设计总包单位建立联系，不用面对众多的设计单位和设计合同。缺点是项目较大时较难找到综合设计专业的设计单位，对设计单位综合能力要求较高，并且业主对设计总包单位控制相对比较弱且依赖性较高，业主承担的设计风险比较大。

（2）全过程工程咨询总体设计管理模式

全过程工程咨询总体设计管理模式即全过程工程咨询单位在项目设计管理中起到设计咨询总体管理角色，形成"业主＋全过程工程咨询单位设计咨询管理＋专业设计群（设计顾问）公司"的组织结构。该管理模式是业主与各专业设计单位直接建立合同关系，并通过全过程工程咨询单位直接对各专业设计单位进行管理。全过程工程咨询单位主要起总体设计咨询管理作用，就业主设计管理中存在的问题进行指导，业主可以通过全过程工程咨询单位直接在信息、技术上对各专业设计单位进行管理，管控能力强。缺点是设计管理工作任务重，面对各专业设计单位需要协调的内容多。

1. 设计管理模式

大型复杂项目往往包含多种业态，设计专业众多，从常规的建筑设计、市政设计各专业到各类工艺设计、生态设计、能源设计等多个行业和专业。在这种情况下，很难找到一家有能力统筹所有的设计专业的设计单位，因此不适合采用单一的设计总包管理模式。全过程工程咨询总体设计管理模式则不受复杂项目专业的限制，同时管理模式更为灵活，可在全过程工程咨询的基础上引入其他专业咨询单位共同对复杂项目设计进行管理，既能加强业主对设计的有效监管，又减少了业主的管理协调工作。为减少项目整体设计管理工作，可以将专业相近和联系较紧密的设计工作打包，形成"业主＋全过程工程咨询＋部分设计总包、专业设计群"的模式。

2. 项目团队性的设计管理团队

大型复杂项目设计往往牵涉众多专业，需不同设计管理人员参与。因此，在设计管理者内部会形成众多界面。而传统的矩阵式结构使得管理人员缺乏配合的主动性与积极性，造成界面管理矛盾不断出现。大型复杂项目应组织专门的设计管理团队，以应对大量的信息和减少设计管理内部界面，从而完成复杂的设计管理协作（图3-1）。

团队是指由拥有不同技能、知识、信息和经验的人，为完成特定目标任务所组成的集成体。团队与矩阵制结构的主要差异在于，矩阵制结构属于他组织形式，其组织运作过程主要以命令为主导；而团队属于较典型的自组织形式，其成员共同为项目负责，其组织运作过程主要以内部的自律与互律协作为主。当团队组织成为主要组织模式时，组织由他组织状态向自组织状态转化，可由团队成员自发调适内部界面的矛盾冲突，使得界面协调成本大幅度减少，有利于界面管理。

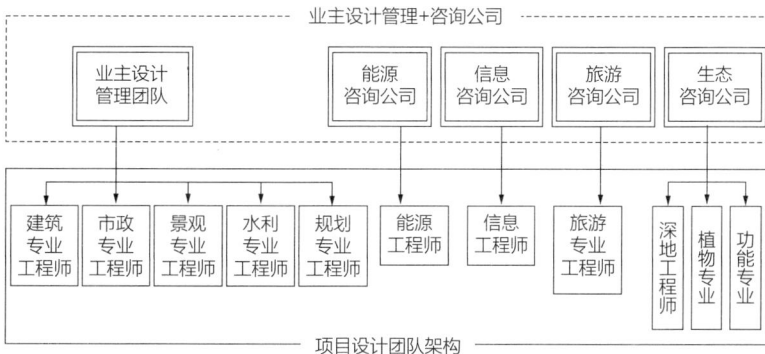

图3-1 项目设计团队架构

二、设计管理工作流程

1. 项目前期设计管理流程

设计管理前期的流程管控是为加强项目前期的监控，确保项目的质量、成本和进度。在这一阶段，需要完成的流程包括：

（1）项目投资、规模的论证；

（2）项目资料的收集，包括项目技术资料、周边资源与环境资料、公共配套与物业需求资料、规划设计的可行性研究、概念方案总平图、综合经济技术指标等；

（3）编制整个项目的设计计划和项目前期阶段的具体工作计划；

（4）概念设计并形成结果文件；

（5）形成项目的设计任务书。

2. 施工前期设计管理流程制度

该阶段是指前期的设计招标，方案、初扩、施工图设计，审图，材料设备采购阶段。在这一阶段，需要完成的流程包括：

（1）编制方案设计任务书；

（2）编制设计招标书、设计招标流程；

（3）设计交流；

（4）方案设计成果提交及内外部评审；

（5）设计合同签署；

（6）设计修改建议及方案调整；

（7）进行单体扩初设计，确定平面布局；

（8）设计文件过程控制；

（9）初步设计方案图确认；

（10）报建与详勘；

（11）综合各监管部门审批意见书编写施工图设计任务书；

（12）某些项目会重新选择施工图设计单位并内外部评审报批；

（13）设计过程沟通与过程控制，包括各节点确认；

（14）施工图纸确认；

（15）与其他各部门的设计交底；

（16）室内设计与景观设计介入点与过程控制。

3. 施工阶段的设计管理流程制度

这一阶段项目已经进入施工，主要依靠工程部门的管理来保证项目的质量、进度和成本控制。该阶段设计管理流程制度是为了施工图纸完成后，能配合工程部门协调施工顺利进行，快速补充遗漏或变更图纸及确认材料样板，并保持采购的通畅。需要完成的流程包括：

（1）材料清单确认；

（2）图纸深化与材料审批封样；

（3）设计协调与变更。

4. 景观设计管理流程制度

本流程制度是为了规范景观设计和施工工作的作业流程，确保景观设计与建筑施工和景观施工的衔接以及交叉流程作业的顺畅，加强工程的质量、进度和成本控制。该流程制度的主要内容包括：

（1）现场地形环境资料、建筑图纸等设计资料的提供；

（2）景观设计任务书编制；

（3）景观设计单位选择；

（4）景观方案设计及审定；

（5）景观施工图设计及审定；

（6）景观施工阶段配合协调；

（7）景观材料设备清单采购；

（8）设计变更流程；

（9）竣工验收。

具体可参见图3-2～图3-6。

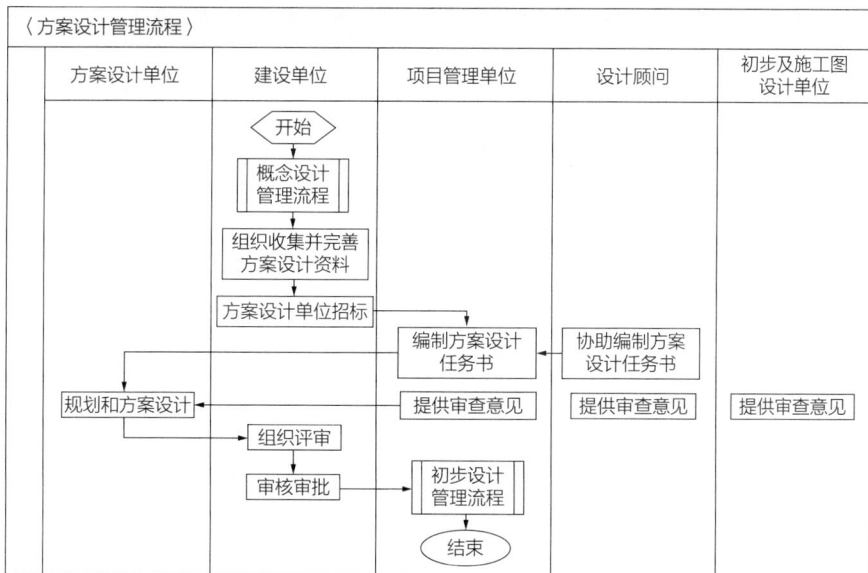

图3-2 方案设计管理流程

〈初步设计管理流程〉

初步及施工图设计单位	建设单位	项目管理单位	设计顾问(含方案设计单位)

开始

方案设计
管理流程

初步及施工图
设计单位招标

组织收集并完善
方案设计资料

编制初步设计
任务书 ← 协助编制初步
设计任务书

初步设计 ← 提供审查意见 ← 提供审查意见

组织评审

施工图设计
管理流程

结束

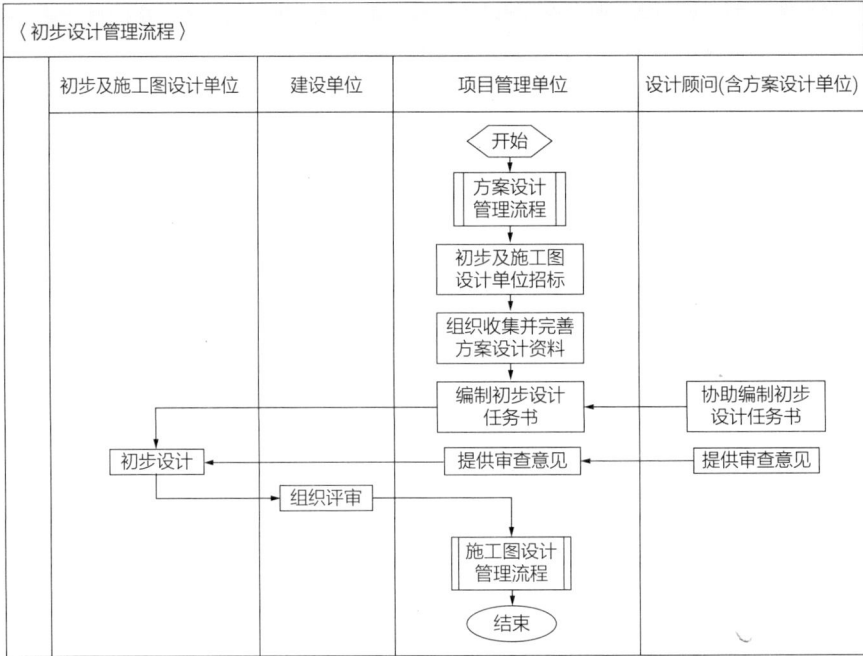

图3-3　初步设计管理流程

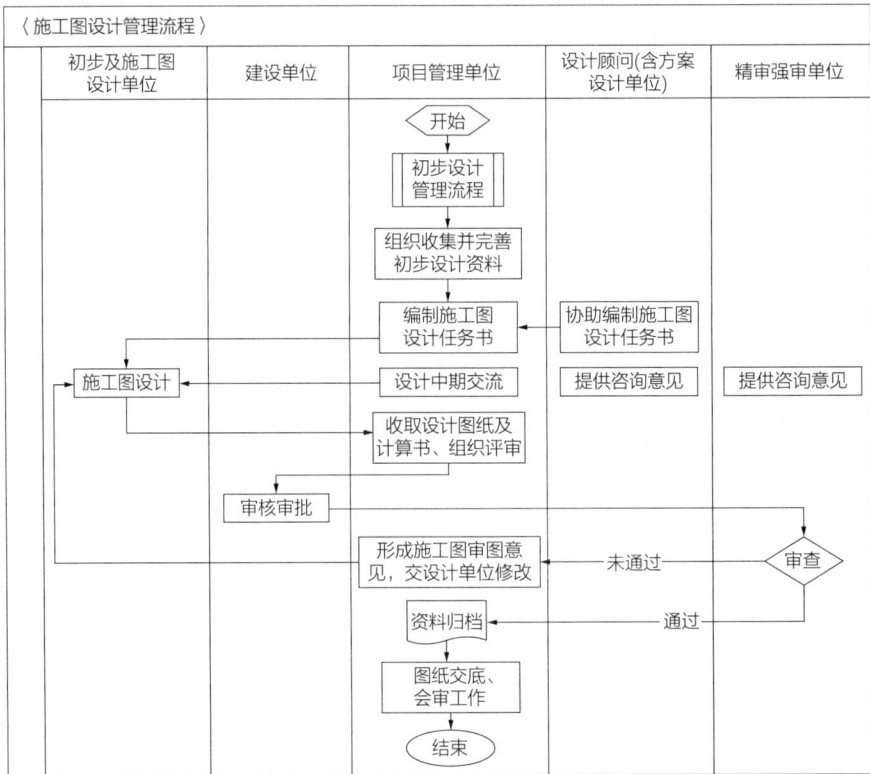

〈施工图设计管理流程〉

| 初步及施工图
设计单位 | 建设单位 | 项目管理单位 | 设计顾问(含方案
设计单位) | 精审强审单位 |
|---|---|---|---|---|

开始

初步设计
管理流程

组织收集并完善
初步设计资料

编制施工图
设计任务书 ← 协助编制施工图
设计任务书

施工图设计 ← 设计中期交流　提供咨询意见　提供咨询意见

收取设计图纸及
计算书、组织评审

审核审批

形成施工图审图意
见，交设计单位修改 ←未通过— 审查

资料归档 ←通过—

图纸交底、
会审工作

结束

图3-4　施工图设计管理流程

〈景观设计管理流程〉

	景观设计单位	建设单位	项目管理单位	主设计单位及设计顾问单位	施工单位	监理单位
设计任务书编制阶段			开始 ↓ 设计前期资料收集 ↓ 编制设计工作计划 内部审批 ↓ 按招标采购管理办法确定设计单位			
概念和方案设计及评审	概念和方案设计	审核审批	组织编制设计任务书 设计中期交流 组织评审	协助完善设计任务书 提供审查意见 提供审查意见		
初步设计及评审	初步设计	审核审批	设计中期交流 组织初步设计评审	提供审查意见 参与评审		
施工图设计阶段	施工图设计 参与设计交底与图纸会审	审核审批	设计中期交流 组织施工图设计评审 资料归档 ↓ 图纸交底、会审工作流程 ↓ 结束	提供审查意见 参与评审	参与设计交底与图纸会审	参与设计交底，组织图纸会审

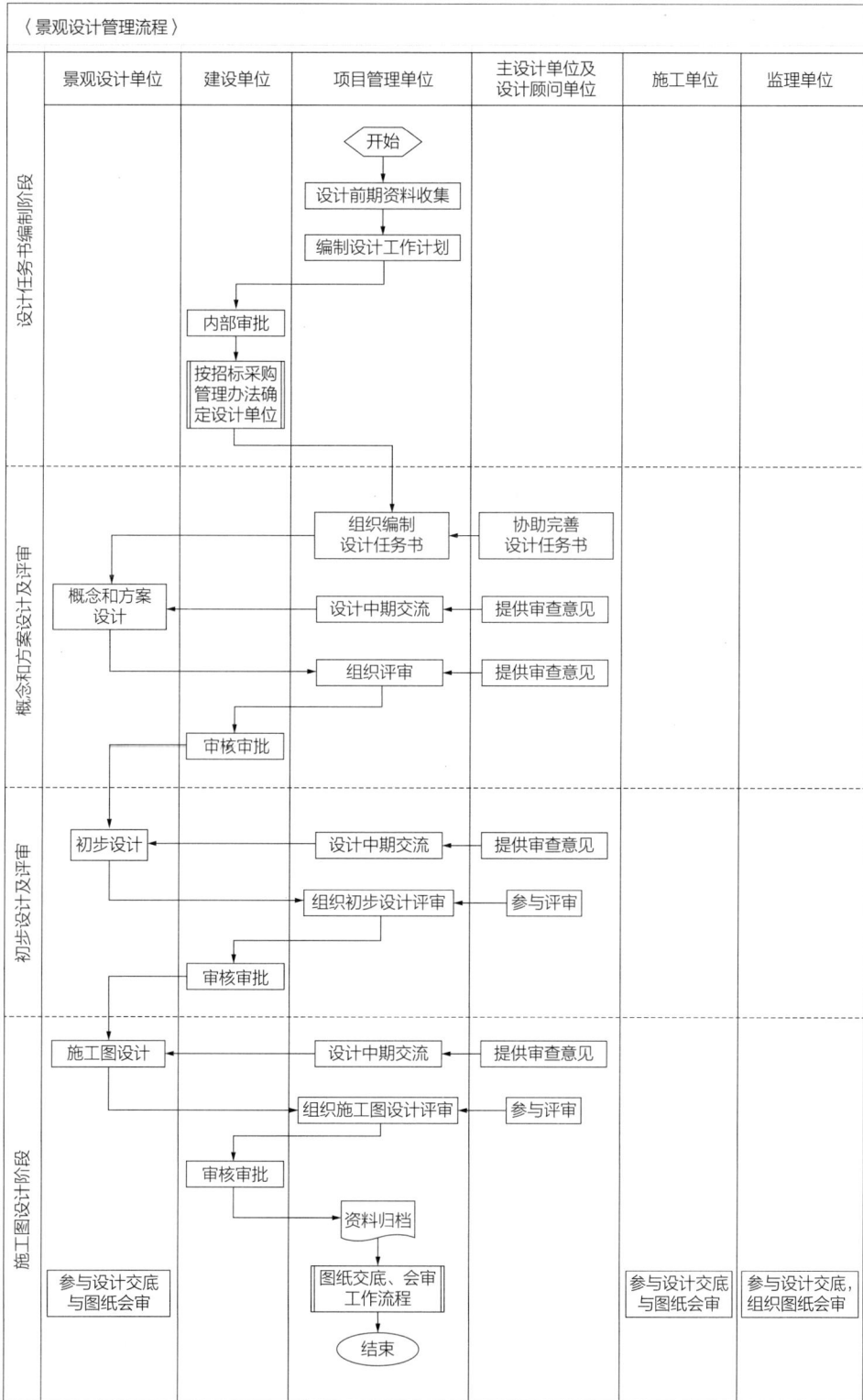

图3-5 景观设计管理流程

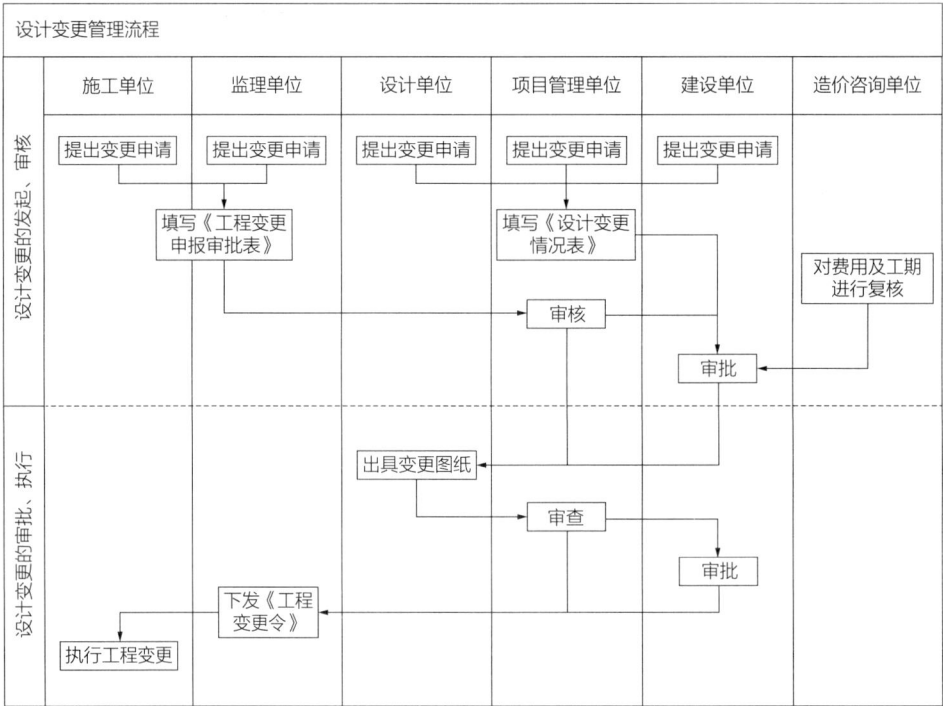

图3-6　设计变更管理流程

三、设计界面管理

根据界面和界面管理的定义可将设计管理的界面定义为：识别设计不同阶段、不同设计专业或项目设计参与各方工作界面，解决界面双方或多方在专业分工、阶段分工与协作间的矛盾，实现控制、协作与沟通，提高管理的整体功能，实现项目设计效果的最优化。由于工程建设设计是分专业、分阶段设计，各专业互相交叉、联系和制约，同时设计是项目前期设想方案的具体化，也是后期落地、施工的蓝图，决定了设计管理的复杂性和重要性，其中设计界面管理在诸多问题中最重要也最复杂。

1. 界面管理问题分类

目前建设项目设计界面管理主要有两个方面：

（1）组织界面管理问题

组织界面是指项目参与方之间的关系，可分两种：无合同关系的组织界面（如咨询方与各设计单位间的界面）与有合同关系的组织界面（如建设方与各设计单位间的界面）。因此，设计管理的模式在一定程度上决定项目设计的组织界面管理。

各设计专业在交界处出现设计冲突与遗漏，无法进行有效衔接。对于有些设计内容，不同设计单位工作内容都有涵盖，但因设计方法不同结果往往会出现冲突；有些因各设计公司都未做相关设计，导致在边界设计内容处出现设计空白区，产生问题后各方容易相互推诿扯皮，最终导致设计管理效率低下。

（2）合同界面管理问题

设计与工程可实施性出现矛盾。一些设计较为新颖独特，但因没有实施条件导致设计无法落地，而重新设计又会浪费设计资源并延误进度，会极大打击设计单位积极性并造成设计索赔。

2. 界面管理问题应对策略

（1）组织界面管理问题应对策略

从界面管理角度考虑，就是控制界面矛盾并尽可能减少界面矛盾，故设计合理的组织结构应从以下几个方面考虑：

1）减少组织界面数

由于组织间有信息传递，故减少组织界面可避免信息在组织内多环节的传递中损耗失真。同时，组织界面的减少有利于目标协调，减少因组织间目标差异产生的界面协调成本。通过对设计内容开展分析，将联系密切且设计单位具备处理的设计业务进行整合，委托在同一设计单位开展设计，这在减少组织界面矛盾的同时也有利于界面矛盾的解决。

2）设计界面模糊化

有密切设计关系的不同设计单位可能会因目标差异出现界面矛盾，故在设计组织结构中考虑将不同设计单位目标进行整合，形成具有共同利益诉求的结合体。通过将设计单位界面模糊化使处于边界两侧的利益主体能有效整合双方利益目标，进而减少界面冲突强度。边界模糊化能使不同设计单位主动积极开展合作，避免本位主义及因此而出现的界面矛盾冲突。但是，不能将所有边界模糊化，这会导致出现权责不清、秩序混乱等现象。

（2）合同界面管理问题应对策略

1）加强合同界面识别分析

加强合同界面识别，首先应建立设计合同结构图，通过建立设计合同结构图理清设计管理思路，形成有效可行的设计合同网络。对整个设计体系合同结构的分解是合同关系建立的基础，能明确将具体设计内容分配给不同单位并清晰展示各单位合同上的关系。

对合同界面进行分析是设计合同管理的重要环节。通过合同分析能进一步细化设计工作的分解与逻辑关系，并以此为依据详细描述工作界面范围并明晰界面所处空间位置，以及前后工作的技术界面与搭接范围。应分清各专业设计的责任和工作范围，业主的责任义务以及各方所承担风险，防止各参与方互相推诿责任使得界面管理成为盲点。

2）完善合同结构和界面策划

在建立合同结构和合同界面分析的基础上，通过合同界面的策划，达到合同真正对设计界面有效管理。由于设计本身就是一个完整统一的系统，因此一个科学的设计合同界面策划应该同时体现完整性、统一性和合理性。

① 合同界面的完整性

设计合同策划应在各层次上保证内容的完整性，避免遗漏。任何界面缺失，遗漏都会引起设计内容的修改、设计工作的增加，导致设计进度拖延，并且极易造成设计界面的冲突，致使设计工作不能顺利进展。各设计合同文件在总体上应构成一个完整的体系，首先各设计界面明确划分和合理搭接，在界面上不遗漏工作，各设计组成一个完整的体系；其次在自身设计内容上具有完整性，自身没有遗漏工作。

② 合同界面的统一性

合同界面统一性主要指各设计合同之间技术的协调及兼容。各设计技术之间如出现不协调和不兼容，会导致整个设计无法形成一个统一系统，实际也就是无效的设计。因此各专业设计合同应不仅从本专业角度考虑技术参数和要求，同时要考虑其他专业的技术参数，并进行统一规划，使设计技术要求在同一个层面与等级上，使各设计专业有效地协调和兼容，最终达到统一的设计。

③ 合同界面的合理性

设计本身有其自身的规律，合同界面划分应体现合理性。对设计界面或标段划分只有充分尊重自身规律，而不是随意隔断设计本身联系，能有效减收设计界面；另外设计界面划分还应充分考虑设计单位的设计能力、设计业务的特点。合理的合同界面能减少设计界面数目和降低设计界面的管理工作难度。

3. 设计界面管理的协调机制

由于各设计参与方都基于本单位立场看待问题，导致各方在技术接口与界面发生冲突。当冲突某一方看法正确可选择其方案用。但是实际中双方方案往往都存在一定合理性，造成冲突难以解决。基于对冲突开展研究，可根据冲突出现类型分别建立等级协调和无等级协调两类协调机制。

（1）无等级协调模式

当设计出现界面冲突时，各相关设计单位通过组织协商，在没有强力行政指令干预下完成冲突解决即是无等级协调模式。一般出现界面冲突时各单位首先尝试开展无等级协调，共同建立协调小组对问题进行分析讨论，达成一致意见与处理方法；另外一种是在设计管理团队参与下组织各设计单位成立协调小组，对问题进行协商和处理。不论设计单位自行组织还是设计管理团队组织，在该协调模式下不存在强制性管理指令干预，主要通过各方沟通妥协以解决问题。

（2）等级协调模式

当冲突各方对问题存在较大分歧且无法通过无等级协调处理时，为了获得较高决策效率，可采用等级协调模式协调冲突。通过建立专家评审小组，采用专家评审会方式对问题进行分析并做出评价决策。

四、设计信息管理

1. 信息管理问题分类

（1）组织问题引起的信息问题

设计管理中信息问题有不少是随着组织的出现而产生的，体现在三个方面：首先是组织自有信息问题。在每个设计单位组织都会存在大量与自身相关的设计信息，往往滞留在产生其的组织周围而不易传递到其他地方，而为解决问题往往需不同组织与单位进行信息交换与协作共享。但因人们往往对获取关乎自身领域的信息感兴趣，而对他人所需信息冷漠，就会造成信息传递的延迟。其次是由于设计管理组织结构模式与工作流程设计不当所引起的信息问题。设计管理模式选择与项目规模、性质与复杂程度密切相关，使得管理幅度与层次应根据实际情况进行综合考虑选择。工作流程设计不当导致流于形式，特别是个别流程衔接不当时，会引起大量的信息问题并影响传递效率。最后是由设计管理团队自身建设问题引发。由于设计管理团队文化、管理方式与激励措施不当，导致设计人员怠工流失，进而产生信息衔接不畅与信息流失问题。

（2）由于专业分工和技术衔接引起的信息问题

由于设计分工比较细化，各专业设计间的衔接与配合不当造成信息无法有效利用是设计管理中存在的重要信息问题。每个专业设计往往根据自身行业的设计规范、通行惯例与条例要求反映设计成果，在对外输出信息过程中往往表现出本专业相关的思维特征。如果设计发展较成熟且与其他专业经历过较多磨合，并在大量工程实践后总结出与其他专业交流应注意的相关事项，在此种情况下衔接问题则相对较少，但现实情况往往恰恰相反。例如对于建筑设计与结构设计专业，由于该两专业设计联系一直都较密切，建筑设计师和结构工程师经工程实践都总结了大量经验心得，能较好处理各信息输出以满足彼此设计需要。但是在生态设计和景观设计方面就存在较大问题，以往景观设计更多从美观角度考虑且较少关注生态问题，而生态设计又是刚刚起步的专业，设计中对生态的要求与特点容易出现盲区，导致信息输出产生准确性问题并造成配合不当。

（3）由于利益和目标引起的信息问题

为完成项目设计任务往往需整合相关设计资源，但在系统内不同组织因自身的利益目标而扭曲、过滤与混淆信息也是造成目前管理中存在信息问题的原因之一。例如，在一些专业设计中，前期方案已通过设计管理团队认可，但到后期经设计细化发现原方案存在问题，但基于自身工作成果，时间与人工利益考虑，部分设计单位会隐瞒问题，只输出有利信息，甚至扭曲设计信息。特别在设计完成但有进一步优化空间方面，设计方常忽视相关信息而不提供给有关单位人员，导致建设方无法进一步节约成本甚至承担不必要费用。在不同专业设计间也常发生此类问题，设计方总是基于自身考虑对于设计引起的问题，会对相关信息进行过滤扭曲，以便于规避责任。

（4）由于意识和管理理念引起的信息问题

由于设计管理者中对信息管理认识的偏差，信息管理理念僵化及信息管理经验不足也是目前设计管理存在信息问题的重要原因。信息早就被管理界作为一种资源与财富来进行管理，而设计管理者一般都是技术出身，往往重技术而轻管理，至于信息管理更是接触甚少，更多是基于准确性与及时性考虑，其所采取的管理方法大多是根据以往的工作经验或大家默认的方式，并未对如何管理信息开展系统的规划、学习与思考。当前很多工作都会有工作指引与岗位说明书，但是大部分公司和项目管理组织都没有专门的信息规划和管理，导致大部分信息管理往往都呈现零散或工作任务式的状态。

对信息管理存在的另一个重要问题是维护意识较差，往往信息接收后没有维护意识且不及时更新数据，未采取一定的信息组织并规定相应存储方法，导致信息存取不方便并降低信息利用效率，甚至出现信息丢失或者破坏。目前，信息管理向知识管理发展，管理者在这方面应有更大作为。

2. 信息管理问题应对策略

（1）树立正确的信息管理意识

在设计管理中，信息管理问题的解决首先要在意识与观念上加以突破。在人类发展进程中开展的技术革新，往往都是先有思想观念的转变，然后才有行动。目前，设计管理中对信息管理的重视度不够，还是单纯基于完成设计管理任务，使沟通不出现问题的角度来考虑开展设计信息管理，在其观念中信息管理即文档管理，缺乏信息管理相关理论和意识。基于此，应通过一定的培训、学习与参观，增加设计管理人员的信息管理意识。

1）增强信息维护意识

信息维护是指使信息保持适合使用的状态，以确保信息的准确、及时、安全和保密。要开展设计信息维护工作，首先应通过设计数据、图纸与文档的不断更新，达到设计信息最新状态以保证信息的可用和准确。安全性也是信息维护的重要任务。为防止信息受破坏，应采取一些安全措施，使得信息数据在受破坏后能较容易得到恢复。通过采取可靠的存储介质环境，加强对存储介质的技术维护，通过运用多种方式备份信息，以保证若出现信息丢失或遭破坏时可补救。对设计信息目前采用电子存储和纸质存储相结合的方法，并且电子存储保持多处备份。此外，应采取相应信息维护的措施防止信息失窃。通过培训与视频教程使项目设计管理人员认识到信息维护的重要性，掌握信息维护的基本知识和维护措施。

2）学习知识管理意识

信息管理经历几个阶段发展，已经发展到知识管理的时代，信息通过现代管理思想和技术可以实现增值转化。通过一定手段对信息进行分类、归并和汇总，实现信息和数据的集成。然后，通过对信息数据的关联分析、聚类分析与系列模式分析，形成对设计管理和决策有价值的认识，实现信息向知识的转化。通过知识管理实现信息的增值与增效，进而降低组织运营成本，为项目建设提供科学的决策依据。

（2）构建基于网络的设计管理信息协同平台

大型建设项目的设计信息来源广泛，从组织角度来看有来自规划、景观和建筑等不同设计单位的信息；从设计阶段角度来看有来自方案、初步与深化设计等各阶段的信息，以及质量控制、投资控制、进度控制与合同管理等各方面信息，设计管理规模大、涉及面广且协作关系复杂，使得设计管理工作牵涉大量信息，且信息的发生、加工及应用在时空上不具有一致性。不同参与方、不同过程环节间的信息依赖和相关度增加，导致信息被收集与分析的难度较大。目前，在其他行业领域采用协同管理平台对信息管理取得了不错的成效，基于此，可借鉴其他行业领域经验，通过构建设计管理信息协同平台来解决信息问题。

（3）选择有效的信息沟通方法

建立设计管理信息协同平台只能从组织与技术层面保证信息传递的简单高效，但无法解决设计管理信息的全部问题。沟通管理是信息管理重要内容，只有通过有效沟通才能真正达到信息传递的效果。信息沟通按沟通方法主要分书面沟通和口头沟通。目前，在设计管理时存在书面和口头沟通方法运用不当且过多依赖书面沟通的问题。信息沟通按照沟通方式主要分正式沟通和非正式沟通，在设计管理中缺乏非正式沟通。

1）重视口头沟通，采用口头沟通与书面沟通相结合的方法沟通

目前设计管理者与设计单位之间，设计单位与设计单位之间过多依赖联系单、函件等书面沟通形式。由于书面沟通具有有形展示、长期保存以及可作为法律防护的依据等优点。一般情况下，发送者与接受者双方都拥有沟通记录，沟通的信息可以长期保存下来。如果沟通中的任意一方对信息的内容有疑问，事后的查询是完全可能的并且书面沟通内容易于复制、传播。但是书面沟通缺乏良好的信息反馈机制，并且容易出现无法完整传递要表达信息的问题，且无法确认接受者正好能完全理解全部信息。口头沟通具有沟通灵活、直接、速度快且能及时反馈信息的特点，但口头沟通没有记录过程，并有可能受到干扰出现信息失真等情况。根据这两种沟通方式的对比，建议可采用口头沟通与书面沟通相结合的方法，在进行书面沟通前，首先对问题进行口头沟通，及时告知对方并且及时获得对方信息反馈，然后在口头沟通完毕后，再就沟通的内容形成文字书面性东西并传递给对方，这样既可以保证信息及时、完整地传递，同时也能保证沟通的可记录、可保存、可复制的特性。

2）建立正式沟通渠道的同时，合理利用非正式沟通

首先，在正式组织中以正式沟通为主，且以非正式沟通为辅。正式沟通的效果好且信息准确，较严肃而且约束力强，易于保密且可使信息沟通保持权威性，其优点显而易见。因此，正式组织中起主导作用的大多为通过组织的正式结构与系统开展正式沟通。但是，正式沟通还存在着沟通速度慢，刻板僵化，有时也会使信息失真等缺点。非正式沟通能使沟通不用在严肃的氛围中进行，使得双方更能达到一定的感情交流，其优点是沟通方便且速度快，能用以传递一些不便正式沟通的信息，并且通过非正式沟通能促进各单位增强了解，以促进合作的积极性。因此，顺利推进工作，组织还要依赖非正式沟通来补充正式沟通的不足。此外，应注意非正式沟通中信息被歪曲、夸大和误解的问题。

五、设计进度管理

设计管理应按设计阶段和设计专业对设计进度目标进行分解，需明确每阶段的进度控制目标，使各阶段设计在时间上环环相扣，形成不脱节的设计进度链。各阶段进度控制目标应以设计合同规定的各阶段设计文件提交的时间为依据，确定各阶段设计的开始时间、持续时间、完成时间、提交成果时间及审核审批时间。

1. 方案设计阶段设计进度控制主要工作
（1）参与制定设计招标计划，跟进招标实施。

（2）加快推进业主方案确定，避免因意见不一迟缓决策，耽误后续方案修改和优化工作进度。

（3）明确方案优化完成时间并控制执行。

（4）制定设计方案送审报批和批后修改工作进度计划并跟踪实施。

（5）编撰方案设计阶段进度控制总结。

2. 初步设计阶段设计进度控制主要工作

（1）协同招标管理提前开展初步设计招标和确定设计单位。

（2）提前准备和完成初步设计正式开始前的设计提资工作。

（3）重视设计接口（各专业之间、各设计单位之间、设计单位与供应商之间用于工程设计而需要交换的信息）的及时性、有效性、准确性和完整性。重点检查监控因设计接口问题可能引起的设计工期延误，及时与设计单位协调，拟定解决方案与措施。

（4）控制初步设计文件送审报批和批后修改工作进度时间。

（5）编制初步设计阶段进度控制总结报告。

3. 施工图设计阶段设计进度控制主要工作

（1）初步设计文件批准后，应抓紧开展施工图设计工作，实施施工图设计进度计划。

（2）熟记招标文件和合同文件中有关进度控制的条款，有理、有据、有节地处理设计过程中出现的各种进度问题。

（3）重点跟踪检查各专业施工图设计执行情况，监控各专业交叉设计时可能产生的无序情况和设计接口问题及其引起的设计工期延误；应及时与设计单位协调，力促上下游专业间保持密切联系和有效沟通。

（4）协调主设计单位与分包设计单位的关系，落实各单位相互提资和确保信息通畅。

（5）协同设计单位，及时审核设计文件，做好设计成果的过程监控。

（6）控制设计过程中的业主变更及其实施时间。

（7）施工图设计文件经内部审核后应及时按规定送施工图审查机构，并做好与施工图审查机构的协调工作。

（8）编制施工图设计阶段进度控制总结报告。

六、设计质量管理

项目设计质量控制的目标体现在通过设计过程的科学控制，最终提供满足业主需要的，符合国家法律法规、建设方针、设计原则、技术标准及设计合同约定的设计成果和服务。

1. 方案设计阶段设计质量控制

（1）方案设计文件编制深度要求

方案设计文件编制深度需符合国家最新版《建筑工程设计文件编制深度的规定》。

（2）方案设计质量控制要点

1）做好方案设计任务书的策划和编制。方案设计相关设计要求主要通过方案设计任务书来体现，策划和编制方案设计任务书是项目前期策划的延续和细化过程，是方案设计质量控制的重要内容。

2）方案设计应与当地的经济发展水平相适应，遵循安全、适用、经济、美观、环保、节能等原则。

3）方案设计应符合项目前期文件批复和任务书等依据性文件。

4）设计方案应严格执行国家强制性标准条文，满足现行的建筑工程建设标准、设计规范、制图标准和设计文件编制深度规定。

2. 初步设计阶段设计质量控制

（1）初步设计文件编制深度要求

初步设计文件编制深度需符合国家最新版《建筑工程设计文件编制深度的规定》。

（2）初步设计质量控制要点

1）策划确定初步设计要求。初步设计阶段，应针对已获批准确认的设计方案，拟定初步设计要求，编制初步设计任务书。

2）做好初步设计内审和优化工作。设计管理需要对初步设计成果进行审查。

3）做好初步设计外审组织协调工作。

3. 施工图设计阶段设计质量控制

（1）施工图设计文件编制深度要求

施工图设计文件编制深度需符合国家最新版《建筑工程设计文件编制深度的规定》。

（2）施工图设计质量控制要点

1）施工图设计应根据批准的初步设计开展编制，不得违反初步设计的原则和方案。如确要调整修改初步设计时，须呈报业主审批。

2）施工图设计文件应满足设备材料采购、非标准设备制作和施工需求。

3）施工图设计应重点检查建筑与结构、建筑与设备、结构与设备等专业工种之间的冲突。

4）施工图设计文件应确保其设计可实施性。

七、设计投资管理

在设计不同阶段实施的层层投资控制中，设计投资需经历多次"算"的计价过程，在设计推进过程中，设计管理部门应协同造价管理部门进行投资计划值和实际值动态跟踪比较，有偏即纠，将设计投资控制在项目计划总投资范围之内。设计管理需分析评价项目的经济性，并寻求提高设计经济性的途径，从而优化设计；在保证设计技术质量的前提下，实现建设项目的投入最小化和效益最大化。设计管理在进行设计投资控制时应做到高效利用有限资源，提高建设项目投资技术与经济的双重效益。

为保证工程项目造价的准确性及投资控制的科学性，项目分阶段对工程进行多次投资计算。从投资估算、设计概算与施工图预算等预期造价，到承包合同价、结算价和最后的竣工决算价等实际造价，是一个由粗到细，由浅入深，逐步深化、逐步细化并逐步接近实际投资的过程。设计管理应明确，投资与设计的逐步深化过程是相对应匹配的，对应关系为方案设计阶段对应投资估算、初步设计阶段对应设计概算、施工图设计阶段对应施工图预算。

1. 方案设计（投资估算）阶段投资控制

在方案设计阶段，投资控制主要是在优选和优化设计方案中实施。此阶段设计投资控制主要包括以下工作：

（1）参与设计方案评标，对投标设计方案的技术经济分析和设计估算作出评议和定量评价。

（2）参与编制设计方案优化要求中有关投资控制的内容。

（3）根据方案设计文件和估算书，对估算的依据、参数、过程和结论进行分析和审核。

（4）采用价值工程等方法对设计方案优化提出建议。

（5）参与编制初步设计要求文件中有关投资控制的内容。

（6）参与确定初步设计的设计限额。

2. 初步设计（工程概算）阶段投资控制

在概算阶段，设计管理的重要工作是向投资管理提供足够深度的初步设计成果文件和完备的其他资料文件。概算编制完成后，设计管理应根据项目设计情况对概算指标进行审核，并协同投资管理人员对项目各区域土建、安装概算指标进行合理性评估和分析，主要工作为：

（1）参与审核、评价初步设计文件中有关技术经济分析的内容。

（2）参与审核项目设计概算，提出评价建议。

（3）采用价值工程方法，寻求节约投资的可能性。

（4）参与编制施工图设计要求文件中有关投资控制的内容。

（5）参与确定施工图设计的设计限额。

3. 施工图设计（施工图预算）阶段投资控制

施工图设计阶段的设计投资控制重点是监控施工图设计按照初步设计进行，强化建设项目的经济性，严格控制设计限额，必要时对施工图设计进行修改或调整，使施工图预算控制在概算范围内。

4. 设计变更控制

管理控制设计变更应注重以下控制要点：

（1）事先分析预测项目范围的变更原因及其可能性，事先控制能够引起工程变更的因素和条件，按合同约定细化设计变更管理办法。

（2）了解跟进项目实施的中间过程和动态，在施工过程设计管理中，慎重审阅处理设计变更要求提出方的变更意见，防止出现不利于目标实现和不合理的变更，避免随意频繁变更导致项目施工实施的混乱和失控。

（3）协同项目设计负责人识别提出的设计变更的必要性、适用性及可行性，分析审定执行设计变更对工程设计质量、工期和费用的影响。包括对已安装部分或其他设计输出的影响及应采取的措施。

（4）变更后应及时合理调整项目设计管理的实施计划，并进行相应的工程进度、质量、价款和资源的跟进。

（5）加强设计变更的文档管理，所有的设计变更都必须有书面文件和记录，并有相关方代表签字。

第四节　报批报建管理

一、办证报批策划

项目行政审批管理是依据建设程序办理行政审批手续，在全过程工程管理中，项目行政审批贯穿项目决策阶段到竣工阶段，是一个非常重要的环节，如果项目没有按法定的程序进行行政审批，项目投资人或业主单位就要面临重大的法律风险。

全过程工程咨询单位协助业主单位开展前期的报批报建工作，是履行工程管理的重要环节，使项目从立项、设计、实施、投产（使用）整个过程具有合法性、科学性及可追溯性。前期报批工作推进的顺利与否将直接影响着项目建设的整体节奏。

1. 办证报批计划

应充分了解当地审批流程及相应的要求，结合项目的实际情况，厘清报批要求内容，编制项目报批报建的清单，明确责任单位，编制报批控制性计划，对后续具体办证报批工作起指导性作用，在实施过程中应根据项目实际进度实时进行调整。该控制性计划分为前期规划、前期报批、竣工验收三个阶段。

前期规划包括项目前期及后期验收整体规划。

2. 报批报建涉及的相关单位

一个项目从前期策划到竣工验收并交付使用，涉及的建设主管部门、参建单位非常多（表3-1）。每个单位都行使其相对固定的职责，只有弄清楚这些相关单位的职责并充分借助其职能，才能使项目有效、顺利地推进。

涉及的相关单位及职能范围　　　　　　　　　　表3-1

序号	单位名称	职能范围	与建设单位关系
1	建设单位	建设工程项目的投资主体或投资者，它也是建设项目管理的主体	主体
2	全过程项目管理单位	受业主委托并在合同约定范围内对整个工程进行管理	合同关系
3	监理单位	受业主委托并在合同约定的范围内对工程项目的质量、安全、进度、投资进行管理	合同关系
4	总包单位	工程项目实施的主体，综合管理项目的开展	合同关系
5	专业分包	针对工程项目的特点将部分专业工程通过招标方式确定施工单位，其同样受总包单位的管理	合同关系
6	供货单位	甲供材料或甲定乙供材料的供应	合同关系
7	发展改革	政府投资项目建议书审批、政府投资项目可行性研究报告审批、基本建设工程初步设计审查、经济适用房建设投资计划审批、初步设计及概算批复、综合验收	政府主管部门
8	财政	对政府性工程项目的建设经费进行估算并按进度工程量拨款，同时对工程竣工决算进行审计	政府主管部门
9	建设	建设工程项目方案设计审批、市政基础设施配套费收费审核、建设工程竣工档案认可、房屋建筑工程和市政基础设施工程竣工验收备案、工程开工安全生产措施备案、施工图设计文件审查合格书备案、建筑类代建单位资格备案（项目管理单位资格备案）、工程建设项目自行招标备案、招标文件备案、招投标情况书面报告备案、建设工程劳务分包合同备案、建设工程质量安全监督登记、建筑工程施工许可	政府主管部门

续表

序号	单位名称	职能范围	与建设单位关系
10	自然资源局	建设项目用地复核验收、农用地转用方案、补充耕地方案、征收土地方案审核、建设项目用地预审、《建设用地批准书》核发（招拍挂项目）、具体建设项目国有土地使用权审核、划拨国有土地使用权审核、协议出让国有土地使用权审核、单独选址建设项目国有土地使用权审核、临时用地审批、建设项目立项前规划审核、建设项目选址条件核发、建设项目选址论证报告审查、建设工程设计方案审查、建设项目交通影响评价审查、建设工程灰线检验、建设项目规划条件、建设工程规划验收确认、建设项目选址意见书、建设用地规划许可证、建设工程规划许可证、临时建设工程规划许可证	政府主管部门
11	水利局	开发建设项目水土保持方案审批、入河排污口审核、建设项目水资源论证报告书审批	政府主管部门
12	环保局	建设项目环境影响评价报告表审批、建设项目环境保护设施竣工验收、建筑施工夜间作业许可证核发、排污许可证核发	政府主管部门
13	卫生局	方案设计、初步设计、施工图设计卫生审批及工程专项验收	政府主管部门
14	消防局	方案设计、初步设计、施工图设计消防审批及工程专项验收	政府主管部门
15	公安交警局	道路交通影响评价、城市建筑工程公共或专用停车场（库）设计方案审核审批及工程专项验收；安防工程审批及验收	政府主管部门
16	气象局	建设项目大气环境影响评价气象资料核准、方案设计、初步设计、施工图设计的防雷装置审核、防雷装置竣工验收	政府主管部门
17	园文局	城区建设工程项目降低配套绿地率指标许可、园林工程质量安全监督登记、临时占用、借用绿地许可、园林绿化工程竣工备案	政府主管部门
18	人防办	人防工程易地建设审批、人防工程规划审查、人防工程项目建议书审批、人防工程可行性研究报告审批、人防工程初步设计审批、人防工程施工图设计审批、人防工程竣工验收许可、人防工程质量监督及验收	政府主管部门
19	安全质量监督站	工程安全、质量监督及验收	政府主管部门
20	白蚁防治所	白蚁预防受理、费用缴纳	政府主管部门
21	节能办	对工程项目的节能进行评估并出具报告、参与工程项目的节能专项验收	政府主管部门
22	市政管理处	对小区内道路进行验收	政府主管部门
23	环境卫生管理处	小区化粪池验收、建筑垃圾处置核准意见书办理、建筑垃圾处置费交付	政府主管部门
24	电力公司	施工临时用电设计、安装；正式用电设计、安装、验收	合同关系
25	自来水公司	施工临时用水设计、安装；正式用电设计、安装、验收	合同关系
26	燃气公司	燃气工程设计、安装、验收	合同关系
27	检测单位	对工程中各类需要检测的项目出具真实的报告文件	合同关系
28	监测单位	主要针对项目基坑围护阶段安全进行监测，并出具数据报告	合同关系
29	图审单位	对施工图进行审查、出具审查意见	合同关系

二、报批流程

根据国家行政审批流程，结合项目实际情况，出具项目前期报批流程图，应向业主单位汇报，明确项目建设报批的关键点，前置条件等（图3-7）。

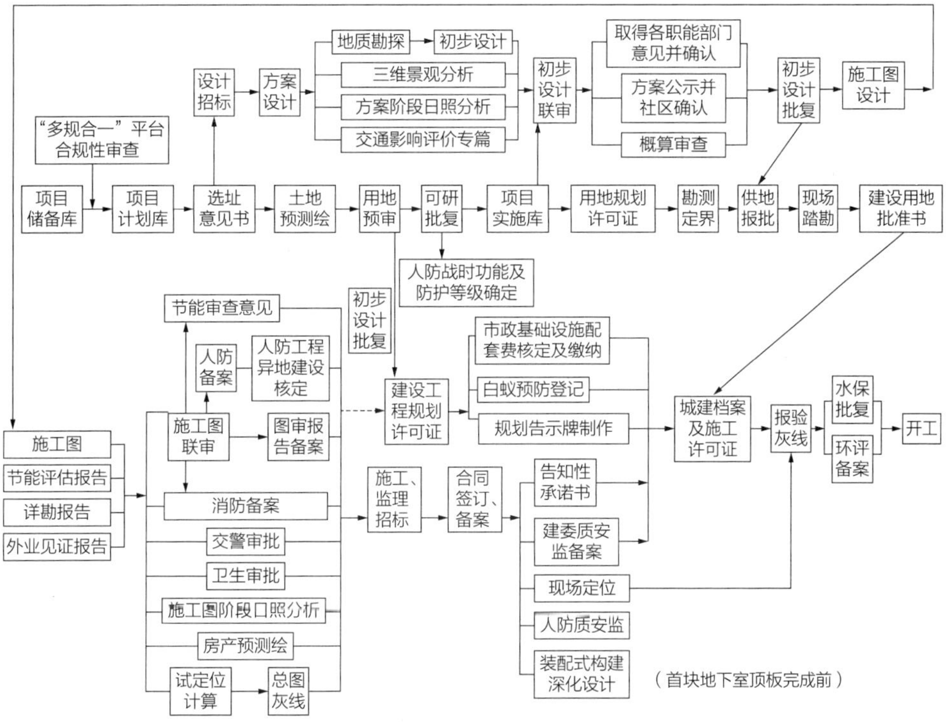

图3-7 政府投资项目前期报批流程图

三、第三方委托

项目涉及第三方评估内容，可包含在全过程工程咨询合同内，也可单独由业主发包，项目报批工作由全过程工程咨询服务机构统筹安排（表3-2）。

第三方服务清单　　　　　　　　　表3-2

序号	内容	序号	内容
1	项目建设议书	7	水土保持方案
2	可行性研究报告	8	交通影响分析
3	环境影响报告	9	日照分析
4	职业病危害评价	10	节能评估
5	辐射环评	11	社会稳定性评估
6	安全评估		

四、项目报批重要环节

1. 前期配套

（1）立项

项目立项报批程序根据资金来源分为备案制、核准制和审批制三种方式。

（2）项目前期第三方评估

项目前期第三方评估方面，全过程工程咨询单位从总体上协调第三方评估机构的实施进度，协调相关配合单位的工作；第三方评估机构的实施时间需要满足项目总体计划要求。具体评估工作需要根据项目所在地相关政府职能部门的要求。

（3）建设用地规划许可证

在向土地管理部门申请征用、划拨土地前，经城乡规划行政主管部门确认建设项目位置和范围符合城乡规划的法定凭证。

（4）建设工程规划许可

《建设工程规划许可证》是由城市行政主管部门依法核发，确认建设工程是否符合城市规划要求的法律凭证。在办理建设工程规划许可证期间，全过程工程咨询单位根据项目所在地主管部门的要求，收集整理申请工程规划许可证的相关材料；协调工程设计、第三方评估机构等咨询企业提供相应项目资料，递交申请资料给城市规划部门审核，申请建设工程规划许可证。

（5）初步设计审批

初步设计审批过程中全过程工程咨询单位在协调设计单位向相关行政主管部门提交初步设计文件前，应出具初步设计的内部审查意见，并经设计及建设单位达成一致意见。经行政主管部门审核的初步设计文件提出的意见，应组织设计单位进行设计修改。

（6）施工图审查

全过程工程咨询单位应提出施工图内审意见，经建设单位、设计方讨论，并经施工图审查机构审查，施工图审查机构按照相关规范、标准进行施工图审查；审查机构在规定的时间内完成审查并提供审查报告，并颁发施工图审查批准书；对不合格的项目，工程设计根据审查报告进行施工图纸修改，并重新送审。

（7）施工许可

建设项目在申领施工许可证时，全过程工程咨询单位负责整合参建各方的相关资料整理，报送行政主管部门。

2. 竣工验收

（1）专项验收

项目专项验收包括消防验收、环保验收、绿化验收、交通验收、防雷验收、档案验收、规划验收及特种设备验收，项目管理在此期间主要是监督施工单位按设计图纸、相应规范要求完成施工，组织相应单位完成专项验收初验，组织建设单位与施工单位完成项目专项验收。

（2）竣工验收及验收备案

施工单位根据合同及施工图纸完成项目所有施工工作后，全过程咨询单位组织协助建设单位申请项目竣工验收，工程竣工验收合格后在规定的时间内完成竣工验收备案。

（3）土地复核及产权办理

竣工备案完成后，委托第三方进行宗地测绘，完成土地复核验收，最终完成不动产登记。

五、报批注意事项

（1）精读国家政策，为工程项目节约机会成本做好工程前期申报工作。

（2）强化申报工作人员素质的培训，从事申报工作的人员的综合素质是做好工程申报前期工作的基础和保证。

（3）加强对从业人员的培训，通过流程讲解、技巧交流，编制相关业务流程、操作指南等。

第五节 招标采购管理

一、招标采购策划

1. 招标采购策划编制要求

招标采购策划应当在项目总体策划阶段，由招标管理工程师编制，是用于指导项目各项招标工作的纲领性文件。招标采购策划的编制应当综合考虑：

（1）国家法律法规；

（2）地方招标规定；

（3）项目建设目标；

（4）业主使用需求；

（5）项目策划文件；

（6）立项批复文件；

（7）已出具的设计文件和估算或概算文件；

（8）建筑行业资质标准；

（9）项目进度计划及节点要求。

根据上述内容，明确本项目拟定拟招标项及其招标范围、招标估算金额、招标界面、招标方式、合同计价方式等。

招标采购策划应当是动态的，当上述内容变动或出现其他影响项目推进的因素出现时，应当及时调整策划并据实调整。

2. 招标采购策划编制内容

（1）合同包分解：合同包应按照服务类、工程类、货物类三个类别进行分类，招标管理工程师应绘制《合同网络图》，并根据分解的合同包确定招标采购的主要内容、招标界面、概算及招标方式等。合同包分解应遵循合理、科学、可操作性强的指导原则，符合国家法律法规及当地招投标政策，并在合理满足业主单位需求的条件下，根据项目管理的需要适当控制合同包数量，以降低管理协调的工作量。常见合同包如下：

1）服务类：项目建议书、可行性研究报告编制及修编、方案设计、初步设计、施工图设计、专项设计、水土保持方案委托、日照分析报告编制委托、节能评估报告编制委托、环境影响评价报告编制委托、职业病危害预评价委托、地震危害评估、地质勘察、桩基检测、基坑检测、施工图审查、室内空气质量检测、竣工测绘、工程保险、招标代理等。

2）工程类：三通一平、土石方与边坡工程、桩基工程、拆除工程、施工总承包工程、装饰工程、外墙涂料工程、幕墙工程、智能化工程、钢结构工程、白蚁防治、景观绿化工程、室外市政配套、标识工程、跑道及球场面层工程、人防工程等。

3）货物类：电梯设备、锅炉设备、空调、厨房设备、高低压配电柜、智能化设备、发电机组、太阳能、医疗设备、体育工艺器材、照明灯具、瓷砖、洁具等。

（2）标段划分：对于较复杂的项目，需要分标段施工或分标段设计的，招标管理工程师应编制标段划分分析表（表3-3），对不同标段划分方案的优缺点进行对比分析，标段划分以实现项目整体目标为原则，根据项目的特性和业主需求编制。主要工作如下：

1）招标条件分析。

2）招标组织工作难易程度分析。

3）对投标单位的吸引力分析。

4）投标报价对业主方管理工作的影响分析。

5）投资控制分析。

6）质量控制分析。

7）进度控制分析。

8）项目经理条件及能力要求对比。

9）中标企业的资源投入要求对比。

10）对后续专业工程的影响分析。

标段划分分析表 表3-3

主要对比方向	整体发包	分标段发包
招标条件分析		
招标组织工作难易程度		
对投标单位的吸引力		
投标报价对业主方管理工作的影响		
投资控制		
质量控制		
进度控制		
项目经理		
中标企业的资源投入		
对后续专业工程的影响		
业主方项目管理难度		

（3）招标界面划分：招标管理工程师组织各专业工程师，结合项目设计图纸及实际情况对各专业工程招标界面进行初步规划并简要说明。各专业界面划分原则如下：

1）保证系统界面间的相容性，使项目系统单元间有良好接口。

2）保证系统的完备性以不失掉任何工作、设备与数据等，防止发生工作内容、成本和质量责任归属的争执。

3）保证系统界面的不相互重叠（或相交），会造成工作界面的混乱以及经济上的多支出与扯皮。

4）减少项目管理协调的工作量。

（4）投资估（概）算额：招标管理工程师将拟定的合同包及界面说明提交造价工程师，造价工程师依据项目已完成的投资估（概）算文件，按照拟定界面进行投资估（概）算分解，并向招标管理工程提交合同项概算分解限额或投资控制分解限额。

（5）招标方式：招标方式包括公开招标、邀请招标和直接发包，根据国家相关法律、法规、地方规章及项目实际情况进行确定。

典型项目招标管理主要成果表

表3-4

项目阶段	工作内容	工作成果
项目准备阶段	分析项目可采用的建设发包模式，并对各类型发包模式的优缺点进行对比分析，推荐本项目的最佳发包方式	建设发包模式分析表（表3-5）
初步设计完成后	按照工程特点对项目合同包进行分解，对整个项目的招标进行规划，明确发包范围、发包方式及投资估（概）算额	项目招标规划
	根据总控进度计划、设计出图计划、招标规划等条件，编制招标进度计划，确定各招标项目启动及完成时间	招标计划
（电子版）施工图提交后	梳理、划分各标段招标项目的发包范围及施工界面，并就总承包招标工作提出合理化建议，做好工程量清单编制书面交底工作	单项招标策划书单项招标计划表
预算编制前	（1）组织做好招标项目暂定品牌推荐工作，配合重要设备选型、定档工作（2）招标界面划分方案，详细提供专业和工作界面划分建议	材料设备品牌推荐表招标界面划分方案
招标文件定稿前	负责对各项目设计、监理、施工、专业工程招标以及材料设备采购招标成果文件的送审、汇总、反馈、定稿工作，并提出合理化建议	招标文件审核意见会签表
招标工作完成后	负责编制和移交招标阶段总结、招标台账、招标资料移交	招标阶段总结招标台账招标资料移交表

二、招标控制计划

招标控制计划是在招标策划的基础上编制的，用于指导招标实施。其主要内容应当包括：

（1）拟招标项目；

（2）计划开始时间；

（3）计划完成时间；

（4）招标主要进度节点：

1）招标方案完成节点；

2）招标文件完成节点；

3）招标控制价完成节点；

4）招标图纸完成节点；

5）招标挂网节点；

6）答疑补遗节点；

7）资格审查；

8）评标；

9）定标；

10）合同签订；

11）招标资料归档。

招标控制计划应当结合项目实际进度，以开工节点倒推的招标节点并适当前置，综合考虑图纸调整、清单调整、使用需求变更、材料品牌变更等可能对招标计划产生实质影响的主客观因素，预留提前量。

招标控制计划编制完成后，应当"集中讨论，分级报审"。招标管理工程师主动牵头组织招标控制计划审查，与其他相关专业商议各节点合理性和可行性，并将成果文件上报各专业负责人、项目经理、业主单位审批。

三、招标前期准备

各单项招标实施前，招标管理工程师应当了解设计图纸、场地条件、地下管线分布、招标估算、潜在投标人等，针对施工重难点及业主单位关切内容进行记录。必要时，应当进行现场踏勘，借助无人机、照相机等设备，留存现场影像资料，并在招标文件中详细描述，帮助投标人更直观、更系统地了解项目情况、场地情况及业主需求。

四、单项招标方案

（1）招标方案是招标管理工程师根据对项目的分析、梳理，结合业主需求、招标计划、招标文件主要信息总结后得出的成果。

（2）招标方案编制

服务类的设计招标、施工类的总承包及专业分包工程招标、预算金额超过300万元以上的物资类招标均应编制招标方案。

（3）招标方案的编制依据

招标方案的编制依据包括：《招投标法律法规》《建筑行业资质标准》《招投标地方管理规定》《项目管理策划》、已出具的设计文件和估算或概算文件、《项目招标规划》《项目招标计划》、业主需求、市场潜在投标人的相关信息、类似项目经验等。

（4）招标方案编制的内容

招标方案应包括招标工程名称、招标项目概况、招标人、项目总投资、招标金额、计划开竣工时间、招标范围和内容、标段划分、承包方式、质量安全要求、项目评优评奖要求、工期要求、技术标准和要求、合同计价方式、材料品牌要求、合同主要条款、投标报价上限及下限、投标人资质及业绩要求、投保担保金额及形式、评定标办法、招标过程中的重点难点、招标计划等内容。

（5）招标方案审核

招标方案编制完成后，应当由招标管理工程师牵头组织内部审查，由各专业人员参与讨论、优化，经项目经理确认后，提交业主单位审核签批，必要时召开专项评审会。

（6）招标工作交底

招标方案经业主签批后，招标管理工程师应及时组织交底，交底内容主要包括招标方案编制的依据、原则，招标文件编制的注意要点和风险点、招标工作的流程和招标计划的时间节点要求，以及对招标代理的管控要求。

五、招标文件编制

1. 招标文件编制要求

招标文件应当结合国家或地方招标文件范本进行编制，其内容不得偏离招标方案的实质性内容，对于涉及无法确定的内容，如：投标否决性条款、合同专用条款、工程量清单报价规定、特殊技术规范要求等，必要时可由招标管理工程师组织召开专项沟通会议，邀请业主、设计、造价咨询等相关单位参加，共同确定。

2. 招标文件审核

招标管理工程师组织各专业工程师进行招标文件的初步审核，调整完成后，组织业主、造价咨询、设计等相关单位对招标文件进行审核，必要时召开招标文件评审会议，根据会议议定内容进行修改。经批准后的招标文件内容，任何人不得随意更改，未经审批的招标文件不得发布。

六、组织招标实施

招标实施阶段主要工作有：发布招标公告、投标质疑受理、答疑补遗、招标控制价公示、资格后审、开标、评标与定标、中标公示、中标通知书核发及合同签订、招标资料汇总、招标经验总结等，不同阶段的重点工作不同。

1. 发布招标公告

招标公告发布前，招标管理工程师应当主动对接造价单位及设计单位，核对设计图纸、招标清单、招标文件的准确性。

2. 投标质疑受理

根据招标文件约定的质疑截止时间，搜集各投标单位质疑内容，招标文件的质疑情况主要有：

（1）对投标人资格条件的质疑；

（2）对招标文件具体条款的质疑；

（3）对评标办法的质疑；

（4）对招标文件补充文件的质疑；

（5）对招标活动本身的质疑；

（6）对招标评标过程的质疑；

（7）对评标结果的质疑。

3. 答疑补遗

招标管理工程师针对投标质疑内容，组织造价、设计单位进行答疑，针对招标文件调整、招标节点调整，应当第一时间发布补遗，告知各投标人。

4. 招标控制价公示

招标控制价应严格按照招标文件及补遗约定时间节点公示。

5. 资格后审

截标后，第一时间组织资格后审，根据招标文件约定对投标人提交的资格审查文件进行审查，并及时发布资格审查报告。

6. 开标

开标前，应当告知资格后审合格的投标人，采用纸质投标文件的，现场应当核对授权书、投标文件密封性、投标保证金缴纳证明等。

7. 评标与定标

招标人或招标代理机构组织5人以上单数的经济、技术方面专家对投标人提交的投标文件进行技术性和商务性评审。

8. 中标公示

招标人在确定中标人后，对中标结果进行公示，公示期不少于3日。

9. 中标通知书核发及合同签订

中标公示完成后，应当及时核发中标通知书，核发中标通知书之日起30日内必须签订合同。

10. 招标资料汇总

各单项招标过程资料应当及时总结、汇总、整理、归档，独立成册，并形成电子版留存。

建设发包模式分析表 表3-5

对比分析	发包模式一 □ EPC总承包模式 □ 施工总承包模式 □ 专业平行发包模式 □ 施工总承包＋部分专业平行发包模式 □ 其他发包模式：	发包模式二 □ EPC总承包模式 □ 施工总承包模式 □ 专业平行发包模式 □ 施工总承包＋部分专业平行发包模式 □ 其他发包模式：
招标前置条件情况		
模式说明（招标范围、计价方式等）		
招标工作难易程度		
招标进度影响		
潜在投标单位分析		
业主方/项目管理方管理工作影响		
投资控制影响		
质量控制影响		
项目进度影响		
对其他专业工程招标的影响		
其他影响因素		

第六节 投资管理

一、投资估算编审

投资估算是进行建设项目技术经济评价和投资决策的基础，项目决策阶段投资估算主要包括项目建设书投资估算、方案设计估算和可行性研究报告投资估算。投资估算应内容全面、费用完整、计算合理，估算方法应符合行业规程和计价依据的要求，估算深度应满足不同阶段对其进行投资决策和投资目标管控的要求。

投资估算编审依据包括：

（1）国家、行业和地方政府的有关规定；

（2）工程勘察与设计文件，图示计量或有关专业提供的主要工程量与设备清单；

（3）工程造价管理机构或行业协会等编制的投资估算指标、概算指标（定额）、工程建设其他费用定额、综合单价、价格指数和有关计价文件等；

（4）类似工程的各种技术经济指标与参数；

（5）工程所在地同期的工、料、机市场价格，建筑、工艺及从属设备的市场价格和有关费用；

（6）政府有关部门和金融机构等部门发布的价格指数、利率、汇率和税率等相关参数；

（7）与建设项目相关的工程地质资料、设计文件与图纸等；

（8）其他技术经济资料。

投资估算编审成果文件应包括（成果格式附后）：

（1）封面、签署页、目录；

（2）编审说明；

（3）投资估算汇总表；

（4）投资估算对比分析表；

（5）单项工程估算表；

（6）设备与工器具购置费估算表；

（7）工程建设其他费用计算表；

（8）建设期贷款利息计算表；

（9）流动资金估算表；

（10）主要经济技术指标表。

编审说明的内容应包括项目概况与建设条件、编审范围、编审依据、编审方法、有关指标参数与费率的取定说明、其他特殊情况说明、主要技术经济指标及构成分析等。

投资估算编审时应注意的事项：

（1）投资估算编审选用的类似建安工程造价指标应依据人工价格指数、建安工程造价指数等相应造价指数进行价格基期调整；专项系统或主要设备应进行市场调查，采用市场询价、近期内相同或类似规格参数的投标报价；

（2）采用类似工程造价指标估算时，除价格基期调整外，应对项目建设的边界条件、项目管理目标、方案或技术差异进行修正，如项目组成、工期质量目标、建设用地费、市政配套与接入条件、技术方案、型体特征等；

（3）投资估算超出投资限额要求时，全过程工程咨询方应进行投资限额目标的分析论证，提出建设方案或方案设计的优化或调整建议，分析论证的内容宜包括：

1）投资限额目标与类似项目造价指标横向比较；

2）投资限额目标与项目启动估算的差异情况；

3）各限额分解项超限排序与差异说明；

4）超限分解项限额指标与类似工程横向比较；

5）投资限额目标可实现性评估与调整或优化措施。

分析论证的成果可单独或与投资估算合并向项目委托人报送。

二、设计概算审核

设计概算投资一般应控制在立项批准的投资控制额内；如果设计概算值超过控制额，须修改设计或重新立项审批；设计概算批准后不得任意修改调整；如需修改或调整时须经原批准部门重新审批。

初步设计概算是初步设计文件的重要组成部分，为保障初步设计概算的编审精度要求，全过程工程咨询项目部编审前作好下列准备工作：

（1）编审团队选择或编审负责人面试；

（2）项目现场场地查勘；

（3）前期合同统计及支付统计；

（4）报建清单与其他费用计费依据收集；

（5）项目审批文件、项目建设条件调查报告、地方概算定额等其他相应编审依据收集；

（6）明确编审范围、文件组成及表格格式、内容要求；

（7）特殊专项工程或主材设备的市场调查或厂家征询；

（8）对特殊工艺或特殊专项，协调落实专人拟定施工方案；

（9）拟定编审实施方案（重大项目）或概算编审工作计划（一般项目）；

（10）编审启动会或编审工作交底。

初步设计概算编审成果应符合下列要求：

（1）初步设计概算文件组成完整，文件内容完整，概算分级合理，签章手续完备；

（2）编审方法、范围及深度符合规定要求；

（3）工程量计算准确；

（4）项目或主材设备价格符合建设标准与项目建设定位要求，主要设备或无价主材宜经市场询价；

（5）工程内容及费用计取无缺漏、无重复；

（6）计价依据或计费依据执行准确；

（7）措施费用计取与施工方案、设计文件匹配；

（8）成果质量误差率符合规定要求；

（9）工作底稿、会议纪要、联系函件等编审过程文件完整。

概算编制成果文件应符合各地计价依据及审批要求，文件组成一般包括：

（1）封面、签署页、目录；

（2）编制说明；

（3）总（综合）概算表；

（4）工程建设其他费用计算表；

（5）工程建设其他专项费用计算表；

（6）单项工程概算汇总表；

（7）单位工程概算费用计算表；

（8）建筑工程概算表；

（9）设备与安装工程概算表；

（10）进口设备材料货价及从属费用计算表；

（11）主要材料用量表；

（12）设备、工器具汇总表；

（13）主要经济技术指标分析表；

（14）估概算对比差异表（可单独提供）；

（15）类似项目指标对比表（可单独提供）。

全过程工程咨询方应根据设计文件及成果数据等，组织或实施概估算的对比分析，分析估概算造价数额差异，进行造价偏差排序，对比类似项目造价指标，简要分析偏差原因。形成对比分析说明、估概算对比分析表、类似工程造价指标对比表，概算对比分析文件可单独向委托人提交，也可并入初步设计概算编审成果文件一并提交。

全过程工程咨询方在接收编审成果文件，还应进一步进行成果质量审查，审查内容应包括：

（1）概算编审程序与工作步骤的执行情况；

（2）编审范围与建设要求及投资范围的一致性；

（3）概算编制方法、编制依据的有效性和合理性；

（4）概算内容及费用组成的完整性；

复杂项目全过程工程咨询
理论与实践

（5）概算内容及费用计取与设计文件、建设要求、专项方案等依据的匹配性；

（6）概算成果和过程文件的完整性与文件质量；

（7）主要设备及主材价格来源的有效性和价格取定的合理性；

（8）主要工程量的数据合理性。

全过程工程咨询项目部在初步设计编审过程中应注意信息沟通，保障编审质量及效率，沟通内容包括：

（1）编审基础资料需求提出与移交传递；

（2）编审实施方案与工作计划的报送与汇报；

（3）编审启动会议与工作交底；

（4）编审过程问题反馈与答复；

（5）编审工作计划执行情况的督促与汇报；

（6）编审成果的提交与反馈；

（7）概算超限原因与纠偏措施的讨论；

（8）概算审批过程的问题澄清、观点交流与请示汇报。

有条件的项目建议组织编审启动、成果汇报与内审、超限分析与纠偏等专题会议。对涉及构成编审依据、影响编审成果文件、拟定设计优化和纠偏措施的沟通或决策应形成书面记录。

参见表3-6、表3-7。

估概算对比分析表　　　　　　　　　　　　　　　表3-6

序号	工程或费用名称	初步设计配置与技术规格	估算		概算额 C	节超金额 $C-A$	偏差率		节超原因分析
			可研批复 A	调整计划额 B			$1-C/A$	$1-C/B$	
合计									

对比分析说明：

类似工程概算指标对比分析表　　　　　表3-7

序号	单位（或专业）工程名称	项目特征与技术指标	设计概算		类似项目批复指标			指标差异（%）			偏差分析
			概算金额	单位价值	项目1	项目2	项目n	类高值	类低值	类均值	
类似项目特征											
对比分析说明											

三、设计概算分解

设计概算分解的目的是通过设计概算分解明确限额目标，通过限额分解值落实施工图和专项工程限额设计的组织和实施。

批复概算分解应由全过程工程咨询方负责实施，分解方式有：

（1）按合约规划的合同包分解：确定合同包的概算限额，引导主材设备品牌档次确定，实施合同包造价动态控制；

（2）按工作结构的工作包或活动项分解：确定工作包或活动项的概算限额，通过项目管理软件，实施工期与造价的集成管理；

（3）按项目结构的项目单元分解：确定项目组成单元的概算限额，分配概算设计限额。

一般项目应结合项目单元实施合同包分解，以合同包限额为基准，履行合同包设计限额管理和合同包造价动态控制；重点或有条件的项目除合同包分解外，应利用项目管理软件，结合计价软件或BIM平台，进行工作包或活动项分解，确定项目计划基准，实施挣值管理。

批复概算分解总额应与批复概算额一致，分解内容应包括概算全部内容。批复概算分解前应拟定项目工作分解结构和项目合约规划，项目合同包范围界面清晰，合同关系、管理关系和增值税抵扣关系明确。

基于合同包概算分解应形成批复概算分解书，成果文件应包括：

（1）封面、签署页、目录；

（2）分解说明；

（3）批复概算分解汇总表；

（4）工程费用分解明细表；

（5）工程建设其他费用分解明细表；

（6）其他费用分解明细表；

（7）附件：项目合约规划等。

批复概算分解书是施工图设计和专项设计限额指标下达的依据，也是初步设计限额设计指标下达的依据，应向项目委托人和关联单位进行报送。基于工作包的概算限额分解，随项目工作分解结构和进度计划等，形成项目基准计划，不单独形成概算分解报告。

批复概算经分解后，应由全过程咨询方对项目造价控制调整计划进行对比，分析偏差项，评估批复概算各分解限额可实施性，对限额不足或可实现度较低的情形，向项目委托人发出风险提示，并将限额评估意见和建议措施书面报审委托人。

四、投资控制风险管理

建设项目全过程工程咨询投资控制活动的风险管理，包括：

（1）项目造价控制风险因素的识别、分析、评估；

（2）项目造价风险管理计划的制定、交底、执行、反馈、调整；

（3）合同文件风险分析、评估、交底、执行、反馈、调整；

（4）项目造价控制风险管理效果评价与总结。

在项目管理策划时，全过程工程咨询方应在项目造价控制风险识别、分析评估的基础上，同步进行项目造价风险管理计划的制定，以确定风险管理目标、分解风险管理职责、定义风险监控指标和监控周期、明确风险管理程序和工作计划，并制定风险管理措施。

在项目全过程造价管理过程中，应依据风险管理计划进行风险监控，形成风险监控表，并阶段性评估风险管理计划的执行情况或不足之处；在开展项目全过程造价管理总结时，应对风险管理效果进行总结评价。

在项目实施阶段，全过程工程咨询方应结合项目招采内容、设计文件、类似合同的执行总结、项目特性及实施环境等情况，从合同执行角度，对合同文件进行风险分析与条款评估，分析与评估的内容包括：

（1）合同风险识别、评估与应对策略拟定；

（2）潜在索赔项识别、分析与应对措施拟定；

（3）合同条款缺陷和未明事项的发掘、影响评估与应对措施拟定；

（4）合同文件与时限要求的梳理、可执行性评估与应对措施拟定。

合同文件风险分析与条款评估，应全面完整、简明清晰、准确客观、协调一致、责任明确，具有合同执行的引导作用，形成的成果文件宜包括（表3-8、表3-9）：

（1）合同风险清单及评估表；

（2）合同潜在被索赔项分析表；

（3）合同价款条款分析评估表；

（4）合同履约文件与时限清单；

（5）合同工作分解与分工表。

造价控制风险识别分析表

表3-8

风险识别				关联影响项				风险评估			应对策略	预控措施
风险类型	序号	风险事项与事项描述	风险来源	造价	工期	质量	安全	风险概率	风险程度	风险等级		

注：表中风险评估为风险因素对造价控制影响的风险概率、风险程度及风险等级评估。

造价控制风险监控表

表3-9

序号	监控指标			过程监测		指标偏差			监测人	备注说明
	指标名称	指标设定值	监控周期	监测值	监测节点	偏差值	趋势判别	是否预警		

五、招采清单与最高限编审

根据建设项目拟招采项的内容及招采分类，招标采购清单包括工程量清单、设备（或材料）采购清单、服务工作清单。全过程工程咨询方招标采购清单的工作内容包括：

（1）组织或实施工程量清单的编审；

（2）审查设备（或材料）采购清单；

（3）审查服务工作清单；

（4）分析评估工程量清单编审进度与质量的影响因素；

（5）工程量清单编审的进度与质量控制。

编审单位在工程量清单编审前应做好下列准备工作：

（1）收集和接收编审依据，并评估编审依据对编审质量的影响；

（2）熟悉招标文件、设计文件等相关资料；

（3）参加编审交底会议，接收编审交底；

（4）勘查施工现场，熟悉施工场地条件及周边环境；

（5）分解编审任务，拟定工作分工与进度计划。

工程量清单编审前应重点收集下列编审依据，并做好移交记录：

（1）地方性工程量清单计价补充规定；

（2）项目建设条件调查材料（含地下管线等资料）；

（3）施工组织设计与专项施工方案；

（4）招标文件及主要合同条款；

（5）勘察设计文件、标前二次深化图纸及设计变更修改资料；

（6）主材设备选型或技术规格书、饰面样品材料。

工程量清单编审过程中，编审单位应对下列情形提出书面反馈：

（1）不满足工程量清单编制或计价要求的设计缺陷；

（2）设计图纸的错、漏、碰或优化建议；

（3）编制范围及分界面对清单列项或计量结算不利；

（4）非常规施工措施费用的清单列项与费用计取建议。

工程量清单编审依据或招采范围发生变化时，应及时传递，涉及影响编审进度或编审成果精度时，应组织相关责任人分析评估，形成处理或调整意见。工程量清单成果格式应符合地方工程量清单计价规则的格式要求，工程量清单成果应组成文件完整、工程量计算准确、清单列项完整、项目特征描述准确。全过程工程咨询方应对提交的工程量清单成果质量进一步审查，审查内容包括：

（1）编审依据的正确性、完整性；

（2）成果文件和过程文件是否完整，成果文件格式是否符合要求；

（3）清单范围与界面是否一致，有无缺漏或重复；

（4）清单列项与清单内容是否完整、准确及规范；

（5）清单数量是否正确或数据逻辑的合理性；

（6）项目特征描述、规格型号及参数要求是否与设计相符；

（7）计量单位规范性及工程量计算规则设置；

（8）工程量清单规范及补充规定的执行情况。

招采最高限价应平衡利益相关方需求和造价限额控制要求，招采最高限价的价格范围应与招采范围相一致，并应包括完成拟招采项全部合同内容及履约义务、承担合同风险范围的全部费用、合理利润与税金。

招采项最高限额应根据招标采购清单、计价依据或市场价格等确定最高限价，以控制招采限额。全过程工程咨询方招采最高限价的主要工作包括：

（1）无价材料设备价格的市场征询；

（2）主材设备拟选品牌或品质要求的限额满足性评估；

（3）服务酬金市场调查；

（4）组织或实施招标控制价编审；

（5）限额比对与招采最高限价建议。

全过程工程咨询方对编审单位提交的招标控制价应进一步审查，并形成书面记录，主要审查内容包括：

（1）编审依据或基础资料的准确性、完整性；

（2）成果文件和过程文件是否完整，成果文件格式是否符合要求；

（3）计价依据和计费文件的有效性与执行准确性；

（4）材料、设备信息价基期的准确性及调查价格的合理性；

（5）措施费用计算的准确性与完整性；

（6）调试、维保、培训、保险等其他合同内容费用计算的完整性和费用合理性。

六、资金使用计划

根据项目审批文件、投资估算与造价控制计划、项目进度计划、采购等专项进度计划、资金管理制度文件等，按项目或专业分解编制合理科学建设项目资金使用计划，是建设单位提高经济效益的主要途径。资金使用计划应明确各节点投资计划值、用款计划值，建设项目资金使用计划成果文件应包括：

（1）封面、签署页、目录；

（2）编制说明（包括项目概况、资金使用计划情况、编制依据、其他说明等内容）；

（3）建设项目资金计划汇总表；

（4）分年度资金计划明细表；

（5）附件资料（如：项目进度计划等）。

编制的资金使用计划应满足项目进度、质量、安全及项目组织管理的要求，提高资金使用的效率和效益。资金使用计划应根据工程进度、建设工期、投资人资金情况以及施工组织设计进行适时的动态调整。

在项目实施阶段，应依据年度投资建议计划明确的形象节点和节点投资计划产值，依据合同支付规定或资金管理制度要求，编制年度资金使用计划，年度资金使用计划应以合同包为分解单元。年度资金使用计划的成果文件包括：

（1）封面、签署页、目录；

（2）编制说明；

（3）年度资金计划汇总表；

（4）年度资金使用计划表；

（5）年度投资计划汇总表；

（6）主要合同年度计划投资测算表；

（7）附件：年度进度计划等。

在年度内项目进展发展重大变化时，预计会使下达的年度投资计划和资金计划出现不足或较大节余时，应及时汇集调整依据资料，编制年度调整计划。年度调整计划文件组成及格式要求应符合投资主管部门或委托人的要求。

七、投资限额动态控制

投资限额目标动态控制的内容包括：

（1）项目造价控制调整计划或概算分解书或概算限额控制计划限额值的确定；

（2）造价成果、合同文件、计量支付、工程变更及变更价款等合同增减价款的统计与更新；

（3）未完工程限额执行趋势评估和造价预测，未招采项的造价预测；

（4）编制造价控制动态报表；

（5）分析偏差原因，提出纠偏措施，编制造价控制动态报告；

（6）执行检查与统计更新。

全过程工程咨询方按造价管理实施方案或委托人管理要求建立投资限额控制的预警机制，根据分解项实际值及预测值距限额值的幅度设立预警等级，符合触发条件时向委托人或相关单位通报。并动态掌握造价数据或影响造价的相关信息，对有超限趋势或已超限的限额分解项，应组织专题分析，评估限额目标的总体趋势，拟定处理措施，确需调整限额分解目标时，应向委托人或投资审批部门报告。

造价限额动态控制的成果文件组成应包括：

（1）造价限额执行情况报告；

（2）合同项造价成果比较表；

（3）总投资动态跟踪汇总表；

（4）建安工程投资动态跟踪表；

（5）设备购置投资动态跟踪表；

（6）其他费用动态跟踪表；

（7）合同统计表；

（8）合同价款调整统计表。

造价限额执行情况报告应说明未完工程造价预测方法、分解项偏差情况、主要偏差项的原因、纠偏措施或处理建议。

八、竣工结算管理

全过程工程咨询方在竣工结算管理方面的工作内容包括：

（1）竣工结算依据归集；

（2）竣工图的查验与核实；

（3）竣工结算条件与结算送审资料真实性、完整性及审批手续完备性审查；

（4）编制或审查工程界面说明和合同履约情况说明；

（5）实施竣工结算审查或组织竣工结算审核；

（6）竣工结算报审与移交；

（7）结算争议问题的技术建议；

（8）组织或参与结算审核争议协调等相关会议；

（9）参与结算争议处理。

应在合同履约全过程及时归集工程结算依据资料，建立合同履约档案资料，为结算审核提供项目履约信息资料和审核依据。

对报审结算与相关联合同结算的工程界面梳理和说明编制，工程界面说明宜由报审单位及相关联单位共同书面确认，并依据合同履约文件、履约实际状况等对报审结算的合同履约情况进行比对、核定和评价，编制合同履约情况说明，报送委托人。工程界面和合同履约情况说明可作为结算报审资料同步向审核单位报送，供审核人员参考。

竣工结算送审资料应文件组成完整、编码齐整、文件内容真实完整、签复及审核审批手续完备，且分类组卷，除报审份数要求外，公司需留存备查一份。结算资料审查后方可依规定在竣工结算接收或转交文件上签字，并签署资料缺陷意见。

发生竣工结算问题争议时，宜建议关联人形成竣工结算争议清单，向审核人或审核部门提供技术建议，并组织或实施争议处理。竣工结算审定后，应归集工程结算审核报告，并依据工程结算报送与审核情况编制合同结算统计表，汇总结算审定金额，统计累计付款，梳理质保金扣留、应付款项与欠付款项。

九、竣工决算管理

竣工结算完成后，全过程工程咨询方应依委托合同的要求，组织或实施竣工决算的编制。工作内容包括：

（1）合同明细及结算统计与数据拆分、归集；

（2）无合同费用支出的统计与费用归类。

（3）基建账务梳理与实付统计；

（4）统计与核实剩余物资，参与剩余物资处理与资产盘点；

（5）梳理工程遗留问题，组织编制项目总结；

（6）编制项目竣工财务决算报表；

（7）财务数据核对与数据闭合；

（8）进行投资与经济分析、节超对比分析等，编制竣工决算报告；

（9）竣工决算报审。

竣工决算编制前，应将项目实际建设规模、建设内容、建设标准及实际建设成本与项目批复做对比分析，若超出批复规模、内容、标准或投资限额，项目造价部（组）应组织原因分析，归集超限依据，符合概算调整条件的，应按规定的程序和要求启动调整概算申请。

竣工决算报告编制范围应与初步设计概算范围相一致，项目决算内容及其明细应与经审查批准的概算内容明细相对应。竣工决算报告应依据合法有效、报告内容齐全、数据准确、分析对比客观真实，成果文件组成及格式要求应满足当地财政部门或委托人要求。

第七节 现场管理

全过程工程咨询服务大多包含了工程监理，因工程监理具有非常成熟的规范和制度体系文件，本书就不展开赘述，本节主要围绕业主方项目管理的现场管理服务，从质量、进度、投资、安全目标如何管控的角度展开描述。

一、现场质量管理

1. 控制依据

建设工程质量控制，就是通过采取有效措施，在满足工程造价和进度要求的前提下，实现预定的工程质量目标。全过程工程咨询单位的专业咨询工程师（监理）在建设工程实施阶段质量控制的主要任务是通过对施工投入、施工和安装过程、施工产出品（分项工程、分部工程、单位工程、单项工程等）进行全过程控制，以及对承包人及其人员的资格、材料和设备、施工机械和机具、施工方案和方法、施工环境实施全面控制，以期按标准实现预定的施工质量目标。

（1）《中华人民共和国建筑法》（主席令第91号）（2011年修订）；

（2）《建设工程质量管理条例》（国务院第279号令）（2017年修订）；

（3）《建筑工程施工质量验收统一标准》GB 50300—2013；

（4）《质量管理体系 基础和术语》GB/T 19000—2016；

（5）《建筑工程质量监督条例（试行）》；

（6）《建设工程质量检测管理办法》（建设部令141号）；

（7）施工合同；

（8）投资人的功能要求报告及设计任务书；

（9）地质勘察文件、设计施工图纸及设计要求；

（10）施工组织设计及专项施工方案措施；

（11）质量管理计划；

（12）其他影响质量的因素等。

2. 项目质量保证体系

项目质量体系是为实施质量管理所需的组织机构、程序、过程和资源，是企业质量体系的一个组成部分，为确保企业质量方针和工程质量目标如期实现，项目部建立以现场管理经理、项目总监、总监代表、专监为领导班子，配备满足需要的专业横向到边、层级纵向到底的现场管理组织机构。项目部严格执行企业质量体系程序文件，确保施工中每一过程处于受控状态，并为此提供充分的资源。

（1）质量组织与保证人员

在人、财、物及任务量平衡的基础上，注意生产要素的科学合理调度，确保创优的组织条件。各级质量管理人员应各司其职，对工程质量进行有效控制。

（2）质量保证程序

如图3-8所示。

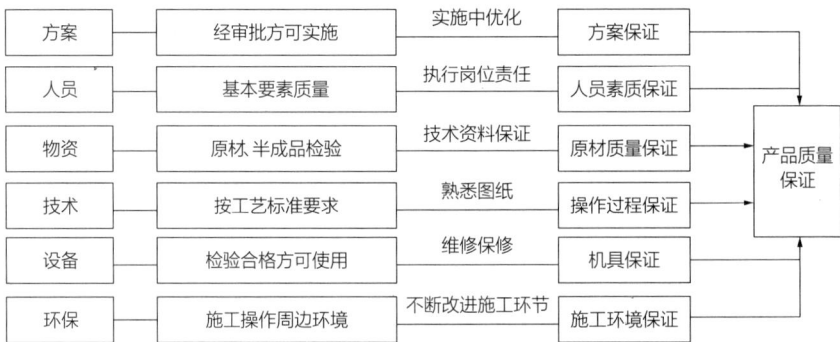

图3-8 质量保证程序图质量过程执行程序

质量过程执行程序：对不合格的分部分项与单位工程必须返工。有关责任人员要针对出现不合格品的原因采取必要的纠正预防措施。

（3）质量管理制度措施

根据建筑业有关文件精神在本工程中特制定以下质量管理制度，以保证《质量计划》的实现。

1）工程项目质量负责制度

对本工程承包范围内的工程质量向建设单位负责。每月向业主呈交一份本月的质量总结。

2）技术交底制度

坚持以技术进步来保证施工质量的原则。督促施工单位每道工序、每个工种在施工前组织开展各级技术交底，各级交底以书面形式进行，若以交底会的形式进行，则必须有书面记录。若因技术措施不当或交底不清造成质量事故，要追究有关部门人员责任。

3）材料进场检验制度

本工程的各类材料必须具有出厂合格证且物证相符，督促施工单位并根据国家规范要求分批量进行抽检，把好材料进场关同时在作业或材料订货前向业主提供不少于两份的材料样板，根据确认的材料样板进行作业或订货。

4）样板引路制度

根据合同要求，督促施工单位将在第一层标准层完成后规定时间内在砌体工程、装修工程、安装工程及室内涂料等方面分别做出砖砌体样板间、抹灰地坪样板间、安装样板间、室内涂料和标识样板间以及交房样板间，统一操作要求并明确质量目标，并以样板间作为以后施工的最低标准，以后施工的工程必须高于样板间的质量标准。

同时对符合合同规定的作业样板按时按质完成，经业主、监理、施工三方验收确认后作为后续工程的指导样板，再进行大面积施工。

5）施工挂牌制度

督促施工单位实行挂牌制，注明操作者、管理者与施工日期，并将相应图文记录作为重要施工档案保存。

6）过程三检制度

督促施工单位实行并坚持自检、互检、交接检制度，作好文字记录。

7）质量否决制度

对不合格分项、分部和单位工程，质量部门有一票否决权，必须进行返工，杜绝不合格品进入产品流程。

8）成品保护制度

应处理好上下工序间的交接，分清职责，做好产品中间保护和交验前的保护，建立交接记录。

9）质量文件记录制度

质量记录作为质量责任追溯的依据应力求真实详尽。要妥善保管各类现场操作记录、材料试验记录与质量检验记录等资料，特别是针对各类工序接口的处理，应详细记录当时情况并厘清各方责任。

10）工程质量等级评定、核定制度

竣工工程应首先由施工企业按国家有关标准规范进行质量等级评定，然后报工程质量监督机构开展等级核定，并针对合格工程授予质量等级证书，核定为不合格或未经质量等级核定的工程不得交工。

11）竣工服务承诺制度

按ISO9001系列标准要求，企业将主动做好用户回访工作，按标函中的承诺和国家有关规定实行工程保修服务。

12）培训上岗制度

工程项目所有管理及操作人员应经业务技能培训并持证上岗。若因无证操作或无证指挥造成工程质量不合格或质量事故，要追究直接责任者和企业主管领导的责任。

13）工程质量事故报告及调查制度

若工程发生质量事故，应作好上报和现场抢险及保护工作。建设行政主管部门要根据事故等级逐级上报，同时按照"三不放过"的原则，负责事故的调查及处理工作。对事故上报不及时或隐瞒不报的要追究有关人员的责任。

3．组织保证体系

根据质量保证体系督促施工单位建立岗位责任制和质量监督制度，明确分工职责，落实施工质量控制责任，各岗位各司其职。根据现场质量体系结构要素构成和项目施工管理的需要，形成横向从结构、装修、防水到机电等各个分包项目，纵向从项目经理到施工班组的质量管理网络，从而形成项目经理部管理层、分包管理层到作业班组的三个层次的现场质量管理职能体系，从而从组织上保证质量目标的实现。

4．施工过程管理保证措施

（1）建立过程质量执行程序，参见图3-9。

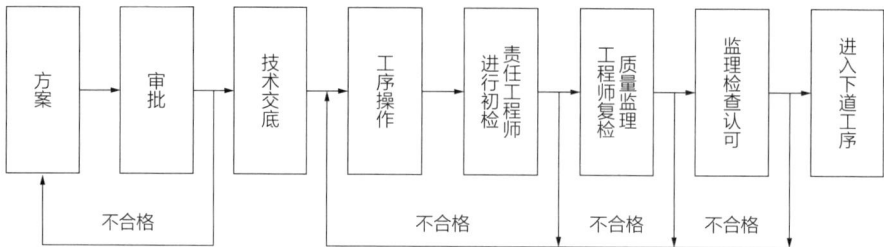

图3-9　过程质量执行程序

（2）实行样板先行制度

分项工程开工前，由项目经理部的责任工程师，根据专项施工方案、技术交底及现行的国家规范、标准，组织分包单位进行样板分项施工，确认符合设计与规范要求后方可进行施工。

（3）落实三检制，做好隐蔽工程的质量检查

在施工中坚持检查上道工序、保障本道工序和服务下道工序，做好自检、互检与交接检；严格工序管理并做好隐蔽工程的检测记录。

（4）采取标准工序流程制度，建立专项质量保证措施

施工前应编制各工序施工流程以便合理安排施工程序。在每一分期施工前，

土建、安装与装修三方应共同开展必要的图纸会审和协调，研究解决交叉施工配合中的相关部门问题。按流程推进并避免相互破坏，以确保工期质量。

（5）建立质量会诊制度，进行质量通病预控

根据质量创优方案，将各分项工程层层交底落实并记录完整，对重要分项工程都编制管理流程，以过程精品确保实现最终质量目标。同时，将奖惩制度与会诊制度相结合，彻底解决施工中出现的问题（图3-10）。

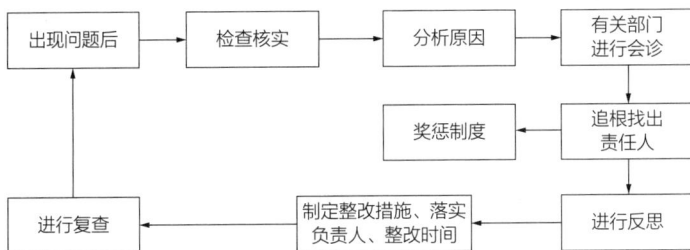

图3-10 "会诊制度"流程图

项目部定期组织基于质量通病以及难控制与易发的质量问题的会议，基于问题的根源、范围与相关因素，查找问题的症结并制定相应的处理与预防措施。同时，加强对该部分的跟踪检查以落实其实践效果，并最终开展总结。

（6）加强对分包的管理和培训，促使分包操作层能力不断提高

对分包主要管理人员进行ISO9001基础知识培训与施工质量管理的培训，未经培训或培训不合格的分包队伍不允许进场施工；对分包进行创优宣传，使全体操作人员了解本工程质量目标；督促分包对各项工作落实，将项目的质量保证体系贯彻落实到各自施工质量管理中，项目责成分包建立责任制；各分项工程施工前，项目经理部组织分包班组长及主要施工人员，按不同专业开展技术、工艺与质量的综合交底。

质量管理体系是工程质量的重要保证。投资人、全过程工程咨询单位、承包人都应建立起相应的质量管理体系。一个项目多层次质量管理体系的有效运作，除对内主要发挥主动管理的作用外，对外还应能起到相互监督作用。

全过程工程咨询单位实施质量管理，是通过签订各种合同将有关工作的质量责任分解到所涉参与方，从而实现质量管理目标。质量管理目标是指为达到项目建成使用功能、使用寿命、使用要求而制定的施工质量标准。针对整个项目、各单项工程、单位工程、分部工程、分项工程制定出明确的质量目标，质量目标分为项目总体质量目标及各分部分项工程质量目标。

质量保证体系是指全过程工程咨询单位以提高与保证产品服务质量为目标，依靠必要的组织结构且运用系统方法，把各参建方各环节的质量管理活动严密组

织起来，形成一个有明确任务、职责与权限，能相互协调与促进开展质量管理的有机整体。

二、现场安全管理

为认真贯彻落实"安全第一、预防为主、综合治理"的安全生产方针，进一步提高项目部的安全管理水平，加强对项目安全风险源的监督管理，以防止和减少生产安全事故的发生。

根据《安全生产法》《建筑法》《建设工程质量管理条例》《建设工程安全生产管理条例》《危险性较大的分部分项工程安全管理规定》（住房和城乡建设部令37号）、"关于《危险性较大的分部分项工程管理办法》有关问题的通知（建办质31号文）"等法律法规，进一步落实与督促各参建责任主体安全生产责任制，凸显项目安全危险源策划工作重要作用，努力实现安全生产工作从被动防范向源头管理转变，遏制和减少重特大伤亡事故的发生。

1. 安全风险源策划

基于国家有关规定及技术标准对安全风险源进行辨识分级，确定重点监控对象；对安全风险源及事故隐患整改情况开展动态跟踪监控并督促整改；为项目部的安全生产决策提供科学依据，为安全生产监管部门提供科学化、制度化、规范化与信息化的现代安全生产管理手段。

将项目安全风险源按场所的不同初步可分为：施工现场安全风险源与临建设施安全风险源两类。应从人、机、料、工艺、环境等角度着手开展对危险与有害因素的辨识，动态分析识别与评价可能存在的危险有害因素的种类和危险程度，从而找到整改措施。

（1）施工现场安全风险源

1）存在于人的安全风险源主要是人的不安全行为，即"三违"：违章指挥、违章作业、违反劳动纪律，主要集中表现在那些施工现场经验不丰富、安全意识不强、综合素质较低的人员当中。

2）存在于分部、分项工艺过程、施工机械运行过程和物料的安全风险源：

① 脚手架、模板和支撑、塔吊、汽车吊、拌和楼、软基处理、基坑施工等局部结构工程失稳，造成机械设备倾覆、结构坍塌、人员伤亡等意外；

② 施工高度大于2 m的作业面（包括脚手架作业平台、临边作业），因安全防护不到位或安全兜网内积存物未及时清理、人员未佩戴安全带等原因造成人员踏空、滑倒等高处坠落摔伤或坠落物体打击下方人员等意外；

③ 焊接、金属切割、钻孔、起重吊装、移动模架等施工，各种施工电器设备的安全保护（如：漏电、绝缘、接地保护、一机一闸）不符合要求，造成人员触电与局部火灾等意外；

④ 工程材料、构件及设备的堆放与频繁吊运、搬运等过程中因各种原因发生的堆放散落、高空坠落与撞击人员等意外；

⑤ 混凝土运输车、装载机、汽车泵、土方运输车、挖机、汽车吊等车辆在场内运行速度过快、现场限速与限载标志不足、设置位置不恰当、驾驶员酒后驾驶发生车辆伤害等意外；

⑥ 在现场临时用电系统布设时存在电缆线随地拖拉，未采用三相五线制、没有接地，私拉乱接，电箱不满足防雨防尘要求，电箱位置未按方案布设，电箱旁未配置有效消防设施等原因，造成人员触电、火灾与线路短路等意外；

⑦ 未按规范使用氧气与乙炔，包括氧气与乙炔瓶的安全距离不足、氧气和乙炔瓶与明火位置不足、在雷雨天气进行露天焊割作业、乙炔瓶倒卧使用以及气瓶未分类存放等原因，造成火灾与爆炸等意外。

（2）存在于施工自然环境中的安全风险源

1）软基处理（水泥搅拌桩、灌注桩、PHC管桩）、挖掘机作业时损坏地下管道等因通风排气不畅造成人员窒息或中毒意外。

2）在深基坑施工时，因为支护支撑等设施失稳坍塌，不但造成施工场所破坏与人员伤亡，往往还引起地面及周边建筑设施的倾斜、塌陷、坍塌、爆炸与火灾等意外。深基坑开挖时的施工降水造成周围建筑物因地基不均匀沉降而倾斜、开裂与倒塌等意外。

3）项目部驻地，职工生活区、施工现场在高压线下，塔吊机械、汽车吊运时距离高压线过近导致触电意外；大风、暴雨、大雪等恶劣天气导致塔吊、移动模架、脚手架发生倾斜、倒塌等意外。

4）在夏期施工时，因作业时间过长且未采取合理防暑降温措施，进而导致中暑意外；冬期施工时，未采取合适保暖防寒措施而引起冻伤意外。

（3）临建设施安全风险源

1）厨房与临建宿舍安全间距不符合要求，施工用易燃易爆危险化学品临时存放或使用不符合要求且防护不到位，造成火灾或人员窒息中毒意外；工地饮食因不符合卫生标准造成集体中毒或疾病意外；

2）因临时简易工棚搭设不符合安全间距要求，未配置足量消防器材易发生火灾意外；

3）因电线私拉乱接导致直接与金属结构或钢管接触，易发生触电及火灾等意外；

4）因临建设施搭设拆除时发生坍塌，使作业人员踏空踩虚造成伤亡意外。

（4）安全风险源的主要危害

安全风险源可能造成的事故危害主要有：高处坠落、坍塌、起重伤害、物体打击、车辆伤害、触电、机械伤害、短路、中毒窒息、火灾、灼伤、爆炸和其他伤害等几种类型。

2. 辨识危险源

（1）危险源辨识

组织相关技术、管理、作业人员，组成若干个危险源辨识小组，根据项目危险源辨识的规定，结合作业内容、设备材料、工艺流程与现场环境等，对每个现场进行危险源辨识，梳理出全部危险源并建立每个现场的《危险源清单》。

（2）危险源评价

危险源辨识小组要对辨识出的危险源进行严重程度分析、评价，根据危险源对生产安全的危害程度，分出主次，找出每个现场的主要危险源，一般3～5个为宜。

（3）确认危险源

各分部要组织对辨识小组所辨识评价出的各危险源与主要危险源开展研究、评审和确定，并避免缺漏。应及时汇总形成整个工区的《危险源清单》并上报分部。

（4）随时修正

当遇到外部环境或工作内容发生变化时，要随时对危险源开展相应分析、评估与重新确定，并及时对相应现场和整个分部的《危险源清单》进行更新。

3. 安全风险源整治措施

（1）建立安全风险源的公示和跟踪整改制度。加强现场巡视，对可能影响安全生产的安全风险源进行辨识并登记，掌握安全风险源的数量与分布状况，经常性地公示安全风险源名录、整改措施及治理情况。安全风险源登记的主要内容应包括：工程名称、风险源类别、地段部位、联系人、联系方式、安全风险源可能造成的危害、施工安全主要措施与应急预案；

（2）对人的不安全行为，要严禁"三违"，加强教育，搞好传、帮、带，加强现场巡视，严格检查处罚；

（3）淘汰落后的技术工艺，适度提高工程施工安全设防标准，进而提升施工安全技术与管理水平并降低安全风险；

（4）制定和实行施工现场大型施工机械安装、运行、拆卸和外架工程安装的检验检测、维护保养与验收制度；

（5）针对不良自然环境条件中的风险源要制定有针对性的应急预案，并选定适当时机开展演练，做到人人心中有数，遇到情况不慌不乱且从容应对；

（6）制定实施项目施工安全承诺和现场安全管理绩效考评制度，确保安全投入并形成施工安全长效机制：

1）编制安全风险源应急救援预案。

2）专职安全员每天一次对安全风险源进行巡检。

3）设置安全风险源监控与监测设施，开展全方位监控风险源。

4）对安全风险源应配备足够数量的灭火器材等应急物资。

5）安全风险源现场必须有明显的安全标志和安全须知牌。

6）安全危险现场的安全通道须保持通畅。

7）在安全风险源设立良好的防雷接地装置和防洪排水设施。

8）对安全风险源要经常保持现场的整洁、清洁与文明。

4. 安全监控措施

（1）确定监控措施

根据有关法规、规范、施组及经审批的专项技术安全方案，组织针对每个危险源制定安全风险防范与现场监控措施，形成各现场的《安全风险监控措施清单》。

（2）关键监控措施

组织对各现场的危险源与主要危险源开展综合分析，归纳出每个现场的关键监控措施并形成《现场安全风险控制责任单》。

（3）确定应急措施

要基于现场危险源性质，结合项目应急预案分析现场可能出现的突发事故，并制定相应应急措施。应急措施要突出关键步骤且简洁明了。

（4）管理和修正

要加强对各现场《现场安全风险控制责任单》与《安全风险监控措施清单》的管理，及时下发和备案，并随危险源变化而修正且及时送达监控责任人。

5. 落实监控责任

（1）明确监控责任人

根据现场管理和技术人员配置情况，本着一岗双责原则确定各区段、各工程及各现场的安全监控责任人。

（2）监控责任交底

要安排人员就危险源、主要危险源及相应安全风险监控措施、关键监控措施与应急措施向每个现场监控人员开展全面交底，并明确监控和信息反馈流程。现场监控人员或工区指定的人员也应就危险源、防控措施与应急措施等向作业人员开展交底。

（3）监控人的学习责任

监控责任人要掌握监控交底内容，努力学习专业技术和安全知识，不断深化对危险源、风险控制措施与应急措施的理解，真正胜任现场监控工作。

（4）监控人的监控责任

监控责任人在工作中应认真履行监控责任，基于现场风险控制、措施和监控措施随时纠正现场违章违规行为；并做好工作记录，按时填写《现场安全风险控制责任单》。

（5）监控人的改进责任

监控责任人根据现场监控中遇到的违章违规，要及时对方案、施组与工序安排等方面可能存在的不妥之处提出完善意见；并亲自或提请项目安排专业人员对作业人员实施有针对性的安全培训。

（6）落实监控管理责任

监控管理责任人是现场监控责任人的上级领导，要指导并监督现场监控责任人的监控工作，运用肯定、鼓励、奖励或批评、处罚等方式，激励现场监控责任人对其现场监控实效承担管理责任。

第八节　项目进度管理

建设工程项目进度控制是指基于项目建设各阶段工作内容、工作程序、持续时间和衔接关系等工作要求，基于进度总目标及资源优化配置原则，编制计划并付诸实施，然后在进度计划实施过程中，经常检查实际进度是否按计划要求开展并分析偏差情况，进而采取补救措施或调整修改原计划后再付诸实施，如此循环直到建设工程竣工验收且交付使用。

建设工程进度控制的总目标是建设工期，建设工程进度控制的最终目的是确保建设项目按预定时间动用或提前交付使用。

一、建立项目进度计划体系

建设工程项目进度计划系统是由多个相关联进度计划所组成的系统，它是项目进度控制的依据。由于各种进度计划编制所需的必要资料是在项目进展过程中逐步形成的，因此项目进度计划系统的建立完善也有一个过程。图3-11是一个建设工程项目进度计划系统的示例，该计划系统有4个计划层次。

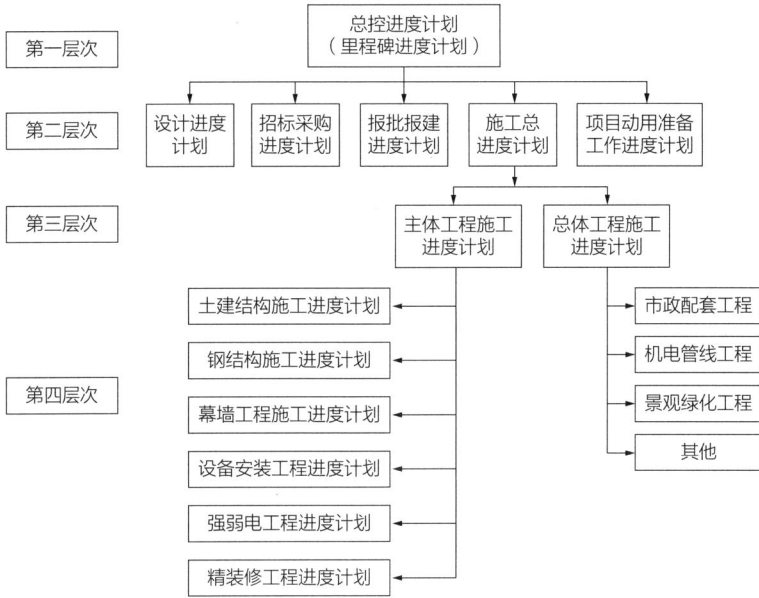

层级	名称/类别	编制单位	审核单位	审批单位
1	总进度计划（里程碑进度计划）	建设单位	—	—
2	设计进度计划	设计单位	建设单位	建设单位
3	各设计阶段进度计划	设计单位	建设单位	建设单位
3	年度设计进度计划	设计单位	建设单位	建设单位
3	月度设计进度计划	设计单位	建设单位	建设单位
2	招标采购进度计划	建设单位	—	—
2	报批报建进度计划	建设单位	—	—
2	施工总进度计划	施工单位	监理单位	建设单位
3	分包施工进度计划	分包单位	施工单位 监理单位	建设单位
3	年度施工进度计划	施工单位	监理单位	建设单位
3	季/月/周施工进度计划	施工单位	监理单位	建设单位
4	专项施工进度计划	施工单位	监理单位	建设单位

注：1. 上述进度计划分别承担目标论证、指导性、控制性、实施性的功能；
2. 高层次计划是低层次计划的指导和依据，低层次计划是高层次计划的细化和支撑，低层次计划必须保证高层次计划目标的实现；
3. 其中，分进度计划是指：
1）各设计阶段进度计划：包括方案设计进度计划、扩初设计进度计划、施工图设计进度计划、深化设计进度计划等；
2）专项施工进度计划：包括土建、机电、幕墙、机电、室内装修、专业工程进场、甲供设备材料进场、交叉协调施工、调试验收等专项工程计划；
4. 各单位须在此架构指导下编制本单位的施工或服务进度计划。

图3-11 建设工程项目进度计划系统示例

二、编制进度控制计划

1. 项目进度计划编制流程

参见图3-12、表3-10。

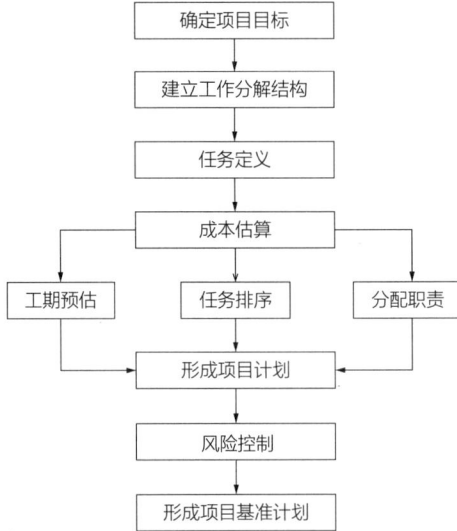

图3-12　项目进度计划的编制流程

项目进度计划编制流程　　　　　　　　　　　　　　　　表3-10

序号	编制步骤	说明	关注点
1	确定项目目标	制定目标的原则	1.SMART原则 2.更少就是更多 3.目标是可控制的 4.确定所有目标
		明确项目的结果和衡量项目成功的标准	1.项目结束时要取得什么结果 2.必须满足什么要求 3.什么时候结束 4.如何知道每个目标是否达到
2	建立工作分解结构	工作分解的三个关键问题	1.是否可以准确估算实施这个行动所需的资源 2.是否可以准确估算实施这个行动所需的时间 3.如果必须把该行动安排给别人，是否有把握他会清楚要做什么
		确定具体要完成的工作，显示主要工作和次要工作的关系（WBS）	1.通过这个项目，我们需要完成什么 2.包括什么工作 3.各项工作主要分支是什么
3	任务定义	描述任务内容	

续表

序号	编制步骤	说明	关注点
4	成本估算	成本分解结构（CBS）应遵循结构构建方法	1.项目总成本 2.项目成本一级科目 3.项目成本二级科目 4.项目成本三级科目 5.……
		每项任务都会花费费用，确定资源需求，分配职责和控制成本	1.需要什么样的知识和技能 2.需要什么样的设备 3.应有什么样的材料 4.需要什么特殊资源
5	任务排序	影响任务关系的现象	1.组织架构设置不合理 2.部门职责定位不清 3.工作流程中对部门配合描述不清 4.部门间推诿 5.员工能力 6.对业务流程不熟悉
		明确任务后，分析任务的前后关系	1.理解房建项目开发建设流程 2.理解部门间的业务配合 3.通过网络图、干特图分析任务间关系
6	工期预估	工期的经验值是编制计划的基础	
7	分配职责	分配职责，落实所有工作的负责人	1.参考资源需求表 2.谁拥有完成工作所需的资源 3.谁拥有完成工作所需信息 4.需要什么特殊资源 5.我们需要谁的承诺
8	形成计划	编制常用的技术	网络图、干特图、关键线路法、计划评审法、里程碑图等
9	风险控制	管理方法	1.将风险发生的可能性降到最小 2.制定应急方案 3.购买保险
		控制风险与创造机遇	1.识别可能的风险因素 2.评估风险因素对项目的影响 3.风险控制的管理

2. 项目进度计划的编制

项目参建单位按照进度计划组织体系、职责分工及合同约定及时编制各项计划，并上报相关单位审核。

统一采用P6或者Project计划软件编制计划。

计划成果文件包括：各专项计划、阶段性进度计划、进度计划编制说明。

（1）各项计划编制应遵循全面性、可行性、适度偏紧的原则；

（2）各项计划编制应充分反映工作之间的逻辑关系、工艺关系，确保各项工作衔接合理、安排有序，并突出重点、难点和关键线路；

（3）建设单位编制的项目总进度计划应全面反映项目的总体性、集成性与平衡性；

（4）各参建单位编制的各项计划应满足项目总进度计划的要求；

（5）计划编制说明应详细阐述计划的编制依据、条件、风险、关键线路和控制要点；

（6）各参建单位在编制各级进度计划时应配合编制相应的资源配置计划（包括资金、人员、机械设备、材料等），对投入的各种资源进行有效合理地规划及落实。

3. 进度计划的审批

各参建单位在审批过程中应重点审核：

（1）计划的全面性，有无工作漏项；

（2）计划对控制节点和工期的满足程度；

（3）逻辑关系、工艺关系是否合理；

（4）资金、人员、机械设备、材料等资源配置、实施方案对计划实施的保障程度；

（5）各项计划在时间、空间上的平衡与统一。

三、进度分析报告

建立进度报告反馈机制，专业分包单位、总承包单位、监理单位应按月、季、年定期向建设单位提供进度分析报告；进度分析报告应对上周进度计划、完成情况进行详细的对比分析，总结原因提出改正措施，同时安排下周计划；报告中对于关键部位、关键节点应附当期现场照片。

项目上发生的重大变化和重大问题，该事件涉及面较广及复杂时，相关单位应及时提供专题进度分析报告，分析报告应深入分析原因、影响程度以及解决办法和意见。该事件相对简单时，相关单位采用函件的形式进行及时反馈。

进度分析报告模板如下。

一、工程概况

1. 项目概况

2. 本年度形象进度目标及季度分解

3. 本年度投资目标、支付目标及季度分解

4. 本季度实际完成工作与计划完成工作对比

二、进度风险分析

1. 设计管理

2. 报批报建

3. 招标采购

4. 投资资金

5. 现场施工

1）水文气象因素

2）技术及工程变更因素

3）材料、设备因素

4）招标及深化设计因素

5）其他

6. 其他

三、应对措施（拟采取措施）

四、下一阶段工作计划

四、进度控制

1. 进度控制措施

参见表3-11。

进度控制措施
表3-11

序号	控制措施	控制要点
1	组织措施	1.建立精干、高效的项目管理部组织，根据工程进展情况不断调整充实项目管理各专业人员配置，确保项目管理专业人员力量满足工程需要。 2.建立进度控制体系，并制定进度控制流程和措施
2	技术措施	1.组织流水施工，保证作业连续、均衡、有节奏。 2.缩短作业时间并减少技术间隔的技术措施。 3.采用先进的施工方法、施工工艺和高效的机械设备。 4.网络计划和计算机的应用。工程推行网络计划，通过统一标准编制网络计划使施工全程均在计划控制中，同时也保证了对工期的要求。各参建单位可通过计算机网络交换、修改、合并或拆分计划，可很方便地对计划进行计算优化
3	经济措施	1.可在合同中明确规定，工期提前给予奖励。 2.对建设单位要求的赶工给予优厚的赶工措施费。 3.合同中明确规定，对拖延工期给予罚款直至终止合同等处罚。 4.及时办理工程预付款和进度款支付手续。 5.加强索赔及反索赔管理
4	合同措施	1.加强合同管理，加强组织协调以保证合同进度目标实现。 2.严格控制合同变更，对各分包方提出的工程变更与设计变更，总承包单位应配合专业工程师开展严格审查，经审查后补进合同文件中。 3.加强风险管理，在合同中充分考虑风险因素及其对进度的影响处理办法等，尽可能采取预控措施以减少风险对进度的影响

2. 计划的执行与动态监控

各参建单位应严格按照经审批的计划开展工作。

建设单位定期跟踪、检查项目总进度计划进展情况，发现问题并指出总进度计划的偏差、滞后，组织协调、监督落实各参与单位提出的纠偏措施及解决方案。

监理单位和总承包单位定期跟踪检查现场施工进度计划进展情况，发现问题并指出施工总进度计划的偏差、滞后，针对各单位提出的纠偏措施及解决方案进行组织协调并监督落实。

各参建单位定期跟踪检查本单位的工作计划进展情况，发现问题并指出工作计划的偏差与滞后，组织协调、监督落实各单位提出的纠偏措施及解决方案。

动态监控与检视工作，原则上按每周一次的频率开展，总体性检视频率可适当降低，但至少应每月检视一次。

各参建单位应积极配合检视单位的工作，并对检视过程中发现的偏差及存在的问题，提出纠偏措施及解决方案。必要时通过组织召开监理例会、项目管理例会、专题协调会、高层领导沟通会或约谈等方式解决。

3. 计划的调整

各参建单位、各部门应不断地将实际工作情况与计划进行对比，通过检视与调整保证总进度计划得到落实，并建立计划分级管理体系及预警机制。若确实存在采取措施后仍不能按原进度计划执行的情况，向建设单位上报调整进度计划的请示，批复后调整进度计划并上报建设单位。

第九节　信息与文档管理体系

一、利益相关方

利益相关方是指能影响组织行为、决策、政策、活动或目标的人或团体，或是受组织行为、决策、政策、活动或目标影响的人或团体。

利益相关方对项目的管理策略原则应尊重和积极监控所有的合理合法的利益相关方对项目的关注，并应该在决策及其实施中适当考虑其利益；应多听取利益相关方的想法，了解他们的贡献，与他们进行真诚的沟通；所采用的程序和行为方式应基于对每一利益相关方及其支持者的关注和能力所做出的深刻的理解；应认可利益相关方可自主地开展其活动并获得相应的报酬。

1. 与政府及有关职能部门的协调管理

参见表3-12。

与政府及有关职能部门的协调管理　　　　　　表3-12

序号	内　　容
1	加强与政府各职能部门（涉及的部门包括发展改革局、建委、招标办、质监站、安监站、卫生防疫、环保、消防、文物、园林绿化、市政、公安交通、通信、供电、供水等）的联系，了解政府相关政策并及时办理相关手续，决不违章作业，确保工程严格按国家规定的基本建设程序顺利进行。在工程建设过程中建设管理单位应主动要求有关管理部门到现场检查与指导工作，对管理部门提出的有关整改问题应进行积极及时的改正处理，以不断完善和提高现场建设管理水平
2	建设管理单位严格按基本建设程序办理相关前期手续，包括规划许可证、国土使用证、开工许可证、初步设计和施工图设计的消防审查意见书、卫生防疫审查意见书、图纸审查书、人防审查意见，质监备案通知、安监备案通知以及文物勘探通知，水、电、气、通信、道路开口、市政排水等的申请批准书等。在办理手续时保证按政府及有关职能部门规定要求提供项目完整报批所需相关资料文件，项目的建设要求与内容在报建前应符合规划和相关法律法规的规定，如项目的总平面布置、建筑高度、层数和建筑体型应符合规划要求，建筑内部的功能分区和结构应符合消防有关法规，地下室设计满足人防与消防的规定，在正式开工前必须办理文物勘探手续、建筑渣土手续，并完成现场的文物勘探工作，设计图必须通过消防、人防、卫生防疫、规划、建委等部门的审查批准。在项目前期，及时与水、电、气、市政部门取得联系，根据项目建设要求提前向上述部门提出项目的供水、供电、供气、通信和市政雨、污水排放、道路开口的申请要求以便相关部门及时进行配套建设准备工作
3	依据政府的有关批文与政策规定，各方均以对政府负责的职责和对项目认真负责的态度，严格遵循科学办事程序，将是与政府和有关职能部门做好工作协调的关键

2. 与业主单位的协调管理

工程咨询管理单位应接受项目业主指令、指导和监督，对其负责并积极协调参建各方和建设项目所在地周边的关系，协助业主与政府相关部门及时联络、沟通，并办理相关管理手续。因此，管理人员必须与业主保持良好沟通，积极地向业主汇报工作情况，让业主及时了解整个工程项目的进展，确保业主建设意图的实现（表3-13）。

与业主单位的协调管理内容　　　　　　表3-13

序号	内　　容
1	管理人员首先应理解建设工程总目标与业主意图。对未能参加项目决策过程的管理人员须了解项目构思的基础、起因与出发点，否则可能因对建设管理目标及完成任务有不完整的理解导致给其工作造成很大困难
2	利用工作之便做好建设管理宣传工作以增进业主对建设管理工作的理解，特别是对建设工程管理各方职责及监理程序的理解；主动帮助业主处理建设工程中的事务性工作，以自己规范化、标准化与制度化的工作去影响和促进双方工作的协调一致
3	让业主一起投入建设工程全过程。尽管有预定的目标，但建设工程实施必须执行业主的指令且使业主满意。对业主提出的某些不适当的要求，只要不属于原则问题都可先执行，然后利用适当时机并采取适当方式加以说明或解释；对原则性问题可采取书面报告等方式说明原委，尽量避免发生误解以使建设工程顺利实施

3. 与设计单位的协调管理

在施工过程中，常会遇到因设计存在的缺陷提出的工程变更，管理人员在本项目合同期内，基于业主与设计单位签订的设计合同在授权范围内，积极与设计单位进行协调，使设计变更引起的价款变化为最小，尽可能不影响总的投资限额，既要满足工程项目的功能和使用要求，又要力求使费用的增加不超过限量的投资额。因此，工程咨询部必须协调与设计单位的工作，以便加快工程进度，确保质量且降低消耗（表3-14）。

与设计单位的协调管理内容   表3-14

序号	内　容
1	真诚尊重设计单位的意见，例如，组织设计单位向承包商介绍工程概况、设计意图、技术要求与施工难点等，把标准过高、设计遗漏、图纸差错等问题解决在施工前；在施工阶段严格按图施工；约请设计代表参加结构工程验收、专业工程验收与竣工验收等工作；若发生质量事故，认真听取设计单位的处理意见等
2	在施工中发现设计问题时应及时向设计单位提出以免造成大的直接损失；为使设计单位有修改设计的余地而不影响施工进度，可与设计单位达成协议，限定一个期限争取设计单位与承包商的理解和配合
3	注意信息传递的及时性和程序性。监理工程师联系单、设计单位申报表或设计变更通知单传递

4. 与承包单位的协调管理

通过承包商的工作来实现对项目质量、进度和投资的有效控制，故做好与承包商的协调工作是建设管理组织协调工作的重要内容。应坚持原则并实事求是，严格按规范规程办事，讲究科学态度（表3-15）。

与承包单位的协调管理内容   表3-15

序号	内　容
1	进度问题的协调。由于影响进度的因素错综复杂，因而进度问题的协调工作也十分复杂。实践证明，有两项协调工作很有效：一是建设管理人员和承包商双方共同商定一级网络计划，并由双方主要负责人签字作为工程施工合同附件；二是设立提前竣工奖，由监理工程师按一级网络计划节点考核并分期支付阶段工期奖，如整个工程最终不能保证工期，由业主从工程款中将已付阶段工期奖扣回并按合同规定予以罚款
2	质量问题的协调。在质量控制方面，应实行监理工程师质量签字认可制度。不准使用没有出厂证明、不符合使用要求的原材料、设备和构件。但在建设工程实施过程中经常出现设计变更或工程内容的增减等情况，有些是合同签订时无法预料和明确规定的。对此种变更，项目建设管理人员要认真研究并合理计算价格，与设计、监理、业主和施工等方充分协商，达成一致意见后方可实施工程变更
3	对承包商违约行为的处理。在施工过程中，项目建设管理人员对承包商某些违约行为处理是需慎重且又难免的事宜。当发现承包商采用不适当的方法开展施工，或用了不符合合同规定材料时，项目建设管理人员应根据业主授予的权利及时处理承包商违约行为

序号	内　容
4	合同争议的协调。对工程中的合同争议项目建设管理人员首先应建议采用协商解决方式，协商不成时才由当事人向合同管理机关申请调解。只有当对方严重违约而使自己的利益受重大损失且不能得到补偿时，才采用仲裁或诉讼手段。如遇非常棘手的合同争议问题，不妨暂时搁置等待时机，另谋良策
5	对分包单位的管理。主要是对分包单位明确合同管理范围以便分层次管理。将总包合同作为一个独立的合同单元开展投资、进度、质量控制和合同管理，不直接和分包合同发生关系。对分包合同中的工程质量与进度进行直接跟踪监控，通过总包商进行调控与纠偏。分包商在施工中发生的问题，由总包商负责协调处理，必要时由监理工程师帮助协调

二、沟通规划

基于每个相关方或相关群体的信息需求以及具体项目的需求，为项目沟通活动制定恰当的方法和计划。并通过有效的信息交换、信息共享，来确保项目及其相关方的信息需求得以满足。沟通规划不当，可能导致各种问题，如信息传递延误、向错误的受众传递信息、与干系人沟通不足或误解相关信息。

在项目前期策划阶段就应进行沟通规划的工作，在项目过程中定期审查规划沟通的成果，以确保持续适用。

三、建立信息管理体系

信息管理流程参见图3-13。

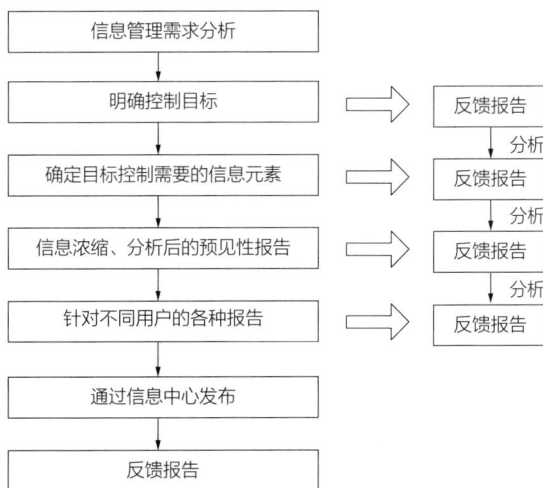

图3-13　信息管理流程图

149

1. 信息收集

（1）建设前期阶段信息收集；

（2）施工图设计阶段的信息收集；

（3）招投标合同文件及有关资料收集；

（4）施工过程中的信息收集；

（5）工程竣工阶段信息收集。

2. 信息的加工处理

（1）根据投资控制信息，对工程设计规模和采取的设备材料进行指示；

（2）依据质量控制信息对工程设计质量进行指示；

（3）依据进度控制信息对设计进度进行指示。

3. 信息的检索和传递

设置专职信息管理员，采用计算机进行信息分类以便快速检索和传递。提高信息的使用效率。

4. 信息的使用

信息通过有条件共享，以便更好地进行投资、进度、质量控制及合同管理。

5. 信息分类

信息分类参见表3-16。

信息分类表　　　　　　　　　　　　　　　　　表3-16

类型	内容
投资控制信息	各种投资估算指标，类似工程造价、物价指数、概（预）算定额、建设项目投资估算、设计概预算、合同价、工程进度款支付单、竣工结算与决算、原材料价格、机械台班费、人工费、运杂费、投资控制的风险分析等
质量控制信息	国家有关质量政策及质量标准，项目建设标准，质量目标分解结果，质量控制工作流程，质量控制工作制度，质量控制风险分析，质量抽样检查结果等
进度控制信息	工期定额，项目总进度计划，进度目标分解结果，进度控制工作流程，进度控制工作制度，进度控制风险分析，某段时间施工进度记录等
合同管理信息	国家有关法律规定，施工合同管理办法，监理合同，设计合同，施工承包合同，工程施工合同条件，合同变更协议，建设工程中标通知书，投标书和招标文件，以及施工过程中形成的合同补充文件
行政事务管理信息	上级主管部门、设计单位、承包单位、业主的来函文件，有关技术资料等

第十节　竣工交付及运维管理

一、竣工验收过程控制

参见图3-14、图3-15、表3-17～表3-19。

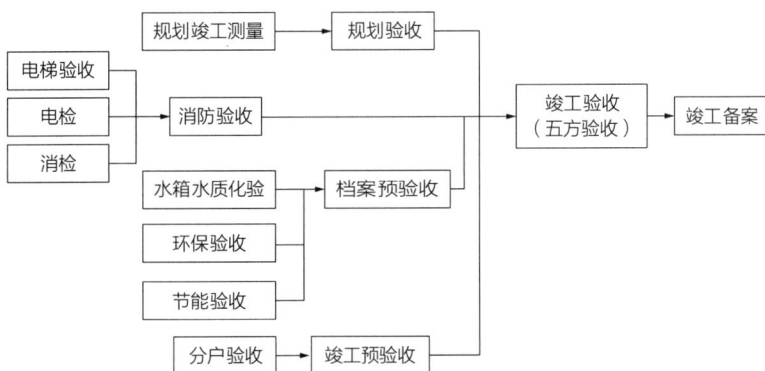

图3-14　竣工过程控制示意

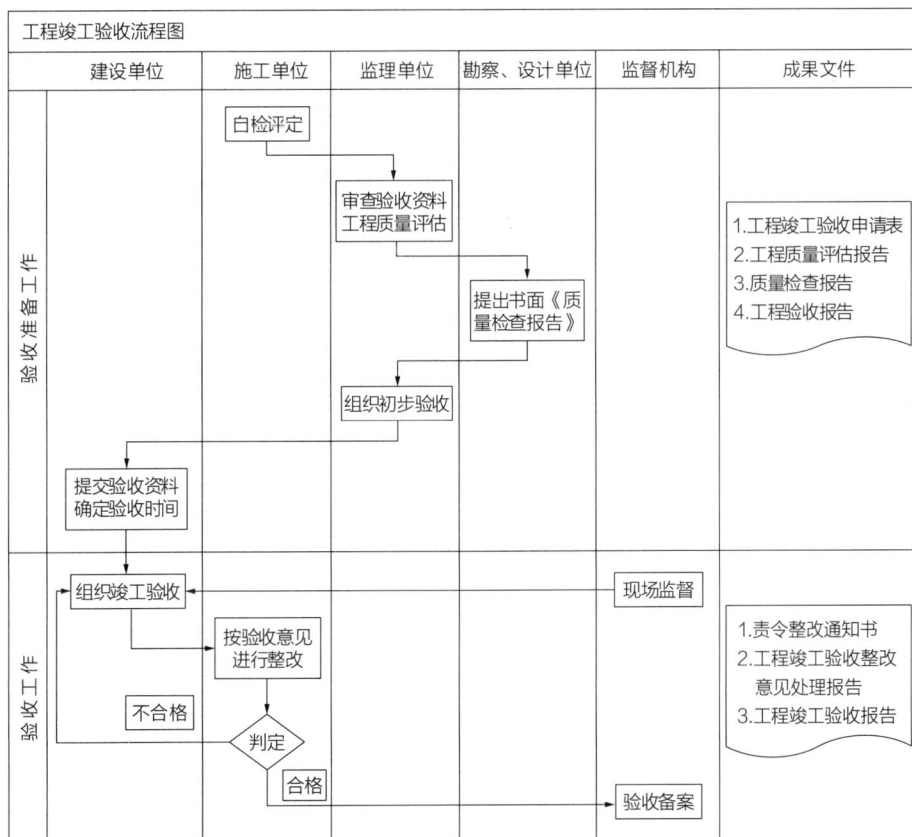

图3-15　项目竣工验收流程图

工程竣工验收过程控制表 表3-17

序号	项目	验收前置条件	说明	成果文件
1-1	电梯验收	此项验收为消防验收必要条件：由电梯公司负责	甲方组织监理单位、电梯安装单位完成自检，并实现五方对讲功能及消防迫降功能、调试电缆等功能	电梯验收检测报告
1-2	消防检测（消检、电检）	消防单位组织，为消防验收必要条件，区有电检，市只有消检。装修材料需做防火检测	取得消防电梯检测、完成电检及消检检测。防火材料检测等报告；甲方组织消防单位重点协助、配合	与消防检测相关的检测报告
1	消防验收	电梯验收、消防检测完成，甲方组织：完成相关规划指标（道路、立面、出入口、围墙等）	重要节点：要求施工完毕（防排烟、防火门、防火卷帘门、疏散照明、疏散指示、堵洞）达到联动调试条件，现场场地平整，室内室外消火栓喷水，消防结合器完毕。注意：缩微、建审批复与实际核对	建设工程消防验收意见书
2-1	水箱验收、水质检测	档案预验收必要条件：检测水质并出具报告，待通水后再做水箱间验收和末端取样验收	生活水箱间具备卫生防疫站验收条件。生活水箱间末端具备取水条件	水质检测报告
2-2	环保检测	档案预验收必要条件：委托有资质的实验室负责	现场具备封闭条件：提前确定检测单位，待门户、窗户封闭可进行	室内环境质量检验报告
2-3	节能验收	档案预验收必要条件：由外保温和外窗施工单位负责（钻芯、五性试验）	甲方组织监理单位、施工单位依据《建筑节能工程施工质量验收标准》GB 50411—2019规定事项逐项执行	节能检测报告
2	档案预验收	环保检测、节能验收、水箱验收、水质检测完成；竣工图完成；竣工验收前提条件	甲方组织总包单位统一整理、编号，甲方、分包按总包要求提供资料，市区级城建档案馆负责验收	建设工程档案预验收意见书
3-1	规划竣工测量	规划验收必要条件：竣工测量和实测，委托的测绘单位负责竣工测量及出具竣工测绘图纸	甲方组织直接委托专业检测，现场符合专业检测的必备条件，应注意与规划批复进行比对	竣工测量检验报告
3	规划验收	规划竣工测量完成、竣工图完成等相关资料交规划主管部门备档、预约规划验收	重要节点：要求所有临时设施拆除完毕，楼座立面、出入口、台阶散水施工完毕，小区围墙施工完毕，道路铺路施工完毕，竣工图完成	建设工程规划核验意见
4-1	分户验收	四方验收前提条件	甲方牵头组织监理单位、施工单位依据《分户验收规定》逐项执行验收并签认资料、进行公示（防火门、散热器、门窗的上墙表）	分户质量验收记录表
4	四方验收	工程实体除甩项验收项目其余全部完成	竣工验收前提条件，甲方组织竣工验收的预检，审核验收流程，验收重点部位，发现问题整改	单位工程质量竣工验收记录

续表

序号	项目	验收前置条件	说明	成果文件
5	竣工验收	甲方组织以上工作全部完成将资料交质监站备案，预约竣工验收时间	质量监督单位进行核查验收，程序：首先对各专业资料进行核查，资料核查无问题后开展现场验收，台阶坡道栏杆施工完毕	竣工验收通知单，质监站意见整改回复
6	竣工备案	将竣工验收时出现的问题解决并答复	质量监督单位核查验收完毕后，出具验收报告和相关资料并移交备案科，备案科对资料进行核查无误后办理备案手续	工程竣工验收备案表

竣工验收所需必备的基本条件 表3-18

序号	必备条件	内　容
1	一实体	完成工程设计和合同约定的各项内容
2	一证	建设单位已按合同约定支付工程款（工程款支付证明）
3	一书	施工单位签署的工程质量保修书
4	一资料	技术档案和施工管理资料
5	四个报告	1.施工单位《工程竣工报告》 2.监理单位《工程质量评估报告》 3.设计单位《工程质量检查报告》 4.勘察单位《工程质量检查报告》
6	五个认可文件	1.电梯检验检测机构出具的检验认可文件 2.环保部门出具的环保检测认可文件 3.城建档案馆出具的工程竣工档案预验收认可文件 4.消防部门出具的消防验收认可文件 5.规划部门出具的认可文件
7	一其他	其他文件：节能备案；竣工图；外立面照片等

项目竣工验收流程 3-19

序号	验收步骤	内　容
1	施工单位自检评定	在单位工程完工后，由施工单位对工程进行质量检查，确认符合设计文件及合同要求后，填写《工程竣工验收申请表》并经项目经理和施工单位负责人签字
2	监理单位提交《工程质量评估报告》	监理单位收到《工程竣工验收申请表》后，应全面审查施工单位的验收资料并整理监理资料，对工程进行质量评估并提交《工程质量评估报告》，该报告应经总监及监理单位负责人审核签字
3	勘察、设计单位提出《质量检查报告》	勘察、设计单位对勘察、设计文件及施工过程中由设计单位签署的设计变更通知书进行检查，并提出书面《质量检查报告》，该报告应经项目负责人及单位负责人审核、签字

序号	验收步骤	内　容
4	监理单位组织初验	监理单位邀请建设、勘察、设计、施工等单位对工程质量进行初步检查验收。各方对存在的问题提出整改意见，施工单位整改完成后填写整改报告、监理单位整改情况。初验合格后，由施工单位向建设单位提交《工程验收报告》
5	建设单位提交验收资料，确定验收时间	建设单位对竣工验收条件、初验情况及竣工验收资料核查合格后填写《竣工项目审查表》，该表格应经建设单位负责人审核签字。建设单位向质监站收文窗口提交竣工验收资料，送达"竣工验收联系函"；质监站收文窗口核对竣工资料完整性后，确定竣工验收时间并发出"竣工验收联系函复函"
6	竣工验收	建设单位主持验收会议并组织验收各方对工程质量进行检查，提出整改意见。验收监督人员到工地现场对工程竣工验收组织形式、验收程序、执行验收标准等情况开展现场监督，发现有违反规定程序、执行标准或评定结果不准确的情况，应要求有关单位改正或停止验收。对未达国家验收标准合格要求的质量问题，签发监督文书
7	施工单位按验收意见进行整改	施工单位按验收各方提出整改意见及《责令整改通知书》开展整改。整改完毕后，经建设、监理、设计与施工单位对《工程竣工验收整改意见处理报告》签字盖章确认后，将该报告与《工程竣工验收报告》送质监站技术室。对公共建筑、商品住宅及存在重要整改内容的项目，由监督人员参加复查
8	工程不合格	对不合格工程，按《建筑工程施工质量验收统一标准》和其他验收规范的要求整改后，重新验收
	工程合格	
9	验收备案	验收合格后3日内，监督机构将监督报告送交市建设局。建设单位按有关规定报市建设局备案

二、竣工备案过程控制

竣工验收合格后，建设单位到备案机构领取《工程竣工验收备案表》，在竣工验收合格后15日内，由建设单位提出《单位工程竣工验收报告》《工程竣工验收备案表》和相关备案文件报备案机构。

在竣工验收合格后5日内，质监站提出《单位工程竣工验收监督报告》。

备案审查。备案机构对照《工程质量监督报告》审查备案资料及文件，对符合备案条件的文件资料，在《工程竣工验收备案表》上签署备案意见，此《工程竣工验收备案表》一式两份，正本存建设单位，副本存备案机构。对不符合备案条件的文件资料要进行整改，重新备案。对责令停止使用的工程重新组织竣工验收。《工程竣工验收备案表》在提交备案资料齐全后的15日内向建设单位返回。

建设单位必须在工程竣工验收合格后的3个月内负责将工程资料（包括施工、监理及建设程序等有关手续资料）、竣工图送新区文档中心存档。

三、项目资产移交过程控制

参见图3-16、表3-20。

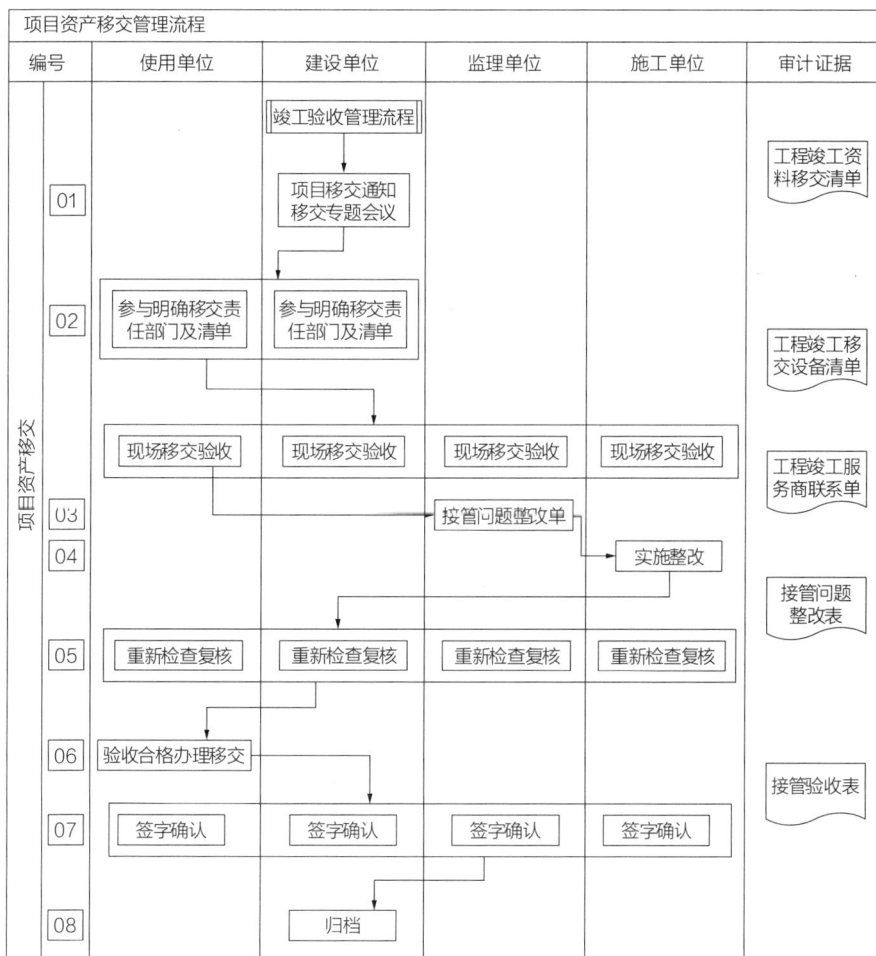

图3-16 资产管理移交流程

项目资产移交过程控制　　　　　　　　　　　表3-20

目标编号	控制目标	流程步骤	风险点描述	控制点描述	审计证据
01	确认被移交资产安全完整，落实到具体责任部门	移交专题会	资产移交具体到部门责任不清，有遗漏资产没有落实到位	1. 落实清单移交具体部门或单位； 2. 确保无遗漏，有承接责任人	移交清单归属责任表

目标编号	控制目标	流程步骤	风险点描述	控制点描述	审计证据
02	确保工程顺利移交	现场验收	清单与实物不符或参加移交的人员不专业,影响移交	对照移交清单现场准备移交,主要关注: 1. 移交清单是否与实物相符; 2. 参加移交的人员是否符合工程要求	项目资料清单
03	确保整改到位,顺利移交	重新检查复核	对整改情况不复核,可能整改不到位,影响移交	对整改项目重新检查复核,主要关注: 1. 是否在限定的时间内整改完成; 2. 质量是否合格; 3. 复验合格是否签字确认	《接管问题整改表》
04	保证移交手续齐全	签字确认	内容不完整,或签字不全,以后发生问题难找责任方	对验收合格的项目在接管验收表上签字确认,主要关注: 1. 接管验收表涵盖的内容是否齐全; 2. 参加移交的单位是否全部签字确认	《接管验收表》
05	确保本流程相关资料得到合理归档,便于查阅	归档	本流程相关资料缺失,难以查找,不便后续管理	将本流程中的相关文件归档,以备查阅	

四、项目保修期过程控制

在保修期内建设单位发出书面整改要求,施工单位在合理时间内尽快自费修复任何因施工不善、物料不合格等因素引起的工程缺陷,并解决好由于修复施工给工程其他承包人造成的施工不便而可能引起的矛盾。

1. 工程质量保修范围

质量保修范围包括地基基础工程,主体结构工程,屋面防水工程,有防水要求的卫生间、房间和外墙面的防渗漏,供热与供冷系统,电气管线,给水排水管道,设备安装和装修工程,以及双方约定的其他项目。

2. 保修期

见表3-21。

3. 项目保修管理流程

参见图3-17。

各部位保修时间　　　　　　　　　　　表3-21

序号	保修部位	规定保修年限（年）
1	地基基础工程和主体结构工程	设计文件规定的该工程合理使用年限
2	屋面防水工程、有防水要求的卫生间、房间和外墙面的防渗漏	5年
3	装修工程	2年
4	电气管线、给水排水管道、设备安装工程	2年
5	供热与供冷系统	2个采暖期、供冷期
6	其他项目的保修期限	以双方合约、国家法规、地方规章、行业规定等中的有利于用户方的条款为准

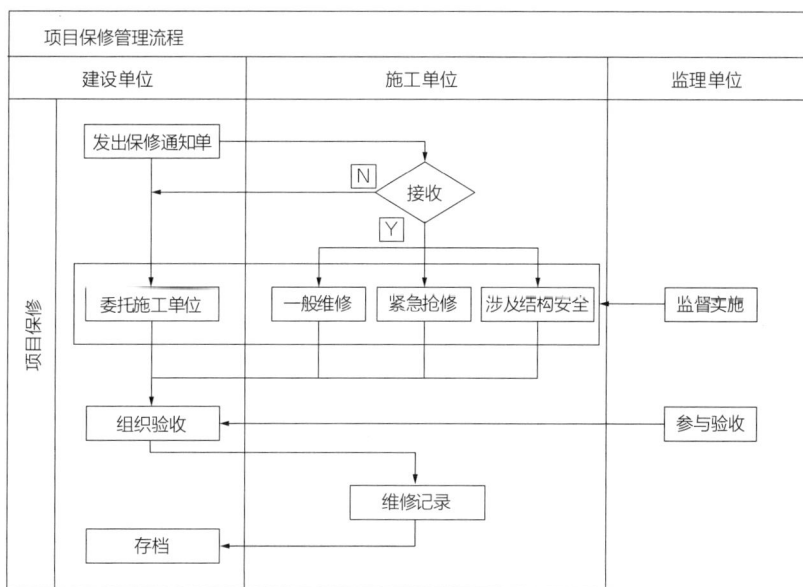

图3-17　保修管理流程

属于一般维修的内容，应在接到保修通知之日起7天内派人保修。

若发生紧急抢修事故，在接到事故通知后，应在2小时内到达事故现场进行抢修。

对涉及结构安全的质量问题，应按《房屋建筑工程质量保修办法》规定立即向当地建设行政主管部门报告并采取安全防范措施；由原设计单位或具有相应资质等级的设计单位提出保修方案，通过本公司实施保修。

质量保修完成后由业主组织验收。

维修工作完毕后，做好维修记录。

第十一节　其他专项咨询

一、绿色建筑咨询

1. 绿色建筑的内涵

"绿色建筑"起源于20世纪70年代初期能源危机的"节能建筑"风潮，在结合"风土建筑""生态建筑"的环境设计理念，并融合了最新的地球环保评估与生命周期评估（Life Cycle Assessment，LCA）后，逐渐成为崭新的建筑科学体系。在1992年举行的联合国环境与发展大会上，与会者第一次比较明确地提出了"绿色建筑"的概念。

国内外从不同的角度，对"绿色建筑"的概念进行了描述：

（1）大卫和鲁希尔·帕卡德基金会认为："任何一座建筑，如果对周围环境所产生的负面影响小于传统的建筑，那么这样的建筑便可以称之为绿色建筑。"

（2）《大且绿——走向21世纪的可持续性建筑》将绿色建筑的概念描述为：能够通过节约资源并关注使用者的健康，把对环境的影响降到最低的建筑，其特点是有舒适和优美的环境。

（3）2006年修订的国家标准《绿色建筑评价标准》GB/T 50378—2006中，将"绿色建筑"明确定义为"在建筑的全寿命周期内，最大限度地节约资源（节能、节地、节水、节材），保护环境和减少污染，为人们提供健康、适用和高效的使用空间，与自然和谐共生的建筑"。

我国《绿色建筑评价标准》GB/T 50378—2019中对绿色建筑的定义是：在建筑全寿命周期内，最大限度节约资源（节约能源、节约土地、节约水资源、节约材料），保护环境和减少污染，为人们提供健康、高效的适用空间，与自然和谐共生的建筑。绿色建筑有以下几个内涵：

（1）"建筑全生命周期"概念。"绿色建筑"应在建筑物料生产、建筑规划设计、施工、运营维护、拆除及回收全寿命周期内进行资源节约、环境保护、满足建筑功能、与自然和谐共生等多方面统筹考虑，强调的是全程的绿色。

（2）资源节约特征。"绿色建筑"要求在全寿命周期内，在满足建筑功能与环境保护的前提下，最大限度地节能、节地、节水、节材。节地包括合理布局、合理利用旧有建筑；节能一方面要着眼于减少能源使用，一方面利用低品质能源和再生能源（如太阳能、地热能、风能、沼气能等）；节水包括对生活污水进行处理和再利用，采用节水器具；节材包括降低建筑材料消耗，发展新型、轻型建材和循环再生建材，促进工业化和标准化体系形成，实现建筑部品通用化。

（3）环境保护特征。"绿色建筑"应在规划设计阶段充分考虑并利用环境因素，在施工阶段确保对环境的影响最低，在拆除阶段又将对环境危害降到最低。

（4）满足建筑功能特征。"绿色建筑"在节约资源的同时必须满足建筑功能，在运营阶段能为人们提供健康、舒适、低耗与无害的活动空间。不能为了减少资源消耗而降低建筑的功能性要求与适用性。

（5）与自然和谐共生特征。"绿色建筑"应注重地域性，充分考虑建筑所在地域的气候、资源、自然环境、经济与文化等特点，要充分体现建筑物完整的系统性与环境的亲和性，以及城市文化的传承性，在满足环境保护的前提下，注重与周边环境的和谐共存。

（6）社会风俗等方面存在较大差异，显然无法全盘照抄国外绿色建筑的政策法规，在绿色建筑设计中需进行具体问题分析，采用不同技术方案，体现地域性和创新性。

2. 绿色建筑的目标与原则

（1）目标

1）环境目标：在建筑全生命周期中采用更高效的能源、资源和环境利用率，削减建筑对传统能源的消耗，将建筑环境影响控制在生态承载力水平内，实现自然生态和人居环境和谐。

2）经济目标：在建筑全生命周期中，使绿色建筑系统各要素关联耦合、协同作用，以实现高效、可持续、最优化的实施和运营，协调满足经济需求与保护生态环境间的矛盾。

3）社会目标：绿色建筑不仅能融合传统的建筑美学，而且能使人、建筑、自然三者关系处于和谐之中，使人们的社会、文化、心理需求有机融合，最终构建和谐健康、生态文明的社会。

4）健康目标：绿色建筑通过建筑室内外环境的营造和调控，构建有益于人的生理舒适健康的热、声、光和空气质量环境。在建筑室内环境调控中采用适宜的措施并引入自然要素，营造有利于人的心理健康的空间场所和氛围。

（2）原则

绿色建筑设计需秉承"四节一环保"的可持续性发展理念，遵循地域性、被动式技术优先、经济性、健康舒适性、系统协同性、高效性、环境一体性、进化性八个原则。

1）地域性原则：绿色建筑设计应紧密结合当地地理气候条件、资源条件、经济状况和人文特质，分析、总结和吸纳当地传统建筑特质，因地制宜选择匹配的绿色建筑技术。

2）被动式技术优先原则。在进行技术体系确定时，应遵循被动式优先原则，实现主动式技术与被动式技术的相互补偿和协同运行。

3）经济性原则。基于建筑全生命周期运行费用估算及设计方案的投入产出评估，绿色建筑设计应提出有利于成本控制且具有经营可操作性的优化方案；进而根据具体项目经济条件和要求选用技术措施，在优选被动式技术前提下实现主动式技术和被动式技术相互补偿和协同运行。

4）健康舒适性原则。绿色建筑设计应通过对建筑室外营造和室内环境调控，构建有益人体生理舒适健康的建筑热、声、光和空气质量环境，以及有益于人心理健康的空间场所与氛围。

5）系统协同性原则。首先，绿色建筑是其与外界环境共同构成的系统，构成系统的相关要素需关联耦合、协同作用以实现高效、可持续与最优化地实施运营。其次，绿色建筑是建筑运行全生命周期中，跨越多层级尺度范畴、涉及众多相关主体、多学科领域交叉且硬科学与软科学共同支撑的系统工程。

6）高效性原则，绿色建筑设计应着力提高在建筑全生命周期中对资源和能源的利用效率，以减少对土地资源、水资源及不可再生资源和能源的消耗，减少污染排放和垃圾生产量，降低环境干扰。

7）环境一体化原则。该原则强调在建筑外部环境设计、建设与使用过程中应加强对原生生态系统保护并避免减少对生态系统的干扰破坏，尽可能保持原有生态基质、廊道、斑块的连续性；对受损和退化生态系统采取生态修复与重建措施；对在建过程中造成生态系统破坏的情况采取生态补偿措施。

8）进化性原则。在绿色建筑设计中充分考虑各相关方法与技术更新、持续进化的可能性，并采用弹性且对未来发展变化具有动态适应性的策略，在设计中为后续技术系统的升级换代和新型设施应用应留有接口和载体，保障通信系统与原有设施协同运行。

3. 国内外绿色建筑评价体系

21世纪以来，很多国家相继建立绿色建筑评价体系，并定时更新以适应新的要求，绿色建筑从理论到实践逐步走向成熟。近十年来，许多国家和地区都相继开发了各自的绿色建筑评价体系，影响力较大的有美国的LEED，英国的BREEAM，德国的DGNB和日本的CASBEE等。这些评价标准会定时更新，体现新的时代特征和需求。

（1）美国绿色建筑评估体系——LEED

能源与环境设计先导绿色建筑评估体系（Leadship in Energy&Environmental Design Building Rating System，简称LEED）是目前世界上各类建筑环保评估、

绿色建筑评估以及建筑可持续性评估标准中最完善、最有影响力的评估标准，也是运作最成功的绿色建筑评估体系。

LEED认证适用于所有民用建筑，即包括了公共建筑以及住宅建筑。在建筑全生命周期内LEED都具有重要作用。建筑设计、建筑施工、建筑运营与维护等都可利用合适的LEED认证体系作为指导，此外LEED还有专门针对社区发展的认证体系。

LEED体系特点：

1）采用第三方认证机制，保证体系的公正性和公平性，形成政府、市场、第三方机构共同推进绿色建筑实施的有效机制；

2）评估标准分门别类，专业性很强。包括新建建筑、既有建筑、商业建筑、社区开发、学校、医疗、实验室等标准；

3）美国绿色建筑委员会对LEED认证实行资格证考试制度，目前全球有20万专业人士获得LEED AP证书；

4）全球市场推广力度强，目前LEED项目遍布全球135个国家，其中登记注册项目中40%的建筑面积来自美国以外地区。

（2）英国绿色建筑评价体系——BREEAM

BREEAM（Building Research Establishment Environmental Assessment Method）体系是世界上第一个绿色建筑评估体系，由英国建筑研究院于1990年制订，涵盖从建筑主体能源到场地生态价值的范围，旨在减少建筑物的环境影响。

BREEAM评估体系采取"因地制宜、平衡效益"的核心理念，是全球唯一兼具"国际化"和"本地化"特色的绿色建筑评估体系，其既是一套绿色建筑的评估标准，也为绿色建筑设计确定了最佳实践方法，是描述环境性能最具权威的国际标准。

BREEAM体系的特点：

1）考察建筑全生命周期；

2）定量化的指标保证客观性；

3）以第三方评价加BRE监督的管理体制保证可靠性；

4）以政府的强力支持为依托拥有很高的市场占有率；

5）与绿色建筑政策法规紧密相连，保持更新引领绿色建筑市场。

（3）德国绿色建筑评价体系——DGNB

DGNB（Deutsche Gesellschaft fur Nachhaltiges Bauen）是德国可持续性委员会主导开发编制的，是德国多年来可持续性建筑实践经验的总结。是德国政府参与的，具有国家标准性质的绿色建筑评价体系。DGNB是号称比美国LEED更为严谨的第二代评价体系，覆盖了绿色生态、建筑经济、建筑功能与社会文化等多方面内容，并致力于为建筑行业未来发展指明方向。

DGNB的认证系统大约包括六大领域，主要包括生态质量、经济质量、社会功能、文化质量、过程质量和技术质量，六大体系共包含60条标准。

DGNB体系的特点：

1）其建立在吸收世界上先进的绿色建筑理念基础上，包括德国几十年工程实践经验的总结，特别是建立在德国高水平工业体系基础上的评估体系。

2）DGNB是世界上首次对建筑碳排放量提出的系统完整的科学计算方法的体系，得到包括联合国环境署在内的多家国际机构的认可。

3）不是一个简单的绿色建筑评估体系，包含了建筑经济、生态环保和建筑功能及社会文化等多方面因素，在成本控制、投资和运营成本以及全生命周期控制等方面具有独到之处。

（4）中国绿色建筑评价体系

为促进我国绿色建筑及相关技术、标准的健康发展，2005年10月建设部和科技部联合发布了《绿色建筑技术导则》。2006年施行的《绿色建筑评价标准》GB/T 50378—2006，明确了绿色建筑的定义、评价指标和评价方法，确立了我国以"四节一环保"为核心内容的绿色建筑发展理念和评价体系。在此基础上，制定了《绿色建筑评价技术细则（试行）》《绿色超高层建筑评价技术细则》。2010年8月颁布了《绿色工业建筑评价导则》，将工业建筑纳入绿色建筑评价体系，逐步形成以住宅、办公及工业等三大建筑类型为核心的评价体系。为引导我国绿色建筑更好更快发展，住房和城乡建设部在深入调研国内外经验的基础上，充分吸收近年来我国绿色建筑建设与评价的实践经验和理论研究成果，完成了2014版《绿色建筑评价标准》的修订工作。《绿色建筑评价标准》GB/T 50378—2019于2019年3月发布，2019年8月1日起实施。

4. 绿色建筑认证

绿色建筑认证，是指依据国内外绿色建筑评价认证标准，对建筑各项指标进行综合评价，确认绿色建筑等级并进行信息性标识的评价活动。获得绿色建筑评价认证的项目既为使用者提供健康舒适的空间，同时也能降低对环境的影响，具有明显的示范效应。构建符合时代、行业需求的绿色建筑评价标准，是推动绿色建筑发展的有效途径，这里主要介绍国内常见的两种绿色建筑认证。

LEED认证被认为是国际上推广程度最好、最有影响力的建筑评估标准，适用于所有民用建筑，即包括了公共建筑及住宅建筑，在建筑全生命周期内LEED都具有重要作用，建筑设计、建筑施工、建筑运营和维护，针对出租的建筑以及租用的建筑都可利用合适的LEED认证体系作为指导。此外，LEED还有专门针对社区的认证体系。LEED认证中评审指标与其权重比例分别为可持续发展场地选址（20%）、水源利用率（7%）、能源与大气（25%）、材料与资源（19%）、室内环境品质（22%）和创新与设计（7%）。LEED认证采用评分制，满分为110分，其评判时各子系统有最低分数要求，在满足最低要求基础上，按总分对绿色建筑进行认证级、银级、金级、铂金级等级认证。认证级：40分以上；银级：50分以上；金级：60分以上；铂金级：80分以上；其认证流程如图3-18所示：获得LEED认证的项目，将会在绿色建筑认证协会的官方网站获得公示（www.gbci.org），并获得LEED认证证书及标识牌。

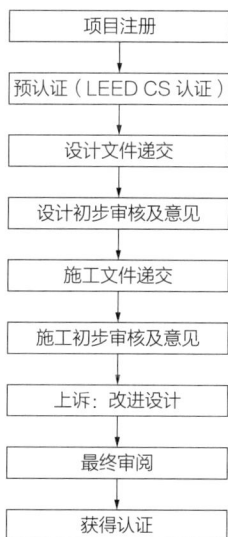

图3-18 LEED认证流程

5. 绿色建筑过程管理

（1）规划设计阶段绿色建筑过程管理

1）规划咨询阶段

咨询单位对此阶段控制主要体现在降低绿色建造成本，研究总结新型绿色建筑成套建造技术，进而提升经济效益。结合费用效益分析理论，确定对绿色建筑经济、社会、环境和生态效益的分析方法，从经济和社会角度为业主方分析建设项目的可行性和必要性。根据业主的定位要求，通过分析区域环境以便于充分利用环境因素，可从项目概况、项目目标亮点、噪声控制、智能化系统及其他绿色措施、增量成本分析、项目预评估和项目总结等方面分析综述，编制绿色建筑可行性研究报告。

2）方案设计阶段

在设计阶段，工程咨询单位应充分考虑建造成本降低因素，在绿色建筑可行性研究报告基础上，进一步进行绿色建筑方案设计，营造舒适、健康的工作生活环境。绿色建筑中采用的建筑与装修材料需经检验处理，并尽量采用天然材料，确保对人体无害。此外，要基于项目地理、地质、气象、水文等客观条件，充分利用环境所提供的可再生能源，选择如太阳能采暖、热水、发电及风力发电装置等合适的绿色技术。

① 初步方案阶段

对项目的初步能源评估、环境评估、采光照明评估，提出绿色建筑节能设计意见，与设计部门沟通提出有效的绿色建筑节能技术策略，并协助其完成高质量的绿色建筑方案设计。流程大致为：

a. 确定项目整体绿色建筑设计理念和项目目标，分析项目适合采用的技术措施和具体的实现策略；

b. 分析整理项目材料，明确项目施工图及相关方案可变更范围；

c. 完成项目初步方案、投资估算和绿色建筑等级预评估；

d. 向业主方提供《项目绿色建筑预评估报告》。

② 深化设计阶段

根据业主要求，对设计部门提交的设计文件与图纸资料开展深入分析，并结合相应审核意见给出各专业具体化指标和建筑节能设计策略。如空调选型建议、墙体保温、建筑整体能耗等分析和节能技术寿命周期成本分析。本阶段具体实施步骤为：

a. 基于业主方确定的目标及绿色建筑等级自评估结论，确定项目要达到的技术要求；

b. 按项目工作计划和进度安排，完成与建筑设计、机电设计、景观设计、室内设计及其他专业深化设计，完成设计方案的技术经济分析，并落实采用技术的技术要点、经济分析、相关产品等；

c. 完成绿色建筑认证所需各项模拟分析，并提供相应分析报告；

d. 向业主方提供《项目绿色建筑设计方案技术报告》。

③ 施工图设计阶段

在本阶段，进一步对方案进行调整完善，以确保项目设计符合业主方预期。同时，对设计策略中提出的标准和指标进行落实，并对各种实施策略做最终评估，主要工作划分为：

a. 根据已定设计方案，提供相关技术文件，指导施工图设计结合绿色建筑理念并融入绿色建筑技术；

b．提供施工图方案修改完善建议书，并指导施工图设计。

④ 结构设计优化方案

保证结构设计既满足项目总体开发要求，也满足有关规范所规定安全度条件下，利用合理技术措施，尽量降低结构成本。

⑤ 设计评价标识申报阶段

按照绿色建筑标准中相关要求，完成各项方案分析报告。再编制和完善相应申报材料，进行现场专家答辩。与评审单位进行沟通交流，对评审意见反馈解释，协助业主方完成绿色建筑设计标识的认证。

（2）施工、验收和运营阶段绿色建筑管理

1）绿色施工管理

一个项目从立项、规划、设计、施工、竣工验收到资料归档管理，整个流程，环环相扣，每个环节都很重要。其中，施工是将设计意图转化为实际的过程，施工阶段任何一道工序均有可能对整个工程质量产生致命缺陷，因此施工管理也是绿色建筑非常主要的管理环节。

绿色施工管理可定义为通过切实有效的管理制度和工作制度，最大限度减少施工管理活动对环境的不利影响，减少资源和能源消耗，实现可持续发展的施工管理技术。绿色施工管理是可持续性发展思想在工程施工管理中的应用体现，是绿色施工管理技术的综合体现。

绿色施工管理主要包括组织管理、规划管理、实施管理、评价管理和人员安全与健康管理五个方面。组织管理就是基于所建绿色施工管理体系制定系统完整的管理制度与绿色施工整体目标，将绿色施工工作内容分解到管理体系结构中，在项目负责人的组织协调下，使参建方能各司其职地参与到绿色施工过程中，推进绿色施工的规范化与标准化；规划管理主要是指编制执行总体方案与独立的绿色施工方案，通过对实施过程控制以达到设计需要的绿色施工目标；实施管理是指绿色施工方案确定之后，在项目实施阶段，对绿色施工方案实施过程进行策划和控制，以达到绿色施工目标；绿色施工管理体系中应建立评价体系，根据绿色施工方案，对绿色施工效果进行评价；人员安全与健康管理就是通过制定相关措施，改善施工人员的生活条件来保障施工人员的职业健康。

2）施工阶段技术管理

绿色建筑建设过程中要积极运用新型建筑节能技术，构建新型建筑节能体系，把简单实用的技术很好地应用到绿色建筑中。绿色建筑的难点在于把先进适用技术在建筑中用好，这符合技术发展规律——继承和扬弃，而不是简单的替代。在推广新技术和开发绿色建筑过程中，均应注意这个问题。具体而言，要大力推广以下建筑节能技术：

① 新型节能建筑体系。包括墙体、屋面保温隔热技术与产品，节能门窗和遮阳等节能技术与产品。

② 暖通空调制冷系统调控、计量、节能技术与产品。

③ 太阳能、地热能、风能和沼气等。

④ 节水器具、雨水收集和再生水综合利用等节水技术与产品。

⑤ 预拌砂浆、预拌混凝土、散装水泥等绿色建材技术与产品。

⑥ 室内空气质量控制技术和产品。

⑦ 垃圾分类收集和废弃产品的循环利用。

⑧ 建筑绿色照明及智能化节能技术与产品。

3）运营配合阶段

首先组织业主、物业公司管理和操作人员进行绿色建筑技术介绍和绿色物业管理专业知识培训。在此阶段，服务内容主要包括定期运营管理取证、依据项目情况指导物业公司制定相应管理制度、编制相应记录表格指导物业记录系统和设备等运行情况，定期审查运行记录。

4）检测配合阶段

根据绿色建筑运营标识的申报要求，向业主方提供所有现场检测所需资料清单、编制检测计划、确定检测项目和检测指标，再待业主指派的检测机构检测完成后，进行资料审核和验证，协助业主方完成相关现场检测资料，后根据评审小组进行现场勘探的内容结合《绿色建筑评价标准》进行预评估。

5）运营评价标识申报阶段

按《绿色建筑评价标准》中运营标识认证相关规定，完成各项方案分析报告和绿色建筑整体深化方案报告。

整理汇总所有资料报告，编制和完善相关申报资料，进行专家评审会现场汇报和答辩。与评审单位进行沟通交流，对评审意见反馈解释，完善绿色建筑整体方案报告，协助业主方完成绿色建筑运营标识认证的申报工作，取得认证标识。

绿色建筑评估认证根本价值在于：通过认证搭建一个整合设计的平台，集聚规划、设计、施工及监理各环节人员，根据实际情况对所有设计指标进行完整量化，降低收入与维护费用，真正实现绿色建筑价值。

二、BIM咨询

基于BIM的建设工程全过程咨询是针对项目规划、勘察、设计、施工直至运营维护阶段进行咨询服务，实现建筑工程全过程的信息数据集成与传递，提升项目的品质。

1. 依据

（1）相关法律法规、政策文件、标准规范等；

（2）《建筑信息模型应用统一标准》GB/T 51212—2016；

（3）《建筑信息模型分类和编码标准》GB/T 51269—2017；

（4）《建筑信息模型施工应用标准》GB/T 51235—2017；

（5）《建筑信息模型设计交付标准》GB/T 51301—2018；

（6）《建筑工程设计信息模型制图标准》JGJ/T 448—2018；

（7）工程设计相关成果文件。

2. 内容

（1）《BIM总体方案》制定

全过程工程BIM咨询服务进行时，进行《BIM总体方案》制定，包含以下内容：

1）制定项目BIM目标；

2）确定BIM的应用范围和具体内容；

3）制定BIM应用价值的衡量标准；

4）制定项目参与方在BIM实施中的角色、责任和工作界面；

5）在已有的业务分工和流程基础上，设计BIM的实施流程；

6）制定如模型标准、建模精度等BIM信息交换标准；

7）制定项目各参与方的BIM交付成果标准；

8）制定BIM技术基础设施（软件、硬件、平台）标准。

（2）审核参建单位BIM实施方案

设计、施工阶段分别由参建单位依据项目要求及《BIM总体方案》编制项目《BIM实施方案》，内容包含：BIM实施目标、BIM实施团队、BIM实施软硬件环境、BIM应用价值点及方案、BIM协同实施、BIM实施保障措施等。全过程工程咨询单位组织业主及专家进行联合评审，确定项目《BIM实施方案》。

（3）审查参建单位BIM实施资源准备情况

BIM咨询单位组织开展参建单位BIM实施资源准备情况检查，检查内容包括工程管理平台、BIM实施团队和BIM实施软硬件。

（4）BIM模型审核

依据《BIM总体方案》中BIM模型信息交换标准，进行实施阶段BIM模型检查。

（5）BIM模型应用成果审查

针对参建单位制定的《BIM实施方案》中BIM应用内容，进行过程监督、成果审查。

1）设计阶段：

① 专业综合

A. 在初步设计、施工图设计阶段，应基于设计BIM模型进行专业综合，并提供分析报告，解决各专业错漏碰缺的实际问题。

B. BIM专业综合的实施范围应包含专业内和专业间的综合。

② 建筑指标统计分析

在设计过程中，应利用设计BIM模型的参数化功能，对项目设计的各项技术指标的合理性、合规性、正确性进行分析、优化，提升项目设计质量。

③ 建筑性能化分析

利用BIM模型结合专业分析工具，对建筑所要求的某一或某几个性能进行分析，并将分析结果通过直观可视的方式进行展现，主要包括日照、风、光、声、热环境分析等。

④ 净空净高分析

在初步设计阶段和施工图设计阶段应基于BIM模型对大堂、机房、走廊、会议室、车库、楼梯间等重点空间区域进行净空净高分析，并形成净空净高分析、优化报告，保证项目的合理空间利用。

⑤ 漫游模拟

在方案设计、初步设计、施工图设计过程中，设计单位可利用BIM技术，对项目的重点室内外部位进行漫游分析，辅助设计方案的效果展示。

⑥ 工程量统计

A. 在初步设计阶段和施工图设计阶段可基于BIM技术开展土建、机电、钢结构、幕墙、精装等专业的工程量统计，用于辅助设计方案比选、限额设计等工作。

B. 用于设计概算的BIM模型的范围与深度应符合基于BIM的重要工程量统计的要求。

C. 基于BIM的重要工程量统计成果的内容、格式、范围、深度应与现有的《建筑工程设计文件编制深度规定》（2016版）保持一致，实现工程量的多算对比。

⑦ 基于BIM模型输出设计图纸

A. 在初步设计阶段和施工图设计阶段应基于BIM模型辅助各专业设计图纸输出。

B. 各专业设计BIM模型和相应的专业设计图纸须保持一致。

C. 若依据二维CAD图纸翻建设计BIM模型，设计单位须进行模型与图纸的一致性检查，以保证设计BIM模型的正确性。

2）施工阶段：

① 机电深化设计

A．机电深化设计中的专业协调、管线综合、参数复核、支吊架、管井、机电末端和预留预埋定位等工作应采用BIM技术。

B．在机电深化设计BIM应用中，可基于施工图设计模型或建筑、结构和机电专业设计文件创建机电深化设计模型，完成机电多专业模型综合，校核系统合理性，输出工程量清单，机电深化设计图和相关专业配合条件图等。

C．深化设计过程中，应在BIM模型中补充或完善设计阶段未确定的设备、附件、末端等模型构件。

D．BIM管线综合布置完成后应对系统参数进行复核，检查是否符合设计要求。

E.机电深化设计BIM成果主要包括机电深化设计模型、机电深化设计图纸、设备材料统计表、碰撞检测报告等内容。

② 装饰装修深化设计

A．装饰深化设计中的碰撞检测、净高分析、装饰末端设计和节点深化等工作应采用BIM技术。

B．装饰深化设计BIM成果包括装饰深化设计模型、深化设计图纸、碰撞报告和工程量清单等。

③ 施工总平面布置

A．对于原始场地条件不佳、施工场地狭小、对安全文明施工要求高的项目应采用BIM技术进行施工总平面布置并进行优化。一般场地条件施工平面布置宜应用BIM技术。

B．基于BIM的施工总平面布置规划应运用BIM技术对现场大型施工机械设施（包括塔吊、施工电梯、混凝土泵等）、现场物流、现场人流进行合理规划，利用BIM模型与模拟分析软件结合垂直运输效率、工期等影响因素，进行静态碰撞分析及动态交通分析，提高施工现场的安全性与合理性。

④ 施工模拟

A．利用深化设计模型，对施工方案进行三维可视化的模拟或验证。

B．施工模拟的目的，是在重要区域或部位验证施工方案的合理性，优化施工方案，协助施工人员充分理解和执行方案的要求。

⑤ 施工技术交底

A．利用BIM三维可视化特点对施工重难点、设备安装、关键工艺和深化设计等进行施工技术交底。

B．用于交底的BIM成果应严格根据施工组织、施工方案等进行准备，并保证交底BIM成果的合理性和正确性。

⑥ 工程量统计

A．工程量统计是指利用深化设计模型统计工程量，包括建筑、结构、机电、装饰等专业的工程量，以及施工过程建筑指标等内容。

B．工程量统计结果用于项目材料采购、建筑指标复核、进度管理和成本管理等项目管理工作。

⑦ 基于BIM的工程质量管理

A．利用BIM技术，根据项目质量管理目标对施工重要样板做法、质量管控要点等进行精准管控，提升工程建造质量。

B．利用BIM技术辅助工程质量验收，提高验收质量和效率。

⑧ 基于BIM的施工安全管理

A．利用BIM技术，模拟分析施工过程中的危险区域、施工空间冲突等安全隐患，并提前制定相应安全预案措施。

B．利用BIM技术辅助现场安全培训和监控。

⑨ 基于BIM的施工进度管理

A．利用施工进度管理模型辅助进行工程总进度计划、年度计划、季度计划、月度计划和重要节点控制计划等管理。

B．施工进度管理模型是在深化设计模型的基础上根据施工进度管理需求，添加计划施工时间、实际施工时间、主要设备计划进场时间、主要设备实际进场时间、作业人员数量（按施工段添加）和施工机械数量（按施工段添加）等信息，用于施工进度管理的 BIM 模型。

C．利用BIM技术可视化与模拟分析功能对工程项目的进度计划进行优化。

⑩ 基于BIM的工程成本管理

A．利用BIM技术根据项目特点和成本控制需求，对不同层次、不同周期的成本进行管理。

B．工程成本管理应在施工BIM模型的基础上创建预算模型，基于清单规范和消耗量定额确定工程量清单项目，输出预算工程量清单。

C．利用BIM技术结合进度信息，定期进行三算对比、纠偏、成本核算、成本分析工作。

3）竣工交付：

项目参建各方负责创建本单位所承担建设任务的BIM竣工模型，经自审后提交施工总承包单位并办理相关模型移交手续，由施工总承包单位在统一坐标系统下进行整合，形成项目BIM竣工模型。

3. 注意事项

（1）要充分结合项目要求，提出项目全过程BIM总体实施方案，包括明确项目BIM目标、各方职责与工作流程。

（2）要充分结合项目特点，制定BIM信息交换标准，并在项目实施过程中，依据标准开展模型创建与审核工作，并确保BIM模型的延续与使用。

（3）应基于BIM模型的应用充分结合项目特点，制定与项目需求符合的BIM应用内容，并在项目实施过程中实施应用，全过程工程咨询单位进行相关成果的审核。

第十二节　项目管理后评估

项目管理后评估，是指在项目竣工验收并投入使用或运营一定时间后，运用规范、科学和系统的评价方法与指标，将项目建成后所达到的实际效果与项目可研报告、初步设计（含概算）文件及其审批文件的主要内容进行对比分析，寻找差距原因并开展经验教训总结，提出对策建议以反馈至项目参与各方，形成项目良性决策机制。可根据需要针对项目建设（或运行）的某一问题进行专题评价，也可对同类多个项目进行综合性、政策性与规划性评价。

工程项目管理后评估是整个工程项目管理的延伸，通过工程项目管理后评估可以确定项目预期目标是否达到、主要效益指标是否实现；可以查找项目成败的原因，总结经验教训，及时有效反馈信息，提高未来新项目的管理水平；可以为项目投入运营中出现的问题提出改进意见和建议，达到提高投资效益的目的。

工程项目管理后评估是项目管理工作的重要环节。后评估能客观、公正地评价项目活动成绩与失误的主客观原因，具有透明性和公开性，能为后续工程管理改进、科学投资计划制订与政策信息反馈提供依据，这对提高工程项目管理水平具有重要作用。

一、依据

（1）建设项目工程资料；

（2）运营阶段资料；

（3）项目自我总结评价报告；

（4）《国家发展改革委关于印发中央政府投资项目后评价管理办法和中央政府投资项目后评价报告编制大纲（试行）的通知》（发改投资〔2014〕2129号）；

（5）全过程工程咨询单位的知识和经验体系；

（6）其他相关资料。

二、内容

1. 资料收集

（1）现场调查

现场调查是到项目现场用事先设计好的系统和工具以口头、书面提问及观察来收集资料并做分析的一种研究方法。为保证相关工程资料的真实性，项目后评价咨询机构应进行现场调查工作，以便了解建设项目的实际情况，必要时还应采用其他调查方法进行补充。

（2）访谈

访谈是一种研究性交谈，是研究者通过口头谈话的方式从被研究者那里收集资料的一种研究方法。项目后评价咨询机构进行访谈工作，其主要目的有两个：一是通过与建设项目利益相关者的交谈，进一步了解建设项目的实施情况；二是收集文本资料外的信息。

（3）建设项目资料收集

建设项目工程资料包括工程资料、运营资料以及自我总结评价报告，其主要收集资料如表3-22所示。

建设项目工程资料　　　　　　　　　　　　　　　表3-22

阶段	序号	文件名称	文件内容
决策阶段	1	立项的报批文件	包括项目建议书、可行性研究报告、环境影响评价报告、社会稳定风险评价、水土保持方案、交通影响评价、安全评价、地质灾害危险性评价等
	2	项目批复资料	包括前述立项报批的批复文件、规划意见书、建设用地规划许可证、建设工程规划许可证、施工许可证、环评批复、质量监督注册、施工图审查意见、消防审查意见等
	3	内部决议文件	包括项目评审意见、专家论证意见、投资决策意见、办公会会议纪要、董事会决议等
	4	内容调整文件及批复	包括项目规划内容的调整报告及批复文件、项目设计的调整报告及批复文件、项目概算的调整报告及批复文件、项目目标的调整报告及批复文件等
	5	融资文件	包括融资方案、金融机构出具的融资承诺文件等
设计阶段	6	项目勘察资料	包括初步勘察报告、详细勘察报告等
	7	项目设计资料	包括全部版本的初步设计图、施工图、设计方案等

阶段	序号	文件名称	文件内容
发承包阶段	8	招标采购资料	包括招标统计表、招标管理台账、招标公告、招标文件、资料审查报告、开标会记录、投标文件、评标报告、中标通知书、商务谈判纪要等
施工阶段	9	项目开工资料	包括项目开工报告、经理任命通知书、施工组织方案等
	10	项目合同资料	包括合同统计报表、合同管理台账、合同文件全文及相应的合同审批记录
	11	项目变更资料	项目的全部变更、签证文件和审批记录，变更签证台账以及项目编制的与本项目变更签证有关的总结或报告
	12	项目质量资料	包括项目的质量验收资料及总结等
	13	项目进度资料	包括项目进度执行情况资料及总结等
	14	项目安全管理资料	包括项目安全管理执行情况资料及总结等
	15	项目成本资料	包括项目控制指标、阶段成本分析报告及控制资料等
	16	项目财务资料	包括项目合同台账与支付统计报表、项目的资金收支台账以及项目的借贷融资统计报表等
竣工阶段	17	竣工验收资料	包括竣工验收报告、竣工阶段各单位的总结以及各专项的验收意见等
	18	结算资料	包括结算书、结算审核、变更汇总、结算台账等
	19	自我评价	项目自我总结评价
	20	管理组织	包括运营组织管理架构、组织定员、运营管理制度、措施等
运营阶段	21	生产及销售资料	包括生产计划、实际生产情况及阶段性生产工作总结、项目销售计划、实际销售情况简介及阶段性市场营销工作总结等
	22	财务经营分析	包括自投入使用至今的经营分析报告、财务分析报告、年度决算报告及预算报告、阶段性总结报告
	23	审计资料	包括稽查报告、财务审计报告、专项审计报告、专项检查报告等

2.《项目自我总结评价报告》大纲

项目自我总结评价报告应主要包括以下内容：

（1）项目概况：项目目标、建设内容、投资估算、前期审批情况、资金来源及到位情况、实施进度、批准概算及执行情况等；

（2）项目实施过程总结：前期准备、建设实施、项目运行等；

（3）项目效果评价：技术水平、财务及经济社会效益、资源利用效率、环境影响与可持续能力等；

（4）项目目标评价：目标实现程度、差距及原因等；

（5）项目总结：评价结论、主要经验教训和有关建议。

项目自我总结评价报告可参照项目后评价报告编制大纲进行编制。

3.《项目后评价报告》大纲

按内容分为六部分，具体如下：

（1）项目概况：项目基本情况、项目决策理由与目标、项目建设内容及规模、项目投资情况、项目资金到位情况、项目运营（行）及效益现状、项目自我总结评价报告情况及主要结论、项目后评价依据、主要内容和基础资料。

（2）项目全过程总结与评价：项目决策阶段总结与评价、设计阶段总结与评价、发承包阶段总结与评价、实施阶段总结与评价、竣工阶段总结与评价、项目运营（行）总结与评价。

（3）项目效果和效益评价：项目技术水平评价、项目财务及经济效益评价、项目经营管理评价、项目资源环境效益评价、项目社会效益评价。

（4）项目目标和可持续性评价：项目工程目标评价、项目技术目标评价、项目效益目标评价、社会环境和宏观目标评价、项目可持续性评价。

（5）项目后评价结论和主要经验教训：后评价主要内容和结论、主要经验和教训。

（6）对策建议：宏观建议、微观建议。

4. 后评价报告的编制

后评价报告编制内容主要包括项目概况、项目过程评价、项目效果评价、项目目标及可持续性评价、项目总结五个部分。

（1）项目概况

项目概况主要是对项目的情况、建设内容、实施进度、总投资、运营及效益现状等内容进行概括简述。

（2）项目过程评价

项目过程评价的内容包括：项目决策阶段、设计阶段、发承包阶段、实施阶段、竣工阶段、运营阶段评价。各阶段过程评价的主要要点汇总如表3-23所示。

项目过程评价主要要点　　　　　　表3-23

序号	阶段	内容	评价要点
1	决策阶段	项目立项	立项理由是否充分、依据是否可靠，建设目标与目的是否明确；项目是否符合经济社会发展规划和部门年度工作计划；是否根据需要制定中长期实施规划等
		项目决策过程和程序	决策程序是否合规；决策方法是否科学；决策内容是否完整；决策手续是否齐全
		项目评估	项目评估格式是否规范；报告内容是否完整；引用数据与参数是否可靠；分析方式是否科学；论证结论是否合理；项目评估深度是否满足决策者的需要等

续表

序号	阶段	内容	评价要点
1	决策阶段	可行性研究报告	报告收费水平是否合理；可研阶段的目标是否明确、合理；项目建设规模是否合理；计算方法是否科学；内容深度是否符合国家有关要求；项目风险分析是否充分等
2	设计阶段	勘察工作	承担勘察任务单位的资质、信誉状况是否满足项目建设的需要；勘察时是否遵循国家、相关部委的依据、标准、定额、规范等，是否与规定的勘察任务书一致；工程测绘和勘察深度及资料是否满足工程设计和建设的需要，质量水平是否符合要求及水平高低等
		设计工作	承担设计任务单位的资质、信誉状况是否满足项目建设的需要；设计时是否遵循国家、相关部委的依据、标准、定额、规范等，是否与规定的设计任务书一致；项目设计方案是否切合实际、技术先进、经济合理、安全适用；设计图纸的质量是否满足要求及水平高低等
		合同签订	合同签订的依据和程序是否合规，合同谈判、签订过程中的监督机制是否健全，合同条款是否合理和合法；合同文本是否完善等
		征地拆迁	征地拆迁安置计划、安置率、生计水平、发展机会等
		资金筹措	资金来源是否按预想方案实现，资金结构、融资方式、融资成本是否合理，风险分析是否到位；融资担保手续是否齐全等
		开工准备	劳动组织准备工作质量、技术准备工作质量、物资准备工作质量、施工现场准备工作质量等
3	发承包阶段	采购招标	是否按国家招投标法规定进行了政府投资项目的招标；招标文件的编制质量是否满足要求及水平的合理性；投标单位是否有串通投标和不正当的投标行为；投标书的编制质量是否满足要求及水平的高低等
4	实施阶段	合同执行与管理情况	合同执行情况是否正常；合同管理措施及各阶段合同管理办法是否达到应有效果
		质量、进度、投资和安全的管理情况	质量、进度、投资和安全管理采取的措施与效果，分析产生差异的原因及对预期目标的影响，各目标的实现程度等
		项目设计变更情况	设计变更增加或减少投资额占变更引起投资额变化比率；其他变更增加或减少投资额占变更引起投资额变化比率；重大设计变更发生的原因分析等
		资金支付与管理	基建财务管理机构和制度是否健全，资金实际来源、成本与预测、计划产生差异的原因，资金到位情况与供应的匹配程度、资金支付管理程序与制度严谨性、流动资金的供应及运用状况等
		工程质量控制情况	施工队伍及各分包商资质是否符合招标要求；相关合同及技术文件是否完整；质量保证体系是否完善；质量检查是否到位，相关质量检查文件是否齐全；相关材料、半成品是否经过质量检验；新工艺、新材料、新技术、新结构是否经过技术鉴定
		工程监理情况	业主委托工程监理的规范性和合法性、管理方式的适应性；监理组织机构、人员到位及人员变动情况；监理旁站、巡察工作情况；质量问题处理及监理指令落实和复查情况等

续表

序号	阶段	内容	评价要点
4	实施阶段	组织与管理	建设管理体制的先进性、管理模式的适应性、管理机构的及安全性和有效性、管理机制的灵活性、管理规章制度的完善状况和管理工作运行程序的规范性等
5	竣工阶段	生产准备	各项工程生产准备内容、试车调试、生产试运行与试生产考核，生产准备工作充分性情况等
		竣工验收情况	各专项验收是否均通过验收；相关验收记录文件是否齐全等
		资料档案管理	工程资料档案收集是否完整、准确；管理制度是否完善等
6	运营阶段	项目设计能力实现情况	项目主要能力的实现情况，如建设规模、功能实现、生产能力等
		能源管理	能源计量设备安装情况、能源消耗情况
		项目运营情况	项目运营模式、劳动定额、产品生产能力、产品销售情况等
		项目运营成本	项目运营成本的组成、比例等情况
		财务状况	项目的营业收入、营业成本、利润总额等情况
		产品结构与市场情况	产品的种类、生产能力、市场现状、行业发展状况等情况

（3）项目效果评价

项目效果评价的内容包括：项目技术水平评价、财务经济效益评价、经营管理评价、环境效益评价、社会效益评价。各阶段过程评价的主要要点汇总如表3-24所示。

项目效果评价要点　　　　　　　　表3-24

序号	内容	指标	评价要点
1	项目技术水平评价	设备、工艺及辅助配套技术水平	对项目所使用的新技术、新工艺、新设备、新材料等的水平进行评价
		国产化水平	采用国产化设备与进口设备的情况，并对采用进口设备的原因进行分析
		技术效果	对技术的适用性、经济性及安全性进行评价
		资源与资源利用状况	对项目的排放情况、能耗水平及能源利用情况进行评价
2	项目财务经济效益评价	资产及债务状况	包括项目总投资、资本金比例、项目资产、项目负债、项目所有者权益等
		偿债能力指标	借款偿还期、利息备付率、偿债备付率、资产负债率等
		财务效益分析指标	内部收益率、净现值率、投资回收期、总投资报酬率、权益资金净利润率、投资利润率等

续表

序号	内容	指标	评价要点
2	项目财务经济效益评价	运营能力指标	应收账款周转率、存货周转率、流动资产周转率、流动资产周转期、固定资产周转率、固定资产周转期等
		其他指标	单位费用效能、资金利用率等
3	项目经营管理评价	管理机构及领导班子	对现行管理机构设置情况及领导班子成员情况进行评价
		管理体制及规章制度	对现行管理制度及规章制度的合理性、合规性、完整性进行评价，对生产项目还应包括安全生产应急预案、消防应急预案等文件情况进行评价
		经营管理策略	项目运营管理模式、营销策略、推广计划等评价
		项目技术人员培训情况	项目技术人员在岗人数、比例及培训等情况
4	项目环境效益评价	环境管理	对项目环保达标情况、项目环保设施及制度的建设和执行情况进行评价
		污染控制	项目的废气、废水和废渣及噪声是否在总量和浓度上都达到了国家和地方政府颁布的标准
		对地区环境质量的影响	分析主要以对当地环境影响较大的若干种污染物为对象，这些物质与环境背景值相关，并与项目的三废排放有关
		自然资源的利用和保护	对节约能源、节约水资源、土地利用和资源的综合利用率、能耗总量等情况进行分析
		对生态平衡的影响	主要是指人类活动对自然环境的影响
5	项目社会效益评价	对项目主要利益群体的影响	项目在施工期和运营期对各个不同利益群体产生的实际影响，特别是对受益、受损、弱势群体的影响和态度
		项目建设实施对地区发展的影响	建设项目对地区经济、文化、医疗、教育等方面的影响
		对当地就业和人民生活水平提高的影响	建设项目提供的就业机会情况及薪酬水平，对人民生活水平的影响
		投资项目征迁安置的影响	涉及拆迁安置的，应了解相关群体的受影响程度，以及采取的减缓措施和有关工作的管理质量和水平
		对所在地区少数民族风俗习惯和宗教的影响	涉及少数民族的，应考虑建设项目对少数民族在文化方面的影响

（4）项目目标及可持续性评价

1）目标及可持续性评价的内容

项目目标及可持续性评价的内容包括：项目目标实现度评价、环境功能的持续性评价、社会效果的持续性评价、经济增长的持续性评价。

① 项目目标实现度评价

项目目标实现度评价主要是对项目的审批管理、实施内容、功能技术、资金管理、经济效益、公共效益进行评价。项目后评价所需完成的主要任务之一，是评定项目立项时原先预定目标的实现程度及对项目原定决策目标的正确性、合理性和实践性进行分析评价。因此，项目后评价应对照原定目标，检查项目实际指标完成情况及其变化并分析发生改变的原因，以判断目标的实现程度，对有些因原定目标不明确或不符合实际情况，导致项目在实施过程中可能会发生重大变化的指标，项目后评价要给予重新分析评价。

② 项目可持续性评价

项目可持续性评价的研究范围主要包括：项目自身的可持续性；项目与所在地区经济、社会、环境之间的协调性；项目与建设区域内其他相关项目之间的协调性。项目可持续性后评价主要包括三个方面的内容：环境功能的持续性评价、经济增长的持续性评价、社会效果的持续性评价。

a. 环境功能的持续性评价。包括对经济环境和厂址、资源和环境承载能力的评价。经济环境包括当地的经济、政治、自然因素对项目持续性的影响，及对不利因素防范的政策和措施。环境功能的持续性评价主要是分析周边环境对项目的排放或影响的承受能力。分析由于项目的实施引起的主要环境影响，实现环境功能持续性的方式，特别要注意有可能出现的负面作用和影响。

b. 经济增长的持续性评价。评价主要包括对自身经济可持续发展能力、所采用的技术水平的先进性及其可持续性。项目自身经济可持续发展能力主要通过项目的财务现金流量表、资产负债表等反映项目的投资盈利能力和偿还能力，并分析计算实际还款期。对于未来不确定的风险进行分析，预测和确定项目持续性的条件和要求。然后对照可行性报告的财务评价，对任何不一致的地方都需要进行进一步分析。

c. 社会效果的持续性评价。主要评价项目对所在地区的综合经济促进影响情况，比如GDP增长率、产值经济贡献度、劳动就业率增加情况等。

2）目标及可持续性评价的评价要点

目标及可持续性评价的评价要点由质量目标、投资（费用）目标、时间目标、职业健康安全目标、各方满意度、与环境相协调、对地区和城市可持续发展、项目自身具有可持续发展等八个一级指标构成。具体如表3-25所示。

① 质量目标后评价指标

在传统的后评价指标体系基础上，着重考虑项目的运行质量及开发、实施、运行一体化问题。追求工作质量、工程质量、整体功能、产品或服务质量的统一。

② 投资（费用）目标后评价指标

在传统的工程造价（投资）后评价指标体系的基础上，综合考虑建造费用和运行费用的优化问题，项目对社会成本和环境成本的影响问题。

③ 时间目标后评价指标

在传统的项目时间目标后评价指标体系的基础上，还应考虑工程寿命、产品的市场周期等因素。

④ 职业健康安全目标后评价指标

按项目内部工作环境和外部社会环境设计目标指标，综合考虑卫生、健康、安全等因素。

⑤ 各方满意度目标后评价指标

应综合考虑建设项目各方的目标，尽量做到各方满意、协调发展。

⑥ 与环境协调目标后评价指标

主要解决项目过程中，人与人、人与自然的关系。

⑦ 对地区和城市可持续发展后评价指标

应从项目对地区和城市可持续发展的贡献进行综合考虑。

⑧ 项目自身可持续发展后评价指标

应从项目自身是否具有可持续发展的能力进行综合考虑。

目标及可持续性评价要点 表3-25

序号	内容	指标	评价要点或说明
1	质量目标	设计质量	设计标准及功能、设计工作质量、技术标准或工艺路线、可施工性、可运营性等
		工程质量	材料质量、设备质量、建筑质量等
		运营质量	项目的整体使用功能、产品或服务质量、运营的安全性、运营和服务的可靠性、可维修性及方便拆除情况等
2	费用目标	全生命周期费用	建设总投资、运营（服务）成本、维护成本、单位生产能力投资、社会和环境成本等
		收益	运营收益、年净收益、总净收益、投资回报率等
3	时间目标	项目基本时间	建设期、投资回收期、维修或更新改造周期等
		工程寿命	工程的设计寿命、物理服务寿命、经济服务寿命等
		产品的市场周期	市场发展周期、高峰期、衰败期等
4	职业健康目标	卫生指标	废弃物处理能力及标准、排污、排尘、排噪标准等
		健康指标	平均寿命、增加的寿命年限、质量调整的寿命年限等
		安全生产指标	有毒有害气体泄漏标准、易燃易爆物体存放标准、消防标准、危险源辨识标准及应急措施、劳动保护用品配置标准等

续表

序号	内容	指标	评价要点或说明
5	各方满意目标	用户满意	产品或服务价格、产品或服务的安全性、产品或服务的人性化等
		投资者满意	投资额、投资回报率、降低投资风险等
		业主满意	项目的整体目标、工程目标、经济目标、质量目标等
		承包人和供应商满意	工程价格、工期、企业形象等
		政府满意	繁荣与发展地区经济、增加地方财力、改善地方形象、政绩、就业和其他社会问题等
		生产者满意	工作环境（安全、舒适、人性化）、工作待遇、工作的稳定性等
		项目周边组织满意	保护环境、保护景观和文物、工作安置、拆迁安置或赔偿、对项目的使用要求等
6	与环境协调目标	与政治环境协调	可按环境系统结构进一步分解： 1.项目与生态环境的协调 2.建筑造型、空间布置与环境整体和谐 3.建设规模应与当时、当地的经济能力相匹配，应具有先进性和适度的前瞻性 4.节约使用自然资源，特别是不可再生资源 5.继承民族优秀文化，不破坏当地的社会文化 6.在项目的建设和运行过程中行为合法 7.项目应符合上层系统的需求，对地区、国民经济部门发展有贡献
		与经济环境协调	
		与市场环境协调	
		与法律环境协调	
		与自然环境协调	
		与周边环境的协调	
		与上层组织的协调	
		与其他方面的协调	
7	对地区和城市可持续发展的贡献目标	政策环境	行业现行政策环境
		社会经济发展指标	人口、就业结构、教育、基础设施、物流条件、社会服务和保障、GDP、地方经济等
		市场环境	现有市场环境、未来市场发展趋势等
		环境指标	环境治理状况、生态指标、环保投资等
		资源指标	资源存量、资源消耗指标等
8	项目自身具有可持续发展能力的目标	财务状况	成本管理分析、盈利能力分析、营运能力分析、增长能力分析等
		产品竞争能力	产品市场地位、市场占有率、生产效率、销售增长率等
		技术水平	技术先进性、技术更新可行性等
		能长期适合需求	功能的稳定性、可持续性、可维护性、低成本运行等
		污染控制	污染控制成本、污染控制设备寿命等
		防灾的能力	监测预报、灾害防御、应急反应、风险融资措施等

（5）项目总结

通过项目全过程回顾与评价，对实施过程中遇到的问题与困难，以及采用的解决方法进行整理归纳，并在此基础上进行分析，得出启示和对策建议。项目后评价的经验教训和对策建议应从项目、企业、行业、宏观四个层面分别说明，对执行中的项目提出改善对策与建议，对企业投资和运营管理提出完善对策与建议，对国家和行业政策制订层提出改进对策与建议。

5. 程序

项目后评价工作主要有四个阶段，分别是项目自我总结评价报告、确定后评价项目、组建项目后评价工作组、完成项目后评价。

（1）项目自我总结评价报告

主要是项目单位（投资人）对建设项目在项目竣工验收并投入使用或运营一年后两年内的情况进行梳理；同时，收集后评价管理规定中涉及的数据和指标内容，委托具有相应资信或能力的全过程工程咨询单位编写自我总结评价；最后，评价的结果形成书面的自我总结评价报告及相关附件。

（2）确定后评价项目

完成项目自我总结评价报告后，项目单位（投资人）向国家发展改革委提交自我总结评价报告。国家发展改革委根据相关规定及结合项目单位自我总结评价情况，确定需要开展后评价工作的项目，制定项目后评价年度计划。同时对提交的材料进行规范性审查。

（3）组建项目后评价工作组

通过审查后，国家发展改革委可委托未参与过项目前期、建设实施及项目自我总结评价报告的第三方工程咨询机构承担该项目后评价任务。工程咨询机构在接受委托后，应组建满足专业评价要求的工作组，在开展现场调查、资料收集与社会访谈的基础上，结合项目自我总结评价报告并对照可研报告、初步设计（概算）文件及其审批文件的有关内容，对项目进行全面系统的分析评价。

（4）完成项目后评价

承担项目后评价任务的工程咨询机构应按国家发展改革委委托要求和投资管理相关规定，根据业内遵循的评价方法、工作流程、质量保证要求和执业行为规范，独立开展项目后评价工作，并在规定时限内完成项目后评价任务，提出合格的项目后评价报告。

投资人（项目单位）应在项目竣工验收并投入使用或运营一年后两年内，将自我总结评价报告报送国家发展改革委。其中，中央本级项目通过项目行业主管部门报送同时抄送项目所在地省级发展改革部门，其他项目通过省级发展改革部门报送同时抄送项目行业主管部门。国家发展改革委根据相关规定，结合项目单位（投资人）自我总结评价情况，确定需要开展后评价工作的项目，制定项目后评价年度计划，印送有关项目行业主管部门、省级发展改革部门和项目单位。在投资人（项目单位）完成自我总结评价报告后，国家发展改革委根据项目后评价年度计划，委托具备相应资信或能力的工程咨询机构承担项目后评价任务。承担项目后评价任务的工程咨询机构，应当按照国家发展改革委的委托要求和投资管理相关规定，根据业内应遵循的评价方法、工作流程、质量保证要求和执业行为规范，独立开展项目后评价工作，在规定时限内完成项目后评价任务，提出合格的项目后评价报告。

第四章

复杂项目全过程
工程咨询案例

第一节　浙江某大型国际机场综合交通中心

一、项目概况

某大型国际机场综合交通中心工程是浙江省大通道建设十大标志性项目，为2022年杭州亚运会重要基础配套项目。项目投运后，该机场将成为华东地区第二大航空枢纽，项目将打造集地铁、高铁、大巴、私家车、网约车、出租车等多种交通方式为一体的机场综合交通中心。该项目的建设将全面提升机场保障能力，打造全新的国际化城市门户。

某大型国际机场综合交通中心工程，包括新建综合交通中心、旅客过夜用房、配套业务用房、能源中心、出租车蓄车楼、13号路隧道等，总建筑面积共约为71万m²。其中，交通中心地下4层、地上2层，总建筑面积48万m²；旅客过夜用房总建筑面积9.3万m²；配套业务用房总建筑面积7.4万m²；蓄车楼为地下2层、地上1层，总建筑面积6.4万m²；能源中心总建筑面积1.59万m²；13号路隧道全长525m、宽度约为26m，道路等级为主干道，设计最低速度40km/h，主线双向4车道。

本项目由浙江五洲工程项目管理有限公司提供全过程工程咨询服务。

二、服务范围及组织模式

1. 服务内容

（1）全过程项目管理

主要包括项目计划统筹及总体管理、报批报建管理、工程技术管理、招标采购与合同管理、质量安全管理、进度管理、投资管理、档案与信息管理、竣工验收及移交管理、评优评奖及保修期咨询管理。

项目范围包括新建综合交通中心、旅客过夜用房、配套业务用房、能源中心、出租车蓄车楼、13号路隧道，共约71万m²。主要建设内容：土建工程、机电安装工程（含弱电工程）、装饰工程、幕墙工程、人防工程、室内外标志标识系统（包括引导标志）、室外附属工程（景观绿化、泛光照明工程等），以及市政工程中的道路工程、管线工程（本标段范围内的雨水、污水、给水管道、燃气管线、通信工程、电力工程、热力管线、给水管线）等。

（2）BIM管理及咨询

主要包括组织落实项目BIM应用工作、审核项目BIM总体实施方案和各专项实施方案、审查BIM相关模型文件（含模型信息）、审查BIM可视化汇报资料、管线综合分析和优化调整、解决方案、实现基于BIM的工程咨询、提交审查报告并负责成果验收。

2. 组织模式

（1）业主指挥部与全过程工程咨询团队组建融合式的项目管理组，以建设单位名义推进工程项目的管理工作。

（2）项目管理组由管理决策层、管理执行层以及建设实施层三部分构成。

1）管理决策层为项目管理组的决策单元，负责决策事项外的所有决策工作。管理决策层由全过程管理单位项目负责人担任组长，指挥部工程二部负责人担任副组长。

2）管理执行层负责项目的项目管理和BIM咨询管理工作，由设计管理、报批报建、现场管理、招标采购、投资管理、合同管理、BIM咨询管理等专业小组构成。

3）建设实施层负责项目的监理工作，全过程工程咨询单位的总监理工程师担任各监理组组长，负责项目监理工作范围内的具体日常审查、监管等工作。

4）全过程管理单位及指挥部分别指派人员担任各专业小组组长、副组长，以及各单位工程组长、副组长，指挥部人员不够的情况下可1人兼任多个专业或单位工程副组长，负责项目的策划、规划、组织、协调等工作。

5）项目管理组的各单位工程小组、各专业小组构成矩阵型管理组织，协同推进项目建设（图4-1）。

3. 工作职责

（1）报建管理

① 根据项目建设内容编制报建报批工作计划，完成项目前期及工程建设期间的各项报批报建手续及后期各专项验收。

② 对各参建单位的报建报批工作进行协调管理。

③ 负责与政府各职能部门（包括发展改革委、市政、公安交通等）的联系。

（2）设计管理

① 对项目的设计进度进行全面把控，督促设计单位按时完成设计。

② 建立设计变更制度流程，保证设计变更的可控可追溯。

③ 管理施工单位的二次深化设计，按计划完成深化设计及设计院的确认工作。

④ 代表项目组与设计院协调沟通。

（3）招采管理

① 编制招标管理制度及流程、招标采购策划及总进度计划；审核招标代理公司编制的单项招标方案及招标计划，管理整个招标工作进度。

图4-1 项目全过程工程咨询矩阵式工作模式

② 配合和协助建设单位审查各类项目招标文件（含工程量清单及预算）、招标补充文件（答疑纪要）、技术规格书、材料设备品牌推荐等实施类文件，并提出合理化建议。

③ 审查中标候选人技术标书中的施工组织设计及技术方案，审查材料设备的技术参数指标，审查中标候选人商务标书中的清单分项及投标报价，提出存在的问题并提出合理的优化建议。

④ 参与定标、中标通知书审核；组织询标及合同签订前洽谈工作；合同审核及签订工作；参与承包商或供应商的考察。

⑤ 协助建设单位审查项目总承包单位选择分包专业工程（如幕墙工程等）施工单位的发包方案和专业设备（如电梯等）采购方案，并提出合理化建议。

（4）合同管理

① 负责组织工程项目合同的总体管理。

② 负责合同管理制度、流程、范本的编制工作。

③ 负责组织各类工程项目合同的洽谈、谈判、会审、签订、履行、变更、索赔和付款、结算等的合同管理工作。

④ 负责组织对各项合同的实施情况进行检查、监督和考核工作。

⑤ 负责组织工程项目实施过程中的其他各项合同管理。

（5）投控管理

① 确定投资控制目标，核实合同限额及设计限额，做好投资概算动态控制。

② 建立投资管理组织构架，编制投资管理制度，做好项目各阶段投资控制。

③ 组织编制资金使用计划，依据合约进行进度款及变更审核、支付，控制投资不超付。

④ 管理造价咨询单位，督促、协调造价咨询单位进行各项投资管控工作。

⑤ 组织各方对投控争议问题进行分析与处理、过程组织及证据收集、归档。

（6）质量管理

① 负责对在建项目参建各方的质量管理行为和工程质量进行全方位的管理和协调，督促施工单位建立健全质量保证体系。

② 参加工程建设过程中的关键工序、分部工程和单位工程划分及验收检查。

③ 负责召开质量例会，传达、贯彻、落实上级质量工作精神，组织质量工作交流，确保工程质量信息的畅通。

④ 督促重大的工程质量事故信息的上报，参与重大质量事故的调查和处理，督促和跟踪事故处理方案的落实，对事故的处理结果进行备案。

⑤ 负责对建设项目质量创优计划、申报、检查和督促等工作的管理。

⑥ 负责组织单位工程验收，督促施工方及时编制并完成竣工验收和收尾计划，负责编制工程建设总结，并配合进行工程竣工验收。

（7）安全管理

① 组织总承包单位及时办理安全报监手续，协助安监站开展监督交底、开工核验、中途核验及竣工核验。

② 督促施工总承包单位、施工监理部相关人员进行安全生产培训，提高建设各方安全生产的管理水平和业务水平。

③ 督促施工开展"安全月""百日安全无事故竞赛"等活动，营造安全生产氛围，增强各方的管理意识，确保工程顺利进行。

④ 参与工程重要节点安全措施方案的审查，负责向三期指挥部上报事故，并参与事故的调查和处理。

⑤ 协助做好各级部门安全生产专项检查及消项工作，并将消项情况报项目管理部。

⑥ 督促参建各方执行国家与地方有关的法律、法规、行业文明施工标准、规范，严格按照工程建设程序，履行所承建的建设项目的文明施工管理责任。

（8）进度管理

① 根据总控办的节点目标编制建设方的进度管理制度及流程、招标采购策划及总进度计划等制度类、计划类文件。

② 负责审核总承包单位编制的年度、季度、月度及周计划和已完工程报表，检查、分析及监督进度计划的执行情况。

③ 组织进度计划专题会议，根据总控计划检查各参建单位进度是否满足计划要求，监督进度滞后的各参建单位制定赶工措施。

（9）文档管理

① 负责收集工程项目全过程档案资料，包括项目前期立项文件资料、勘察设计文件资料、监理文件资料、施工文件资料、竣工验收文件资料等。

② 负责对各类档案进行分门别类管理和检索，最终达到工程项目档案管理的各项验收要求。

③ 负责项目部档案管理工作，确保项目档案收集、整理、利用等管理目标的实现，保证归档文件材料完整、准确、系统。

④ 监督各单位做好档案的收集、整理和归档工作，督促、检查各参建方及时收集书面资料和影像资料，并对参建各方信息/档案管理进行指导。

（10）BIM管理
① 制定BIM实施总体目标，组织落实BIM应用工作。
② 制定BIM应用实施工作管理制度。
③ 建立BIM实施协调机制及评价体系。
④ 审查BIM实施方案，规范BIM应用实施环境。
⑤ 管理与审核BIM实施成果，形成审查报告并实施验收。

4. 全过程管理实务

（1）报建管理

本项目需办理2个建设工程规划许可证，包括"蓄车楼及13号路隧道"和"航站楼、交通中心、能源中心"；需办理3个施工许可证，包含交通中心、能源中心以及蓄车楼和13号路隧道。需要办理的办证报批项目57个。项目团队进场后，对57个办证报批项进行了梳理，明确每个报批项需对接的政府部门、资料要求，共需准备资料134项，其中关键的前置条件资料50项，明确了每项资料的责任单位，确保办证报批工作资料准备完善、工作责任明确、重点突出。

（2）设计管理

本项目包含交通中心、旅客过夜用房、配套业务用房、蓄车楼、能源中心、13号路隧道6个子项目。其中6个主体设计，除能源中心外，主体设计均已完成；包含26项专项设计；包含39项二次深化设计（图4-2）。

项目名称	交通中心		配套用房		旅客过夜用房	
主体	送审稿施工图完成		送审稿施工图完成		送审稿施工图完成	
专项设计	幕墙	送审版施工图完成	幕墙	送审版施工图完成	幕墙	送审版施工图完成
	室内装修	送审版施工图完成	室内装修	送审版施工图完成	室内装修	酒管公司指定设计单位
	基础弱电	8月底图审版施工图完成	基础弱电、民航弱电	8月底完成图审	智能化（华东院设计至机房）	
	市政道路、管网	施工图完成	景观设计	2020年6月启动，9月完成	景观设计	2020年6月启动，9月完成
	景观设计	2020年6月启动，9月完成	泛光照明	2019年10月启动，12月完成	泛光照明	2019年10月启动，12月完成
	泛光照明	2019年10月启动，12月完成	标识标牌	2020年5月启动，8月完成	标识标牌	2020年5月启动，8月完成
	标识标牌	2020年5月启动，8月完成	机坪塔台	送审版施工图完成	燃气设计	2021年1月启动，3月完成
	人防	送审版施工图完成	燃气设计	2021年1月启动，3月完成		
	电力设计	施工图完成				
	燃气设计	2021年1月启动，3月完成				
	基坑围护	施工图完成				
二次深化设计	幕墙施工单位二次深化	2020年2月启动，5月完成	幕墙施工单位二次深化	2020年2月启动，5月完成	幕墙施工单位二次深化	2020年2月启动，5月完成
	大型机电设备深化	2020年6月启动，9月完成	内装排版深化	2020年7月启动，11月完成	大型机电设备深化	2020年6月启动，9月完成
	内装排版深化	2020年7月启动，11月完成	电梯设备	2019年10月启动，12月完成	电梯设备	2019年10月启动，12月完成
	钢结构二层深化	2020年4月启动，6月完成	虹吸雨水系统	2020年4月启动，5月完成	游泳池地板采暖系统	2020年3月启动，4月完成
	虹吸雨水系统	2020年4月启动，5月完成	绿化喷灌	与景观设计配合实施	多联机空调系统	2020年3月启动，5月完成
	消防水炮	2020年2月启动，4月完成	空气能热水热泵系统	2020年4月启动，5月完成	虹吸雨水系统	2020年4月启动，5月完成
	气体灭火系统	2020年8月启动，10月完成	厨房操作间及排油烟罩自动灭火装置	2020年9月启动，10月完成	厨房操作间及排油烟罩自动灭火装置	2020年9月启动，10月完成
	商业照明、大厅照明	2020年8月启动，10月完成	气体灭火系统	2020年8月启动，10月完成	太阳能热水系统	2020年3月启动，5月完成
	抗震支架	2021年2月启动，10月完成	厨房设计		抗震支架	2021年2月启动，10月完成
	电梯设备	2019年10月启动，12月完成	多联机空调系统	2020年4月启动，5月完成	气体灭火系统	2020年8月启动，10月完成
			抗震支架	2021年2月启动，10月完成	净水系统	2020年1月启动，3月完成
			ICA运控大厅设备深化设计	2021年4月启动，6月完成	游泳池水处理设计	2020年3月启动，5月完成
					洗衣房设计	视酒管公司而定
					厨房设计	视酒管公司而定

图4-2　项目设计管理计划

（3）招采管理

进场以后，对项目的招标采购工作范围进行了系统梳理，项目的招标采购合同包共计42项，共涉及服务、施工总包、专项工程以及非民航专业系统设备四大类。进场时，还有招标采购子项32项未招标采购，针对需采购子项，严格围绕项目总体进度目标要求倒排时间计划，编制了项目的采购专项进度计划，确保关键线路标段招采里程碑节点必须满足项目总体计划的时间节点。

（4）合同管理，见表4-1、表4-2。

合同管理工作内容　　　　　　　　　　　　　表4-1

项目阶段	工作内容分解	工作成果
合同准备阶段	编制合同管理构架网络图，理顺合同管理隶属关系 合同各项管理制度、流程、表格 提交各方审核和会签 合同签订前询标谈判 合同起草、谈判、审核、签订、备案管理工作	合同构架图
		合同管理制度
		合同履约评价制度
		合同档案管理制度及流程
		合同签订前洽谈记录表
		合同及合同审批会签表
		合同变更及索赔会签表

续表

项目阶段	工作内容分解	工作成果
合同履行阶段	负责梳理、统计合同签订及履约担保提交情况统计各项合同管理工作（日常管理、支付及变更、索赔、重大事项、合同争议等） 合同履约过程评价管理 合同履行过程各种合同档案管理工作 合同风险管理工作	合同台账 合同支付 合同变更 合同索赔报告及审核会签表 过程履约评价结果 合同档案过程成果 合同风险评估及风险预警报告
合同履约结束后阶段	合同履约结束后评价工作 工程结算管理 合同总结工作 竣工后质量保修及缺陷管理工作 合同所有档案整理、归档工作	合同履约后评价结果 工程结算 合同总结

合同管理工作责任矩阵　　　　表4-2

序号	工作内容	责任单位				
		全过程工程咨询单位	委托单位	招标代理单位	设计单位	造价咨询服务单位
1	《合同构架图》	编制	审批	参与	信息知会	参与
2	合同谈判、合同起草	组织	审批	参与	信息知会	参与
3	合同审批会签、合同台账统计	组织	审批	—	参与	参与
4	《合同管理制度及程序》《合同变更、索赔管理办法》	参与	组织、审核	—	信息知会	参与
5	合同变更、索赔等合同管理	组织	审核	—	参与	参与
6	合同风险管理	组织	参与、审核	参与	参与	参与
7	《合同履约评价管理办法》	参与	组织、审核	—	信息知会	参与
8	合同履约评价	组织	审核	—	参与	参与
9	《合同档案管理办法》	参与	组织、审核	—	信息知会	参与
10	合同档案管理	组织	审核	—	参与	参与

（5）投控管理，见表4-3。

投控管理内容 表4-3

序号	工作内容	成果清单
1	年（季、月）度资金使用计划编制、审核与申报	《年（季）度资金使用计划表》
		《投资控制月报表》
		《季（月）度项目投资控制目标跟踪表》
2	审查第三方造价咨询单位人员到岗情况 造价第三方造价咨询单位投资控制成果文件 造价咨询履约评价	《季（月）度项目投资控制目标跟踪表》
		《造价审核单位人员考勤表》
		《审查报告》
3	定期召开造价专题会议 造价争议问题协调处理	《专题会议纪要》
		《文件签发记录》
4	编写项目造价控制日记，投资控制月报审核与归档 特殊项市场价格调查，技术方案或措施经济性比较	《投资控制月报表》
		《季（月）度项目投资控制目标跟踪表》
		《资金支付台账、已完工程量统计台账等》
		《材料、设备市场信息价调查表》
5	确定造价档案目录清单及归档要求、归存或移交 概算节超情况（造价指标分析、节超对比分析）、工作总结报告（管理绩效评估；工程总结报告编写、审核与提交）	《造价管理档案清单》
		《项目概算分解表》
		《概预算对比分析表》
		《投资控制工作总结报告》

（6）质量管理，见图4-3及表4-4。

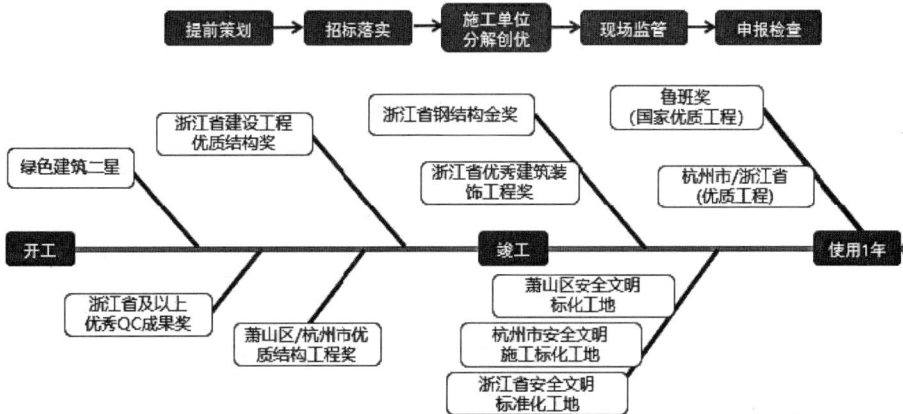

图4-3 项目质量管理目标

关键施工工序的质量控制措施 表4-4

序号	关键施工	措施
1	清水混凝土施工	着重抓好测量放线、钢筋、模板、混凝土工程及成品保护五个环节
2	大体积混凝土	督促施工单位注重结构安全性、底板裂缝和渗漏水控制
3	钢结构控制	劲性屋面、下沉式屋面、中庭采光顶、连廊及连接雨棚、Y形雨棚钢结构，每个钢结构曲面梁的尺寸及弯弧控制
4	安装工程控制	给水排水、电气、空调、消防、桥架等曲线的控制
5	幕墙结构	玻璃幕墙、石材幕墙、电梯外围护点爪式幕墙及雨棚等，其中交通中心有13套幕墙体系，幕墙建筑立面效果的保证、视角等
6	装饰工程	交通中心、旅客过夜用房和配套业务用房等装饰面积多，范围广，要求高

（7）安全管理

本项目安全文明目标：无重大伤亡，浙江省安全文明标化工地。从不停航施工、空防安全、办公区及生活区、基坑工程、钢结构吊装、模板工程等14个子项分析了项目危险源，共识别出风险点200余个，对应给出了管控和解决措施。

（8）进度管理

按照整体交付节点倒排时间计划，编制了Ⅱ标段施工总进度计划。进度管理过程中严格按照总控计划对施工单位进行管控，责任到人、对照总控节点进行考核，确保项目按期交付。进度管理过程中通过技术创新合理赶抢工期，如中建三局交通中心基坑深化设计方案，提出通过对B1、C1区基坑围护设计和施工方案进行调整，项目工程进度将前置4个月时间。

（9）文档管理，见表4-5。

文档管理工作内容 表4-5

序号	工作项	具体内容
1	文档台账	建立各专业文档台账
2	资料建档	工程资料收集；工程资料建档
3	报表上报	标准化报表设计；报表按时传递
4	组织会议	会议通知、会中记录、会后整理；动态跟踪会议决议事项落实情况
5	资料流通	项目运作中资料传递
6	工程制度	协助业主完善各类项目管理制度

（10）BIM管理

在设计阶段，基于BIM应用实施，形成碰撞问题与解决方案，避免施工返工。基于BIM应用实施，对各功能区域的空间净高进行分析，优化管线排布。在施工阶段，充分应用BIM技术进行设计图纸会审、复杂节点深化设计、施工场地动态布置、复杂工艺交底、工程量统计、模型轻量化以及VR展示等。另外，基于BIM协同管理平台，整合项目BIM模型以及项目进度、投资、合同等信息，基于BIM协同管理平台进行项目协同管理与实施。应用BIM管理平台，实现Web、PC、移动端模型及信息展示，实现BIM模型版本管理，实现在线文档管理、多终端资料同步、资料版本管理，以及与BIM模型双向关联。

项目BIM应用点　　　　　　　　　　　表4-6

序号	应用点	实施节点
1	设计BIM模型搭建	8月30日
2	专业综合	模型提交后15日
3	净高分析	模型提交后15日
4	室内外漫游	模型提交后15日
5	BIM招投标	施工BIM招标阶段
6	BIM管理平台	BIM咨询团队进场一周后
7	设计BIM资料移交	8月30日
8	BIM施工标准	各专业分包进场一周后
9	BIM实施方案编制与审核	各专业分包进场一周后
10	BIM实施资源	各专业分包进场一周后
11	施工BIM模型深化	各专业分包进场一个月后
12	场地平面布置	各专业分包进场一周后
13	场地机械设备流线分析	各专业分包进场一周后
14	施工方案模拟	施工前30日
15	施工重要节点模拟	施工前30日
16	施工工序与工作面协调	施工前30日
17	综合碰撞检查	模型提交后15日
18	管线优化	模型提交后15日
19	净高分析	模型提交后15日
20	重点工程量统计	依据工程进度
21	室内外效果漫游	施工前30日
22	施工可视化交底	施工前15日

序号	应用点	实施节点
23	施工项目群现场协调管理	按进度进行
24	工期模拟及进度对比分析	按进度进行
25	VR安全教育培训	按进度进行
26	质量、安全、变更等管理	按进度进行
27	BIM竣工模型与资料	验收合格后

（11）全过程创新管理

1）创新提出联合管理模式

本项目率先推出全过程团队和指挥部管理团队融合的管理模式，组建联合管理项目组，实行"指挥部领导—项目组长—项目小组"的三级管理模式。其中，项目组长及项目小组组长均由全过程管理团队中有经验的人员担任，全权负责项目日常管理工作，可以充分发挥全过程管理团队的管理优势、人员优势、技术优势，切实发挥全过程管理团队的管理作用和主观能动性，我司人员作为项目副组长、项目小组成员，可以借助全过程团队的专业力量做好日常管理工作。采取联合管理项目组三级管理模式，可以最大程度发挥顶层管理与决策能力，减少管理层级，提高管理能效；双方人员可以互相监督，从而大大降低人员的廉政风险。

2）计划为纲推进项目建设

进场以来，项目部围绕确保2022年亚运会前完工的总体目标，通过倒排工期协调编制了项目总里程碑节点计划以及各单项工程的里程碑计划，并结合里程碑计划系统建立了项目的报批计划、招标计划、资金使用计划等专项计划，为项目管理提供工作依据和指引。

3）用制度和流程促进管理

为确保项目管理工作的高效开展，项目部编制了全过程项目管理大纲，明确了报批管理、设计管理、招标管理、合同管理、投资管理、质量管理、安全管理、进度管理、文档管理、BIM管理等10余个专项的管理制度，并依据本项目实际量身定制了设计变更、进度管控、进度款支付等20余个关键流程。确保项目各项管理工作均有章可循、有据可依、流程合理、权责清晰。

4）技术创新提升管理能效

针对交通中心深基坑施工受周边航站楼、地铁、高铁以及老旧航站楼的制约，项目部积极通过技术创新带领施工总承包单位中建三局调整和优化交通中心深基坑施工方案，项目技术管理团队通过多次与设计、施工、基坑周边相邻单位协调，组织召开专家论证，初步对方案的可行性做了指导，最终实现了交通中心B区深基坑与高铁区、新建航站楼等基坑协同开挖，实现了赶抢4个月工期的目标，有效支撑了项目在亚运会之前圆满交付。

鉴于交通中心深大基坑施工在即，项目部邀请公司技术专家开展了面向Ⅱ标段各参建单位的《基坑施工安全风险防控要点》等众多专项培训，帮助施工总承包单位理清了深大基坑的管理思路以及重点难点，确保施工现场安全可控。三期指挥部、浙江五洲、中建三局、浙江地矿、上海建科等各参建单位的项目负责人、项目技术人员共计60余人参会，专题培训会议广受各方好评。

5）信息技术解决管理难题

为顺利实现BIM创新管理机场三期工程的目标，项目部创新采用全过程咨询＋BIM的服务模式，积极探索基于BIM的项目管理方案，最终形成项目总体BIM管理方案，确保了项目BIM工作实施有序开展。同时，通过BIM的施工方案模拟，实现了对施工单位的基坑施工方案、高大支模方案、交通组织方案等重要方案的可视化审核，并运用BIM技术有效解决了地下室车库区域的管线穿梁问题，有效协助项目的质量与进度管理，大大提高了管理效率。

为了杜绝年底拖欠建筑工人工资现象，项目部建立了基于微信的"建筑工人欠薪反映平台"，创新采用信息化手段公开、公平、公正地对施工总包单位及相关分包的欠薪不良行为进行有效监督，为现场广大建筑工人提供了反映问题的有效渠道，该举措得到业主多次肯定与表扬，并在整个机场三期项目推广。

6）常抓项目党建促进管理

项目党支部充分继承和发扬公司多年来始终坚持"一手抓企业党建，一手抓提升企业品质""支部建在项目上"、充分发挥党员的先锋模范作用、"支部强、生产强"等优良传统和红色基因。自项目党支部成立后，在党建联建、党建＋廉洁、党建＋安全、党建＋文化、党建＋宣传等多个方面取得了一定的成绩，累计开展党建活动近10次、开展相关宣传报道10余次，项目部参与的面向机场建设者的"一曲爱国赞歌，一场超燃快闪！"视频拍摄活动、医疗急救知识培训等活动产生广泛影响。

第二节　深圳市大鹏新区某医院

一、项目概况

深圳市大鹏新区某医院项目（以下简称"本项目"）是全市为数不多的集医

疗、教学、科研、预防为一体的大型综合性三级甲等医院。项目用地面积约10万m²，总建筑面积约42万m²，建筑高度80m，地上最大层数16层，地下2层，建设床位数为2000床，总投资约40亿元。

项目基地背山面海，建筑与基地和谐共生，建筑外观展示了连续流动的动态美学，圆形的平面如水中惊起的涟漪，连续的水平阳台环绕整栋建筑，并上下旋转错动，仿佛律动的海浪一般，流线型的建筑肌理与空气、风形成一种和谐共生的自然秩序。建筑形态较为特殊，技术难点较多，具备一定挑战性。

项目办证环节多、专业系统多、单方投资高、社会影响力大；加之医养项目建设的特殊性，项目还具有医疗设备多、智能化复杂、绿色要求高、功能工艺流线复杂、专项系统多、用户体验要求高、运营管理难度大、项目建设利益相关者众多等重难点，是医养项目领域的高大难尖新工程。

本项目由浙江五洲工程项目管理有限公司提供全过程工程咨询服务（图4-4）。

图4-4　深圳市大鹏新区某医院项目示意

二、全过程工程咨询服务范围及组织模式

1. 全过程工程咨询服务的具体内容

采用项目咨询与工程监理一体化的全过程工程咨询模式，具体包括但不限于项目计划统筹及总体管理、前期工作管理、设计管理、技术管理、进度管理、投资管理、质量安全管理、医疗工艺咨询管理、项目组织协调管理、招标采购管理、合同管理、BIM管理、档案信息管理、报批报建管理、竣工验收及移交管

理、工程结算管理以及与项目建设管理相关的其他工作，施工准备阶段监理、施工阶段监理、保修监理及后续服务管理以及与工程监理相关的其他工作。

2. 全过程工程咨询的组织模式

为充分体现全过程工程咨询模式的管理实效和专业优势，五洲管理在该全过程工程咨询项目中，将项目管理团队与现场监理团队进行编制分组融入建设单位的管理团队，实施扁平化综合管理图4-5。以执行总经理为项目负责人统筹全局管理，设立设计矩阵、招采矩阵、报建矩阵、合约矩阵、安全矩阵、BIM工作组、综合管理组以及现场管理团队。各专业矩阵和小组以一名总牵头人和多名技术人员组成，分别配合建设单位开展咨询管理工作。由此，业主方仅需实施战略决策和宏观管理，全过程工程咨询单位实施专业服务和微观管理。

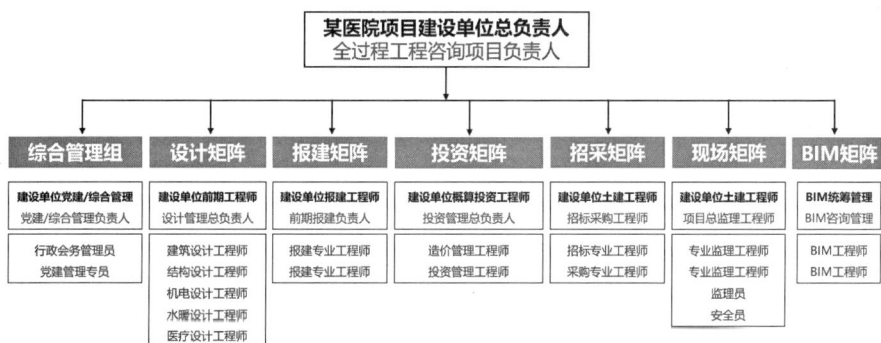

图4-5 全过程工程咨询的组织架构

3. 全过程工程咨询工作职责

（1）统筹管理

1）编制项目策划，制订项目管理具体目标，建立项目管理的组织机构，明确各部门及岗位工作职责，分解项目管理的工作内容，制订项目管理工作程序及工作制度，制订各阶段各岗位的人力资源计划。

2）编制项目总体进度计划，根据项目实施情况进行动态调整。

3）协调项目各层面、各相关单位、各项工作关系，协调项目外部关系。

（2）设计管理

1）设计统筹管理：制定设计管理工作大纲，明确设计管理的工作目标、管理模式、管理方法等。对项目设计全过程的进度、质量、投资进行管理。

2）功能需求管理：根据使用功能需求条件，转化成设计需求参数条件，要求设计单位按时提交合格的设计成果，检查并控制设计单位的设计进度，检查图纸的设计深度及质量，分阶段、分专项对设计成果文件进行设计审查。

3）设计质量管理：负责组织对各阶段（方案、初步设计、施工图）及各专业的设计图纸设计深度及设计质量进行审查，减小由于设计错误造成的设计变更、增加投资、拖延工期等情况，并提交审查报告。对设计方案、装修方案及各专业系统和设备选型优化比选，并提出功能合理化建议，提交审查报告。

4）设计进度管理：动态关注设计进度推进，安排专项设计与主体设计的衔接，安排设计与报批、招标、现场进度的衔接。

5）设计协调管理：协调使用各方对已有设计文件进行确认。确认设计样板，组织解决设计问题及设计变更，预估设计问题，解决涉及的费用变更、施工方案变化和工期影响等，必要时开展价值工程解决设计变更问题。

6）设计专项审查：包括但不限于交通评估的审查、环境影响评价的审查、结构超限审查论证、消防性能化论证、深基坑审查、建筑节能审查、放射诊疗及核医学应用的环评卫评等。对评估单位提出的意见进行修改、送审，直到通过各种专业评估。在委托人的指导下进行工程勘察、设计、施工图设计审查、第三方检测等前期阶段的各项服务类招标，签订合同并监督实施。

7）设计投资管理：负责组织设计单位进行工程设计优化、技术经济方案比选，并进行投资控制，落实限额设计分解及交底、设计经济性审查、设计变更管理，要求限额设计，并将施工图设计以批复的项目总概算作为控制限额。

（3）招采管理

1）根据项目特点对招标采购工作内容进行分解，编制招标采购计划和采购规划，确定招标方式、招标时间、标段划分等内容，编制招标文件和拟定设备材料的技术要求及参考品牌等。对造价咨询单位编制的报价原则、工程量清单、标底、上限价等经济技术指标进行审核。

2）负责招标的全过程工作，组织招标答疑与补遗编制、投标文件澄清工作，对投标资料、投标样板进行审查、验证，参与投标单位相关人员的面试、答辩等工作，对投标方及采购的设备材料进行调研。

3）审查中标候选人技术标书中的施工组织设计及技术方案，审查材料设备的技术参数指标，审查中标候选人商务标书中的清单分项及投标报价，提出存在的问题并提出合理的优化建议。

4）负责项目涉及的土建项目和各专业的设计、咨询、施工、供货及相关的专业合同的起草、谈判，协助签订；对合同履约、变更、索赔、合同后评价进行管理；对合同风险进行分析并制定应对措施。

（4）投资管理

1）确定投资控制目标，制订投资管理制度、措施和工作程序，做好决策、设计、招标、施工、结算各阶段的投资控制。

2）负责设计概算的审核，配合发展改革委、评审中心概算评审工作，以批复的可行性研究报告中建安工程投资为依据，控制设计单位限额设计。

3）管理造价咨询单位，组织概算全面审查工作，组织专家评审会议，根据项目特点参考同类工程经济指标。

4）审核并且确认造价咨询单位编制的工程量清单、标底、控制价的准确性，尤其是材料设备的名称、规格、数量等内容，负责将招标控制价报送审计专业局审计或备案，招标上限价应按分项预算严格控制，对超过预算项说明原因，并报委托人招标委员会批准。

5）审批工程进度款支付，审核工程变更及签证并送审计局备案，做好用款计划、月报、年报、年度投资计划等统计工作，建立分管项目的合同、支付、变更、预结算等各种台账；负责对项目投资进行动态控制，处理各类有关工程造价的事宜，定期提交投资控制报告。

6）负责工程结算的审核并配合报审计局审定；负责对项目工程造价进行经济指标分析，负责提交结算审核事项表；参与结算资料整理归档；配合财务办理竣工决算；负责审核结算款、保修款，协助办理审批手续。

（5）现场管理

1）在项目实施过程中，对施工现场的质量、进度、安全及文明施工进行管理。

2）确定进度管理总体目标及节点目标，编制项目进度计划及控制措施，分析影响进度的主要因素，对进度计划的实施进行检查和调整。

3）识别重大危险源与预控措施，编制质量安全控制基准计划，监督检查现场施工质量和检查现场施工安全，落实现场文明标化。

4）审核承包人提出的施工组织设计、施工技术方案、施工进度计划、施工质量保证措施和施工安全保证体系，审核承包人选择的分包商。

（6）BIM管理

1）审核项目BIM总体实施方案和各专项实施方案，规范BIM实施的软硬件环境，审核招投标文件BIM专项条款，审核项目的BIM实施管理细则、各项BIM实施标准和规范。

2）审查BIM相关模型文件（含模型信息），包括建筑、结构、机电专业模型及各专业的综合模型，及相关文档、数据，模型深度应符合各阶段设计深度要求。

3）审查BIM可视化汇报资料、管线综合BIM模型成果、BIM工程量清单、BIM模型"冲突检测"报告。

4）审查相关BIM成果是否符合《BIM实施管理标准》与《BIM实施导则》

的要求，提交审查报告并负责成果验收。

（7）技术管理

1）对工程建设过程中的特殊结构、复杂技术、关键工序等技术措施和技术方案进行审核、评价、分析，解决施工过程中出现的设计问题，优化设计方案，对工程建设新技术、新工艺、新材料进行研究论证，对重要材料、设备、工艺进行考察、调研、论证、总结，从技术角度提出合理化建议或专项技术咨询报告。

2）组织设计单位对监理和施工单位进行技术交底，对重点工序、重点环节的技术、质量进行控制，处理工程建设过程中发生的重大技术质量问题。

（8）文档信息管理

1）借助专业的信息管理软件及先进的信息技术平台，根据时间、内容、类型进行分类、编码、归集，高效检索、分享、传递、审批工程项目信息，保存能清楚证明与项目有关的电子、文档资料直至项目移交。

2）负责对勘察、设计、监理、施工单位工程档案的编制工作进行指导，督促各单位编制合格的竣工资料，负责本项目所有竣工资料的收集、整理、汇编，并负责完成档案资料的竣工验收以及移交。

3）借助先进的信息管理软件或信息技术平台，对工程建设过程中如质量、安全、文明施工等信息进行高效地分享、传递、监督、反馈、管理。

（9）课题管理

1）组织"医院类项目承建单位择优体系"研究，含制度研究、制度编写、系统开发运维、专家咨询、专家评审、组织申报、数据管理等内容。

2）通过调研病房现状与主要问题，分析病房使用者行为模式及心理需求，开展病房功能空间及声、光、热物理环境，以及智能化、信息化、色彩等方面的研究，提出标准病房设计的解决方案，包括功能布局、设施设备配置及相关面积、技术指标，编制普通病房设计参考图集，形成《某综合医院建筑普通病房设计指引》。

三、全过程工程咨询实施管理过程

五洲管理编制全过程项目管理的规划体系，将管理策划内容共分解为87项功能需求、245项项目管理内容、95项子分部工程、55项合同包，并从管理目标、项目组织、管理内容策划、先进制造体系实践、医疗工艺、课题研究与理论创新、党建与文化管理等九个章节详细编写项目策划书，完成了共20个文档，150余页文字稿，超7万字的策划书内容。细致全面的工作分解能使得全过程工程咨询工作的界面和内容更为清晰可控。

1. 前期设计阶段

参见表4-7。

项目功能需求分解表　　　　　　　　　　　表4-7

序号	功能单元分解	序号	功能单元分解
1	急诊		
1.1	急诊大厅/院前急救	1.2	急诊急救
1.3	留观输液	1.4	重病EICU
1.5	急诊病房	1.6	急诊手术室
2	门诊		
2.1	老年病诊区（医养）	2.2	肿瘤诊疗中心
2.3	消化疾病中心诊区	2.4	产科、儿科诊疗中心
2.5	妇科诊区	2.6	神经中心诊区
2.7	生殖医学中心诊区	2.8	康复诊疗中心
2.9	VIP诊区	2.10	内科综合诊区
2.11	呼吸科诊区	2.12	普通外科诊区
2.13	外科综合诊区	2.14	五官综合诊区
2.15	泌尿外科诊区	2.16	中医科诊区
2.17	口腔科诊区	2.18	骨科诊疗中心
2.19	皮肤科诊区	2.20	心血管疾病中心诊区
2.21	感染诊区（发热、肠道）	2.22	体检中心（普通、高端）
2.23	门诊大厅及客服中心		
3	住院		
3.1	标准护理单位	3.2	老年病科
3.3	健康管理中心病区	3.4	康复医学科
3.5	VIP病区	3.6	产科病区
3.7	产科及产房	3.8	新生儿及NICU
3.9	CCU	3.10	综合ICU
3.11	日间病区	3.12	血液病区
3.13	烧伤病区	3.14	住院大厅

续表

序号	功能单元分解	序号	功能单元分解
4	医技		
4.1	高压氧科	4.2	康复诊疗中心
4.3	介入中心	4.4	内镜检查中心
4.5	中心手术部	4.6	门诊手术部
4.7	血液透析中心	4.8	门诊、中心检验
4.9	输血科	4.10	病理科
4.11	核医学科	4.12	超声科
4.13	功能检查科	4.14	放射科
4.15	放射治疗科	4.16	碎石中心
4.17	消毒供应中心	4.18	营养部
4.19	门诊药房（中药、西药）	4.20	住院药房
4.21	中心药库	4.22	静脉药物配制中心
4.23	信息中心（远程医疗中心）	4.24	病案科
5	保障单位		
5.1	建筑设施设备用房	5.2	总务及相关用房
5.3	绿化保洁物业陪护用房	5.4	职工食堂
5.5	对外餐饮	5.6	倒班宿舍、专家公寓
5.7	活动中心	5.8	商业
6	行政单位		
6.1	办公用房	6.2	会议用房
7	科研与教学		
7.1	医学转化中心（含科研实验室）	7.2	动物实验室
7.3	临床药学室及相关用房	7.4	科研办公用房
7.5	学术报告厅	7.6	教室及会议室
7.7	临床模拟训练中心	7.8	教研室
7.9	图书馆	7.10	教学行政用房
7.11	学生宿舍		

2. 招标采购阶段

（1）制定招标计划，五洲管理在进场第一时间根据项目建设进度需求和各专业配合衔接要求，制定了全面的项目招标计划，指导招标采购工作。

（2）为指导项目招标计划实施的合理有序，特制定招标规划，初步将项目划分55个标包，部分专项计划打包招标，部分采用战略采购形式招标，具体实施过程中将根据需要进行微调和改进。

四、全过程工程咨询管理成效

1. 设计管理成效

设计矩阵组成员明确本项目使用功能、运营管理以及区域分布等基础数据，充分调研项目各方需求，落实功能策划与组织调研、设计成果文件审查，编制有针对性、实用性的设计任务书，引导设计单位开展工作，保障项目的建设目标。同时编制各专项设计计划和规划，提前启动各专项设计工作，在过程中穿插主体工作，落实设计进度节点控制、估概算评估与限额设计、专业设计的前置与衔接，减少二次或多次设计造成的资源浪费和协调被动。

针对多项方案，提前预演多项方案内容、关键技术，并进行多项论证，优选最佳方案并对项目的技术、经济、可行性、功能合理性形成审查报告，及时组织外部审查，具体包括以下内容：开展一级、二级医疗工艺流程调研，结合项目定位，从工艺方案设计完整性、设计深度、功能单元、科室分布、专业配置的合理性方面提出意见；对装配式结构方案和机电方案比选，从经济型、可靠性、施工便利性考虑，追求技术经济最优选择；提前对接消防、人防、交警、燃气、规资等政府主管部门，及时为设计方案定方向，避免重复劳动，保障工期；协调主体设计与分包设计单位之间的需求，开展各分项设计专题论证会，保障分包与主体设计之间的无缝衔接，保证设计质量和进度。

（1）设计质量管理方面

1）以运维为导向，在方案、功能、选材、关键技术等方面多维度进行全寿命周期论证。在充分调研的基础上，针对医疗专项方案、医疗工艺流程、机电系统选型、关键技术、重点部位，开展多方案比选，从功能合理性、技术可行性、施工便利性、采购经济性、效果完整性、使用便利性等多维度进行全生命周期论证，具体包括：床位规模及科室设置论证；一级、二级、三级工艺流程论证；基础选型论证；溶洞处理方案比选论证；基坑支护论证；机电系统选型；医疗专项系统选型；初步设计评审；综合医院普通病房课题评审；外立面设计工作坊车位优化专题讨论；医疗专项专题；装配式技术应用评审，确保本项目所选用技术、材料、方案的经济、合理、适用。

2）延伸设计管理，全过程深度把控质量。本项目采用设计总包，但设计单位履约能力及意识严重缺失，为确保项目质量，确保项目能顺利推进，设计管理延伸至设计专业及专项之间管理：

① 梳理设计界面，确保设计内容不漏项，确保设计界面无重复遗漏，确保后期概预算编制及招标实施界面的一致性、完整性，并就设计界面反复交底；

② 提前对接消防、人防、交警、燃气、规资、环水等政府主管部门，及时消除设计中的不确定因素，确保设计输入条件的准确性，避免颠覆性调整；

③ 梳理医院设计常见问题汇编并提前交底，提前避免相关问题，提高设计质量；

④ 每周召开设计专业技术协调会，解决设计存在的协调问题、技术问题，专业问题形成跟踪落实清单，逐一跟踪闭合；

⑤ 全面全专业深入审查设计过程及成果文件，组织封闭审查会议，逐条落实相关问题，形成：问题清单—问题回复—跟踪落实—落实反馈的闭合机制，前期阶段提出设计审查意见约1200条，落实约1000条。

（2）设计进度管理方面

项目整体较为复杂，技术难点较多，设计力量薄弱，设计管理延伸至主体设计专业及专项协调，全力推进设计进度，方案设计及初步设计进度未对项目整体进度产生影响，目前施工图正在冲刺阶段。

1）编制项目整体进度计划，留足余量考虑不确定因素，与报批、招标、施工进度衔接；

2）专项设计前置，与主体设计穿插同步进行，一方面确保概算编制的准确性，另一方面专项设计提资，诸如：机房、荷载、管道井、高度、负荷等其他要求能在主体设计前期得到较好的落实，避免二次设计带来的资源浪费；

3）不定期对设计进度进行抽查，每周召开进度协调会，编制进度报表，分析进度偏差原因，制定赶工措施，要求设计单位签署进度偏差确认表，提升其进度意识。

（3）设计经济性方面

1）对可研估算进行分解，根据项目定位对分解的限额值进行评估，在总额不突破情况下，确定单项设计的合理限额值，并与设计交底，全面贯彻限额设计原则。

2）对重要材料设备、关键技术进行经济性比选，本项目的技术难点：

① 大雨棚悬挑近25m；

② 裙房出挑飘带、塔楼阳台飘板等均为双曲；

③ 架空层层高9.8m且结构柱为Y形；

④ 屋顶构架层飘板悬挑约7.2m。

以上部位细节反复推敲、论证、比选，确定材料与做法，确保施工便利性、效果落地性的同时，选择最经济材料。

3）对设计成果进行经济性审查，对概算编制进行全面审查，评估指标的合理性，连续组织封闭式概算审查会议。

2. 招采管理成效

本项目招投标工作由五洲管理代为实施，公司按既定的招标规划和招标进度计划落实招标方案、招标文件、开标评标、中标对接及合同签订等所有招标采购工作。

编写细致的招标项和择优体系，明确招标范围与内容、标段划分、资质条件、评分规划、控制限价、合同专项条款、主要材料的品质与品牌、编制《技术规范和服务要求》、编制总包招标策划方案，有效避免招标清单错项、漏项等重大纰漏。为进一步提升建设工程招标工作质量和效率，实现建设工程招标投标的择优竞价，公司积极落实了相关管理措施和制度。

从项目建设全过程、全生命周期角度考虑，前置部分重要招标内容，在前期阶段完成土石方基坑工程施工招标、第三方检测招标、工程保险招标、影像摄制招标、防水工程招标、水土保持监测和验收工作单位、防雷检测招标，确定电梯和人防工程中标单位，并提前启动施工总承包招标方案和文件深化编制工作。

在项目最为关键的施工总承包招标层面，提前编制招标方案、评选优选方案、项目专业界面划分和针对该项目特殊内容的五洲管理专项条款，保障项目总包招标的顺利开展。

3. 投资管理成效

以发展改革委批复的投资估算作为项目资金管控上限为管控核心，做好项目整体资金管控。在施工过程中按照招标文件及合同条款的要求，对合同中约定的总价包干或单价包干进行准确的区分，及时进行工程量和造价的核定，避免时间过长，结算时事实不清，费用超支等情况的发生。严格把控造价资料的完整性，确保报审，审核的合理性。

编制各年度投资资金使用计划、季度和月度资金控制计划，动态了解项目的投资计划和实际情况偏差，加强月产值的复核，使每月核定的产值与现场的实际进度相对应，避免了资金超付，节省资金利息成本，便于进行管理控制。此外，动态掌握市场材料价格的波动，对价格信息中没有的材料或设备进行市场询价。组织各参建单位参加造价管控的相关会议（如概算、预算、结算、设计变更、进度款审核与支付等），做到充分沟通，解决相关争议。

4. 现场管理成效

五洲管理通过组建完善的现场监管团队全方位保障该医院项目的施工质量和安全目标，加强内部管理机构建设，编制项目进度计划，制定监管标准制度、质量和安全管理方案，定期开展质量安全大检查。

查清风险与隐患，并要求施工单位及时进行整改，以防患于未然。同时，要求各参建单位，加强项目安全教育培训，严格落实各项安全措施，切实增强全员的安全生产意识，提升安全管理水平，为项目安全发展提供坚实保障。

5. BIM信息化管理成效

将每一个建设项目全生命周期的信息按照标准体系的规范进行存储、分享及决策分析，用BIM实现建设项目的事中、事后监管及第三方等全方位的管理和评估。本项目通过BIM技术在设计阶段实现工艺流线可视化、多方案比选、声光风环境模拟、节点深化、机电深化、管线综合等模拟，强化提升设计质量；在施工阶段，通过进度模拟、施工方案模拟、场布模拟等打通设计、采购、施工一体化的全过程应用，实现项目品质把控、投资成本精确控制以及信息采集及分析，实现施工现场掌控。

为切实强化现场管理质量，利用无人机拍摄的航测数据实时监测项目挖土量变化、主体建设进度等内容，检验方案的实施情况。同时，项目筹划分阶段的BIM模型置于IPAD等移动端设备，在传统蓝图的基础上进一步辅助现场监管人员进行隐蔽工程、管线综合、机电优化等质安管理；建立BIM展厅、信息化驾驶舱、VR体验馆等多元化展示平台，助力项目高效率管理。

本项目BIM成果获得2019年第八届"龙图杯"全国BIM（建筑信息模型）大赛二等奖，以及第九届"创新杯"建筑信息模型（BIM）应用大赛一等奖。

第三节　深圳市某高校项目集群

一、项目概况

深圳市某高校项目集群（以下简称"本项目群"）建设地点位于市重点高等职业技术学院各校区内，集群共由五个单项工程组成，分批投入建设，总建设周期为4年。本项目群总用地面积约32万m²，总建筑面积约35.88万m²，总投资约28亿元（图4-6）。

图4-6 深圳市某高校项目集群

本项目群建设内容汇集宿舍、食堂、教学楼、办公大楼、图书馆、实训楼、体育及配套设施为一体，建成后可为两万名在校师生提供更优质、更便捷的住宿、生活及学习条件。本项目群各单项工程建筑风格新颖、别致又不失稳重，与周边自然地形地貌有机融合，现代化的室内装饰风格尽显大气，且具有"建设周期短、品质要求高、场地限制多、施工难度大"等特点，被列为"高校重点建设项目"，社会影响大。

本项目群本项目由浙江五洲工程项目管理有限公司提供全过程工程咨询服务。

二、全过程工程咨询服务范围及组织模式

1. 全过程工程咨询服务的具体内容

项目采用项目咨询与工程监理一体化的全过程工程咨询模式，具体工作包括但不限于项目计划统筹及总体管理、报建报批管理、设计管理、招标采购及合同管理、进度管理、造价管理、投资管理、档案信息管理、现场施工组织协调管理、竣工验收及移交管理、工程结算管理、各参建单位统筹协调管理及与项目建设管理相关的其他工作、施工准备阶段监理、施工阶段监理、保修监理及后续服

务管理以及与工程监理相关的其他工作，提出创新技术应用、智慧工地、绿色施工建设等策划方案，并监督相关单位实施。

2. 全过程工程咨询的组织模式

为充分体现全过程工程咨询模式的管理实效和专业优势，五洲管理在该全过程工程咨询项目中，将项目管理团队与现场监理团队进行编制分组融入建设单位的管理团队，实施扁平化综合管理（图4-7）。公司层面，以浙江五洲工程项目管理有限公司及各直属专业公司提供后台技术支撑，公司执行总经理充分调动公司有效资源，助力项目保质保优。

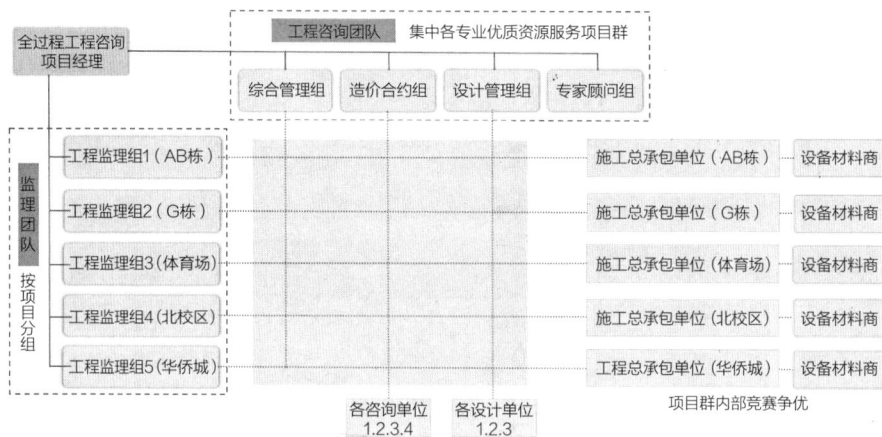

图4-7 全过程工程咨询的组织模式

现场管理层面，以公司执行总经理为项目负责人统筹本项目群全方位、各阶段管理，设立设计管理组、造价合约组、综合管理组、施工监理组、专家顾问组。各小组由一名总牵头人和多名技术人员组成，分别配合建设单位开展咨询管理工作，作为管理的中间环节，起到"承上启下"的宏观作用。管理实施层面，各专业小组之间无缝衔接，通过总控计划、月计划、周计划的逐层细分，工作分工到组，责任落实到人，从而实现由宏观服务到微观管理。

本项目群各单项工程由五个施工监理组分别实施现场管理，集中综合管理组、造价管理组、设计管理组、专家顾问组等优势资源，为施工实施阶段的监理服务提供技术支持。项目群内部采用内部竞赛机制，充分调动管理人员及其他参建单位履约积极性，为项目争优创优提供有力的制度保障。

项目负责人、各专业组职能分工如下：

（1）项目负责人

1）负责项目目标管理，根据目标分解工作内容，制定工作程序及相关管理制度。控制项目总体计划，动态调整并采取纠偏措施；

2）负责项目团队机构管理，确定各小组工作内容及岗位职责，项目团队考核奖罚，与公司协调各业务部门投入资源支持项目；

3）代表公司主动与业主单位、使用单位沟通，组织协调项目各层面各相关单位关系，共同协作确保目标实现；

4）项目团队主要经济、技术、管理等成果的审批。

（2）综合管理组

1）负责项目群文档工作，按公司及业主要求全面收集并保存与项目有关的电子、文档资料直至项目移交；

2）负责重大技术措施和技术方案的审核，协调专家顾问组参与提升项目专业水平；

3）编制报建报批计划，完成前期及建设期的各项报批报建手续；

4）负责对设计、施工等档案工作的指导，督促各单位编制资料；

5）负责项目部微信公众号运营及文化宣传工作，项目联合党支部日常相关工作。

（3）造价合约组

1）主动与业主单位各直属机构、项目组充分沟通，落实投资控制制度、工作程序，定期组织造价专题会议，确保造价咨询机构造价成果及时准确；

2）负责组织概算审查工作，施工图工程量清单、标底、控制价的审查，组织清单核对工作；

3）负责审核进度款，审核变更及签证，做好用款计划、月报、年报，建立动态造价管理台账；

4）负责造价咨询机构结算管理，跟踪审计进度，配合决算审计；

5）编制项目群招标采购计划，明确招标方式、时间、标段划分；

6）编制各项招标文件和技术要求及品牌等，严格执行工务署招标相关管理制度；

7）组织招标答疑与补遗、投标文件澄清，参与投标单位的面试、答辩等工作；

8）审查中标候选人施工组织设计、材料设备的技术参数、商务投标报价等，合同签订后及时完成清单核对工作；

9）负责本项目各项合同的起草、谈判，协助签订；对合同履约、变更、索赔、合同后评价进行管理。

（4）设计管理组

1）主动与业主单位各直属机构、项目组充分沟通，协调设计院将功能需求落实到图纸中；

2）负责组织对各阶段及各专业的设计图纸（文件）审查，包含满足使用需求、设计深度、设计质量；

3）对绿建、海绵城市、BIM、装修方案等各专项设计进行审查；

4）协调设计院在设计各阶段、各专业中落实限额设计，确保设计成果控制在概算审批内；

5）管理设计单位的进度，定期召开相关会议；

6）组织设计单位对施工进行技术交底，处理重大技术质量问题；

7）协调BIM咨询单位落实项目BIM应用，审核BIM总体实施方案，审查BIM相关各专业模型（信息）深度符合要求；

8）协调BIM咨询单位成果符合深圳市建筑工务署《BIM实施管理标准》《BIM实施导则》，提交审查报告并进行成果验收。协助咨询单位申报国内外BIM等奖项；

9）协调实训楼实验室工艺咨询单位，实验室工艺设计质量、进度、深度符合各阶段要求。

（5）施工监理组

1）代表公司完成相关监理工作，接受各级监管机构的监督；

2）参与各单位招标工作，对材料设备的技术参数或品牌档次提出建议，参与对中标人投标文件复核；

3）熟悉工程设计文件，审核承包人相关各项方案，编制监理规划，编制监理实施细则，参与图纸会审和设计交底会议；

4）主持监理例会，督促、检查承包人严格按合同和规范、标准施工，处理现场日常协调工作；

5）检查施工承包人质量、安全生产管理制度及组织机构和人员资格，检查现场工程实体质量与安全文明生产措施投入；

6）控制工程进度、质量，督促、检查承包人落实施工质量、安全保证措施，根据检查情况签发各项监理指令文件；

7）组织分部分项工程和隐蔽工程的检查、验收，做好监理相关原始资料的收集、整理、归档，协助组织工程竣工验收；

8）进行施工工程量的计量、工程款支付、变更、签证等工作，审核工程竣工结算；

9）保修期期间定期质量回访，如出现质量缺陷进行调查分析并确定责任归属，审核修复方案，监督修复过程并验收。

3. 全过程工程咨询工作职责

（1）项目计划统筹及总体管理工作内容

1）编制项目策划，制订项目管理具体目标，建立项目管理的组织机构，明确各部门及岗位工作职责，分解项目管理的工作内容，制订项目管理工作程序及工作制度，制订各阶段各岗位的人力资源计划。

2）编制项目总体进度计划，根据项目实施情况进行动态调整。

3）协调项目各层面、各相关单位、各项工作关系，协调项目外部关系。

（2）报建报批管理

1）对项目建设需要开展的相关专题研究以及需要办理的相关手续进行梳理。

2）根据项目建设内容编制报建报批工作计划，包括但不限于：办理土地、规划、建设、环保、人防、消防、气象、水土保持、市政接驳等。

3）对各参建单位的报建报批工作进行协调管理。

（3）设计管理

1）制定设计管理工作大纲，明确设计管理的工作目标、管理模式、管理方法等。对项目设计过程，包括但不限于：方案设计管理、初步设计管理、施工图设计管理、现场变更图纸管理、竣工图管理，并对设计过程的进度、质量、投资进行管理。

2）审查设计单位提交的各项设计成果，检查图纸的设计深度及质量，分专项对设计成果文件进行设计审查。

3）负责对各专业（包括但不限于规划、总图、建筑、结构、装饰、景观园林、幕墙、电气、泛光照明、通风与空调、给水排水、建筑智能化系统、室外道路、建筑节能环保与绿色建筑、民防、消防、燃气、电梯钢结构、预应力、建筑声学、灯光、音响、基坑支护工程、地基处理、边坡治理、建设用地范围外的管线接入工程、水土保持工程施工图、厨房工程、10kV外接线工程、污水处理工程、建筑永久性标识系统、地下综合管廊、海绵城市、工业化建筑以及其他与本项目密切相关、必不可少的系统、专业和其他特殊工程）的设计图纸设计深度及设计质量进行审查，减小由于设计错误造成的设计变更、增加投资、拖延工期等情况。对设计方案、装修方案及各专业系统和设备选型优化比选，并提交审查报告。

4）协调使用各方对已有设计文件进行确认。确认设计样板，组织解决设计问题及设计变更，预估设计问题解决涉及的费用变更、施工方案变化和工期影响等，必要时开展价值工程解决设计变更问题。

5）组织专项审查，组织可能存在的前期阶段招标、签订合同并监督实施。

6）对项目进行投资控制管理。负责组织设计单位进行工程设计优化、技术经济方案比选，并进行投资控制，要求限额设计，施工图设计以批复的项目总概算作为控制限额。

（4）招标采购及合同管理

1）根据项目特点对招标采购工作内容进行分解，编制招标采购计划和采购规划，确定招标方式、招标时间、标段划分等内容，编制招标文件和拟定设备材料的技术要求及参考品牌等。对造价咨询单位编制的报价原则、工程量清单、标底、上限价等经济技术指标进行审核。

2）负责招标的全过程工作，组织招标答疑与补遗编制、投标文件澄清工作，对投标资料、投标样板进行审查、验证，参与投标单位相关人员的面试、答辩等工作，对投标方及采购的设备材料进行调研。

3）审查中标候选人技术标书中的施工组织设计及技术方案，审查材料设备的技术参数指标，审查中标候选人商务标书中的清单分项及投标报价，提出存在的问题并提出合理的优化建议。

4）负责项目涉及的土建项目和各专业系统地设计、咨询、施工、供货及相关的专业合同的起草、谈判，协助签订；对合同履约、变更、索赔、合同后评价进行管理；对合同风险进行分析并制定应对措施。

5）进度管理

确定进度管理总体目标及节点目标，编制项目进度计划及控制措施，分析影响进度的主要因素，对进度计划的实施进行检查和调整。

6）投资管理

① 确定投资控制目标，制订投资管理制度、措施和工作程序，做好决策、设计、招标、施工、结算各阶段的投资控制。

② 负责设计概算的审核，配合发展改革委、评审中心概算评审工作，以批复的可行性研究报告中建安工程投资为依据，控制设计单位限额设计。

③ 管理造价咨询单位，组织概算全面审查工作，组织专家评审会议，根据项目特点参考同类工程经济指标。

④ 概算经业主批准后报送发展改革部门，与发展改革评审部门进行沟通、协调，确保评审结果的合理性。

⑤ 审核并且确认造价咨询单位编制的工程量清单、标底、控制价的准确性，尤其是材料设备的名称、规格、数量等内容，负责将招标控制价报送审计专业局审计或备案，招标上限价应按分项预算严格控制，对超过预算项说明原因，并报业主招标委员会批准。

⑥ 审批工程进度款支付，审核工程变更及签证并送审计局备案，做好用款计划、月报、年报、年度投资计划等统计工作，建立分管项目的合同、支付、变更、预结算等各种台账；负责对项目投资进行动态控制，处理各类有关工程造价的事宜，定期提交投资控制报告；参与甲供材料设备招标工作。

⑦ 定期组织召开造价专题会议，解决造价问题争议，建立投资控制台账，督促完善设计变更等程序。

⑧ 负责办理工程量清单复核报告审批手续，检查督促造价咨询单位、监理及时审核工程量清单复核报告、设计变更及现场签证等，督促专业工程师及时办理设计变更、现场签证等审批手续。负责检查催办专业工程师招标阶段的结算资料收集整理和归档情况。

⑨ 负责工程结算的审核并配合报审计局审定；负责对项目工程造价进行经济指标分析，负责提交结算审核事项表；参与结算资料整理归档；配合财务办理竣工决算；负责审核结算款、保修款，协助办理审批手续。

⑩ 负责协调和造价咨询单位有关结算问题的分歧。负责对监理和造价咨询单位的结算工作的管理。并在造价咨询单位的结算审核报告上签署意见。负责结算报告的审批手续和报送审计部门。负责跟踪审计进度，及时反馈审计意见。负责审计报告征求意见稿的审批手续和审计报告的整理归档。负责在工程项目所有结算完成后书面通知业主财务处办理项目决算，按业主财务部门要求准备相关决算资料并配合决算审计。

⑪ 负责监理及造价咨询单位的工程结算管理，送审、跟踪审计进度，反馈审计意见、归档审计报告，配合决算审计。

⑫ 工程投资控制月报制度：

每月25日前，应向业主提供当月的投资控制月报。

投资控制月报应包括上月工程款支付情况、工程形象进度、工程完成投资额、承包商人员和机械设备投入情况、工程质量情况、检测资料、数据、工程设计变更及投资增加情况，提出问题，查找原因，并提出下月的工作建议。

对于建设单位有特殊要求的情况，应向业主提供投资控制双周报。

⑬ 投资控制工作总结制度

在工程竣工验收后，应向业主提交该项目的工程投资工作总结，该总结作为工程咨询工作的一项竣工验收资料，并报送业主资料室备案。

投资控制工作总结报告内容应包括且不限于：工程概况及建设全过程情况、造价咨询工作手段、造价管理情况，设计变更的内容、原因，造价审计中存在的问题及解决办法，对项目造价管理工作的评价与分析（包括但不限于概算与结算情况对比分析），工程遗留问题的总结与分析等，并提出合理的建议。

⑭ 现场管理

在项目实施过程中，对施工现场的质量、进度、安全及文明施工进行管理。

确定进度管理总体目标及节点目标，编制项目进度计划及控制措施，分析影响进度的主要因素，对进度计划的实施进行检查和调整。

识别重大危险源与预控措施，编制质量安全控制基准计划，监督检查现场施工质量和现场施工安全，落实现场文明标化。

审核承包人提出的施工组织设计、施工技术方案、施工进度计划、施工质量保证措施和施工安全保证体系，审核承包人选择的分包商。

⑮ BIM管理

协调管理招标人另行委托的BIM咨询单位组织落实：项目BIM应用工作，保证项目BIM价值的实现，实现对项目BIM实施的综合管理。

协调管理招标人另行委托的BIM咨询单位：审核项目BIM总体实施方案和各专项实施方案，规范BIM实施的软硬件环境，审核招投标文件BIM专项条款，审核项目的BIM实施管理细则、各项BIM实施标准和规范。

协调管理招标人另行委托的BIM咨询单位：审查BIM相关模型文件（含模型信息），包括建筑、结构、机电专业模型及各专业的综合模型，以及相关文档、数据，模型深度应符合各阶段设计深度要求。

协调管理招标人另行委托的BIM咨询单位：审查BIM可视化汇报资料、管线综合BIM模型成果、BIM工程量清单、BIM模型"冲突检测"报告。

协调管理招标人另行委托的BIM咨询单位：管线综合分析和优化调整，分析基于BIM的管线综合系统解决方案。

协调管理招标人另行委托的BIM咨询单位：实现基于BIM的工程咨询。建立BIM实施的协调机制及实施评价体系，负责项目BIM管理平台的管理，实现项目各参与方的协同，基于BIM开展工程咨询工作，包括基于BIM的所有技术审查、项目例会等。

协调管理招标人另行委托的BIM咨询单位：审查相关BIM成果是否符合深圳市建筑工务署《BIM实施管理标准》与深圳市建筑工务署《BIM实施导则》的要求，提交审查报告并负责成果验收。

工程咨询单位需协调辅助BIM咨询单位申报国内外BIM等奖项。

⑯ 工程技术管理

对工程建设过程中的特殊结构、复杂技术、关键工序等技术措施和技术方案进行审核、评价、分析，解决施工过程中出现的设计问题，优化设计方案，对工程建设新技术、新工艺、新材料进行研究论证，对重要材料、设备、工艺进行考察、调研、论证、总结，从技术角度提出合理化建议或专项技术咨询报告。

组织设计单位对监理和施工单位进行技术交底，对重点工序、重点环节的技术、质量进行控制，处理工程建设过程中发生的重大技术质量问题。

⑰ 档案与信息管理

借助专业的信息管理软件及先进的信息技术平台，根据时间、内容、类型进行分类、编码、归集，高效检索、分享、传递、审批工程项目信息，保存能清楚证明与项目有关的电子、文档资料直至项目移交。

负责对勘察、设计、监理、施工单位工程档案的编制工作进行指导，督促各单位编制合格的竣工资料，负责本项目所有竣工资料的收集、整理、汇编，并负责通过档案资料的竣工验收以及移交。

借助先进的信息管理软件或信息技术平台，对工程建设过程中如质量、安全、文明施工等信息进行高效的分享、传递、监督、反馈、管理。

⑱ 课题研究

组织"高校建设使用需求研究"与"建设项目集群管理模式下的全过程工程咨询服务应用研究"两项课题研究。含制度研究、制度编写、系统开发运维、专家咨询、专家评审、组织申报、数据管理等内容。

⑲ 实验室工艺咨询管理

协调招标人统筹管理实验室工艺咨询单位，通过调研、整理、汇总实验室工艺需求，最终形成需求文件：

实验室的使用目的，实验室的实验内容、实验流程，实验室的仪器种类、型号、功率、重量等。

主要设备使用频率，主要设备的用水、用电、用气、通风及承重要求，实验室的操作人数、实验室三废内容等。

协调招标人统筹管理实验室工艺咨询单位，通过调研、整理、汇总实验室环境要求：人对环境的要求、实验对象对环境的要求、设备对环境的要求、实验内容对环境的要求、实验室的功能实现目标。

负责协调管理招标人可能另行委托的实验室工艺咨询单位组织落实：项目实验室工艺设计质量、进度、深度符合各阶段要求。

认证定义：定义实验室的类别、实验室使用目的、实验室安全等级、实验流程与建筑空间要求、实验室总体环境要求、实验设备与建筑结构的配套要求、实验室功能与建筑结构关系、实验室三废对环境的影响。

协调招标人管理实验室工艺咨询单位：对实验室工艺设计进度、设计质量进行管理。

协调招标人管理实验室工艺咨询单位：对实验室工艺流程调试、验收、检测、认证过程进行管理。

投标人作为工程咨询方，应起到总协调管理的责任，对实验室工艺全过程管理及使用反馈调研形成最终成果报告。

⑳ 现场施工管理

对项目实施过程进行质量、进度、安全及文明施工管理。

㉑ 竣工验收及移交管理

负责组织项目相关参建各方办理项目专业验收和总体竣工验收申报手续，并协助进行项目专业验收和总体竣工验收，及时解决工程竣工验收中发现的工程质量问题。

负责项目移交工作的管理，包括质量监督、档案验收、项目审计、财务决算、环境保护、卫生监督、劳动安全、消防、工程总结等。

三、全过程工程咨询实施管理过程

进场以后，项目经理召集团队成员针对本项目群特点、使用需求、建设目标等进行系统分析，搜集前期相关资料，组织多轮内部讨论后，形成"策划先行、党建引领、架构融合"的主要工作方针。

针对本项目群编制全过程项目管理的规划体系，将管理策划内容分解为项目群总览、目标定位、项目组织、招标采购、进度管理、投资管理、质量管理、安全标化、先进建造体系、党建与宣传共10个章节，40项内容，117页文稿，近5万字的策划书内容，细致全面的工作分解能使得全过程工程咨询工作的界面和内容更为清晰可控。

1. 理顺项目关系

结合已有资料，充分进行现场实地踏勘，并走访使用单位、业主单位了解项目自立项以来各阶段的工作进展，结合以往工作经验，分析本项目群各单项工程重难点并提出建设性意见。

2. 明确目标定位

了解本项目群的质量目标、进度目标、投资目标、安全标化目标、运维目标及创新目标，针对性编制策划书，用于指导项目实施期间的各项工作。

3. 规范流程组织

本项目群共5个单项工程，参建单位累计超过200余家，常规的线性组织架构难以适应集群管理模式，更会加大业主单位的协调管控体量。结合上述情况以及使用单位、业主单位人员配置及专业水平、五洲管理本项目人员配备情况，充分理顺了集群项目中与业主单位、施工单位及其他参与各方的关系后，创新采用对上"融和式"，对下"分管式"的组织架构。将五洲管理在本项目群的各专业人员，与业主单位各专业组进行充实和补足，发挥全过程咨询单位的主观能动性，主动对接、主动交流、主动推进，让业主单位精力更多地集中在项目总控上，减少业主的管理压力及管理难度。施工阶段，由五个监理组主导推进项目建设，其他专业小组通力配合。

在管理流程方面，五洲管理主导编制《项目管理流程汇编》，结合项目群实际情况，共编制20余项管理流程，用于指导项目集群的日常工作。包括：设计变更流程、进度款支付申请流程、施工图设计管理流程、图纸会审流程、招标管理流程等。

4. 合理安排采购

本项目群招标采购体量大，且各单项工程分批次建设，招采工作衔接密切，为确保工程的有序推进，五洲管理编制集群招标采购计划，明确"一个集群，两个业主，三个区位、四个总包、五个项目"的招标思路，将项目群划分为4个采购标段，120个合同包，并在策划阶段针对主要招标模式进行优劣势对比。

5. 有效控制工期

本项目群建设周期紧，使用需求迫切，为确保项目的顺利交付，五洲管理制定三级控制计划，即项目群总控计划、各单项工程总控计划、年度及月度计划，将施工主要节点进行合理划分，用于招标管理、投资管理及现场监理等各项管控。

实施过程中，总控计划分解为年度、月度、周计划，用于实际实施过程中的各项工作管控。

6. 严格控制投资

五洲管理进场后，明确4大项、20小项投资管控内容及5项主要制度，用于指导各阶段的投资管理，并针对各单项工程发改批复文件进行费用分解，用于招标、进度款支付、变更、签证等各项管理。

7. 坚守质量红线

结合项目的评优评奖目标，制定本项目群的质量控制目标，力争项目建成后取得含市优质工程、省优质工程、国家优质工程、建筑装饰奖、绿色施工、安全文明施工等奖项在内的20余项奖励。

现场管理方面，坚持"专业培训日常化、日常巡视公告化、专业小组细分化、隐蔽工程阳光化"。在项目建设的各阶段，明确质量控制关键点，如：

（1）桩基工程：施工方案的审批，施工的质量控制，桩基检测；

（2）基坑支护工程：基坑支护设计方案及专项施工方案的合理性；

（3）深基坑工程：地下水位控制、组织深基坑方案专家论证，基坑动态监测；

（4）转换构件：转换柱、框支梁的质量控制，转换构件专项施工方案编制与审批；

（5）防水工程：专项方案审批，基层处理，施工质量管控，蓄水或淋水试验；

（6）大体积混凝土浇筑：结构安全性，底板裂缝和渗漏水的控制；

（7）装配式建筑：进场构件的控制与验收，现场吊装及节点的质量控制；

（8）钢结构的控制：构配件进场验收、复试，现场吊装质量控制，焊缝检测；

（9）体育场及跑道：基层施工质量控制，面层表面平整度等质量控制。

8. 严把安全管理

本项目群单项工程建筑高度（除体育配套设施工程）均接近100m，且深基坑、高支模、外爬架等危险性较大的分部分项工程较多，为确保安全管理目标实现，五洲管理严格分析本项目群各单项工程图纸，建立"危险源风险管控清单"，明确管控要点。

9. 融合先进建造

将绿色建造体系、快速建造体系、优质建造体系、智慧建造体系纳入本项目群重点建设目标，全面打造精品工程。

10. 强化党建宣传

五洲管理秉承"支部建在项目上"的红色先锋精神，依托项目集群优势，建立集群党支部，并与使用单位建立"产学研"关系，依托项目集群培养高端建筑人才。除此以外，五洲管理重视"廉洁"建设，坚决杜绝腐败现象发生。

四、全过程工程咨询管理成效

1. 设计管理成效

本项目集群共5家设计总包，专业设计涵盖实验室、体育工艺、装配式等主要内容。针对本项目集群特色，配备设计管理团队，全专业、全周期、专人对接设计管理工作，协调业主单位、设计单位、五洲设计院、现场团队，协助招标采购、报批报建、概预算编制等主要工作。

方案设计阶段，针对项目群各单项工程不同的使用需求和项目定位，针对学生、老师等使用群体进行实地调研，并展开数据分析，将分析成果提供给参建各方。从运维的角度出发，完善集群内各项目使用功能区域，包括：普通教室、阶梯教室、公共走道、办公室、实验室、体育场、卫生间、宿舍、食堂等区域的设计，论证设计方案的合理性及可行性，帮助项目提质增效。

初步设计与施工图设计紧密贴合，初步设计阶段，以满足施工图深度的要求展开设计、审查及概算申报，提前对接政府主管部门，将电力、消防、人防、交管、规资、燃气等部门要求落实到图纸当中，及时落实国家、地方设计规范要求。

图纸审查方面，充分借助集群模式下人员配备合理及专业齐全的优势，除设计管理团队外，管理团队、监理团队、公司后台全面配合，借助企业及现场管理人员的管理经验，综合考虑建筑经济性、施工便利性以及项目建设对周边环境影响，对设计图纸提出优化调整建议，确保安全、质量、工期、投资均可控。且为避免出现因各专业设计衔接不到位造成的设计错漏，各专业图纸审查过后，及时组织各设计总包、专业设计等单位召开设计专题研讨会，确保设计质量和进度双推进。

截至目前，已累计出具设计图纸审核意见393条，所有审核意见均已反馈至图纸当中。

2. 招采管理成效

本项目群五个项目招标采购总量为120余项，因项目之间存在相似性，因此招标工作具备一定的"重复性"，且各项目开工建设时间衔接紧密。制定科学、合理、可实施的招标采购规划和计划与项目的顺利推进紧密相关。

为确保上述管理目标的实现，项目部结合公司过往经验及现场实际情况展开多轮研讨，以"项目进度目标指导招标进度"为中心，编制项目群建设全寿命周期的招标规划、计划，明确各招标项的招标范围、界面划分、主要技术要求、材料品牌要求等。

结合项目群所在地的招标政策及法规，熟悉"招标启动—招标方案编制—招标文件编制—图纸及清单确认—招标挂网—答疑补遗—评标—定标"等主要工作内容，制定对应制度，以求形成规定动作，并在项目群内可复制。

作为项目招标工作的核心，施工总承包的招标极为关键。提前熟悉图纸、踏勘现场环境、了解施工工艺等工作环节必不可少，除此之外，五洲管理在招标文件编制中，根据前期整理的相关资料，详细罗列项目建设重难点、明确项目建设目标，并根据项目不同特点制定合理招标文件约定、合同条款，一方面便于投标人熟悉现场情况，提高投标文件质量，另一方面也能有效降低合同风险。

总包进场后，积极参与对接，熟悉现场进度，合理调整各专项分包的招标计划，确保各工序的无缝衔接。

招标过程中兼顾"择优"与"竞价"，尽可能保证综合实力较强的企业参与项目建设，为项目提质增效保驾护航。

3．投资管理成效

（1）概算分解

自初步设计概算申报开始，重视概算申报质量，并以发展改革委批复的概算作为项目投资管控上限，组织进行概算对比，并根据招标规划、计划中列明的招标项和招标范围，进行概算分解，将概算分解金额作为各单项招标的上限金额，建立"概算指导预算，预算指导招标"的工作思路，确保招标阶段的投资管理可控。

（2）变更签证

根据项目的概算批复不同，针对变更签证进行分类管理，并制定符合项目实际情况的管理流程。针对概算批复较低的项目，施工全周期严格控制变更、签证。针对每一笔变更签证，建立台账进行统计，并将变更、签证产生的金额与合同额加和，对比本工程的概算分解金额，形成动态监管，定期汇报，对于存在超概风险的工程，及时预警。

（3）资金支付

编制年度资金使用计划，季度、月度资金支付计划，及时统计已完成产值，并与资金支付计划进行对比，避免资金超付、漏付。

（4）造价成果审核、复核

针对造价咨询单位编制的成果文件，结合图纸、招标文件等进行交叉审查，确保成果文件的准确性。及时掌握材料信息价，并确保市场询价的准确性、时效性。

4．现场管理成效

本项目群的现场管理具备一定特色，五洲管理根据项目群各项目建设内容、建设难度的不同，组建五个监理团队，并以"传、帮、带"的形式，帮助后续建设项目监理成员熟悉管理流程，项目之间建立"比、学、赶、超"的争优机制，实现"优势共享、劣势互补"。

各项目结合图纸、招标文件、施工方案、总控计划等制定专项监管方案，编制详细、可实施的项目进度计划以及标准的管理制度。确保项目质量管理目标、安全管理目标、评优评奖目标、创新创优目标的实现。

除每周定期组织质量、安全大检查外，五洲管理充分发挥企业优势，定期进行检查，将查风险、除隐患落到实处，针对各项检查中发现的问题，及时签发整改通知单，并形成台账记录，专人跟踪，逐一落实施工单位整改情况。

同时，要求各参建单位，建立"安全生产红线"意识，加强项目安全教育培训，分级落实安全监管措施，施工现场配套建设"智慧安全体验馆"，内容涵盖防火、防电、防倾倒、防触电、现场违规动作VR展示等，便于工人直观体验。与此同时，定期组织工人进行急救、消防演练。切实增强全员的安全生产意识，提升安全管理水平，为项目安全发展提供坚实保障。

在质量管理方面，五洲管理坚持"技术交底、过程管控、经验分享"相结合，在每道工序施工前，要求施工单位技术人员组织班组成员进行技术交底，在施工过程中，加大巡检力度，严格落实监理旁站，并在工序完工后，组织经验总结分析，发扬优势，弥补不足。

五、管理创新成效

1. 策划先行

五洲管理在项目群建设初期，即重视策划对于项目建设的引导作用，截至目前累计完成项目集群策划、先进建造体系实施策划、安全文明施工策划、党建策划、组织流程策划等，组织编制项目重大危险源管理制度、特种作业人员班前体检制度等，充分发挥策划先行的指导及引领作用。

2. 流程优化

为更好地适应集群管理模式，五洲管理建立集群全过程咨询特色管理架构，先后针对项目计划统筹及总体管理、设计管理、报批管理、招采管理、进度管理、造价管理、投资管理、档案管理、施工现场监理、竣工验收管理等十余项工作内容进行职能细分，明确各岗位工作职责并结合实际情况，累计优化约20项管理流程，用于指导各岗位人员工作及现场管理工作。

3. 重视学习

五洲管理始终坚持"先学后做，学用结合；全员培训，共同成长"，自项目建设以来，项目群管理团队全员秉持"持续提升、满意服务"的理念，建立"周三读书会"制度，每周三晚间组织专业培训，涵盖技能提升、专业答疑、政策分享等，现已基本形成"讲师专业化、内容多元化、培训常态化"。

第四节 深圳市某特种设备安全检验测试基地项目

深圳市某特种设备安全检验测试基地项目是深圳市业主负责组织建设的政府

投资项目，项目使用方为深圳市特种设备安全检验研究院（图4-8）。项目规划用
地面积13595.58m²，主要由机电实验楼、承压实验楼及电梯试验塔组成，另外尚
有部分门卫、设备站房等配套用房，其主要功能为深圳市特种设备安全检验研究
院科研、办公、培训、考试用房，总建筑面积47977m²。

图4-8　深圳市某特种设备安全检验测试基地项目

深圳市特种设备安全检验研究院是深圳市唯一的法定特种设备检验机构，主
要承担深圳市锅炉、压力容器（含气瓶）、压力管道、电梯（含自动扶梯）、起
重机械、客运索道、大型游乐设施等涉及生命安全、危险性较大的特种设备安全
检验和相关技术研究工作；开展特种设备及安全部件（附件）的生产许可评审、
产品质量检验与鉴定、能效测试；负责特种设备作业人员及管理人员资格考试；
接受委托开展特种设备安全评估与事故鉴定。深圳市特种设备安全检验测试基地
项目的建设是完善特种设备安全监察体系、促进相关产业高效发展、保障人民生
命财产安全的需要。

本项目建成后将成为国内一流、国际接轨的特种设备安全检验测试平台和特
种设备检测服务中心、作业人员考试中心，具有核心技术竞争力的特种设备检验
检测技术科研中心。

本项目由浙江五洲工程项目管理有限公司提供全过程工程咨询服务。

一、项目重难点

1. 工艺设计要求高

（1）电梯试验塔试验种类多、使用频率高：本项目电梯试验塔用于开展电梯

整机、电梯安全部件以及电梯重要部件的型式试验，试验种类多、使用频率高，对工艺配套设计提出了很高要求。

（2）非标设备多：本项目有较多非标设备需进行专项设计和制造，同时有大量特检院自主研制的设备工装和工艺系统，工艺设计对接要求高。

（3）高压阀门试验工艺特殊：高压阀门型式试验使用的高压管道系统、水压爆破实验室等工艺试验设施国内设计案例较少，部分工艺设计参数为国内领先。

2. 场地狭窄、高差起伏较大

本项目场地狭窄、高差起伏较大，设计阶段增加了建筑设计和内部交通设计的难度；在施工阶段则增加了施工平面布置和施工组织的难度。

3. 现状交通条件差，规划进出道路未开工

本项目东侧为石大快速路，西侧紧邻劲拓厂房，北侧为牛牯斗水库排洪渠，施工道路和出入口仅有南侧可进行布置，而项目南侧主道路龙田北路因拆迁问题进展缓慢。

4. "高大难＋深基坑＋高支模＋设备多"

"高"是指超高层建筑物，本项目电梯实验塔和机电楼高度较高；"大"是指大空间多，本项目各实验楼中有较多高层高空间；"难"是指施工难度大，项目土建和设备安装专业工序交叉组织难、高空作业难等；

"深基坑"：本项目局部基坑为2层，基坑深度深；

"高支模"：本项目机电楼、承压楼局部楼层层高较高，需进行高支模；

"设备多"：指各专业系统设备多，大型重型设备多，如何保证这些设备安装与建筑及时衔接，将直接影响施工进度和投资。

二、项目管理工作分解结构（WBS）

1. 功能需求识别分解

项目使用功能需求分解表如表4-8所示。

项目使用功能需求分解表 表4-8

序号	功能单元分解	序号	功能单元分解
1	机电楼		
1.1	振动试验	1.2	疲劳试验
1.3	限速器试验	1.4	电磁兼容试验
1.5	整门冲击试验	1.6	起重机部件试验

序号	功能单元分解	序号	功能单元分解
1.7	电梯门锁试验	1.8	节能试验
1.9	环境可靠性试验	1.10	报告厅
1.11	物理性能分析	1.12	成分分析
1.13	硬度分析	1.14	物相分析
1.15	结构分析	1.16	光电子能谱分析
1.17	内部缺陷观察（显微CT）	1.18	起重机维修人员实操考试
1.19	港口起重机模拟考试	1.20	厂内机动车辆维修人员实操考试
2	承压楼		
2.1	水压爆破试验	2.2	卧拉试验
2.3	低温试验	2.4	力学实验
2.5	阀门流量试验	2.6	疏水阀试验
2.7	压力管道试验	2.8	阀门压力试验
2.9	阀门寿命与扭矩试验	2.10	阀门尺寸检查
2.11	光谱实验	2.12	量热分析
2.13	盐雾试验	2.14	元素分析
2.15	PE材料性能检测	2.16	节能性能检测
2.17	节能性能检测	2.18	
3	电梯试验楼		
3.1	低区机房	3.2	高区机房
3.3	试验准备区	3.4	中区机房
3.5	整门冲击试验室		

2. 项目管理工作分解

参见表4-9。

项目管理工作分解 表4-9

序号	工作分解	序号	工作分解
1	整合管理		
1.1	项目文件与资料移交	1.2	组建项目管理部
1.3	分析管理文件、依据	1.4	组织内部启动会

续表

序号	工作分解	序号	工作分解
1.5	编制WBS工作分解结构	1.6	编制《开工前进度计划》
1.7	编制《总控进度计划》	1.8	编制项目管理规划
1.9	组织外部启动会	1.10	项目动态监控
1.11	项目整体变更与控制	1.12	合同风险分析
1.13	风险预控措施表	1.14	编制《信息沟通计划表》
1.15	编制《管理月报》	1.16	编制《月工作计划》
1.17	编制《周工作计划》	1.18	收发文登记表
2	设计管理		
2.1	功能策划书	2.2	方案设计任务书
2.3	初步设计科室调研	2.4	初步设计内审
2.5	功能房间点位调研	2.6	施工图设计任务书
2.7	施工图内审	2.8	装饰设计任务书
2.9	装饰施工图内审	2.10	智能化设计任务书
2.11	智能弱电施工图内审	2.12	幕墙设计任务书
2.13	幕墙施工图内审	2.14	幕墙施工图设计
2.15	室外景观方案设计	2.16	室外景观设计任务书
2.17	室外景观施工图内审	2.18	厨房工艺施工图内审
2.19	设计变更管理		
3	招标采购		
3.1	编制《招标规划》	3.2	编制《招标计划》
3.3	组织规划与计划讨论会	3.4	编制《单项招标方案》
3.5	各单项招标文件审查	3.6	材料品牌推荐、市场调研书
3.7	各合同审查	3.8	协助投诉处理
3.9	编制招标管理台账	3.10	电梯实验塔设备方案征集文件
3.11	吊车设备方案征集文件	3.12	高压水设备方案征集文件
3.13	高压空气设备方案征集文件	3.14	高压水蒸气设备方案征集文件
3.15	化学实验室方案设计征集文件	3.16	厨房工艺方案设计征集文件
3.17	实验及检验室（光谱、色谱、元素等）设计征集文件		

续表

序号	工作分解	序号	工作分解
4	办证报批		
4.1	项目建议书	4.2	建设项目选址
4.3	建设用地预审	4.4	建设用地规划许可证
4.5	日照分析	4.6	地震危害影响评价
4.7	环境影响评价	4.8	水土保持分析
4.9	可行性研究报告	4.10	工程规划许可证办理
4.11	初步设计、概算报批	4.12	雷击风险评估
4.13	用地批准书	4.14	国有土地使用证
4.15	施工图审查		
5	施工管理		
5.1	三通一平	5.2	临时设施
5.3	开工典礼	5.4	桩基施工
5.5	桩基检测	5.6	基坑围护、降水
5.7	土方开挖	5.8	垫层施工
5.9	桩基检测（小应变等）	5.10	桩基子分部验收
5.11	基础施工	5.12	基础结构验收
5.13	主体结构施工	5.14	主体结构验收
5.15	屋顶蓄水试验	5.16	屋面施工
5.17	外装饰施工		

三、项目管理目标

1. 合同约定管理目标

（1）质量管理目标

1）争创国家级、省市优质奖项；

2）各阶段业主内评比中，工程质量排名靠前。

（2）安全管理目标

1）确保省市级安全文明施工工地；

2）各阶段业主内评比中，安全文明排名靠前。

（3）工期管理目标

1）确保在合同要求内建设完成；

2）实施快速建造各项措施，力争提前完工。

（4）投资管理目标

1）各专项严格按照投资分解目标进行限额设计；

2）项目投资控制在经批复的概算范围。

2. 创新管理目标

（1）打造智慧项目；

（2）打造绿色示范项目；

（3）创建花园式工地；

（4）全生命周期BIM应用；

（5）高品质设计、高品质建造。

四、管理内容策划

1. 设计管理策划

参见图4-9及表4-9。

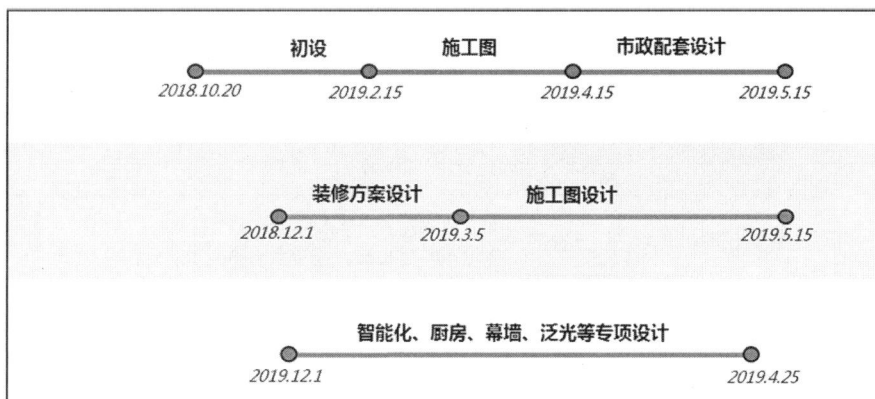

图4-9 设计进度里程碑节点

设计专业界面规划   表4-9

主体设计	含建筑、结构、钢结构；水、电、暖通、基坑围护、边坡、室外市政、海绵城市设计
专业设计	室内装饰、智能弱电、室外幕墙、室外景观
非标设备设计	高压管道系统、电梯试验楼吊车设备等非标设备设计
市政配套设计	供电、供水、通信、网络、燃气、排污
设备配套设计	厂家工艺设备图纸与建筑、结构之间的配套：如吊车、电梯、空调主机等

（1）项目设计管理重难点分析

难点一：电梯实验塔结构设计——电梯实验塔为细长结构，应采用适合的结构体系，减小细长结构风荷载引起的变形和振动对日常试验的影响。

难点二：试验区与办公区隔离设计，减小试验区工作及噪声对办公区的影响——做好试验室隔声吸音处理，合理划分试验区和办公区，减小相互影响。

（2）项目设计重难点分析

难点一：大型设备（超高、超重设备）施工路径、吊装孔、吊装临时支点等大型设备施工配套设计，提前做好大型设备运输路径规划，在设计时增加运输工况下梁板结构受力验算、布置吊装孔以及室内吊装临时支点。

难点二：工艺设备与建筑主体设计配套衔接。做好设备固定基座、水、电、天然气的配套接入设计。

难点三：设计联合体单位设计管控。明确联合体牵头单位责权，充分发挥牵头单位能动性；加强联合体单位设计把控。

2. 报批清单

参见表4-10。

报批清单 表4-10

报批事项	前置条件
建设工程规划许可证	1.已完成方案设计 2.取得用地预审或用地规划许可证
初步设计概算批复	1.可行性批复文件 2.项目概算书
生产建设项目水土保持方案审批（备案）	1.水土保持方案报告书 2.前期经费文件或资金申请报告批复
建设项目用水节水评估报告备案	1.用水节水评估报告 2.前期经费文件或资金申请报告批复
建设工程消防设计审核	消防设计文件
防雷装置设计审核	防雷装置施工图
建筑工程施工许可证	1.施工图审查合格意见书 2.燃气管道保护协议 3.取得用地预审或用地规划许可证
建设工程验线	1.建设工程规划许可证 2.建设工程开工验线测量报告
建设工程规划条件核实合格证核发	建设工程竣工测量和竣工查丈报告

续表

报批事项	前置条件
建设工程消防验收	1.消防产品质量合格证明文件 2.工程竣工验收报告
城镇排水与污水处理设施竣工验收报告及相关资料备案	1.技术档案和施工管理资料 2.工程质量监督报告 3.建设工程规划验收合格证 4.建设工程消防验收意见书
对水土保持设施验收材料的报备	1.水土保持方案已通过审批 2.水保设施已通过责任主体竣工验收
防雷装置竣工验收	1.防雷装置设计核准意见书 2.防雷装置技术资料
深圳市建设工程竣工验收备案	1.消防验收合格文件 2.建筑工程规划验收合格证 3.防雷装置验收意见书 4.竣工验收报告 5.电梯安装监督检验结果通知书
土地使用首次登记	1.实地测绘结果报告 2.建设用地划拨决定书 3.土地使用权出让合同书
土地使用权及房屋所有权首次登记	1.土地使用权出让合同书 2.规划验收合格证 3.房屋测绘报告

3. 采购合约管理策划

参见表4-11。

采购合同管理策划 表4-11

采购管理	采购规划	• 分解采购合同 • 确定采购范围、工作内容、界面、资质条件、采购方式等 • 概算（或估算）分解 • 编制《采购规划》
	采购计划	• 根据总控进度计划确定各分包单位进场时间 • 确定采购启动与完成时间 • 编制《采购计划》
	单项采购方案	• 招标范围与内容、资质条件、评分规划 • 控制限价 • 合同专项条款 • 主要材料的品质与品牌 • 编制《单项采购方案》《技术规范和服务要求》

（1）标段划分分析比较

参见表4-12。

施工总承包单位标段　　　　　　　　表4-12

方案项	优点	缺点
方案一：整体为一个标段	便于管理信息的集中和统筹，项目管理更加高效	对承包单位的能力素质考验较大
方案二：划分为两个标段，土建一个标段，安装一个标段	项目设备安装工作较多，专业性较强，引入专业安装施工单位有利于提高设备安装质量	1.项目管理协调工作量加大；2.标段规模小，难以吸引实力较强的施工单位，并引起足够 重视和投入

推荐方案一（整体为一个标段）作为本项目施工总承包标段方案推荐方案。

（2）招标方式策划

参见表4-13。

招标方式策划　　　　　　　　表4-13

公开招标	全过程工程咨询、施工总承包单位、精装修工程、智能化工程
预选招标	工程保险类、施工图审查
战略合作供应商	人防工程、电梯设备
政府采购	锅炉设备、柴油发电机设备、太阳能热水系统设备
直接委托	第三方监测、电力工程、通信工程

（3）招标采购风险管理策划

策划一：招标择优选优方案：充分利用业主招投标相关规则，编制针对 性的招标方案，并通过考察、清标、答辩等环节对投标单位进行综合评价。

策划二：土建与试验设备采购协调匹配：编制与土建施工进度匹配的设备采购、供货、安装进度计划，并严格按照计划进行设备采购和安装控制。

策划三：事先进行施工总包、装饰、试验设备等合同包工作面划分，避免合同界面的重复与交叉。

4. 投资资金管理策划

（1）投资控制目标

① 严格以项目概算作为控制基准，项目竣工决算不超批复概算，单项工程结算不超对应概算分解限额。

② 实施限额设计、限额招标。

（2）资金管理目标

① 资金使用有计划，资金支付严格依约审核。

② 确保不超付，保障项目顺利推进。

（3）目标保障措施

参见表4-14。

目标保障措施 表4-14

序号	保障措施		具体内容
1	概算评估和分解	1	设计单位、概算单位编制的深度和原则交底
		2	建安工程量和单价的精细化审核
		3	分部分项造价指标的横向比对校核
		4	科学、合理地确定概算作为投资控制目标
		5	概算分解：按合同包分解，按专业工程分解
2	限额设计	1	设计单位按照专业分解进行对口的限额设计交底
		2	结构、机电系统选型的经济性比选
		3	按招标合同包分解限额，对比限额概算和招标预算及中标合同价的差值
3	限额招标	1	建立概算价和中标合同价的动态监控表，及时反馈概算受控值
		2	工程量清单编制单位的专题编制交底会：范围界面、材料品牌、清单描述等
		3	工程量清单的精细化审核
		4	清标、澄清环节对中标候选人不平衡报价的澄清约定和条款补充
4	控制变更	1	施工图内审环节强化对图纸变更隐患的审查，从源头控制重大变更，尽量减少变更量
		2	做实图纸交底和会审工作
		3	设计变更的多方案经济性比选
		4	先核算造价，再审核变更方案
		5	做好变更台账登记，做好动态目标的差值监控

（4）资金管理保障措施

1）编制资金使用计划

① 做好资金使用规划，合理申请资金；

② 考核月度、季度、年度工作实施情况。

2）工程量清单与控制价的精细化审核

① 运用五洲管理的造价数据库进行指标比对;

② 利用BIM模型进行工程量校核;

③ 利用五洲造价咨询大后台进行精细化审核;

④ 对造价咨询公司进行清单编制交底。

（5）进度管理策划

1）设计周期

① 2018年2月15日完成初步设计;

② 2019年4月15日完成施工图（主体部分）;

③ 2019年5月15日完成建筑专项施工图设计。

2）土石方、桩基施工周期

工期6个月，完成时间：2020年3月。

3）施工总承包周期

总工期42个月，预计竣工时间：2022年12月。

4）项目总控进度计划

参见图4-10。

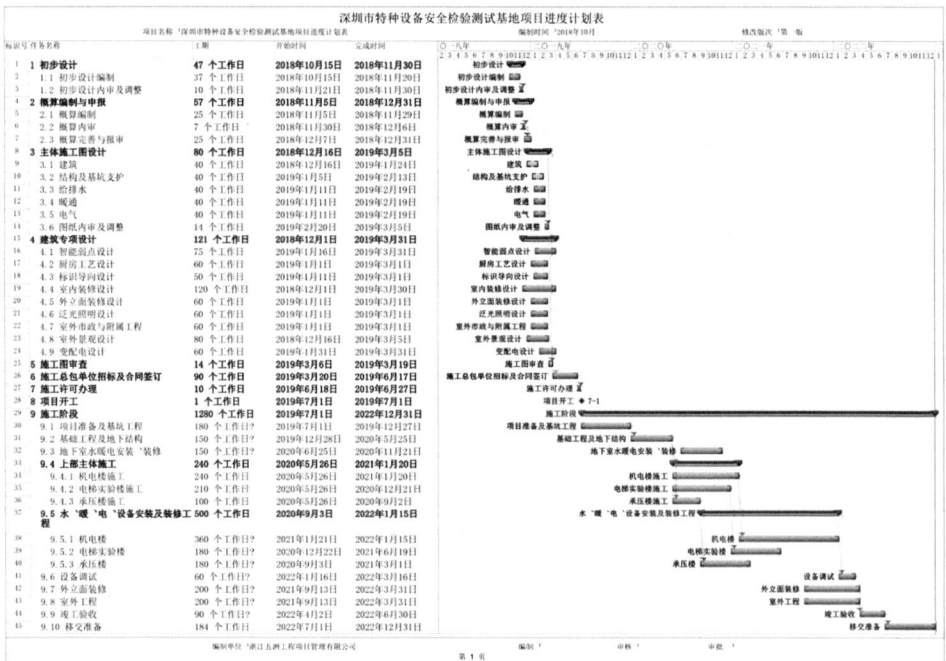

图4-10　项目总控制计划

5）里程碑节点

参见图4-11。

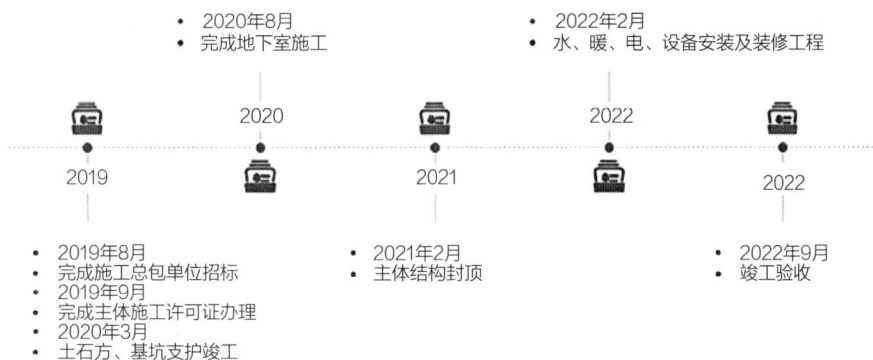

图4-11 里程碑节点

6）目标保障措施

参见表4-15。

目标保障措施 表4-15

序号	保障措施		具体内容
1	设计管理进度	1	编制详细的设计出图计划表，按照计划落实到各专业的出图时间节点
		2	组织设计周例会，动态关注设计进展
		3	专业、专项设计前置
		4	强化对设计联合体的履约管理
2	招标合约保障	1	分解施工总包和专业、专项分包的合同工期，通过招标条款明确、掌握合约主动权
		2	按照提前半年的内控目标分解各施工单位招标的合同工期
		3	招标文件明确工期动态里程碑节点的处罚条款，过程留好书面依据，强化过程书面往来依据
		4	强化对各施工单位的合同履约管理
3	技术措施保障	1	找准关键线路工作；加大关键线路的资源投入，压缩关键线路工期
		2	采用装配式建筑的结构形式和隔墙材料与装饰材料的装配式
		3	市政管线采用预设综合管廊方式，解决室外市政先行的管线埋设问题
4	管理措施保障	1	策划先行，市政、景观先行
		2	并联穿插：专业设计、非标设备设计和主体设计并联穿插；裙房装饰和上部主体土建施工并联穿插

7）进度计划层级（逐步细化落实）

①一级进度计划（通常由全过程工程咨询单位编制，上报业主审核）：

总控进度计划，要求在总包招标完成前编制初稿。

② 二级进度计划（通常分各专业单独编制）：

设计、采购、施工、报批等专业单独编制进度计划。

③ 三级进度计划（通常由设计单位、总承包单位牵头编制）：

要求各相关承包单位落实进度计划编制后汇总，侧重细部分细化的计划。

④ 四级进度计划（通常由细化至月度/周计划）：

由总包牵头各分包单位依据二、三级计划更进一步进行深化。

8）项目进度管理风险及应对

非标设备设计进度控制：尽早开展专项设计和制造，把控设计进度，注意非标设备与土建设计配套。

设计成果不达标，影响项目整体推进进度：对项目设计质量进行全过程把控，要求设计单位按照设计顺序分阶段提供设计成果并及时跟进。

试验设备采购进度与设计、施工进度不匹配：制定与土建施工匹配的试验设备设计、采购及安装计划。

（6）施工质量管理

1）质量管理目标

① 使用功能最优、人性化；

② 一星级绿色建筑设计标识；

③ 广东省、深圳市各级奖项。

2）目标保障措施

参见表4-16。

目标保障措施　　　　　　　　　　　表4-16

序号	保障措施		具体内容
1	高品质设计	1	专业、专项设计的前置与主体建筑之间的衔接
		2	钢结构装配式的设计与应用
		3	材料的美观性和耐久性的考量；新材料、新工艺应用
		4	艺术软装的专题设计空间美观的提升
		5	室内外空间环境模拟，绿色建筑被动与主动技术的应用
2	施工单位择优	1	组织对拟投标企业及完成业绩考虑，背对背拜访业绩的委托人和使用单位
		2	对企业的项目经济承包情况进行调研，提前掌握
		3	设置合理的清标、定标规则
3	高品质建造	1	钢结构加工专项检测，把关原材料质量源头关
		2	现场的实测实量；隐蔽工程分部分项分批验收

续表

序号	保障措施		具体内容
3	高品质建造	3	现场隐蔽部位的照片与影像资料留存，制作《隐蔽工程阳光化手册》
		4	设备安装的专题施工组织和质量把关
4	移交培训	1	编制《建筑物使用说明书》
		2	项目收尾与专项检测，组织专项验收和综合验收
		3	特检院试验部门与后勤部门的移交交接与使用培训会
		4	定期回访与使用问题的收集与反馈
		5	保修期的动态快速响应

3）质量控制关键点清单表

① 地基处理：地基结构安全性把控，现场最佳处理方案的选择；

② 筏板混凝土：结构安全性，底板裂缝和渗漏水的控制；

③ 钢结构施工：项目电梯试验楼采用钢结构，采用BIM技术进行设计和施工；

④ 设备安装工艺分析：制定设备安装及运输专项方案（预留吊装孔、设置大型施工电梯进行设备垂直运输、采用BIM技术进行大型设备安装模拟分析）；

⑤ 办公区与试验区隔声施工控制：加强分隔墙体、门窗隔声施工质量监管，做好门墙缝隙封堵措施。

（7）安全管理策划

1）安全管理目标

① 杜绝人身伤亡事故及重伤事故；

② 未造成人员伤亡但造成严重经济损失的一般以上安全事故为零；

③ 轻伤事故率控制在3‰以内；

④ 现场安全文明施工合格率达100%；

⑤ 危险源辨识与风险控制达100%。

2）目标保障措施

参见表4-17。

目标保障措施　　　　　　　　　　　表4-17

序号	保障措施	具体内容
1	杜绝人身伤亡事故及重伤事故	1. 建立健全安全生产组织构架 2. 识别重大危险源，并列出清单，责任到人 3. 审核审批专项施工方案及编制对应监理实施细则

序号	保障措施	具体内容
1	杜绝人身伤亡事故及重伤事故	4. 制订专业培训计划，提升各岗位人员发现问题、解决问题能力 5. 强化动态监管，日常巡查检查与专项检查相结合 6. 制订应急救援方案，组织应急演练，实施应急响应
2	争创标化示范工地	1. 成立创标领导小组，责任到人 2. 策划文明标化布置方案，形成指导性操作手册，并进行标化交底 3. 梳理创标流程，并形成书面流程指导手册，按照流程实施 4. 样板先行，指导标化工作实施 5. 申报创建资料，强化过程影像资料收集整理
3	轻伤事故概率控制在3%	1. 编制书面安全管理交底及PPT交底，提出安全管理规定及管控措施 2. 编制分部分项工程交底书 3. 所有危大工程施工前，参与危大工程验收，符合要求后方可施工 4. 过程检查，检查施工过程中不安全行为、不安全状态及管理方面的缺陷 5. 安全专题会议，组织责任单位参加安全专题会议，提出存在问题及整改措施
4	杜绝人身伤亡事故及重伤事故	1. 建立健全安全生产组织构架 2. 识别重大危险源，并列出清单，责任到人 3. 审核审批专项施工方案及编制对应监理实施细则 4. 制订培训计划，提升全员安全意识及各岗位责任安全意识 5. 制订专业培训计划，提升各岗位人员发现问题、解决问题能力 6. 强化动态监管，日常巡查检查与专项检查相结合 7. 制订应急救援方案，组织应急演练，实施应急响应

第五节　四川大剧院

一、工程概况

1. 项目背景

四川大剧院位于成都市中心天府广场东侧，项目总投资86780万元，总建筑面积59000.41m²。四川大剧院项目地上剧场部分为三层，辅助功能区部分为六层，地下建筑四层。包含一个1601个座位的甲等特大型剧场、450座的小剧场、800座的多功能中型电影院及文化展示、文化配套等多种文化服务功能，四层地下室兼具影院、停车、地铁接驳口等多种复合功能。

四川大剧院前身是1987年建成的四川省锦城艺术宫，作为四川省著名的艺术殿堂和大型公共文化设施承担着四川省重大演出任务，并承载着发挥公益文化宣传窗口的作用。但是，随着社会的进步和经济的发展，人民群众对于文化的需求日益增长，因此新建四川大剧院势在必行。四川大剧院的外观采用古代官式建筑的三段式构图，体量方正大气；采用玻璃坡屋顶，活泼通透，典型的"蜀风雅韵"风格，既与之前的锦城艺术宫一脉相承，又与附近的省图、省科技馆形成和谐的整体。剧院内部，1601个座位的大剧院将满足大型演出的表演，450个座位的小剧场则可以上演各种无需华丽背景的演出。

四川大剧院建设项目是四川省政府投资的首个全过程工程咨询项目、首个BIM技术应用试点项目、数字化工地示范项目、中国首例大小剧场重叠设置的剧院，同时也是四川省重点项目、成都市重点项目。四川省"十二五"文化改革发展规划把四川大剧院列入了四川"十二五"时期省级重大公共文化设施建设项目。

本项目的建筑艺术造型特殊，对建筑声学要求极高，且因剧场功能的特殊性，对舞台各功能区的综合设计能力要求很高，并会用到一些专有技术。项目地点位于成都市中心城区，该项目质量要求为"鲁班奖"。

本项目由晨越建管集团提供全过程工程咨询服务。

2. 项目全过程工程咨询内容

工作内容包括：前期咨询管理、项目管理、工程监理、全过程造价咨询、招标代理、BIM技术咨询工作。晨越建管集团的全过程工程咨询服务严格按照科学管理体系进行项目全过程咨询管理，实现了模板标准化、业务流程化、管理专业化、资料表单化，以及重要事项自动预警监控机制，过程和结果都取得了瞩目的效果。并且晨越建管集团在本项目中取得的成果"建筑信息模型（BIM）参与全生命周期管理应用"获得了四川省科技支撑计划荣誉。

3. 项目投资要点

项目总投资86780万元，其中：工程建设费用43353万元，工程建设其他费用40779万元（含土地费），基本预备费2648万元。

资金来源分为三部分：第一部分为项目业主锦城艺术宫以转让现有地块的土地收益72000万元；第二部分为业主自筹5302万元；第三部分为省财政内预算资金解决资金缺口9478万元。四川省锦城艺术宫作为事业单位，没有融资能力，也不能依靠银行贷款，仅能依靠工程节约以及项目交付后营业偿还。因此对于资金的使用效率和使用时间有严格的要求，务必在控制范围之内。

二、全过程工程咨询服务在各阶段服务内容

1. 全过程工程咨询总体服务内容

参见表4-18。

全过程工程咨询总体服务内容 表4-18

序号	建设各阶段	主要工作内容	工作开展内容	具体服务内容
1	前期决策阶段	项目立项（项目建议书）批复	项目立项（项目建议书）编制	1.在业主牵头组织下完成项目立项（项目建议书）所需的前期调查工作，收集相关信息 2.负责项目立项（项目建议书）的编制及修订 3.协助完成项目立项（项目建议书）申报及审批手续，取得立项报告
			评审及批复	
		用地预审批复	土地评估报告及评审	1.负责编制单位的甄选，完成编制单位的招标、中标及合同签订 2.协调、督促编制单位按要求完成编制及修订 3.协助完成专家评审，并取得相关评审意见 4.协助办理方案申报及审批手续，取得方案批复文件
			用地预审办理	
		选址意见书批复	选址报告编制	1.协助编制单位的甄选，完成编制单位的招标、中标及合同签订 2.协调、督促编制单位按要求完成编制及修订 3.协助完成专家评审，并取得相关评审意见 4.协助办理方案申报及审批手续，取得方案批复文件
			选址意见书办理	
		环评、交评批复	环评、交评报告编制	1.协助编制单位的甄选，完成编制单位的招标、中标及合同签订 2.协调、督促编制单位按要求完成编制及修订 3.协助完成专家评审，并取得相关评审意见 4.协助办理环评申报及审批手续，取得环评批复
			评审及批复	
		节能评估报告批复	节能评估报告编制	1.协助编制单位的甄选，完成编制单位的招标、中标及合同签订 2.协调、督促编制单位按要求完成编制及修订 3.协助完成专家评审，并取得相关评审意见 4.协助办理方案申报及审批手续，取得方案批复文件
			评审及批复	
		可研报告编制及评审	完成可研报告的编制及修订	1.牵头组织并完成可研编制所需的前期调查工作，收集相关信息 2.完成可研报告的编制及修订 3.完成可研报告的专家评审，并取得相关评审意见 4.协助办理可研申报及审批手续，取得可研批复
			可研评审及批复办理	
		招标核准批复	招标核准申请及批复	协助办理招标核准申请，取得相关批复
		规划指标及红线图	土地前置调查	1.协助办理土地前置调查事宜 2.协助办理规划指标及红线图
			规划指标及红线图办理	
		国土手续办理		协助完成国土手续办理
		用地界址测绘成果		1.协助办理测绘单位的甄选及合同签订 2.协助办理界址成果测绘成果
		建设用地规划许可证		协助完成建设用地规划许可证办理

续表

序号	建设各阶段	主要工作内容	工作开展内容	具体服务内容
2	设计阶段	设计准备		
		勘察、设计、场地平整施工招标	招标文件编制（勘察、设计、场地平整施工）、备案	负责完成勘察、设计、场地平整施工招标文件编制，牵头组织招标文件备案
			勘察、设计单位招标、备案	负责完成招标、中标、合同签订、合同备案
			场地平整施工招标、备案	负责完成招标、中标、合同签订、合同备案
		地质勘查及场地平整	施工打围及临设搭建	1.施工单位负责完成临设搭建、打围施工及场地平整施工
			场地内土方平整施工	2.项目管理公司负责协调、督促施工单位完成施工工作
			地质勘查	1.地勘单位负责完成地勘施工工作，出具地勘报告2.项目管理公司负责协调、督促地勘施工，办理地勘报告审查备案工作
		方案阶段	坐标放线测绘成果图	负责办理坐标放线测绘成果
			规划方案设计	1.设计单位负责完成规划方案设计及方案确认2.项目管理公司配合完成规划方案的提前沟通、协调工作
		规划方案报批报建	规划方案报规委会评审	1.负责牵头完成方案报送规委会进行评审，取得评审意见，进行修改2.负责完成规划方案的审批手续，取得规划方案批复
			建设工程规划许可证办理	协助完成规划许可证办理
		初步设计阶段	初步设计图纸	1.设计单位完成初设施工图设计2.项目管理公司牵头组织沟通、确认工作。取得初步设计图纸资料
			初步设计审查	1.设计单位完成初步设计图纸报送、审查，取得评审意见，进行修改2.协助取得初设审查意见
		水土保持方案批复	水土保持方案编制	1.负责编制单位的甄选，完成编制单位的招标、中标及合同签订2.负责协调、督促编制单位按要求完成编制及修订
			评审及批复	3.协助完成专家评审，并取得相关评审意见4.协助办理方案申报及审批手续，取得方案批复文件
		施工图设计阶段	施工图设计	督促设计单位完成施工图设计，并牵头组织沟通、确认工作。取得施工图设计图纸资料
			施工图机构审查	1.负责完成审图机构的筛选，签订合同2.负责完成施工图机构审查，并牵头组织沟通、确认工作。取得施工图审查意见

续表

序号	建设各阶段		主要工作内容	工作开展内容	具体服务内容
2	设计阶段	施工图设计阶段	施工图行政审查		负责办理施工图行政审查及备案手续，牵头组织审查过程中的沟通、协调工作（含消防、人防审查）
			清单控制价编制及评审	清单控制价编制	负责完成清单控制价编制及确认工作
				评审及批复	负责组织进行清单财政评审，办理财评批复手续
3	实施前准备	招标阶段	施工招标		负责完成施工、监理、材料设备采购招标工作，办理招标、中标备案手续，完成合同签订及备案
			监理招标		
			材料设备采购招标		
		临设阶段	临水施工	确定临水施工单位	负责办理临水手续，完成施工单位的甄选，签订合同
				临水安装施工	负责协调、督促施工单位完成临水安装施工，办理临水相关手续
			临电施工	确定临电施工单位	负责办理临电手续，完成施工单位的甄选，签订合同
				临电安装施工	负责协调、督促施工单位完成临电安装施工，办理临电相关手续
			道路开口及占道施工手续（如有）		负责到住房和城乡建设局办理道路开口及占道施工手续
			现场安监条件准备	临设搭建	负责协调、督促施工单位完成现场临设搭建施工，办理现场安监条件勘验手续
				现场安监条件勘验	
		施工阶段	施工许可办理	中标及合同备案	负责完成中标备案及合同签订，完成质监、安监备案，负责完成施工许可证的办理
				质监备案	
				报建费核缴	
				安监备案	
				施工许可证办理	
			基坑开挖、主体施工、水电安装、装饰装修、总平绿化施工		1.施工单位负责完成施工图纸内所有工作 2.项目管理公司负责完成施工期间的监理工作 3.项目管理公司负责完成施工全过程的项目管理工作 4.项目管理公司负责完成全过程造价控制
4	竣工验收及保修阶段		竣工验收及备案		1.项目管理公司负责完成工程竣工验收及备案手续办理 2.施工、监理配合完成验收及整改工作
			项目移交	现场移交	负责牵头组织现场移交，协调落实移交过程中的相关问题

续表

序号	建设各阶段	主要工作内容	工作开展内容	具体服务内容
4	竣工验收及保修阶段	项目移交	工程结算审计	负责完成工程结算审计工作，协调处理结算、审计过程中的相关问题
			项目移交	负责组织并完成项目移交工作，协调处理相关问题
			项目保修	负责组织项目移交后的保修工作，协调处理相关问题

2. 全过程造价咨询在项目各阶段工作内容

参见图4-12及表4-19。

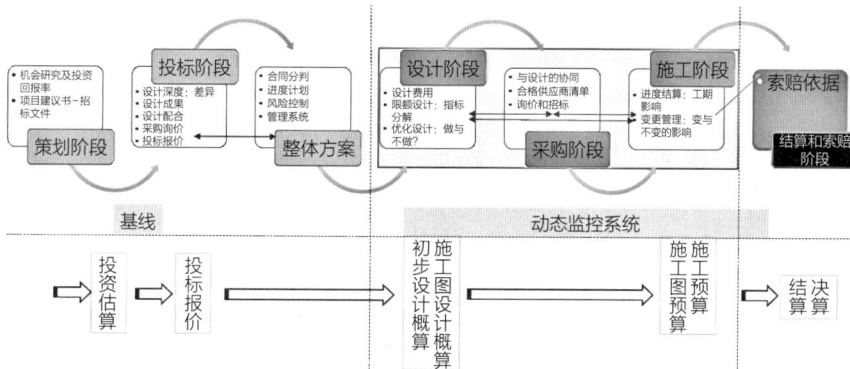

图4-12 各阶段工作内容

全过程造价咨询在项目各阶段的工作内容　　　　　　表4-19

1	决策阶段	1.投资估算的编制和审核 2.决策阶段的方案经济比选 3.建设项目经济评价
2	设计阶段	1.设计概算的编制和审核 2.优化设计的造价咨询 3.施工图预算的编制和审核
3	发承包阶段	1.工程量清单的编制和审核 2.招标控制价的编制和审核 3.清标
4	实施阶段	1.项目资金使用计划的编制 2.工程计量与工程款审核 3.询价与核价 4.变更、索赔、签证 5.期中结算和期终结算审核 6.造价动态管理
5	竣工阶段	1.竣工结算编制和审核 2.竣工决算

三、全过程工程咨询服务投资控制在各阶段操作实践

1. 项目决策阶段投资控制

参见图4-13。

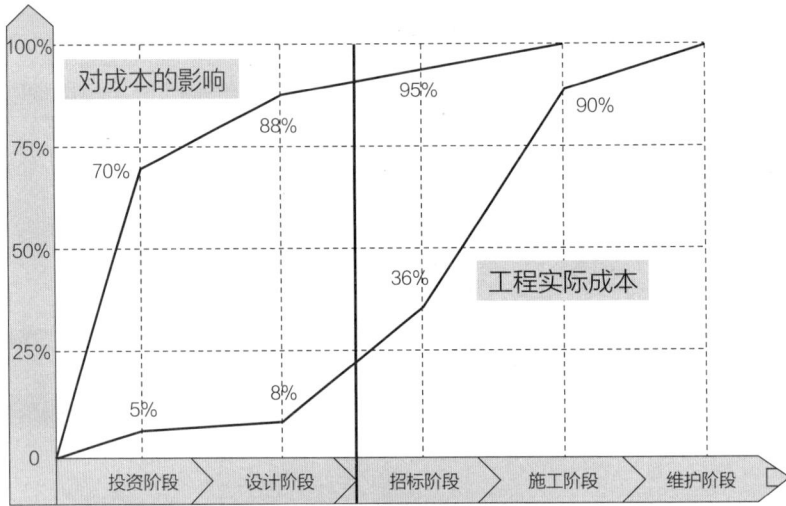

图4-13　项目决策阶段投资控制

决策阶段的主要工作分为项目策划和项目经济评价。其中策划是投资管理的重要前提和基础，策划有总体和局部两种，要做构思策划和实施策划，策划的目的都是为决策提供依据，只有在构思多方案的基础上经过方案比选，方能选出最好方案，这包括技术方案和经济效益比选两方面。四川大剧院在可研阶段也经过了多方案的对比，经过了多次调整最终呈现了两个方案，并在社会范围内进行了方案的公开征集：

方案一：

采用古代官式建筑的三段式构图，屋顶采用玻璃坡屋顶，与科技馆、图书馆形成一个整体，构建完整的城市界面；把中国传统篆刻艺术运用到建筑中，以"四川大剧院"为题，充分体现了以"人"为本的设计理念；剧院立面采用浅黄色石材，与玻璃材质屋顶融为一体，气势恢宏中透着灵动（图4-14）。

方案二：

墙体遍布一片片镂空的杏叶造型，让人联想起成都秋天的满地金黄的美景，有显著的地域性。注重强化成都地域特色与传统文化的意境，以生动的造型突出剧场建筑特有的性格，把具有四川地域特色的银杏作为切入点，把一片一片的叶子按照虚实变化拼接在建筑立面上，形成一个完整的体量，金灿灿的叶子把剧院烘托得金碧辉煌（图4-15）。

图4-14 四川大剧院方案一

图4-15 四川大剧院方案二

直到2012年7月20日完成四川大剧院概念设计方案，并进行社会公示广泛征求各方意见，最终确定四川大剧院采用"方案一"进行设计实施。四川大剧院规划用地11198.27m²，建筑面积5.9万m²，地下4层，地上6层，建设内容包含一个1601座大剧场、一个450座小剧场、一个350人的多功能排练厅以及总人数约800人的地下电影城及相应配套的设备设施，建筑标准为甲等特大型剧场。

作为国有资金投资项目，四川大剧院项目不仅要满足使用功能，还要肩负推动文化产业发展的重任，而且还面对资金限制等三方面的要求。

在这一过程中，编制投资估算是投资决策阶段的重要环节之一，而投资控制应从项目之初就参与其中，合理计算和预测投资过程中各种静态和动态因素的变化，作为一种宏观的控制，它不仅局限于对工程建设费用的把握，还要考虑工程建设的所有费用，更要全面把握资金的来源、银行的贷款、资金时间价值影响等一系列因素，需要一个对于资金动态的、全面的衡量，正确合理的决策投资能对项目的规模、标准、建设地点、设计方案、环境保护、节能效果、社会评价等综合考虑，实现投资综合效益的最大化。

作为一个剧院项目，具有非常强的专业性和独一性，不仅内部结构比较复杂，而且专业设施较多。为了更加准确地把控投资，全过程工程咨询单位配合建设单位在前期收集和走访了国内十几个类似剧院的中标价和合同价，收集和分析概算指标，进一步提高估算的准确性，将工程费用、工程建设其他费用、基本预备费等所有项目投资进行整体投资分析，并制定了对应的总投资分年度使用计划，最终四川大剧院投资估算总额为8.678亿元。

2. 项目设计阶段投资控制

在可研批复完成之后，进入到设计阶段，设计阶段造价控制是投资控制的关键，在此阶段控制造价能起到事半功倍的效果。长期以来，我国普遍忽视工程建设项目设计阶段的造价控制，通常把控制工程造价的主要精力放在施工阶段，但是施工过程中的"事后控制"的效果肯定比不上事前控制。四川大剧院项目充分重视设计阶段的造价控制，在设计阶段已经投入很大精力，未雨绸缪。作为剧场项目，专业强，类别交叉多，不仅包含了基础和地下工程、主体土建工程、建筑安装工程、主体外立面装饰工程、主体室内精装修工程、室外管线、道路、绿化景观等工程，还包含了专业性非常强的专业设备设施采购及安装调试等专业类别。为了更好地把握投资，控制建设成本，在设计阶段四川大剧院就采取了限额设计、三算控制、BIM＋造价技术等方法进行严格把控，层层把关。将估算、概算、预算应用到实际中，不仅要设计质量，也要做好投资控制，即取得真正意义上的造价控制。

（1）限额设计。

本环节是投资控制系统中很重要的一环，是设计阶段进行技术经济分析、实施工程投资控制的一项重要措施。本项工作在投资决策阶段、初步设计阶段、施工图设计阶段都要推行和落实，是投资目标的动态反馈和管理，可分为目标制订、分解、推进和评价四个环节。其中当考虑全生命期成本时，按限额要求设计出的方案可能不一定具有最佳的经济性，此时亦可考虑突破原有限额，重新选择设计方案。在四川大剧院完成初步设计之后，我们编制了单位工程概算，发现设计技术人员在设计过程中更多地关注了工程的使用功能，对于投资控制考虑不够全面，以总包合同为例，按照初步设计方案，概算金额达到29276.53万元，超过估算1276.53万元，为了使设计概算在可控范围内，并且满足使用功能，最后四川大剧院对设计方案进行修改，采用了限额设计，对方案中的工程布局、结构形式、设备数量、材料品种等进行了优化。在修改过程中，造价工程师全程参与，与设计人员一起，对方案的功能性和投资额度进行多次沟通，经过3版的修改，最终在满足使用功能的前提下，将概算额度控制在28000万元之内。做到了技术与经济的统一，设计阶段的投资控制优势明显表现出来。另外，四川大剧院在室内精装修工程、灯光音响采购工程、座椅采购和安装工程中均采用限额设计的方法，将所有专业类别的设计金额都严格控制在规定范围之内，不突破估算是我们设计和施工的大原则，在满足功能和使用要求的前提下坚决做好造价控制工作。截至四川大剧院项目基本结束，投资控制仍处于可控范围。

（2）结合BIM技术。

采用BIM＋造价技术。四川大剧院项目在设计方案的修改和制订过程中，除了依靠传统的二维平面技术CAD，还结合现代化手段——BIM技术（Building Information Modeling，即建筑信息模型），对设计方案和项目概算进行了进一步的把关，采用BIM技术进行了以下几个方面的服务：

1）将项目的地理位置、建筑特点、交通环境进行全面三维数字展示，进行施工进度的可视化模拟，将施工过程以动画形式展现，生动、形象、直观地展示了整个施工进程，对工程实体的施工进度可以进行一个直观的感受和掌控。

2）依据各个专业施工图纸，进行了可视化管理，对设计进行把控和分析，最终优化设计，通过BIM技术准确地表现大剧院的空间尺寸、空间构造以及其属性。地下室管综总优化面积36000余平方米，涉及构件15000余个以及三大专业20余个子系统。

3）运用BIM技术，对建筑与结构专业、结构与机电专业、机电内各子专业管线之间进行冲突检查，对施工过程中潜在的错、漏、碰、缺等设计问题，对原设计的标高、预留孔洞等提供冲突检测、出具三维模型定位，以此提高工作效率、合理缩短工期。

4）对于系统优化及管线综合排布，基于BIM模型开展的管线综合与多专业冲突检查，快速发现平面图纸中难以体现的错、漏、碰、缺等400余处问题，管综问题节省了342.52多万元，避免了各专业设计不协调和设计变更产生的返工等经济损失，确保利益最大化。

BIM技术在四川大剧院中的应用，使得二维平面图纸中不易察觉的各专业的冲突得到很直观的展示，在设计阶段就将后期可能出现的变更签证得到修正，一定程度上控制了施工过程中的变更签证，减小了投资概算和结算价格的偏差，也增强了成本控制能力，为全过程造价控制提供了更好的技术支持。

3. 项目发承包阶段投资控制

由于使用国有资金投资，四川大剧院采取了工程量清单形式的公开招标，在项目交易阶段的工作主要就是工程量清单的编制和审核、招标控制价的编制和审核、清标工作以及对合同条款的审核。

（1）四川大剧院因为专业类别较多、跨度时间较长，因此，将工程分为基坑工程、施工总承包工程、舞台机械工程、灯光音响工程、精装修工程共5个标段进行招标。5个标段分别编制了工程量清单和招标控制价，众所周知，高质量的招标控制价可以有效控制工程造价，减少施工阶段合同纠纷。

（2）作为公共建筑，面对大量的非标设备或一些非常规的材料，材料询价作为控制价编制过程中的一个重要环节，很大程度上影响着招标控制价的准确。以四川大剧院施工总承包合同为例，在施工图纸正式出版之后，立即组织编制施工总承包工程的工程量清单和招标控制价，在编制的过程中，材料种类多达2916种，另外作为功能性要求较多的建筑载体，其中包含很多新材料和特殊的设备。在询价过程中，除了利用常规的价格渠道进行询价，还充分利用晨越公司"建筑蚂蚁网"的询价平台，快速找到符合项目需求的生产厂家和材料供应商，进行一对一专业、准确的询价服务。特别对于一些新型的、非常规以及有特殊要求的设备，效果更为明显。在"建筑蚂蚁网"，四川大剧院项目一共询价67家，涉及材料、设备435种。这样大型综合性"互联网＋建筑业"的服务平台为交易阶段的造价控制起到了很好的助力。

（3）全过程投资的控制不仅是对工程费用的控制，对于工程建设其他费用也需要有严格的把控，四川大剧院工程建设其他费用涉及33大项，从前期的建议书报告及评审费用、报建费用、勘察费、设计费、工程招标代理、工程监理费、工程量清单及控制价编制费、工程保险费等各类费用都需进行审核，在过程中还需要按照实际进展和合同约定进行进度款的支付。截至目前，四川大剧院项目工程建设费用和工程建设其他费用的合同共签订49份，包含了工程类、设备类、咨询类、其他类等各种类型。过程的控制需要一个动态的控制，建立合同支付台账，实时更新支付信息，利用三算对比表，将投资估算、设计概算、施工图预算进行对比，严格把握每一个阶段的资金总额，做到概算不超估算、预算不超概算，严格把控投资。若投资控制有偏离趋势，应立马进行有效的调整，做到投资可控。

（4）投资的控制还应该重视合同的管理。建设工程施工具有投资大、周期长、风险环节多、管理难度大的特点，签订及履行施工合同应引起发包方格外重视，在合同起草阶段，造价工程师还应与项目管理人员一起，对合同条款的合理性进行分析，完善合同条款，规避合同风险，并从造价控制的角度出发，对有可能对造价结果产生分歧的地方提出专业的意见和建议。比如：工程进度款按月付款或按工程进度拨付，但如何申请拨款，需报何种文件，如何审核确认拨款数额以及双方对进度款额认识不一致时如何处理，对于一些容易引起争议、影响工程施工的事项，应当约定清楚。对于合同中工期、质量标准、付款方式、结算方式、违约条款等合同条款进行梳理，严格按照发包方内部的合同评审程序进行合同审核，从而最大程度地规避项目风险。

（5）技术变更经常会导致合同价款的改变。在工地现场，工程参与方应特别注意将技术签证转化为经济签证。在工程签证工作中明确约定以下几方面的问题：

① 凡是发生发包方提出的工程设计变更，均必须由发包方书面告知施工方，方可组织实施。施工方无权擅自对原工程设计方案进行变更，否则发包方有权对设计变更调整的工作量不予认可并追究施工方的违约责任。

② 施工方必须按照施工合同约定的时间，向发包方或监理单位提交已完工程量的报告。若合同约定要按进度支付进度款，而发包方未能按期支付，双方又未达成延期付款协议，导致施工无法进行，则施工方可以停止施工，并由发包方承担违约责任。在因发包方原因造成停工时，施工方一定要在合同约定的时间内向发包方书面发函并说明停工理由。

③ 发生合同价款调整的情形时，施工方应及时向发包方发函。施工方应在设计变更、政策性价款调整、工程造价管理机构的价格调整等发生后14天内，将调整原因、金额以书面形式通知发包方。如果施工方没有在规定时间内书面通知发包方，则发包方有权不进行调整。

4. 项目施工阶段投资控制

施工阶段是一个将设计图纸、材料、设备变成工程实体的过程，是我们全过程工程咨询中耗时最长、工作量最多、涉及面最广的一个阶段。施工阶段的投资控制也是对工程质量、工程进度、施工合同、变更签证的全面控制，工作内容较为繁琐，主要包括：

（1）项目资金使用计划的编制和进度款的审核。

（2）参加涉及投资问题的施工协调会、工程监理例会，及时掌握施工过程中发生的对投资影响的情况。

（3）根据施工图对项目中的主要材料、装饰及安装未计价材料、设备的实际发生数量和价格进行测算和审核。

（4）对重大设计变更进行技术经济分析和论证，测算增（减）金额，向业主单位提供投资咨询意见。

（5）记录现场动态，收集证据，为业主单位"反索赔"提供建议，审核"工程索赔"报告书，防止或减少"工程索赔"事件的发生，协助业主单位处理索赔与反索赔问题。

（6）安排专业人员参与与造价密切相关的隐蔽工程验收、工程阶段性验收，以及单位工程的竣工验收和过程监控。

（7）参与现场验收并对其真实性、准确性进行审核和确认。保证按时到场参与验收。

（8）根据工程形象进度和施工单位送审进度月报，进行进度款审核并签注支付意见。

（9）对施工过程中完成的工程量及费用进行审核和监控（包括审核设计变更工程量、工程变更、现场签证及洽商的费用、新增单价、验工计价）。

（10）对涉及工程结算的相关资料进行收集和整理。

（11）按照业主单位的要求，提供与本工程业务范围有关的工程造价咨询意见。

本阶段是资金投入量最大的阶段，因有变更、索赔等不可预见因素，也是投资管理难度大的环节。在施工合同签订后，过程中的投资控制主要表现在进度款的支付、人工费调差、材料调差以及多方案的经济效益对比等各个方面。

虽然施工阶段的投资控制没有设计阶段投资控制效果好，但是重要性同样不能忽视，而且施工阶段的投资控制确实是全过程工程咨询投资控制阶段中耗费时间最长、争议最多的阶段，我们要在这个阶段努力做好定额管理，严格按照合同约定的方式拨付工程进度款，严格控制工程变更，及时处理施工索赔工作，加强价格信息管理，及时掌握市场价格变化。

在施工阶段我们最常见的全过程造价控制工作和影响工程造价因素如下：

（1）工程变更

工程变更就是当工程实际情况与投标时情况发生了变化，而其中设计变更是工程变更的一个重要形式。在前期过程中，由于设计条件的限制、实际施工情况的变化或者业主需求的变化等各种原因，往往会出现设计变更。变更的出现，会使我们的投标工程量或者价格发生变化，从而影响最终的造价。

截至目前，四川大剧院变更一共63份，其中涉及费用项目43份，对于变更的审核，我们采用了正确的计价原则，严格按照合同约定的计价方式计算费用，签证应有据可依，尽量把签证图纸化。项目实施过程中，提出问题163个：影响使用的29个，影响施工的38个，影响设备安装的21个，影响后期维护的17个，修复BIM模型问题30处。

（2）新增项目

施工过程中由于设计变更和现场签证会有部分新增项目。掌握新增项目审核原则是非常必要的，完善审核制度也是非常重要的。各专业造价人员必须熟悉施工图、合同文件等资料，在符合其相关规定的前提下，对新增项目的价格进行审核及评价。最终经业主认可后方可实施。

（3）进度款的支付

1）坚持工程进度款支付的基本原则。即以工程量的计量结果、合同中规定的条款、日常记录和相关资料为依据，严格按照合同约定的程序进行，做到计算准确、公正合理。

2）审查施工单位提交的工程支付申请及其随同资料的完整性，做到资料不全或与合同不符不予签署、未经质量检查合格不予签署、存在违约行为不予签署。问题经处理符合要求后方可补签。

3）严格按支付程序进行支付。审核形象进度后，交由造价专业人员实施具体审核工作，审核结果与业主单位、施工单位交换意见确认后，由造价专业人员在规定的时间内出具支付证书。施工单位应签字认可审核结果。

4）业主单位按认可的支付证书中的金额支付进度款。

（4）建立支付台账、变更台账，动态分析建安投资

1）建立支付台账，统计工程实施造价，定期向业主单位汇报

工程实施造价包括合同造价，新增项目增加的造价，设计变更、签证增减的造价，可调材料价格调整引起的增减造价等。这些造价均是已发生或将要发生的工程造价，是工程实施造价的组成部分。

根据本工程的实际情况，造价专业人员将在该项目中建立工程实施造价统计台账，台账按工程项目分月统计，每月底累计至当月止的所有已完工程的实施造价。

2）建立变更台账

变更台账应以合同价为基础，掌握投资情况的动态变化。

3）分析预测

分析预测是投资动态跟踪评审的关键。在造价统计的基础上将造价统计结果分别与投资跟踪评审目标相比较，综合分析和预测，以便及时发现实际完成造价与投资跟踪评审目标的偏差，预测发展趋势。根据分析预测结果，如有必要，则依据各工程施工网络总计划，重新调整项目的投资跟踪评审目标，以求投资跟踪评审总目标的实现。

4）编制工作简报

工作简报将项目支付台账、变更台账、投资管理工作情况及投资管理工作中的问题及建议等定期报告给业主单位，是业主单位了解该项目投资计划和实施情况的窗口。

5）材料替换

四川大剧院项目立项时间较早，设计阶段提出的某些材料规格、内容、型号或许已经不能适应目前的市场，有的或许已经无法采购，有的材料也许有更加新型和高级的材料可以代替，这种时候施工单位提出，需要经过设计单位同意用新型材料替换设计阶段的材料，材料的替换同样有可能影响造价结果。因此在施工过程中我们也要做好询价工作，对于造价的变化给出相应的意见。

面对各类因素，有效控制工程造价是我们的工作重点也是难点，另外科学地编制资金使用计划，可合理确定工程造价的总目标和各阶段目标，让造价控制有据可依。

四川大剧院作为四川省文化产业的一张名片，为了提高对项目的控制，现场还采用了"数字工地"技术，这是一种集信息管理和视频监控于一体的监管系统，为施工现场提供一种全新的、直观的视觉管理工具。在对项目、从业人员、施工设备的管理等方面起到了积极的辅助作用。这种"数字工地"看似与投资控制无关，其实也是全过程投资控制结合的一种技术手段，对建筑元素的人工、材料、机械等方面进行监管，从质量、安全、进度、成本四个目标进行的一种动态把控，解决管理人员不在岗、设备操作不当、材料浪费、施工人员效率低下等一些具体的问题，达到一种实时监管和电子化监管的管理效果。

5. 项目竣工阶段投资控制

工程竣工结算是对施工单位完成的建安工程在投资上进行的全面的、最终的总结，工程结算将决定建设项目的建安成本。结算质量的高低直接关系到国家和施工单位的切身利益。同时结算结果一旦生效，再发现错误，就难以纠正，必将给当事人双方造成经济损失。因此，竣工结算审核是造价全过程控制的重要环节。

（1）熟悉资料

熟悉资料是开展审查工作的第一步，是审查的基础性工作，必须全面认真地阅读所有资料。在初步熟悉资料，并作好记录后，项目负责人组织造价人员及时互相交换情况，统一共性问题，不疏漏影响结算的任何问题。对资料不齐、表述不清、证据不足的资料，要及时要求重新提供并进行核实。

（2）现场踏勘

现场踏勘是为了复核竣工资料的真实性。因此在熟悉文字资料后，造价专业人员应到工程现场进行实地踏勘，以工程竣工资料为对象进行核对，发现有不符的内容，及时作好踏验记录。

（3）进行初步审核

在审核结算工程量时，必须对整个设计意图、全套设计图纸、现场情况等有充分的了解，熟悉工程全貌，然后有计划有步骤地按设计要求或验收规范，以严谨的工作态度，对整个工程的外观、结构、材料、质量等进行全面核查，并逐项准确计算核查工程量。根据已核定的工程量，按照合同明确的相应的工程计价原则和方法，结合政策性调整文件，以及有关材料、设备计价方法和采购、运输、保管责任等规定，计算出工程建安造价。而后对整个计价过程进行反复审核，杜绝重复计价、漏计或少计，确保工程建安投资的正确性，最终保证投资跟踪控制目标的实现。

（4）向业主单位通报初步审查意见

在初步审查完成以后，由项目部向业主单位汇报初审情况。汇报内容包括审增审减的金额、内容及依据，争议的问题及解决办法的建议，待得到业主同意，并对解决争议问题的方案达成一致后，开始与施工单位进行工程造价的核对。

（5）核对工程造价

首先将结算书中存在的问题一一告之施工单位。施工单位接受的，做好签字记录，形成证据。不接受的，进行数据核对。核对无误后，再签字形成证据。待初审中的全部问题均得到落实后，形成审核与被审核双方共同认可的审核结论，核对工作结束。

（6）出具审核报告

在核对工作结束，形成审核确认表前，项目部将核对中的情况，向业主单位汇报。内容包括对初审中发现的问题，在核对中是如何解决的及最终审核结果情况。在业主单位同意确认金额后，分别由施工单位和业主单位签字盖章，造价咨询单位出具正式报告。报告应全面描述工程情况、审核依据、审减或审增原因分析、审核中发现的问题、咨询建议等。

（7）编制竣工结算报告，归纳整理造价相关资料，向业主单位提供工程造价咨询工作总结。

四、全过程工程咨询服务的实践成效

四川大剧院项目已处于完工验收阶段，从目前来看已取得一些效果，在全过程工程咨询中达到了以下管理效果：

（1）一次性介入，管理全面、到位。全过程工程咨询模式，对整个工程项目建设进行整体构思、全面安排、协调运行，便于前后衔接和系统化管理。例如本项目前期通过整体考虑，提前制定整个项目的招标计划，并且根据剧院项目特点，打破常规地在基坑招标阶段即提前进行舞台机械招标工作，使舞台机械单位提前介入与建筑设计单位进行配合。通过提前设计协作，整个剧场图纸大幅度修改，为后期避免了大幅度返工的风险，并节约了大量的时间，同时剧院的核心使用功能更加完善。

（2）伴随式的全过程咨询，信息准确、完整，业主需求更好地得到体现。立项阶段即深入了解业主的投融资情况，根据业主的资金情况有的放矢，使每一分投资都用在刀刃上。项目管理同造价相结合，有效地进行投资控制、限额设计、限额施工、限额采购。从设计阶段就开始对设计要求进行限额设计，跟踪审核设计概算，在保证使用功能得到满足的情况下从源头为业主控制投资。招标清单编制阶段充分考虑投资，对工艺、设备、材料等均进行投资控制，严格把控招标控制价。项目实施阶段采用限额施工、限额采购，严格按招标清单及设计图纸实施，确保项目实施不超投资控制。

（3）以投资控制为主线的全过程咨询使各个环节得到了更紧密的衔接，投资控制覆盖项目全过程，从决策阶段—设计阶段—发承包阶段—施工阶段—竣工阶段，能明显感觉到越到后期对于投资控制的效果是渐渐下降的，所以投资控制介入时间越早，对于投资的控制效果越明显。

（4）四川大剧院项目的全过程工程咨询，除了传统的管理手段，更是加入了新的技术手段，比如利用"BIM技术＋造价""建筑蚂蚁网""数字工地"等新的技术手段，进一步提高了专业度和准确性，体现出很高的经济价值。

四川大剧院项目作为一个以投资控制为主线的全过程工程咨询项目，为如何开展全过程工程咨询积累了一定的经验，真正做到了事前控制，在确保工程优质按期完工的前提下，降低项目投资，实现建设单位、施工单位和参建各方的多赢，营造工程建设的和谐有序发展。

第六节 内蒙古某大型生态治理项目

一、项目概况

1. 基本信息

某大型生态治理项目包含沙漠综合治理工程、矿山地质环境综合整治工程、水土保持与植被修复工程、河湖连通与生物多样性保护工程、农田面源及城镇点源污染治理工程、乌梁素海湖体水环境保护与修复工程、生态环境物联网建设与管理支撑等7大类，共35个子项目，覆盖面积1.47万km²，实施期限2018~2020年，总投资180亿元。

本项目由上海同济工程咨询有限公司提供全过程工程咨询服务。

2．项目特点

本项目属流域综合治理项目，是大型复杂工程项目群，是一个复杂的巨系统，具有战略意义大、地域跨度广、项目参与方多、项目类型复杂、涉及专业广、技术难度大等特点。

（1）战略意义大。该项目为国家和内蒙古重点项目，构筑祖国北疆绿色万里长城，保护黄河水生态安全。

（2）地域跨度广。流域总面积约1.47万km²，包括整个河套灌区、乌梁素海区、乌拉特前旗、乌拉特中旗和乌拉特后旗的阴山以南部分。

（3）项目参与方多。多投资主体，建设过程中还有各旗县、各行业主管部门、原设计单位、中建施工、中建设计、中交施工、中交设计等诸多单位参与。

（4）项目类型复杂。涵盖山水林田湖草沙等方面，沙漠、林业、草原、湿地生态修复、地质环境治理、地质灾害治理、排干沟净化、海堤修筑、房建、生物多样性保护、水道疏浚、水生植物资源化利用、内源污染治理、外源污染治理、污水处理厂建设、大数据平台建设等20余项。

（5）涉及专业广。项目涉及生态学、环境学、环境工程、土壤修复、土木工程、水利工程、污水处理、地质工程、水土保持、景观等10余项专业领域。

（6）技术难度大。项目涉及多项世界级、国家级技术难点，包含植物资源优化、网格水道、矿山复杂环境治理、生态系统重构、沙漠植被、绿化取水等多个方面。

二、咨询服务范围及组织模式

1．咨询服务业务范围

本项目全过程工程咨询服务，包括全过程工程咨询管理、项目前期决策咨询、造价咨询、招标代理、工程监理等服务（图4-16）。

2．咨询服务的组织模式

为了充分满足业主在本工程项目委托咨询服务方面的实际需求，提高本工程全过程工程咨询服务水平，保证优良的服务质量。结合本工程具体情况特点，建立了具备1+X全过程工程咨询特色的公司—项目相结合的组织架构，项目组织架构如图4-17所示。

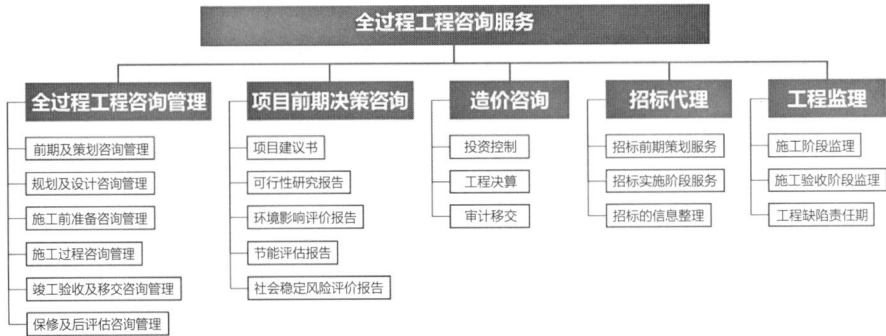

图4-16　全过程工程咨询服务内容

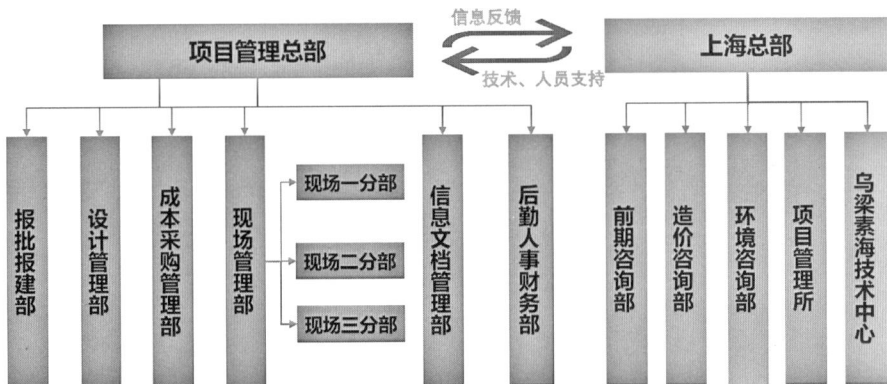

图4-17　项目组织架构

三、咨询服务的运作过程

1. 项目制度建设

根据项目的情况和特征，已编制、建立、下发一套完整的项目管理制度，其中包含《工作指导大纲》《报批报建管理办法》《设计管理办法》《造价管理办法》《合同管理办法》《进度管理办法》《质量管理办法》《安全文明施工管理办法》《信息及文档管理办法》《会议、报告管理办法》《资金管理办法》《巡查督导管理办法》《项目评估考核管理办法》《协调推进奖惩管理办法》等20余项内容，以提升项目管理效率和水平，全方位保障项目顺利完成。

2. 会议推进模式

建立了三级会议推进体系，政府指挥部工作组定期举行项目协调推进会，协调解决项目遇到的重大问题，为项目的顺利实施提供根本保障；业主单位、我司定期举行参建单位主要负责人参加的项目协调推进会，统筹各参建方，发挥合力，确保项目高效推进；定期举行参建单位主要负责人参加的工程监理例会，及时发现并解决项目实施过程中存在的问题。

3. 管理模式

建立了日汇总、周调度、月通报的管理模式，以日报的形式每日汇总项目建设情况，便于各方及时了解工程进度；每周通过召开调度会议，对施工资源进行统筹调度，加快项目推进；每月通报项目实施的整体情况，总体把控工程进展，为领导决策提供依据。

4. 手续办理

合理统筹工程报批报建各道程序，明确行业主管部门构成，强化、落实主体责任，打造市政府、行业主管部门、旗县、企业协同配合的良性模式，全力推进用地、环评、稳评、征占地手续的办理，提高办理效率，保障手续合法合规、全面完整。

5. 工程设计

统筹调度各主管部门、原设计单位及EPC单位，全力配合、协同推动设计工作。

（1）督促设计单位要保障设计质量，严格按照进度计划和管理单位相关要求出图，设计评审结束后应在7日内出具修改后的设计方案，设计成果应满足《项目技术指南》要求，确保有效指导施工，施工单位提出的问题，设计单位应在3日内出具解释说明。

（2）协调行业主管部门做好指导工作，在设计成果提交后14日内组织专家评审，配合设计单位满足项目实施要求。

（3）颁布了《项目技术指南》，运用先进的管理方案和措施，保障各项目设计进度和质量。

（4）督促施工单位和设计单位要建立完备的沟通机制，充分发挥EPC总承包的优势，实现设计有效指导施工、支持施工，保障项目实施进度，缩短工期。

6. 现场施工

现场施工是工程实施一线，需各行业主管部门、旗县、苏木镇、SPV公司、全过程工程咨询单位、EPC总承包单位全面配合，协同解决各类施工过程中遇到的问题，保障施工高质量、高标准、高效率地完成。

（1）协调各行业主管部门做好施工过程中的指导、监督工作。

（2）旗县、苏木镇要负责处理好征地、拆迁及社会矛盾纠纷，组织项目所需水、电配套供应，安排施工材料及设备机具运输通行。

（3）全过程工程咨询单位做好施工现场管理、工程监理工作，保障施工进度、质量、安全达到高标准。

（4）督促EPC总承包单位排好进度工期，有效调度人力、机械、物料资源，全力投入工程建设，并做好施工品质控制。

7. 信息文档

建立文档资料线上线下双重归档模式，保证项目实施过程产生的大量信息文档资料得到有序存储。建立月报、周报、日报制度，保证可有效追溯每一项工作过程，并及时与各单位共享。建立六段文档编码制度，保证每一份项目资料有固定编号存档，提高信息检索效率。建立工程资料文档制式模版，保障信息的规范、准确。

8. 竣工验收

在各子项目实施后期重视收尾工程并督促施工单位认真完成，保障竣工验收资料准备到位，并做好工程竣工预验收，严格做好验收把关，核实绩效目标、实施方案完成情况，全方位做好竣工验收工作。

9. 投资、资金管理

（1）合同管理。强化合同管理，建立合同实施情况台账，分项目、分单位建账管理。按开工日期、竣工日期、合同价款、预付价款、批复进度款等逐项登记。通过台账动态掌握与施工单位往来的总额和分项明细金额，强化项目成本控制。

（2）进度款支付。在进度款的支付上，以资金管理办法和进度款拨付管理办法为依据，严把支付关口。同时要经常深入施工现场，严格落实资金使用，及时掌握第一手资料，减少支付进度款的盲目性，有效控制资金支付。针对建设项目的进度结算手续，需认真审核，对照施工合同，严把结算关口。

（3）合理编制项目收支预算。根据项目进度计划，合理编制项目合同收付款计划，形成项目收支预算，并根据项目进度实时调整。制定合理和相对准确的收支预算，能够全面掌握项目收付款时点，预测出项目资金盈余与缺口，进而制定合理的筹资计划。

（4）提高资金使用效率。通过严格执行项目收支预算，尽量做到先收后支，推迟付款减少垫资。制定统一的项目预算管理制度及资金使用审批制度，通过将经济活动制度化、规范化、程式化来加强制度执行力度。同时通过现代化手段辅助进行收付款流程审批，以加强预算执行力度。提高资金使用效率。

（5）加强项目资金调度。积极与市财政部门沟通，明晰项目资金来源组成及各项目使用情况，降低资金紧缺风险，做好资金统筹调度，保障工程资金合理支出。

10. 信息平台

（1）建立了云共享资料收集系统，收集、归档、分析项目全生命周期产生的数据信息，促进各方沟通协调，实时掌控项目进展。

（2）策划并构建了工程协同管理平台，形成地理信息系统项目展示模块，项目进度、质量、安全控制模块，人员管理模块，线上审批管理模块，无人机管理模块，角色权限管理模块，操作日志模块等七大模块，实现无人机直播、项目信息报表优化展示、文档云存储、多方参与单位协同管理、线上审批等功能，以保证项目管理有效率、领导决策有依据。

（3）充分运用无人机技术，组建"天眼"管理指挥平台，实现了管理人员足不出户，能够在指挥室从高空角度查看掌握重点项目现场施工进度、人员到岗、施工安全等多种情况。通过无人机航拍采集大量图像信息，制作生成720°全景效果图，可以定期收集项目现场环境状况信息，直观对比项目实施前后施工现场的变化、生态环境的改善等。

（4）开发无人机3D实景模型技术，辅助矿山、海堤等类型项目的设计、监管工作，可通过对项目实施前后实景模型的对比，进行面积和土方测量，作为工程监管、验收及资金拨付的依据。

11. 专家培训

邀请海内外知名生态环境治理院士、专家，为项目提供技术支撑，同时邀请专项领域技术专家进行培训，全方位提升管理、设计、施工人员技术水平，以相继开展矿山生态环境综合治理专项培训、生态保护专项培训、沙漠生态环境综合治理专项培训。

12. 书籍编制

编制《生态保护工程技术指南》《生态保护工程管理指南》《生态保护工程图册》等书籍，将工程管理、技术经验整合归纳，实现工程"可复制""可操作"，为子孙后代留下生态治理宝贵财富。

四、咨询服务的实践成效

全过程工程咨询通过把试点工程全生命周期内的决策咨询、项目管理、招标代理、造价咨询、工程监理等管理集成化服务，实现服务内容的高度整合，从而助力项目实现更省的投资、更快的工期、更高的品质和更小的风险等目标。

（1）节省投资。全过程咨询服务单位单次招标的优势，可使其合同成本大大低于传统模式下决策咨询、项目管理、招标代理、造价咨询、工程监理等参建单位多次发包的合同成本，实现"1＋1＞2"的效益。由于全过程咨询单位服务覆盖全过程，整合了各阶段工作服务内容，更有利于实现全过程投资控制，通过限额设计、优化设计和精细化管理等措施降低"三超"风险，提高投资收益，确保项目的投资目标，2019年度共节省投资2.132亿元。

（2）加快工期。由一家单位提供全过程工程咨询服务的情况下，一方面，可最大限度处理内部关系，大幅度减少建设单位日常管理工作和人力资源投入，有效减少信息漏斗，优化管理界面；另一方面，创新模式不同于传统模式冗长繁多的招标次数和期限，可有效优化项目组织和简化合同关系，并减少项目管理、招标代理、造价咨询、工程监理等相关单位责任分离、相互脱节的矛盾，缩短项目建设周期。本项目目前已节省工期33个月。

（3）提高品质。各专业过程的衔接和互补，可提前规避和弥补原有单一服务模式下可能出现的管理疏漏和缺陷，全过程咨询单位既注重项目的微观质量，更重视建设品质、使用功能等宏观质量。创新模式还可以充分调动全过程咨询单位的主动性、积极性和创造性，促进新技术、新工艺、新方法的应用。

（4）减少风险。在五方主体责任制及住房和城乡建设部工程质量安全三年提升行动背景下，建设单位的责任风险加大，全过程咨询单位作为项目的主要参与方和负责方，势必发挥全过程管理优势，通过强化管控减少甚至杜绝生产安全事故，从而较大程度降低或规避建设单位主体责任风险。同时，可有效避免因众多管理关系伴生的廉洁风险，有利于规范建筑市场秩序，减少违法违规的行为。本项目实现了零重伤、零死亡的安全目标，重大质量安全事故为零。

第七节 绍兴上虞鸿雁未来社区

一、项目总览

1. 项目概况

本项目服务案例基于省内某未来社区项目编制，是该省首批24个未来社区试点项目之一，项目拟建回迁房、人才公寓、商业商务、社区中心、配套附属工程等，总建筑面积约52万m²（含地下室面积），总投资估算约50亿元，拟回迁人数不少于1900人，安置人才不少于4900人。

项目实施单元总用地面积20.7hm²，并分两期实施。一期项目为回迁房及社区中心项目，土地性质为划拨土地，用地面积10.4hm²，总建筑面积约20万m²，一期项目采用EPC设计采购施工总承包模式实施；二期项目为人才公寓项目，土地性质为出让土地，二期项目地块用地面积10.3hm²，总建筑面积约32万m²，二期项目目前拟采用常规设计—采购—施工模式实施。

本项目由浙江五洲工程项目管理有限公司提供全过程工程咨询服务（图4-18、图4-19）。

图4-18　项目位置示意

图4-19　项目效果图

场地情况：一期项目场地貌形态单一，整体地形较为平坦，地面标高为5.50～7.80m，场区东部南侧部位原为水塘，现已被填埋为暗塘。二期项目西侧部位存在局部堆土，南侧部位一层厂房，正在开展搬迁工作，二期项目土地出让前将予以拆除。

报批情况：采用企业投资项目模式，已完成项目备案。

设计情况：方案设计尚未完成，初设及地勘尚未开展。

2. 项目重难点

（1）未来社区理念新颖，九大场景落地难度大

未来社区是浙江省委、省政府遵循习近平总书记有关城市治理的指示，围绕推动浙江省高质量发展、创造高品质生活的目标，提出的社区示范建设工程，目标是把未来社区建设成为我省标志性民生工程。

未来社区是以满足人民美好生活需要为根本目的的人民社区，是围绕社区全生活链服务需求，以人本化、生态化、数字化为价值坐标，以和睦共治、绿色集约、智慧共享为内涵特征，以未来邻里、未来教育、未来健康、未来创业、未来交通、未来低碳、未来建筑、未来服务和未来治理九大场景创新引领未来生活方式变革的新型城市功能单元。

在发展进程方面，"未来社区"概念于2019年首次被写入浙江省《政府工作报告》；2019年3月18日，省政府正式印发了《浙江省未来社区建设试点工作方案》（浙政发〔2019〕8号）；次日，省发展改革委发布了《关于开展浙江省未来社区建设试点申报工作的通知》（浙发改基综〔2019〕138号）；同年6月27日，省发展改革委公布了首批24个未来社区试点创建项目建议名单；同年9月10日，省发展改革委又发布了《关于征求高质量加快推进未来社区试点建设支持政策意见的函》。

"未来社区"从提出到正式实施一直走在发展的快车道上，"九大场景"概念的提出更是前无古人，特别是未来邻里、未来治理等软性场景打造，真正深入人心落地的难度极大，对建设方、施工方、管理方、运维方都是极大的考验。本项目作为浙江省首批24个未来社区试点项目之一，工程建设意义重大，社会效益显著，各方关注度高。同时本项目缺少可借鉴的经验，按照浙江省对未来社区的要求以及项目前期参与单位的专题研究，确定未来社区九大场景的分解目标。实现分解目标，设计难度大，实施难度大，沟通协调难度大；项目工期两年半，这么短的时间内完成未来社区的建设目标，难度更大。本项目成功实施，将会在浙江省乃至全国，起到示范作用，为后续旧城改造或住宅区建设指明发展方向。

（2）项目内存在两种用地性质，分开实施工作量大、管控难度大

一期项目为回迁房及社区中心项目，用地面积约10.4hm²，总建筑面积约20万m²，用地性质为划拨土地，目前已确定实施主体；二期项目为人才公寓项目，用地面积约10.3hm²，总建筑面积约32万m²，用地性质为出让土地，但土地尚未挂牌，实施主体尚未确定。分期实施的过程工作量增加了一倍，若实施主体不同则极大地增加了项目各环节的管理难度。

出让地块要求以带方案出让的方式进行挂牌出让，虽然带方案出让可以大致确保原有规划指标得以实现，也能对取得该土地的实施单位沿着未来社区的方向进行设计建造，但其最终所落实的九大场景的效果具有较大的不确定性，与划拨地块在后期运营管理、数据分享等方面的融合也会造成一定困难，从而影响后期未来社区的试运行及最终的评价与挂牌命名。

（3）新标准装配率要求高，影响工程费用与工期

2019年8月1日，浙江省工程建设标准《装配式建筑评价标准》DB 33/T 1165—2019正式实施，原《工业化建筑评价导则》（建设发〔2016〕32号）废止，同时规定2018年8月1日后出让（或者划拨）的国有建设用地上的装配式建筑评价按该标准执行。原规范仅规定"装配式混凝土结构项目的预制率不低于20%"，而新规范要求"公共建筑的装配率不低于60%，居住建筑的装配率不低于50%"，装配率要求的激增，在装配市场还处于培养上升期的今天，带来的是建安费用明显上升以及装配厂商供不应求的情况，以及熟练装配工人的短缺，势必引起工期的延长；同时装配厂商为了接单赶工，预制构件的质量控制也存在一定隐患。这些情况都极大增加了全过程咨询的难度与工作量。

同样由于装配市场还处于培养上升期，装配式建筑厂家在排产等方面会优先考虑其自身发挥最大产能和优先安排出货快、利润高的订单，而并不会考虑与工地施工进度相协调的问题。由此带来的问题除了延期交货造成工期延误，也会出现由于装配进度跟不上生产转运速度，导致大量装配构件需要在现场堆放，对施工操作面和地下室顶板、底板安全性的影响都比较大。需要对构件的装配进度、加工进度提前预判，做好提前规划，同时制定相应预案，避免出现上述不利情况。

（4）采用装配式装修对工程造价存在一定影响，市场接受度存在不确定性

目前国内专业的装配式装修厂家较少，可能产生厂商配货不及时而导致工期延误及工程费用较高的问题；同时现阶段国内装配式装修的市场渗透率较低，相对于传统装修，可选择的装修样式受限，用户接受度存在不确定性；最后，装配式装修对土建工程的误差率要求较高，侧面提高了施工与管理压力。

（5）报建流程与工程进度不协调，影响工程合规性

根据建设单位要求，一期项目计划于2019年12月15日开工，而目前项目施工图尚未完成，无法进行正常施工报建工作。为满足开工计划，"桩基先行"势在必行，存在较大的沟通难度及政策风险。

由于上述原因，各部门对设计成果审查无法出具相应的审查文书，大都停留于口头沟通，设计成果存在较大的不确定性，后续调整修改的风险较大。此外，上部施工图没有同步出图和审查，后续施工过程中反复的可能性大大增加，对工期和造价管控难度大大增加。譬如二期地下停车位指标问题，前期业主希望能将一期用地富余停车位用于平衡二期停车位指标不足部分，所以前期方案一直按照这一设想进行，但规划部门一直未有明确表态，也无相应书面意见。最终确定需要两个地块各自独立平衡用地内的车位需求。因此，原有设计成果作了较大的修改。设计工作量增加了，设计周期却没有延长，设计成果的质量必然受到一定的影响。

（6）工程体量大、工期短，工程压力大

项目总体量约52万m²，并要求于2022年8月底前竣工，总工期约32个月，时间紧、任务重、管理压力大。

（7）EPC招标前较多设计未作深化，采用费率招标，投资控制要求高

一期项目EPC招标前，九大场景智能化方案、集中供热（暖）方案、光伏一体化方案、河道工程方案等设计均未确定（内容、范围、规模等与造价相关的要素均未能确定），同时后期会产生较多无价材料，无法给出确定工程费用，仅可采用费率（下浮率）招标，同时无价材料的询价机制及效果均存在不确定性，加大了投资控制的难度。

二、全过程咨询工作内容

1. 设计管理工作内容

五洲管理编制的项目策划书中"设计与技术管理""九大场景建设管理""绿色建筑咨询管理"三个篇章已详细体现设计管理工作的主要内容与目标。其中"设计与技术管理"篇章用于指导整体设计管理工作；考虑到九大场景建设与绿色节能是未来社区建设的重中之重，因而设置"九大场景建设管理""绿色建筑咨询管理"两个篇章进行单独详细指引（表4-20）。

设计管理主要工作内容清单　　　　　　　　　表4-20

项目阶段	工作内容	工作成果
前期策划阶段	1.充分调研，识别相关方诉求、市场及政策环境 2.组建设计管理团队，建立相应的工作流程及程序文件；建立职能分工表，理清工作界面，编制设计管理大纲 3.评估项目建设风险，制定对应措施 4.编制项目总体计划	1.设计管理大纲 2.总体设计进度计划
初步设计设计阶段	1.组织装修设计研讨，并编制装修设计任务书 2.组织重要材料设备比选 3.设计总体管理、设计各专业协调、设计与报批报建协调 4.审查初步设计文件、评估咨询成果 5.启动其他专项设计工作 6.设计进度监控	1.专项设计任务书 2.初步设计审查意见 3.九大场景落实进度表 4.九大场景解决方案 5.月审查报告 6.进度管理报告
施工图阶段	1.编制施工图设计任务书 2.组织景观设计调研，编制景观设计任务书 3.主体设计与各专项设计协调 4.设计进度监控	1.施工图设计任务书 2.施工图审查报告 3.月审查报告 4.专项设计审查报告 5.进度管理报告
施工阶段	1.专项设计管理 2.深化设计管理 3.设计图纸管理 4.图纸交底及会审管理 5.招标技术条件审查 6.组织开展样板工作，对施工单位的样板设计、样板施工方案以及材料样品，组织相关单位进行评审，并组织确认 7.设计现场配合 8.变更管理 9.参与验收管理	1.深化设计管理审查报告 2.图纸及变更管理台账 3.招标技术条件审查记录
竣工验收及质保	1.运营前设计配合 2.投入使用前的设计完善与优化 3.交付说明及培训 4.工程结算配合 5.试运营至命名阶段设计配合	设计管理总结

2. 九大场景管理工作内容

（1）方案对接阶段：引导建设单位落实九大场景支撑单位（及其实施需求）。

（2）功能调研阶段：① 对接使用单位、建设方的需求（同时联合场景支撑单位），将其转化为设计院及设备供应商的设计要求，并体现于施工图设计任务书、各专项设计任务书中；② 协调设备供应商与设计院设计进度。

（3）需求落实阶段：① 初步设计和施工图对应九大场景指标落实情况审查；② 协助与职能部门落实九大场景评分项要求。参见表4-21。

前期审核意见落实情况表　　　　　　　表4-21

序号	板块	审核意见	优化落实情况
1	未来创业	在双创空间预留一定的空间作为生活配套用房，如共享厨房、共享餐厅、共享书吧、共享健身房等	初步设计优化中人才公寓标准层平面已设置共享空间，但实际用途未作定义
2		结合云廊体系，在社区配套服务用房中设置流动共享工作站、共享会议室等社区创业空间	初步设计优化中架空层配套服务用房、物业经营用房等均已预留，共享工作站、共享会议室等内容分散分布使用效益不高，需结合后期招商情况见缝插针式按需布置
3		在创业空间设置创客交流厅，以便于创业人员之间互相学习与交流	初步设计优化中已落实
4	未来邻里	根据鸿雁未来社区自身特色打造标识性LOGO，同时考虑游客服务中心的设置	标志性LOGO不属于建筑设备设计范畴，需由专门文创类机构与运维单位共同协作完成，游客服务中心结合未来社区展厅设置（社区中心二层已设未来社区展厅），布展设计需运维机构提出需求
5		落实"5分钟生活圈"服务配套的具体功能，如教育、健康、创业、商业等；建议加大邻里宴会厅的面积	架空层社区服务用房及商业服务设施散点布置可以满足"5分钟生活圈"服务配套需求，但上述空间未具体定义为教育、健康、创业、商业等空间
6	未来建筑	将公交首末站设置于五星东路与鸿雁路交叉口，同时预留共享单车及共享汽车停放场地。此举一方面与城市轨道2号线相互呼应，产生集聚效应带动人流从而增强社区活力；另一方面能够更有效地组织商业的人流导向，从而提升商业价值	公交首末站目前布置于五星东路与永辉路交叉口，现阶段调整位置对方案影响较大；共享单车及共享汽车相应场站在当前设计成果中尚未体现，需尽快落实交通影响评价工作，明确交通布置
7		结合阳台、露台、退台、连廊等打造垂直绿化体系	阳台、露台等属于住户私人空间，日后长期维护不便，按三个专项评审时专家意见，设计成果还需强化云廊处垂直绿化
8		采用装配式建筑，同时装配率公共建筑不低于60%，居住建筑不低于50%	需在施工图阶段结合部品厂构件设计落实
9	未来低碳	在景观的构筑上（如廊、亭等），顶面设置光伏一体化＋储能	已在社区中心屋面落实光伏一体化
10		采用集中定点智能投放模式垃圾收集装置，如景观地埋式垃圾收集系统	九大场景优化方案（会议后修改稿）中已分区采用两种收集形式，但具体设备选型、安装位置构造图未作深化设计
11	未来教育	建议在社区中心增设幼儿园及托育点，以达到社区教育全覆盖的目的	规划单元内幼儿园满足社区学前教育需求，配套用房中未做特别的定义
12	未来健康	增加云廊系统的缩放空间，创造更多的趣味空间，便于人流驻足；同时完善智能化漫行系统	建筑单体架空层可作为云廊系统的缩放空间，需要深化架空层内的设置和功能布置及深化运动场地设计

续表

序号	板块	审核意见	优化落实情况
13	未来交通	在联谊路及五星东路之间加设机动车道，同时结合公交站点预留共享单车及共享汽车停放场地，实现零换乘	交通专项优化方案中优化方案（会议后修改稿）汇报稿中已增加道路，但具体工程图纸尚未落实
14		社区中新建住宅配建停车位应100%预留充电设施建设安装条件	预留安装条件可达，但根据目前电动汽车普及及消费发展趋势，实际申请安装比例可能会较低，实际安装量建议可按照《民用建筑电动汽车充电设施配置与设计规范》DB 33/1121—2016要求配置
15		在地下室设置物流收配分拣点，同时结合入户门厅设置智能快递柜	此项内容仅在汇报文本中出现，但工程图纸未见相应内容
16	未来服务	基于零物业费目的，精细测算经营配套用房面积占比，同时配套用房及设备用房的空间预留应相对匹配	目前暂无测算数据，建议细化测算
17	未来治理	建议在每个小区块中分别设置规模较小的社区议会厅，便于小范围的讨论，并可兼做志愿者服务大厅	使用频率不高，与其他服务功能兼用使用效能更好：如阅览、健康小屋等，架空层空间也可作为小范围讨论居民自治所需空间

三、绿色建筑管理目标及定位

五洲管理将以确保各分部、分项工程质量一次性达到国家、省市及地方的验收合格标准，整体工程一次性验收合格，并以通过未来社区试点验收为目标，以推进绿色建筑和未来社区系统化整合为宗旨，基于生态环境和资源承载力将绿色可持续发展理念落到实处，以实现将鸿雁社区打造成高标准具有标杆示范意义的绿色、健康未来社区的最终目的。

五洲管理将以达到国家绿色建筑二星级标识认证的要求为指导方针，充分考虑项目所在地区的气候、地理环境、自然资源、经济社会发展水平等因素，结合本项目作为一个新型城市功能单元所具有的特殊性，从安全耐久、健康舒适、生活便利、资源节约、环境宜居等多个方面为人们打造健康、适用、高效的使用空间，同时，增进居民对于未来社区的体验感和获得感，力争打造出真正意义上的未来社区九大场景。

1. 设计成果审查

本项目涉及的设计成果审查工作主要为初步设计审查及施工图设计审查。审核内容及成果如表4-22所示。

审核成果表　　　　　　　　　　　　　表4-22

审查成果		根据初步设计的深化情况，一期项目共提出4版审核意见，第4版即为五洲管理出具的终审意见；二期项目共提出2版审核意见
实践效果	符合性	建筑设计可满足回迁1900人及引进人才4900人的居住要求，符合鸿雁未来社区申报要求；九大场景均已完成设计落位，但若干方面深度不足
	可行性	设计理念成熟，相关建筑结构、设施设备具有可实施性，但集中供热（暖）的热源选择须继续深化研究后决定
	经济性	本项目属于首批未来社区项目，建筑结构与设施设备理念相对超前，能源方面积极采用国家推行的绿色新型能源，虽在现阶段全生命周期的建设-营运成本无法与现有建筑相抗衡，但其意义在于为国家乃至世界推荐清洁能源建筑的一个选择，一旦体系得到推广，设施设备、建筑结构成本将逐步降低，全生命周期成本及环境都能得到合理的保障
	时效性	审核任务均在3~5天完成并提交设计及业主单位

2. "四新"论证与方案优化

针对本项目未来社区的特点，五洲管理结合发展改革委相关要求及工程实际，出具了"九大场景方案建议""人行甲板设置条件分析""低碳场景设备系统选择意见""九大场景优化审核意见（含市政与交通专篇）"以及"专项设计深化建议"，为推动项目理清了方向与步骤。现简要介绍低碳场景设备选择结论及专项设计深化流程建议。

本项目低碳场景涉及的主要设备系统有光伏建筑一体化＋交直流微电网、集中供热（暖）供冷系统、新能源汽车充电系统、垃圾处理系统及中水回用与雨水收集系统等，五洲针对以上系统进行比选分析，并得出相关结论。

（1）光伏建筑一体化＋交直流微电网相关建议

由于电能即发即用的特点，以及分布式能源受环境影响发电量的不确定性，要实现微电网稳定可靠的供电，一是把光伏电能通过逆变器转变为交流和市电并网运行，二是采用储能装置进行电能储存。储能装置是微电网非常重要的一部分，目前采用较为普遍的是铅酸电池，铅酸电池具有容量大、价格便宜的优点，是光伏发电首选的储能装置。

综上所述，本项目光伏发电系统采用和市电联网在线运行＋带储能装置的微电网系统是最合理的实施方案。

（2）新能源汽车充电系统相关建议

交直流混合系统优势显著，但本项目光伏规模较小，相对投资偏大，全寿命周期节省效益无法覆盖初始投资。因此，若需建设单位自行出资，则建议采用光伏电通过逆变并网，从电网上再逆变至直流电使用终端；若供电公司等外部企业愿意进行投资作为样板，则建议采用交直流混合系统。

在充电桩设置比例方面，建议新能源汽车充电设施应该按照《民用建筑电动汽车充电设施配置与设计规范》DB 33/1121—2016要求配置，具体按表4-23执行。

住宅建筑建成时电动汽车充电停车位配建指标 表4-23

项目	建成时电动汽车充电停车位配置总数量（占建筑配建机动车停车位数量的比例）			快充停车位配置数量（占建成时充电停车位总数量的比例）		
指标级别	I	II	III	I	II	III
住宅	10%	12%	14%	2%	2%	3%

注：（1）快充停车位应设置为共用充电停车位。

（2）预留条件：住宅建筑配建的机动车停车位应100%预留配电线路通道和充电设备位置，并适当预留相关变配电设备设置条件。表中规定数量的充电停车位应在建成时配足变压器容量。

（3）集中供热（暖）供冷系统

本项目集中供冷供暖系统建议优先采用地缘热泵＋冰蓄冷系统，如果地缘热泵设置的物理条件不能完全满足需要的冷热量时，选择以燃气冷热电三联供系统或传统的锅炉＋冷水机组作为补充。

（4）垃圾处理系统

未来社区的垃圾减量、就地处置和资源化利用反映到未来社区建设要求中的主要是厨余垃圾的处置设备。厨余垃圾集中收集处置设备所需场所无特殊要求，设备成熟，有各种处置量级的规格，市场上可选择余地较大，日后维护保养及扩容较简便。

（5）中水回用与雨水收集系统

本项目建议采用雨水收集系统及收集部分废水进行集中处理的中水系统。

3. 组织设计文件确定与专项审查

针对勘察要求、桩型选择方案、九大场景专篇、市政专篇、交通专篇、低碳场景设备选型等方面，五洲管理提供了相应的专项意见；同时针对设计深化及设计确定，提出了设计深化意见，重点助力未来社区各项指标落地。

（1）运维单位、支撑单位选择及后续流程建议，见图4-20。

（2）设计确认流程建议，见图4-21。

4. 设计施工配合

根据项目施工情况及遇到的问题，五洲管理针对钻机选择、钻孔桩持力层确定的可行性、沉渣处理方案均进行了深化，项目部配合施工单位、设计单位一同确定具体实施方案。

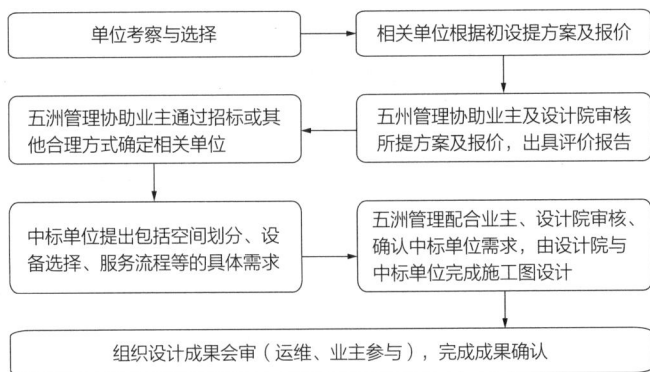

图4-20　运维单位、支撑单位选择及后续流程建议

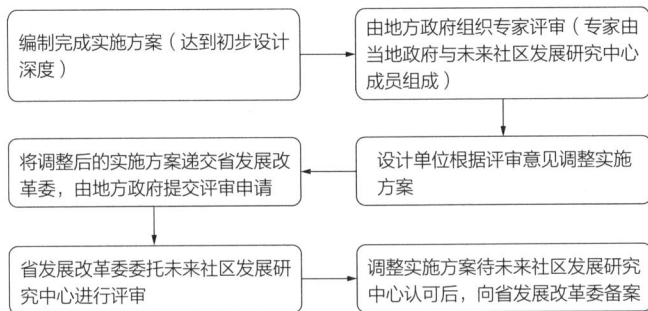

图4-21　设计确认流程建议

四、全过程投资管理内容与实践

本项目投资管理工作可分为工作大纲制定、概算审查与清单预算编制、进度款支付与决算审计、相关配合工作。

1. 工作成果

投资管理成果见表4-24。

投资管理成果表　　　　　　　　　　　　　　　　　　表4-24

初步设计概算审核
由于初步设计深度不足，大部分概算指标停留在指标估算乃至匡算的阶段，五洲管理结合项目所在地的经验造价指标与实际设计情况，对概算指标进行了优化，并根据实际调整了定额扩大系数。其中一期项目核减金额8643万元，核减比例4.95%；二期项目核减金额7845万元，核减比例2.3%
施工图设计（一期）预算编制
基于本项目采用桩基先行施工的特点，本项目预算编制基本与桩基施工同步，并分两阶段编制施工图预算，一阶段为先行施工的桩基施工图，二阶段结合同步实施的类似九大场景智能化、集中供热（暖）设备设计以及土建施工图部分，完成剩余整体施工图预算编制

本项目开展初期，由于投资管理部门未引起足够重视、部门之间沟通协调不足，造成部分投资管理工作拖延及成果准确性偏差等问题。

2. 工作指引

为迅速纠偏，推进投资管理工作步入正轨，五洲管理结合以往工程实例及本项目实际情况，编制了本项目投资管理重点工作指引，把浮于表面的工作内容落到实际工作中，内容涉及预算编制与审核工作、优化设计工作、工程变更管理工作、工程价款审核工作共4方面。

（1）预算编制与审核工作

1）一期预算审核与编制问题

① 问题

一期项目采用EPC模式，且以桩基先行形式开工，即"边设计、边施工"。该模式开工前无法取得完整及足够深度的施工图，预算编制工作后置，导致施工前无法对部分设计进行造价控制；再加上初设深度不足，导致设计概算分块不够明确，该模式下的工程造价无法全面与设计概算比较，无法分块得出是否有超设计概算或是否已达到初步设计要求的结论。

② 实施意见

控制设计出图速度及设计深度，设计管理部门严格控制设计合理性及设计投标时的设计时限；监理严格控制现场施工情况，要求严格按图施工。

参与部门：设计管理、投资管理、项目部。

工作成果：概算限额分解表、设计限额审查表、施工图预算、施工图预算审核报告等。

2）二期预算审核与编制问题

① 问题

二期项目拟采用传统清单报价的施工总承包模式。该模式前期准备工作较长，须编制招标工程量清单，而对工程量清单的正确性、完整性要求很高。对编制的人员要求较高，但较容易控制总造价，有利于实施过程中的成本控制。其中对于九大场景等新兴事物，如设计单位对这方面把握不准确，容易导致设计内容缺失及深度不足，带来预算清单编制无法进行或不能合理控制造价。

② 实施意见

协调五洲管理优质力量参与工程量清单的编制工作，保证招标工程量清单按时完成，确保招标顺利推进；积极与设计院、业主及相关决策部门沟通，明确招标范围，尽可能把设计工作做细做足，不要大量出现需要二次设计深化的内容以及暂列项目的发生。

参与部门：设计管理、投资管理、招标代理。

工作成果：概算限额分解表、招标工程量清单、招标控制价等。

（2）优化设计工作

目前EPC项目实施过程中普遍存在大量过度设计的情况，导致造价不合理上升。因此在预算编制过程中同步梳理存在的过度设计内容，及时向设计及建设单位反馈、沟通，以利于降低造价。

参与部门：设计管理、投资管理部。

工作成果：优化设计咨询意见、经济性对比分析等。

（3）工程变更管理工作

1）严把设计/施工变更关

把好设计变更、施工变更工作的关，对已审图后的蓝图不得随意变更，且不得随意替换已出的图纸，特别是对因施工方法问题产生的降低施工成本的变更，应坚决杜绝。

参与部门：设计管理、投资管理部。

工作流程：对设计单位报送的设计联系单进行分析、判断，对于已审图后的蓝图进行的设计变更，均须由设计院出具变更缘由，对于不满足初步设计方案的应退回设计单位重新设计；对已完成图审的设计蓝图及时备案登记并报送业主，严禁随意更换设计蓝图（CAD仅作参考，以蓝图为准）。

对施工变更联系单应做到保证每份变更的必要性及合理性，对上报的联系单做好现场踏勘，如有更换品牌及种类的，要按合同要求做好询价及重新组价工作。

参与部门：设计管理、投资管理部。

工作成果：工程变更台账及审核意见表、签证审核意见表等。

2）严控事后变更

严格要求按图施工。若出现未按图施工情况，对于可以进行补救的项目及时要求施工方补救；不能补救的严格按合同约定在进度款及结算中予以扣除。特别是隐蔽工程在工程完工后结算阶段无法核实的内容，做好现场取证工作，为工程结算容易发生争议的问题留下证据。

参与部门：投资管理、项目部。

（4）工程价款审核工作

做好工程材料、设备的价格管理，该部分为施工过程中的造价控制的重点之一。其中涉及两方面：其一对使用的工程材料、设备需一对一进行询价，落实询价制度；其二加强对施工现场材料及设备的施工情况的管理，核查是否符合招标文件工程材料、设备品牌要求，及时发现调用其他品牌施工的情况，并要求整改。

参与部门：投资管理、项目部。

工作成果：项目资金支付台账、工程量审核统计台账、项目预结算台账、决算台账、支付意见书、投资目标对比分析表、结算资料审查意见、修复费用监控意见书等。

3. 外委投资管理

若全过程工程咨询投资管理工作属于外委性质，建议五洲管理投资管理部门做好审核工作，虽外委合同中已设置相应处罚条款，但仍应通力协作，共同把项目做好。因此对投资管理工作流程做以下建议：

（1）五洲管理投资管理部门结合外委合同及全过程咨询合同，向项目部及外委单位进行会议形式交底，明确各阶段需完成的工作。

（2）外委单位根据交底内容及相关合同，提交各阶段实施细节，经五洲管理投资管理部门认可后，项目部负责过程监督。

（3）五洲管理投资管理部门根据工作性质编制审核细则及流程，提高审核效率。

五、全过程招采管理内容与实践

五洲管理进场前，本项目已完成方案、初设、勘察工作招标，根据项目节点及业主需求，一期项目采用EPC设计采购施工总承包方式，二期项目拟采用常规设计-施工总包模式。现以一期项目EPC招标为例，总结招采管理经验并提出后续工作建议（表4-25）。

招标成果与工作建议表　　　　　　　表4-25

一期项目EPC设计采购施工总承包		
招标成果		于五洲管理团队进场一个月内发布EPC招标文件，两个月内完成招标工作，且并未出现流标等现象
实践效果	准确性	合同存在局部前后未统一情况（如信息价计取、质保期），均已通过答疑、询标及合同优化方式进行完善
	可行性	本项目EPC招标要求合理，共有10家单位报名参加，且在答疑阶段并未提出难以达成要求的疑义
	时效性	EPC招标工作时效性满足业主要求，并未影响工程开工要求
	风险性	风险性把控不足，在招标控制价、电梯品牌两方面未统一所有业主意见，引起业主单位的不满
后续工作建议		（1）明确工作流程与确认机制 本次招标整体安排较为仓促，工作流程与确认机制存在一定问题，因此对后期招标流程提出以下建议： 1）组建招标工作小组：项目负责人牵头组建招标小组，人员根据招标内容确定。 2）招标需求对接：招标小组内部整理关键性需求表（需有选项）与招标工作计划，由项目负责人与业主方初步沟通，明确业主方需求。

一期项目EPC设计采购施工总承包	
后续工作建议	3）招标文件初稿编制：根据业主方初步沟通情况，招标小组内部分工编制招标文件初稿，并摘录出招标文件各关键条款。 4）招标文件内审：招标代理人员统稿自审，并充分理解招标文件内容（此后修改均由招标代理人员独立完成，尽量避免交叉修改错漏）→项目负责人复审→集团后台OA流程审核。 5）业主方汇报：采用PPT形式摘录招标文件中关键条款，并以会议形式向业主汇报（要求业主决策人及各关系人参加），形成会议纪要（纪要内置入招标文件关键条款）及签到单。招标文件根据会议纪要修改后作为业主确认版本。 6）后续汇报工作：根据业主及当地要求进行逐级汇报审查。 （2）优化文件调整机制 本次招标过程中对招标文件调整确认机制存在一定缺失（包括电梯品牌确定、招标控制价确定），导致调整后业主决策人不知情，引起了不必要的纠纷。因此对后期招标文件调整提出以下建议： 1）我方主动提出的调整：若调整内容非关键条款，建议整理招标文件调整审批表（包括调整内容及位置）、调整后的招标文件及调整原因提交业主决策人，由业主审批同意后调整；若调整内容为关键条款，建议调整后以会议形式向业主汇报（要求业主决策人及各关系人参加），形成会议纪要（纪要内置入调整内容）及签到单。 2）其他部门提出的修改：建议整理招标文件调整审批表（包括调整内容及位置）、调整后的招标文件及调整原因提交业主决策人，由业主审批同意后调整

六、全过程报批管理内容与实践

由于项目采用企业备案制，政府部门不对项目可研、初步设计、投资估算、投资概算进行审批。但由于项目实施主体为国企，采用国有资金实施，项目实施后仍需经审计中心审计，投资控制压力较大，而现状下再次委托第三方进行造价审核已不合适。因此建议其他同类项目在实施时充分考虑该问题，提前考虑风险控制方案。

第八节　杭州拱墅大运河亚运公园

一、项目概况

1. 基本信息

大运河亚运公园位于杭州市拱墅区，包含亚运会比赛场馆工程、绿色生态峡谷工程、峡谷下穿市政工程、生物多样性保护景观工程、游客服务工程、全民健身工程和运营管理等七大类，共42个子项目，项目总占地46.7hm²，实施时间

2019年1月～2021年2月，总投资29.7亿元。整体建筑风格彰显中国气派、江南韵味、拱墅特色，明确"亚运的、全民的"定位，保证亚运赛事各项要求和赛后全民运动需求（图4-22）。

图4-22 杭州拱墅大运河亚运公园

本项目由蓝城集团提供全过程工程咨询服务，华东勘测设计研究院有限公司设计，浙江新盛建设集团有限公司施工。

2. 项目特点

本项目是2022年第十九届亚运会乒乓球、曲棍球赛事主场馆，同时也是拱墅区重点打造的以全民健身为主题的综合性公园项目。将"赛时为赛事"和"赛后为城市"融为一体，满足生态效应和景观价值需求。项目具有战略意义大、占地面积广、参与方多、涉及专业广、技术难度大、地质条件复杂、工期紧、质量目标要求高等特点。

1）战略意义大。作为国家和浙江省杭州市的重点项目，国际大型体育赛事基地，是反映杭州国际化、现代化城市形象的标志性体育公园。

2）项目参与方多。作为杭州市重点工程，亚组委、省、市、区各行业主管部门、指挥部、审计单位、项目管理单位、设计单位、监理单位、施工单位、专业分包等诸多单位参与建设工程。

3）涉及专业广。本项目建筑、结构、给水排水、暖通、电气、智能化、钢构、幕墙、精装修、专项设备、景观、综合管综、道桥、渡槽等15个专业40多个子项。

4）技术难度大。本项目占地面积大，场馆空间体系复杂、跨度大，设计理念新颖独特，且作为杭州市区唯一的绿建三星体育赛事场馆，采用了较多的新技术和新工艺。

5）地质条件复杂。现场有三条河道在项目范围内，对正常施工有一定影响。

6）项目工期紧、质量目标要求高。本项目需确保在亚运会前交付使用，实际施工工期仅为675天（含调试、单项验收及专项验收），项目工期紧；本项目质量目标为确保"钱江杯"，争创"鲁班奖"，质量目标要求高。

二、全过程工程咨询服务范围及组织模式

1. 全过程工程咨询业务范围

本项目全过程工程咨询服务，包括项目管理、工程设计、造价咨询、招标代理、工程监理等（图4-23）。

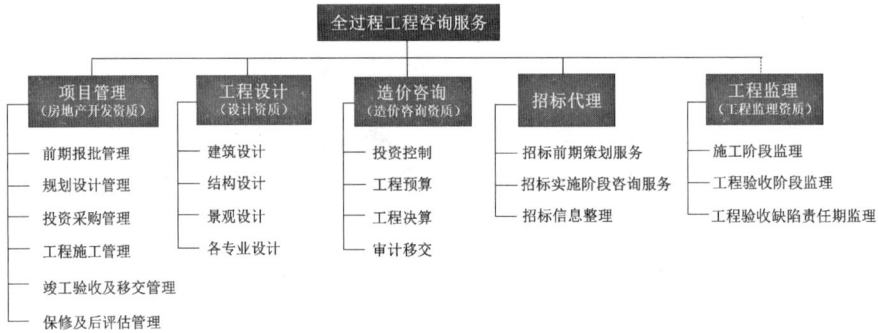

图4-23 全过程工程咨询服务内容

2. 全过程工程咨询组织模式

为了充分满足业主在本项目全过程工程咨询服务方面的实际需求，提高本项目管理服务水平，保证优良的服务质量。结合本工程具体情况特点，建立了以房地产企业牵头的"1＋X"全过程工程咨询模式组织架构，项目组织架构如图4-24所示。

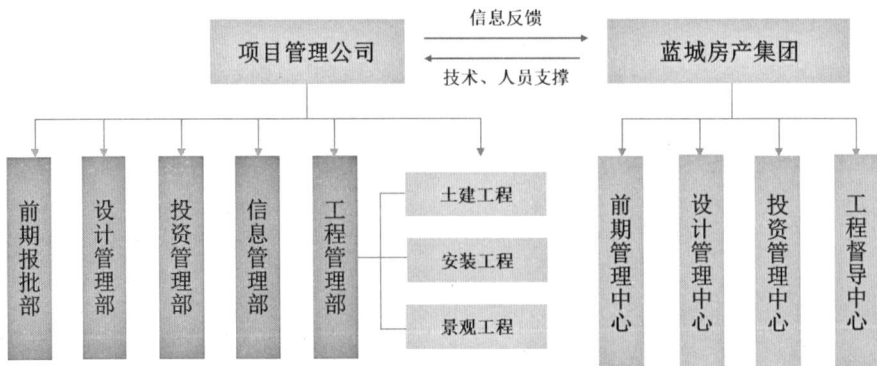

图4-24 全过程工程咨询组织模式

三、全过程工程咨询服务的运作过程

1. 运作模式

由蓝城房产集团负责项目全过程管理，华东勘测设计研究院组建项目设计团队。全过程工程咨询模式充分发挥项目管理在整个工程建设过程中的主导优势，有利于设计、采购、施工各阶段工作的合理衔接、优势互补，确保获得较好的投资效益。

2. 服务团队

按照蓝城房产集团《标准项目部》建设要求，结合项目建筑类型、开发规模、建设目标及特征，优选同类项目管理经验丰富的人员，组建以项目负责人作为第一责任人的全过程工程咨询服务团队，确定团队组织架构，明确团队职责及成员岗位职责。蓝城房产集团本级专家团队技术全面、经验丰富、能力卓越，通过方案评审、质量督导、联合巡查等方式，对项目营造全过程管理进行技术支撑与监督，同时根据项目建设需要，由公司委派驻场指导。

3. 设计管理

秉持"为城乡创造美好、为社会创造财富"的企业使命，进行全过程的设计管理。

（1）前期准备：以"应需求而设计，因设计而提升"为理念，组织设计团队对项目周边进行调研，充分了解周边水文地质、历史文化、建筑布局及风格，结合同类型项目实践经验，整合地块区域优势，从总体、形象、建筑、景观功能等多个角度定位分析，指导项目的规划、建筑设计。

（2）设计管理：采用"同步设计"与"限额设计"的方式，对项目设计方案进行优化与经济比选，确保建设单位品质效益双赢。根据总体建设进度安排，配合项目前期完成各阶段的设计工作。植入蓝城房产优秀工艺工法，提高设计质量，减少工程变更。

（3）设计评审：组织设计单位参加方案、扩初、施工图及专项设计评审；使设计从方案开始更趋完善、合理，避免重大返工。

（4）现场服务：设计管理人员与主创设计师及设计团队参与项目的材料定样、建造过程中的品质巡查及相关验收工作，发现问题及时解决，以保证设计效果的有效落地。

4. 全景计划编制

在项目《建筑规划设计方案》批复后编制全景经营计划，作为项目进度与投资管理的内控目标和考核项目团队经营管理成果的依据。全景经营计划是在投资测算的基础上，综合考虑当前内外部客观因素，进一步对项目全周期整体经营目标进行动态测算和推演的成果，包括《全景经营计划报告》《全景经营测算表》两部分。全景经营计划除明确各年度经营指标的分布及当年度经营指标基础考核值外，同时还要明确关键里程碑节点及经济指标。

5. 招标采购管理

本项目招标采购具有责任大、业务接触面广、工作范围广等特点。经与业主充分沟通，确定进度、质量、安全、投资目标。在总进度计划目标内，确定招标方案和制定招标工作进度计划，完成招标报批和招标文件的编制和审定。选择综合实力强、技术力量足、信誉良好的施工企业和供货方，组织材料、设备进场时间，确保施工过程中各工序的有机衔接，对项目管理单位的管理协调、综合能力提出了较高的要求。

（1）项目实施前，制定合理、详细的采购计划。

（2）通过招标、谈判等方式，选择合格的供应商。

（3）结合项目实际与蓝城房产集团管理要求编制招标文件、工程量清单及招标控制价。在招标文件及合同条款编制中植入蓝城房产集团各项管理制度、工艺工法和质量标准，为后续管理提供依据。

（4）对各专业分包进行有效协调：对总包及各专业分包单位进行有效的协调，从整个工程施工的角度合理安排施工流程，及时提供后续工程的施工作业面，保证项目按计划推进。

（5）为总包及各专业分包提供全面服务：项目管理单位将充分发挥全过程操盘经验，为总包及各专业分包单位提供全面的、有前瞻性的服务。

6. 前期报批管理

蓝城房产集团安排经验丰富、业务能力强、熟悉该区域的专职前期人员与业主进行对接，并及时与相关部门确认办理流程与材料，根据前期工作计划，梳理相关手续先后顺序，合理穿插，确保各类手续合法合规、全面完整。手续办理过程中，与建设单位有效沟通，及时反馈手续办理中遇到的问题，依据国家法律法规及地方规章，提出专业的处理方案，确保每一份成果文件的合法合规。收集相关法规、政策的调整，反馈项目团队与建设单位，及时调整，避免后期验收出现重大变更。

7. 施工管理

充分发挥蓝城房产集团"工匠精神"，以"工程策划"为先导，"样板先行"为基础，"实测实量"为标准，"品质督导"为支撑，"飞行检测"为考核，进行全过程的"精益化管理"，确保产品品质符合招标文件及集团精品工程要求。

（1）工程策划

施工图完成后，项目负责人组织项目部全体管理人员，通过对项目整体运营、工程营造过程的模拟，预先评估项目的工程特点、难点及存在风险，并结合业主诉求，提出相应管理重点、应对措施和解决方案。同时明确各管理人员质量、进度、安全文明、沟通协调职责及绩效考核办法，激发团队潜能。

（2）方案与交底

分部分项工程施工前，项目团队将按照实测实量、精益化管理、红线管控、质量的停止点和见证点等标准，结合蓝城房产集团优秀工艺工法，编制《施工管理方案》，并对施工单位进行交底、培训。评审施工单位根据交底内容编制《专项施工方案》，其中涉及危险性较大的专项方案，由施工单位组织专家论证并通过后，再对各班组进行技术交底。

（3）样板先行

为提前检验项目在工程推进过程中各项设计的合理性，检查设计与施工的符合性及保证各施工工艺的合理性和有效落地，更好地指导后续工程施工，避免工程施工错误、返工等现象的发生，提升产品品质，减少客户投诉，蓝城房产集团对所有管控项目实施样板先行。

1）展示工艺样板：主要供施工班组的交底、培训、学习，并为接待工作提供客户参观、体验的场所。

2）实体样板：主要供各班组、工程分管人员交底及提前发现设计、施工的错误、缺陷，指导后续施工，要求设置在实体施工现场内。

3）工前样板：班组进场大面积施工前，需进行样板施工，报项目团队验收，满足质量要求的，方可大面积施工，否则，施工单位需更换班组。

（4）实测实量

量化并客观评估工程质量，促使项目部加强施工工序过程质量管控，及时发现施工质量问题，减少后续返工、修补，减少施工质量通病，节约工程成本，从施工过程中降低质量风险，提高工程品质和一次交付百分率。

实测实量内容包括：混凝土工程、砌体工程、抹灰工程、安装工程、市政景观工程等。项目团队根据工程进度，结合《施工管理方案》做好对施工单位的交底与培训，进行必要的现场实操演练。施工单位按照实测实量检测内容、检测方法及标准，做好施工过程中自检自测及整改记录，报项目咨询团队复查。未通过复查的，不得进行下一道工序施工。

（5）品质督导

蓝城房产集团具有完善的工程质量督察与监督指导管理体系，促进产品营造精益化管理水平和产品品质的整体提升，确保精品工程的顺利实施。

工程品质督导是对项目管理的重要手段之一，通过督导发现项目管理存在的问题，利用蓝城房产集团本级资源，对项目管理团队予以技术支撑，同时督促项目团队认真履行全过程工程咨询合同确定的目标，执行蓝城房产集团的各项管理制度与质量标准。

（6）飞行检测

为客观评价项目团队对集团标准的落实情况及营造品质，同时确保测评的公平公正，蓝城房产集团引入第三方权威评估机构，采取不预先通知的"飞行检测"，包括：建设合规性、合同执行度、制度落实情况、工程实体质量、安全文明环境、信息资料的管控等。评估成绩与项目团队的绩效考核、人员晋升关联，形成良好的内部竞争环境，确保产品品质处于行业领先水平。

作为一家优质房产品开发及生活综合服务供应商，蓝城房产集团始终坚持"人品及产品"的管理理念，通过考核来激发员工潜能，促进成长，同时完成工作目标。

（7）精益化管理

学习国外先进管理、营造理念，以精益化管理实现匠心铸就精品工程战略。蓝城房产集团多年来派遣精英团队赴国外学习交流，结合国内行业现状，总结、编制了《工程精益化管理实施细则》，同时，邀请日本专家现场指导项目团队落实标准化的安全早会制度及安全文明设施、精细化的施工排版及图纸深化、影像化的工序验收及进度跟踪、定型化的安全设施与施工设备、可视化的质量数据与进度管理等。

8. 景观营造管理

本项目为综合性体育公园项目，涉及景观营造范围广、要求高，景观营造管理遵循以下原则：

（1）尊重自然原则：本项目现场地质起伏较大，且有三条河道贯穿其中，公园的整体景观规划充分利用现状地形，以恢复自然植被为营造出发点，契合建筑概念和形态打造绿色生态水体，构建稳定的生态系统条件，不仅改善了城市生态体系，并将生态的可持续性融入体育精神和公共正义之中，把富有生命力的景观和周围的街区联系在一起。

（2）以人为本原则：本项目针对综合性公园适用人群属性，设计根据使用者的需求，合理安排交通流线，把运动型场馆和室外运动空间、休闲空间、观赏空间相互形成链接和互动，以最舒适的状态为使用者提供属于自己的停留空间。

（3）经济性原则：注重场地原生态的保护和利用，尽可能减少经济投入，降低后期维护成本，保证生态效益、经济效益和社会效益。

（4）可持续性原则：在满足当前使用功能观赏价值的情况下，适当预留未来的提升空间，由表及里逐步精细，不断满足周边居民的需求。

9. 投资管理

工程设计对项目投资的影响至关重要，任何建设工程均要以设计阶段为重点进行工程投资控制。蓝城房产集团通过完善的产品类型和成本数据库，执行前端"限额设计"，结合设计成果多级评审制度，降低设计造成的资源浪费与工程变更，确保成本目标，取得口碑与效益双赢。

确保招标文件的条款内容明确、合理、合法，文字周密、详实、规范，特别是招标文件的合同条款中有关双方责任、工期、质量、验收、合同价款定价与支付、材料与设备供应、设计变更与现场签证、竣工结算方法和依据、争议、违约与索赔等均是影响工程造价控制的直接因素，组织项目各专业管理人员认真制定。施工过程中采取积极措施，认真协调设计、材料、设备、土建、安装及其他外部与工程建设有关各方主体或因素，避免造成索赔的条件。

根据项目进度安排，编制年度资金计划、下月用款计划，积极与市财政部门沟通，明晰项目资金来源组成及各项目使用情况，降低资金紧缺风险，做好资金统筹调度，保障工程资金合理支出。

按照集团工程款、工程变更审批流程规定，结合业主要求，制定本项目工程付款与工程变更审批流程，并对建设资金的使用情况进行监督，避免专款挪用。

10. 信息平台

（1）建立云共享资料收集系统，收集、归档、分析项目全生命周期产生的数据信息，促进各方沟通协调，实时掌控项目进展。

（2）本项目将会有多个专业的安装工程，管线复杂。通过使用BIM技术，建立项目三维模型（具体包含：建筑模型、结构模型、电气模型、暖通模型、给水排水模型、智能化模型，以及整合后的整体模型），运用模型进行碰撞检查、三维管线综合、施工出图，提高施工效率和交付的工程品质。

11. 竣工验收

落实蓝城房产集团"第三方交付评估"制度。按照"施工单位→项目管理单位→业主"进行三阶段验收，整改完成并通过"第三方交付评估"，才能办理交付手续。

12. 回访后评估

蓝城房产集团坚持"以人为本、客户至上"的后期服务理念，做到"主动回访、及时维修、保证质量、优质服务"。积极组织项目后期回访、保修工作，更好地满足使用维修要求，及时处理使用方意见，并通过项目回访与后评估，编制《项目后评估报告》，总结得失，为后续项目营造品质、管理经验的提升奠定基础，始终保持品质在行业位于第一品级。

四、创新技术及科研成果

1. 创新技术

由于大型体育赛事场馆空间体系复杂，设计理念新颖独特，且为了满足绿建三星体育赛事场馆的要求，本项目管理团队从一开始就明确了在设计过程中全面贯穿BIM应用的思想（图4-25）。通过对项目的深入统筹策划部署，结合项目特点以及BIM技术的应用要点，在项目设计阶段开展了幕墙体系参数化设计、结构体系参数化设计、建筑及体育馆专项设计、能耗及仿真优化模拟、机电管线综合设计、5D施工图出图、BIM综合校审等工作。

图4-25　项目BIM模型

2. 科研成果

目前，本项目的实施过程中已经申报了4项专利，拟计划申报专利10项、省级工法2项，计划编制《阳极氧化铝施工技术指南》1项，将工程管理、技术经验整合归纳，实现工程"可复制""可操作"，为全过程工程咨询积累宝贵经验。

五、房地产企业牵头全过程工程咨询服务的实践成效

普遍意义上来讲，全过程工程咨询通过把试点工程全生命周期内的项目管理、工程设计、招标代理、造价咨询等管理集成化服务，实现服务内容的高度整合，从而助力项目实现更省的投资、更快的工期、更高的品质和更小的风险等目标。

然而，全过程工程咨询中业务融合并非简单地将服务合并组合，也并非任何咨询业务均能够通过牵头方式带动其他业务进行融合。由于房地产开发单位拥有其他咨询单位缺少的投资项目全生命周期操盘经验，及其在项目统筹管理与实施中的客观性及其所发挥的建设性作用，决定了其具备引领构建全过程工程咨询业务体系的能力。同时，房地产单位可以充分发挥其品牌优势，通过项目管理及品牌赋能创造价值。

（1）管理性。全过程工程咨询业务的组合必须通过管理手段才能实现，发挥引领作用的主导业务只有具备管理特性才能够有效对所融合的各类业务实施整合、集成与统筹。房地产开发企业作为项目管理单位参与全过程工程咨询，一方面对内牵头对其他各类咨询业务的协调与组织，另一方面对外则需要与业主方及其他外部关联单位沟通与联系。本项目涉及关联方多，涉及专业广，具备项目全过程操盘经验的房地产企业牵头体现了强大的管理优势。

（2）系统性。与传统独立咨询业务相比，全过程工程咨询将使得各独立业务有效融合，打通了业务间联系通路，有利于不同业务间衔接关联。通过融合，业务得以优化整合，实现了彼此优势互补。在房地产开发企业作为项目管理方参与的模式下，其他各类咨询业务与管理业务相协同，进一步增强了全过程工程咨询服务的系统性。

（3）统一性。提供全过程工程咨询服务的受托主体为同一机构，全过程工程咨询业务全部包含于同一合同委托范围，受托人具有相同的责任、权利与义务，以及统一的服务目标体系及受托要求。此外，所有咨询服务将在同一工作方案指引下完成，从而使得服务过程更加有序。本项目主要是以房地产开发企业牵头的咨询团队协同完成，整个咨询过程分工明确，强化了业务内部信息沟通与传递效果，优化了合约规划过程，提高了管理服务效率，形成了高效协作的局面与氛围，也提升了服务质量与效果。

（4）客观性。全过程工程咨询牵头业务虽然对项目实施构成核心支撑，但也可能形成过度扩张，呈现出牵头业务占用更多资源或优先预留发展空间等情形，导致其他业务被相对弱化。房地产企业牵头的全过程项目管理业务与其他各类业

务都具备高度关联性，但相对客观，更能从项目全局及业主目标的角度考虑，从而使各类咨询服务间良好衔接、互补，彼此促进。

第九节　杭州拱墅瓜山未来社区

一、项目概况

1. 基本信息

瓜山未来社区位于杭州市拱墅区，东侧为上塘高架，南侧为留石高架，拱康路和上塘高架延伸段从项目中间穿过。项目总占地面积45.26hm²，总建筑面积约30万m²。项目主要包括270栋四层农居，沿街商业、配套服务用房及景观、市政、后期运营等众多方面（图4-26）。实施期限2018年11月～2020年5月，总投资11.26亿元（其中建安费5.5亿元），本项目由浙江工业大学工程设计集团有限公司负责全过程工程咨询。

图4-26　拱墅区未来社区效果图

瓜山未来社区运用全新的思路改造创新，现状农居全保留，采用"插花式＋系统化"改造的方式，围绕江南美丽乡村、运河工业文脉与现代都市生活这三个主题，通过提升改造基础工程，整治美化乡村风貌；保护性开发工业遗存，传承工业人文脉络；优化城市空间布局，集聚优秀青年人才，不仅留存了江南乡村记忆，延续运河工业文脉，同时也激发创业创新活力，使瓜山兼具了城市魅力和乡村美丽。这不仅是全国首例城中村改造新方向的探索项目，更是一个"全过程咨询＋工程总承包"的项目，意在创建新时代中国青年人才社区的典范，建设独具魅力的创客社区，打造面向未来的样板区，是推进大湾区建设的"标志性项目"之一。

2. 项目特点

本项目是2019年浙江省未来社区试点项目，同时也是全国首例城中村改造新方向的探索项目；项目具有战略意义大、占地面积广、项目参与方多、专业系统复杂、项目类型多、涉及专业广、技术难度大、时间紧、质量目标要求高等特点。

（1）战略意义大。2019年浙江省首批未来社区试点项目之一，全国首例城中村改造新方向的探索项目。

（2）项目工期紧、质量目标要求高。本项目因涉及改造期农户租金问题，对工期要求高；本项目建成后三年主体及运营均需接受省级未来社区检查。

（3）涉及专业多。本项目包含建筑、结构、给水排水、暖通、电气、智能化、钢构、幕墙、精装修、专项设备、景观、市政、综合管综以及后期运营等14个专业50多个子项。

（4）技术难度大。本项目占地面积大，现场地上建筑、地下管线情况错综复杂，且改造涉及施工期间保证居民用水用电问题。

二、咨询服务范围及组织模式

1. 咨询服务业务范围

本项目采用全过程工程咨询服务，包括全过程工程咨询管理、项目前期决策咨询、造价咨询、招标代理、工程监理等服务（图4-27）。

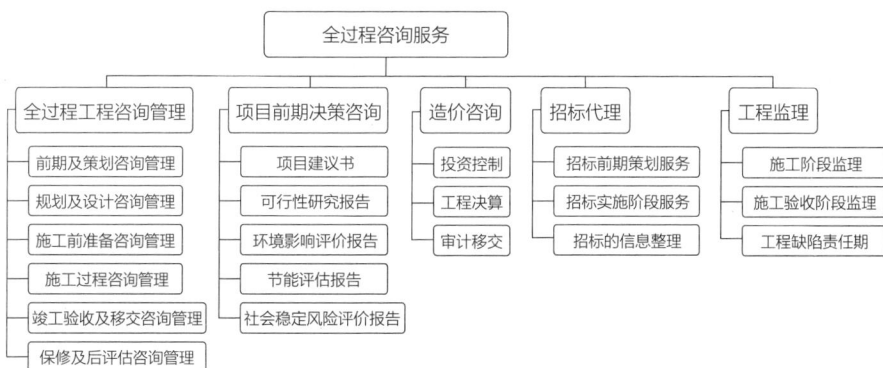

图4-27　全过程工程咨询包含的内容

2. 咨询服务的组织模式

为了充分满足业主在本工程委托咨询服务方面的实际需求，提高工程全过程工程咨询服务水平，保证优良的服务质量，结合工程具体情况特点，建立了具备"1＋X"全过程工程咨询特色的公司—项目相结合的组织架构，项目组织架构如图4-28所示。

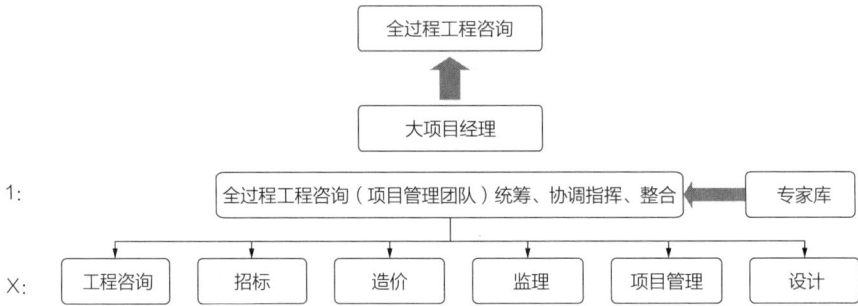

图4-28　项目组织架构

三、咨询服务的运作过程

1. 采用大项目经理责任制

在该项目中由"大项目经理＋若干项目助理"组建级别高于各专业咨询部门的全过程工程咨询子公司，培养输送职业项目经理，由该团队整合其他业务板块。

在公司内部选拔技术能力、沟通交涉能力、创新能力和工作业绩等综合能力较强的职业经理人，为项目匹配投融资、前期策划、报建报批、财务测算、现场项目管理等专业拔尖人才，重点培养输送全过程工程咨询项目的项目经理和项目经理助理。签订全过程工程咨询合同之后，任命"大"项目经理，"大"项目经理根据项目的规模大小、繁杂程度和领域划分设立项目组，其他咨询部门在不同项目阶段，听从"大"项目经理指令，开展相关专业咨询。"大"项目经理作为项目牵头人，全面负责项目实施的组织领导、控制、协调及整合。因此，"大"项目经理相比专业部门负责人对全过程工程咨询项目具有优先指令权。

瓜山未来社区项目由公司任命专业经验丰富的、综合能力较强的职业经理人为"大"项目经理，并从商务采购部、造价审计部、工程管理部等专业部门选派专业人员组建专业的项目团队。

2. 建立专家库

公司建立专家库，吸纳各相关领域专家，为项目提供技术支撑，同时邀请专项领域技术专家进行培训，全方位提升管理、设计、施工人员技术水平。

3. 项目前期决策阶段

项目总咨询师与项目决策阶段咨询负责人组织技术人员和专家团队，项目管理负责人前期参与，根据建议书，进行项目调研，编制可行性研究报告，进行物有所值和财政承受能力评价，编制实施方案，参加相关评审论证会议。

瓜山未来社区项目根据《浙江省未来社区试点工作方案》的内容要求，建立了《杭州市拱墅区瓜山村一村一方案整治改造规划》，并按照要求进行了调研，编制了具体的实施方案。

4. 招投标阶段

通过招投标与项目实施机构签订全过程工程咨询服务合同，确定项目总咨询师和团队主要专业负责人，依据项目实际情况，明确咨询的范围和内容、前期咨询和项目全过程管理的质量和要求。

5. 项目执行过程

按照全过程工程咨询服务目标进行管理规划与管理配套策划，协调好与设计、监理等协作。

瓜山未来社区项目通过编制《项目成本初步估算》《项目成本估算表》等作为成本控制目标，在方案设计阶段编制了《项目成本概算》，对成本进行控制。

6. 项目实施阶段

（1）项目实施过程中建立了日汇总、周调度、月通报的管理模式，以日报的形式每日汇总项目建设情况，便于各方及时了解工程进度；每周通过召开调度会议，对施工资源进行统筹调度，加快项目推进；每月通报项目实施的整体情况，总体把控工程进展，为领导决策提供依据。

（2）协调各行业主管部门做好施工过程中的指导、监督工作。

（3）做好施工现场管理、工程监理工作，保障施工进度、质量、安全达到高标准。

瓜山未来社区项目在施工过程中通过事前策划、事中控制、事后总结来确保工程的质量、安全、进度的要求，建立了施工组织设计、各类专家方案，施工前由专业人员对操作人员进行了专项交底，并建立了台账，在施工过程中，通过隐蔽验收、技术复核、工序交接等手段来确保工程质量，并在施工中不断总结，确保下一环节的顺利进行。

（4）督促总承包单位排好进度工期，有效调度人力、机械、物料资源，全力投入工程建设，并做好施工品质控制。

（5）在各子项目实施后期重视收尾工程并督促施工单位认真完成，保障竣工验收资料准备到位，并做好工程竣工预验收，严格做好验收把关，核实绩效目标、实施方案完成情况，全方位做好竣工验收工作。

7. 信息文档、平台管理

（1）建立了云共享资料收集系统，收集、归档、分析项目全生命周期产生的数据信息，促进各方沟通协调，实时掌控项目进展。

（2）建立文档资料线上线下双重归档模式，保证项目实施过程产生的大量信息文档资料得到有序存储。建立月报、周报、日报制度，保证可有效追溯每一项工作过程，并及时与各单位共享。建立文档编码制度，保证每一份项目资料有固定编号存档，提高信息检索效率。建立工程资料文档制式模板，保障信息的规范、准确。

（3）策划并构建了工程协同管理平台，形成项目进度、质量、安全控制模块，人员管理模块，线上审批管理模块等，实现项目信息报表优化展示、文档云存储、多方参与单位协同管理、线上审批等功能，以保证项目管理有效率、领导决策有依据。

8. 投资、资金管理

（1）合同管理

强化合同管理，建立合同实施情况台账，分项目、分单位建账管理。按开工日期、竣工日期、合同价款、预付价款、批复进度款等逐项登记。通过台账动态掌握与施工单位往来的总额和分项明细金额，强化项目成本控制。

瓜山未来社区项目确定了专人对已签订的合同进行全面清理，建立了统一的合同台账，对合同进行全面的履行和执行，包括洽谈、草拟、签订、生效开始直至合同失效为止。按照合同签订前、签订时、签订后三阶段进行控制，签订前主要是招标投标、合同洽谈等过程，按公司的规定和程序组织实施和控制；签订时对合同条款进行详细审查后，按公司的要求提交法律顾问、其他相关部门和负责人进行审查，按照审查的意见最终订立完善的合同文件；合同签订后要对合同执行涉及的具体部门进行交底，并重视对合同的变更、履约情况随时进行统计和审查，对支付款项是否达到合同约定时间和标准进行审核等，直至合同当事人双方履行完合同约定的义务，合同失效为止。

（2）进度款支付

在进度款的支付上，以资金管理办法和进度款拨付管理办法为依据，严把支付关口。同时要经常深入施工现场，严格落实资金使用，及时掌握第一手资料，减少支付进度款的盲目性，有效控制资金支付。针对建设项目的进度结算手续，需认真审核，对照施工合同，严把结算关口。

瓜山未来社区项目建立工程进度款支付明细台账，在规定的时间内向建设单位提供项目管理预算分析报告，以更好地对进度款的支付进行把控。

（3）合理编制项目收支预算。

根据项目进度计划，合理编制项目合同收付款计划，形成项目收支预算，并根据项目进度实时调整。制定合理和相对准确的收支预算，能够全面掌握项目收付款时点，预测出项目资金盈余与缺口，进而制定合理的筹资计划。

（4）提高资金使用效率。

通过严格执行项目收支预算，尽量做到先收后支，推迟付款减少垫资。制定统一的项目预算管理制度及资金使用审批制度，通过将经济活动制度化、规范化、程式化来加强制度执行力度。同时通过现代化手段辅助进行收付款流程审批，以加强预算执行力度，提高资金使用效率。

瓜山未来社区项目采用全过程审计PDCA循环模式，通过编制资金使用计划、计量支付申请、审核计量支付、建立明细台账等措施来确保资金的使用，做好全过程的审计监督工作。

（5）加强项目资金调度。

积极与财政部门沟通，明晰项目资金来源组成及各项目使用情况，降低资金紧缺风险，做好资金统筹调度，保障工程资金合理支出。

9. 运营阶段

瓜山未来社区工程竣工后分包给杭州朗瑞商业管理有限公司负责运营管理，通过运营成本分析、合同管理、项目后评价、全生命周期成本管理等方面来确保运营阶段的实施。

四、咨询服务的实践成效

全过程工程咨询通过把试点工程全生命周期内的决策咨询、项目管理、招标代理、造价咨询、工程监理等管理集成化服务，实现服务内容的高度整合，从而助力项目实现更省的投资、更快的工期、更高的品质和更小的风险等目标。

1. 解决服务碎片化的需要

工程建设领域在可研、项建、勘察、设计、施工、造价、监理等众多服务事项上，采取"零售"的方式，每个单项都找一家相应的企业来进行服务，一个项目需要多次招标，不同企业介入项目的时间不同，对项目的理解角度和深度也不同，很多项目信息在传递过程中丢失或曲解，最终导致项目建设质量不高、效率低下、环节众多等问题。通过采用全过程工程咨询的模式解决了服务碎片化的需要。

2. 完善了合同管理体系

本项目的合同主要有：合作协议、设计合同、施工合同、材料/设备采购合同等。由于全过程工程咨询单位项目管理经验丰富，专业技术及其顾问团队技术能力强、能够高质量完成协调管理及技术服务工作。全面判断各种协议合同的关键条款和风险的识别，为建设方提供合理化建议，保证项目订立的各项合同规范和完善，有利于保证建设方及社会资本方各方利益。

3. 提升工程整体解决能力的需要

现行的"五方责任主体"，建设单位、勘察单位、设计单位、施工单位、监理单位往往职责不清，出了事情互相扯皮。在项目建设过程中，需要多次招标和分包，建设周期拉得很长，责权利往往不统一。实施全过程工程咨询可以有效节约造价、节省工期，为工程业主提供无缝隙且非分离的整体性服务，从而提高工程建设组织效率和整体解决能力。

4. 有效控制项目建设风险

全过程工程咨询方积极发挥自身的专业优势和经验优势，扮演着项目主要责任方的角色，有效降低建设单位责任风险和各环节间错综复杂的利益风险，也避免了各管理环节可能滋生的腐败风险，更有利于咨询行业的市场规范和标准化制定。本项目实现了零重伤、零死亡的安全目标，重大质量安全事故为零。

5. 有效控制工程造价

传统工程建设组织模式中，概算超估算、预算超概算、决算超预算的现象时有发生，主要原因就是前期的咨询和方案设计不深入，对造价的把控不准，造成不同阶段的造价不断突破。从开展全过程工程咨询业务实践来看，由设计院牵头开展这类建设，具有非常明显的优势，设计院可以从一开始就把估算做准，通过前期咨询、方案设计、初步设计、深化设计、施工图设计等手段，有效控制工程造价。

第十节　深圳茅洲河工程

一、项目概况

1. 项目背景

茅洲河是深圳市第一大河，发源于深圳境内的羊台山北麓，属珠江三角洲水系。流域面积388.23km²，干流长31.29km，自东向南经石岩、公明、光明农场、松岗、沙井等地，穿过光明新区、宝安、东莞汇入伶仃洋。茅洲河宝安境内流域面积112.65km²，河床平均坡降0.71‰。涵盖松岗、沙井街道两个行政区域，河涌19条，河道总长96.56km。其中宝安区境内河长19.71km，感潮河段长约13km，下游河口段11.68km为深圳市与东莞市界河。水库4宗，其中，中型水库1宗，小（1）型水库1宗，小（2）型水库。

本项目由华东勘测设计研究院有限公司提供全过程工程咨询服务。

按照国家和省的考核时间节点和水质目标任务要求，茅洲河流域整治时间非常紧迫，距今只剩约27个月。为加快推进茅洲河流域水环境整治，2015年8月12日，宝安区区政府、宝安区环境保护和水务局考虑茅洲河流域宝安片区实际情况，利用先进治河理念，结合已有相关规划成果，通过综合工程措施，开展茅洲河综合整治工程，切实改善流域水环境。

由于本工程项目众多且由不同实施主体各自单独实施，每个工程都要办理繁杂的项目前期、工程建设各类许可，按照这种常规思路去实施茅洲河治理，根本不可能完成国家、省要求的2017年和2020年以消除黑臭水体为主的水质考核目标。

为此，黄敏书记、姚任区长提出茅洲河治理要"打一场歼灭战役"，并立即成立了由区长任指挥长的治水提质工作指挥部，统揽全区治水工作。区委区政府专门聘请了专业顾问团队，借鉴国内杭州等治水先进城市的成功经验，突破常规思路，创新治理模式，提出了"一个平台、一个目标、一个项目、一个工程包"和"全流域统筹、全打包实施、全过程控制、全方位合作、全目标考核"的创新治理模式。

2. 工程概况

茅洲河流域（宝安片区）水环境综合整治项目包括管网工程、排涝工程、河流治理工程、水质改善工程、补水配水工程、清淤及底泥处置工程六大类工程、共46个子项目，项目总投资约123亿元。

为方便快速实施，本项目共划分10个标段实施，其中我院承担第六标段（10、12子项）施工任务，实施内容包括：茅洲河流域（宝安片区）燕川湿地、潭头河湿地、排涝河湿地工程，珠江口取水补水工程，干支流沿线综合形象提升工程。六标段项目概算总投资约28亿元。

本次将茅洲河六标段项目作为典型案例进行分析。

（1）六标项目基本情况

六标承担实施有3个子项：

茅洲河流域（宝安片区）燕川湿地、潭头河湿地、排涝河湿地工程概算投资约3亿元。

珠江口取水补水工程概算投资约19亿元，目前由于环评未通过处于暂停状态。

茅洲河流域干支流沿线综合形象提升工程概算投资约6亿元。包括茅洲河在内的16条河景观打造，主要为茅洲河干流（界河段）、罗田水、新桥河、七支渠、潭头渠、万丰水库、老虎坑、沙井河、松岗河、沙浦西、龟岭东、塘下涌、共和涌、石岩渠、衕边涌、潭头河。

（2）项目难点分析

1）设计图纸落地难度较大。

目前设计管理存在的问题是：一是由于投资及设计范围反复未定，可研、方案也面临业主领导较多的意见，导致方案反复修改不定，进度停滞不前，同时由于无法出施工图，影响施工的开展；二是设计出图后，由于现场拆迁情况变化较大，图纸与现场条件不符的情况比较多，造成了出图后施工面临较多的调整。针对上述情况，建议作出以下调整：① 与业主及发展改革委沟通明确投资总额及设计范围，以此为依据开展可研及方案修改，方案投资总额必须控制在规定的范围内。② 加强与业主、街道、社区等部门的沟通，及时了解河道周边的拆迁规划及进展情况，根据拆迁情况及时调整施工图纸，尽量减少与现场不符的情况。在出施工蓝图前，施工管理人员应与设计人员到每条河道熟悉设计的范围、红线内的用地权属及拆迁的情况，针对现场存在的对设计有影响的客观因素如房屋、桥梁、管井、构筑物等，设计人员根据现场的具体情况有针对性修改施工图纸再出图。

2）施工工作面协调难度大。

由于河道景观工程均在河道整治工程水工挡墙及雨污分流管网完成的基础上进行施工，景观施工需根据河道整治工程的完成情况协商移交工作面，河道工程点多线长，为加快推进项目实施，河道景观工程工作面采用分段移交、分段实施的方案，因此协调工程量较大。景观工程在施工过程中还同时涉及外环高架施工、河道临时违建等外部单位的影响，需积极联系业主、街道、社区等单位沟通协调解决。

（3）风险点

1）防汛防台风。深圳属于南方沿海地区，台风灾害频繁。六标目前主要为景观工程，绿化种植部分较多，受台风狂风暴雨天气及风后天气影响，对苗木成活影响很大，极易造成苗木死亡，且由于狂风暴雨，对苗木的支撑固定要求较高，容易造成苗木倾倒，河道沿途多靠近居民区，人流较多，存在较大的安全隐患。针对上述情况，我方应制定具有针对性的防台风应急预案，积极做好防台风演练及相关物资等准备工作。

2）现场施工用电是景观施工存在的最主要风险源，由于六标景观施工线长面广，存在较多分散的用电点，现场电缆线较难规划统一，现场工人随意搭线拉线，风险较大。针对上述情况，我方应制定严格的用电操作制度及用电考核制度，并严格执行，每个工作面进行专人负责用电，签订用电安全责任书，标段要经常进行用电培训与教育，增强现场管理人员用电常识，加强管理人员的风险意识，并且施工现场要每时每刻紧盯施工用电情况，不可放松警惕。

二、合同服务范围

1. 合同施工范围、内容

本协议中茅洲河宝安项目形象提升工程、湿地工程包括：18条河流的形象提升工程的施工任务（其中形象提升面积共计223.35hm²，河道长度共计83.23km）、湿地工程（面积13.06hm²），详见表4-26。

合同施工范围、内容　　　　　　表4-26

序号	项目名称	红线面积（hm²）	河道（km）
1	衙边涌沿线景观环境提升工程	2.04	5.52
2	石岩渠沿线景观环境提升工程	10.98	7.1
3	排涝河沿线景观环境整治工程	18.7	4.3
4	万丰河沿线景观环境提升工程	6.17	4.83
5	上寮河沿线景观环境补充完善工程	9.45	5.59
6	新桥河沿线景观环境提升工程	9.25	6.26
7	潭头河沿线景观环境提升工程	29.72	3.72
8	潭头渠沿线景观环境提升工程	7.89	2.12
9	七支渠沿线景观环境提升工程	0.95	0.96
10	共和涌沿线景观环境提升工程	7.28	1.27
11	沙井河沿线景观环境提升工程	33.80	5.26
12	松岗河沿线景观环境补充完善工程	1.91	5.78
13	沙浦西沿线景观环境补充完善工程	2.36	1.53

序号	项目名称	红线面积（hm²）	河道（km）
14	塘下涌沿线景观环境提升工程	4.90	3.82
15	老虎坑沿线景观环境整治工程	30.66	3.67
16	龟岭东水沿线景观环境整治工程	6.80	3.72
17	罗田水沿线景观环境补充完善工程	3.34	6.78
18	茅洲河干流沿线景观环境整治工程	37.15	11.00
19	燕川湿地、潭头河湿地、排涝河湿地工程	13.06	
合　计		236.41	83.23

　　形象提升工程主要内容包括生态植被缓冲带、雨水花园、生态湿地、绿道工程、河道配套景观（栈道、码头）、环境设施、夜景照明；湿地工程包括土方开挖、半挖半填湿地及景观、场平混凝土、浆砌石护底及护脚、生态砌块挡墙、石笼挡墙及石笼护坡、干砌石护脚施工、碎石垫层、抛石、景观绿化等。

　　2. 合同工期、质量目标

　　（1）质量目标：根据相关规范的要求对施工质量进行施工前、施工中、施工后的质量控制，确保施工质量满足国家及相关行业工程施工质量合格标准，争创省（部）级以上优质工程奖。

　　根据项目全过程管理协议书制定项目质量目标：

　　1）不发生质量事故，杜绝造成影响结构功能性的缺陷。

　　2）不发生质量责任事故瞒报、谎报、拖延不报行为。

　　3）有效投诉为零。

　　4）不发生地市级以上质量监督管理部门的通报。

　　5）工程合同履约率100%。

　　6）单元工程、检验批一次验收合格率100%。

　　7）分部工程合格率100%；单位工程合格率100%。

　　8）竣工一次验收合格率100%，满足施工合同承诺的质量目标。

　　9）新材料、新工艺、新方法在应用前必须编制相应的质量保证措施，制定相应的质量保证体系。

　　10）不使用已被淘汰或禁止的工艺和建材产品。

　　（2）工期目标：根据工程项目实际情况，结合河道主体标工作面、设计方案完成等情况，各子项开工日期以具体开工时间为准，暂定于2017年12月31日前完成工程任务。

三、项目组织构架

为提高项目管理效益，充分调动施工的生产积极性，提高工作效率、增强管理的灵活性和加快施工现场快速反应能力，快速推进现场施工，我院组建了深圳市茅洲河流域（宝安片区）水环境综合整治工程六标段全过程咨询联合体项目部，项目经理部设项目经理1名、副经理2名、总工1名、施工经理1名、施工副经理1名、安全总监1名、安全副总监1名、质量总监1名、质量副总监1名。全过程咨询联合体项目部下设综合管理部、工程管理部、计划合同部、安全质量环保部、设计管理部、物资设备部和财务资金部等7个职能部门。职能部门下设施工一工区、施工二工区。

四、项目管理

1. 管理模式

本项目管理模式采用全过程项目建设管理，组建全过程咨询联合体项目部，将设计纳入项目部进行管理，项目部从前期介入设计方案的讨论和确定，以利于更好地进行工程实施。

项目施工根据工程规模大小拟划分2个工区组织实施，其中一工区施工任务由水电六局承担，施工内容主要为万丰水库、新桥河、七支渠、潭头渠、衙边涌、石岩渠、潭头河景观提升工程；二工区施工任务由江西电建承担，施工内容主要为燕川湿地、排涝河湿地、潭头河湿地三个湿地工程及界河（海堤段）、罗田水、老虎坑、沙井河、松岗河、塘下涌、沙埔西、龟岭东景观提升工程。

2. 制度建设

科学、合理、有效的制度是协调人与人关系的最有效手段，也是项目管理的最有效手段。所以项目部的制度不在于多，在于科学、规范，在于能够被更好地遵守执行。衡量的标准有四点：一是制订制度是否有明确标准；二是制度是否具有实用性；三是制度是否符合国家法律法规；四是与上级要求是否合拍。项目部在制度建设方面广泛征求项目部员工、各协作队伍意见，在日常的工作中通过制度使员工明确干什么、怎么干、形成什么成果等，制度的发布透明，制度的考核严格，并在日常工作中对制度进行不断的修改和完善，避免了制度不完善、监督约束机制没发挥、执行难以到位等问题。

3. 报批报建管理

（1）深圳市政府投资项目报批报建手续项目前期阶段：

1）项目建议书报审；

2）可行性研究报审；

3）初步设计和概算报审；

4）施工图及预算报审；

5）工程规划许可报批；

6）施工许可报批。

（2）深圳市政府投资项目报批报建手续项目实施阶段：

1）工程质安监登记；

2）临时用地、临时建筑许可报批；

3）临时用水用电报批；

4）绿化迁改报批；

5）交通疏解报批；

6）竣工验收备案等。

（3）根据茅洲河六标项目情况，报批报建前期手续由全过程咨询联合体项目部牵头、各参建方配合进行办理，具体手续如下：

1）根据《深圳市治水提质工作计划2015—2020》，"河道整治工程涉及的防洪排涝，截污治污、生态修复等内容"，均视为符合法定图则，如属省、市重大项目且不涉及占用基本农田保护区，视为符合土地利用总体规划，仅需办理"选址意见书及用地预审""市政工程规划许可证"两个阶段用地手续。

2）设计方案审查、选址意见及用地预审、用地方案图审批、用地规划许可证、初步设计审批、工程规划许可。

3）防洪评价报告、环评、节水方案、排水审批、水土保持方案审批。

4）涉及在道路及附属设施范围内进行占用挖掘施工，必须到道路管理权属部门办理许可手续，在递交材料中，要求有"交警部门前置意见及地下管线探测报告"；茅洲河六标项目在人行道或绿化带施工不影响交通安全的不需要交警部门意见。

（4）项目实施阶段报批手续如：工程质安监登记，临时用地、临时建筑许可报批，临时用水用电报批，绿化迁改报批，交通疏解报批，竣工验收备案等由施工工区向有关部门进行报批，全过程咨询联合体项目部进行不定期检查。

4. 设计管理

（1）建立周报、月报制度

1）定时将设计周报报送至全过程咨询联合体项目部，周报内容包括当周完成情况和下周计划，存在和需要协调的问题。

2）按照全过程咨询联合体项目部确定的格式，编制设计项目部月度报告，每月26日前上报全过程咨询联合体项目部。

（2）设计进度控制

1）按计划检查设计文件完成情况，发现问题，督促设计相关单位采取措施予以纠正。

2）加强对各种文件、联系单（函）及设计变更的时效性管理及跟踪管理。

（3）设计文件质量控制

加强对设计文件的事前控制、事中控制及事后控制。事前控制指在设计前期明确设计的边界条件及合同边界；事中控制指加强设计文件的中间成果质量控制，加强设计方案的评审，加强施工现场指导及管控；事后控制指地勘测绘报告、设计图纸矛盾、遗漏、差错、设计图纸延误、明显设计缺陷、修改已经采购的设备或已经施工完成的建筑物给项目部造成经济损失或工期延误，应积极采取相关措施进行补救。

（4）设代管理

全过程咨询联合体项目部要求设计项目部在工程施工期（工程开工至工程竣工期间），派相关技术人员到工程施工现场进行设计交底，解答并处理全过程咨询联合体项目部、监理和建设单位提出的有关技术事项和问题，根据工程进展的需要和合同规定提供必需的技术支持，以及根据现场实际情况实施设计修改、协调、反馈、验收等现场服务。

设计项目部负责承担工程设代服务的全部工作，包括负责工程设代服务全过程的质量、环境、职业健康安全运行控制，并向项目部项目经理负责。具体应做好设计（包括质量、环境和安全等）交底、设计变更、现场配合、现场质量和安全巡查、参与隐蔽工程验收及单位工程验收、配合工程质量检查及安全鉴定、落实工程度汛要求、编写设代日记、周报、按月编制项目月报、及时将现场问题与项目经理沟通；负责管理现场的设代和其他相关人员及其他与工程相关问题的协调、处理等工作。

为保证设代服务做到与建设单位、监理和项目部通力协作，确保工程建设需要并满足项目要求，实现质量、环境和职业健康安全管理目标，项目部将制定设代管理办法。设代管理办法中将明确设代职责、资源配置、设代服务计划、设代人员选派要求、设计交底、施工跟踪等内容。

（5）设计交底

在正式施工之前，由全过程咨询联合体项目部组织现场地质人员、设计人员对项目部、施工项目部有关的工程技术人员进行设计交底，视需要邀请监理工程师和建设单位参加。

设计交底要求设计人员全面介绍工程地质情况、设计原则、设计内容、设计特点，解释设计意图，提出施工技术要求和安全施工注意事项等，使各方充分了解工程的地质状况、设计意图和做好必要的应对措施。

（6）施工图会审

针对施工图阶段的主要设计图纸，在设计项目部正式向监理部提交施工图之前，由全过程咨询联合体项目部组织设计项目部、施工项目部进行施工图会审，对设计质量的事先控制，及时发现施工图中存在的各类问题，做到设计与施工相结合，保证设计方案及图纸的可实施性。

（7）设计变更

1）设计变更分类

工程设计变更是指项目立项之后变更施工图或改变合同约定条款对部分工程在材料、工艺、功能、构造、技术指标、工程数量、工程内容、边界条件及施工方法等方面做出的改变。

根据深圳市宝安区环境保护和水务局印发的管理办法，全过程咨询联合体项目部将设计变更分为一般设计变更、较大设计变更及重大设计变更4类。

① 一类变更：指一次变更估算金额在300万元（含300万元）以上或需调整工程概算来处理费用变化的工程变更；

② 二类变更：指一次变更估算金额介于100万元至300万元（含100万元）之间的工程变更；

③ 三类变更：指一次变更估算金额介于30万元至100万元（含30万元）之间的工程变更；

④ 四类变更：指一次变更估算金额在30万元以下的工程变更。

2）设计变更程序，参见图4-29。

3）设计变更审批，参见图4-30。

5．施工管理

项目施工管理涉及项目全过程，本项目主要针对施工管理计划、施工准备、施工过程及施工收尾四个方面进行管理。

（1）施工计划

施工计划应依据项目总体计划的要求，在项目初始阶段进行编制，施工管理计划的主要内容如下：

1）项目工程概况；

2）施工组织原则；

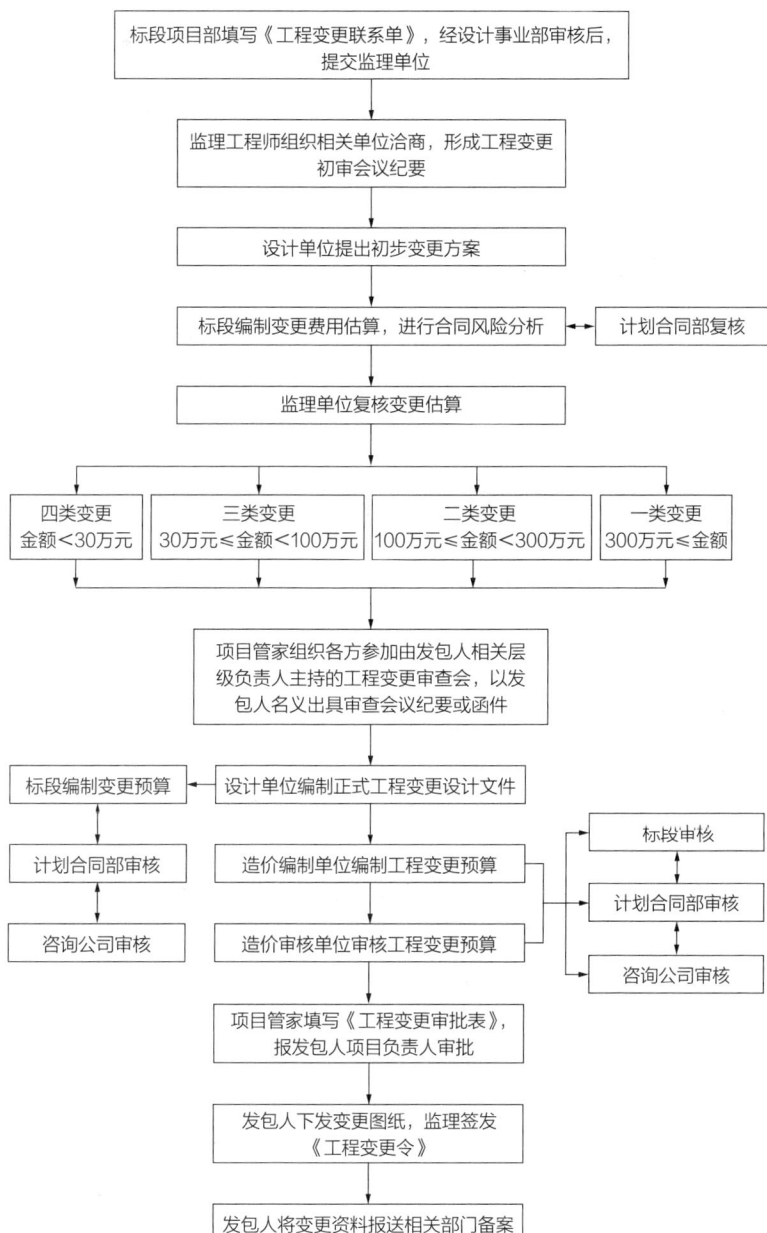

图4-29 设计变更程序

3）施工进度计划；

4）施工质量计划；

5）施工安全、职业健康和环境保护计划；

6）资源供应计划。

（2）施工准备

1）开工条件准备

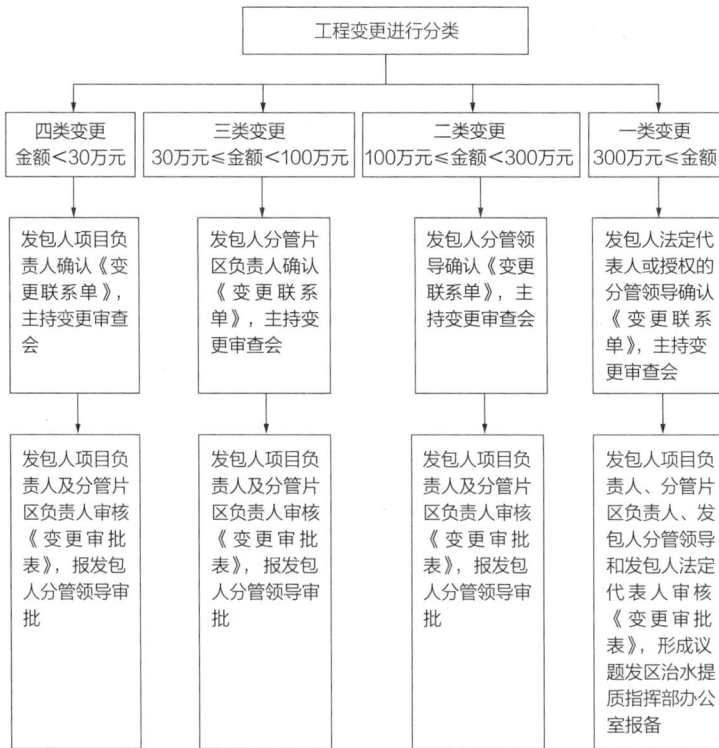

图4-30　设计变更审批

施工项目部负责按联合体协议及补充协议的约定，协调确认项目开工条件，包括场地地形图复核、临时水电的接入、施工场地的交接、控制坐标的交接等。

施工项目部按联合体协议及补充协议的约定完成测量放样、临时设施、临时交通、安全设施以及场内施工临时用水、用电、通信布置等。

施工项目部负责按联合体协议及补充协议的约定组织各类开工许可手续的办理。

2）技术准备

开工前，全过程咨询联合体项目部应组织施工项目部进行合同交底、施工图交底和现场技术、安全交底。

3）施工组织设计审批

施工项目部应按照联合体协议的约定提交施工组织设计，并确保施工进度、质量、安全等方案、措施的可行性、保证性。经全过程咨询联合体项目部审查后报项目总包部审核通过，报监理批准后上报业主。

4）开工前首次项目启动会

全过程咨询联合体项目部组织召开开工前首次项目启动会，邀请项目业主、项目总包部、监理单位、设计单位及施工单位等参加，协调工程应具备的开工条件及听取业主、监理单位相关要求。

5）施工过程

① 施工进度控制

a. 单项工程、单位工程开工前，施工项目部应提交单项工程进度计划和单位工程进度计划，全过程咨询联合体项目部依据施工计划、施工组织设计组织对上述计划进行审查，审查上述计划与施工组织设计的符合性、计划实施的保证性。

b. 全过程咨询联合体项目部应专人负责按周、月定期对施工单位施工进度计划的执行进行检查，对施工单位人力、材料、机械的投入情况进行检查，分析进度偏差原因，督促施工单位提出进度纠偏的措施并落实。

c. 全过程咨询联合体项目部应及时做好影响施工进度的原始记录收集。

d. 全过程咨询联合体项目部应每月对施工总体进度计划执行进行总结，对施工进度进行检查，分析进度偏差，进行趋势预测，并采取保证施工进度的有效纠偏措施。

② 施工质量控制

a. 全过程咨询联合体项目部应建立现场施工质量管理体系，明确质量管理职责，进行过程监管。

b. 过程咨询联合体项目部督促施工项目部编制质量计划，并监督实施。

c. 全过程咨询联合体项目部督促施工项目部对所需的施工机械、装备、设施、工具和器具的配置以及使用状态进行有效性检查。

d. 全过程咨询联合体项目部应对施工项目部拟采购的主要设备、材料进行审查，并对到场的永久设备及原材料的质量进行检查、监督、管理；审查设备和原材料的相关质量证明文件，并保持记录。

e. 全过程咨询联合体项目部应对施工过程进行监督管理，对施工质量进行过程控制；对重点环节、关键工艺流程、隐蔽工程、重点危险作业等实行重点监控、检查，并应保持质量检查记录。

f. 全过程咨询联合体项目部须监督施工质量不合格品的处置，并对其实施效果进行验证。

g. 当施工过程中发生质量事故时，应按院有关规定进行报告、处理。

h. 全过程咨询联合体项目部应对质量控制成效进行分析和评价，并明确改进目标，制定纠正和预防措施，进行持续改进。

③ 安全、职业健康和环境管理

全过程咨询联合体项目部进场一个月内制定项目HSE实施方案，严格执行国家、行业、地方有关安全、职业健康和环境的法律、法规及规定，按照项目HSE实施方案进行安全、职业健康和环境管理。

6）施工收尾

① 全过程咨询联合体项目部应督促施工项目部检查、编制收尾管理计划，并落实专人负责尾工计划实施；全过程咨询联合体项目部在此基础上编制项目收尾管理计划，总体协调项目收尾计划的实施。

② 全过程咨询联合体项目部应督促施工项目部应按合同的约定及时组织工程验收工作。

6. 采购管理

本项目工期短，质量要求高，对物资设备的供应、运输、计量、存储必须进行合理的时间安排，做到材料供应按施工进度有序进行。物资设备主要由施工单位进行采购，采购的过程中全过程咨询联合体项目部应要求施工单位做好采购计划。包括物资设备供应商的选择，物资设备的计划、运输及储存。工程所需设备严格按照设计要求进行采购。

（1）材料及供应商的选择

施工项目部必须优先选择资质能力满足项目要求、信誉度高、有良好合作经历的供应商，供应商的资质、合同必须报联合体项目备案。

管材、设备等主要材料进场前，须经全过程咨询联合体项目部、监理方、业主方共同确认符合要求后方可进场。施工单位列出主要设备材料清单、建议的品牌（每种不少于3个）及设备材料供应商等逐一报全过程咨询联合体项目部、监理和业主审定认可。必要时组织业主与监理对"建议的设备材料及供应商"进行实地考察或组织专家论证，施工单位与经过业主和监理、项目管理方审定认可的"设备材料供应商"签订供应合同，供应合同中明确具体品种、数量、执行标准、规格型号、尺寸、价格、供应方式、支付条件、供货地点、技术要求、工期及质量保证措施等。施工中未经全过程咨询联合体项目部、监理和业主方同意，不得随意更换供应商。

（2）物资设备的计划

需求计划由施工项目部上报全过程咨询联合体项目部审核，施工项目部根据审核通过后的需求计划编制书面采购计划表，报全过程咨询联合体项目部审批，采购计划表中应明确列出需采购货物的名称、数量、规格尺寸、技术要求、到货时间等。

（3）到货验收

施工项目部、全过程咨询联合体项目部、监理、业主等质量控制人员参加验收，按照合同要求在到货时间、货物数量和外观等方面把关。

技术和质控人员应审核物资规格型号、技术参数、技术要求和检验数据，并进行现场取样送检试验。在取样和送检过程中，必须经监理或业主见证。

发现质量问题的处理：退回、退换或整改后使用。重大质量问题向项目总负责人汇报。

（4）采购完工文件

采购管理文件包括采购管理程序、采购策略和审批过程文件。这些文件是项目采购规范化管理和审计的必要依据，必须按照文件编制和审批的时间顺序进行整理和保管。

7. 合同管理

（1）合同管理目标

合同在项目实施过程中非常重要，通过合同能明确工程活动的具体要求、合同各方的权利义务关系，同时好的合同也是控制项目风险的一种有效方法。

我院在项目管理过程中，对合同管理十分重视，项目执行过程中一切以合同为准，严格按照合同执行，希望通过合同形成相互制约，组成利益相关方，共同完成茅洲河六标项目，推动项目整体目标的实现。

（2）合同管理

全过程咨询联合体项目部代表华东院开展联合体全过程管理合同和分包合同的管理，主要做好与水务局和水环境公司的关系协调，顺利完成全过程管理合同的执行。同时，做好对分包商和设备及材料供应商的管理，严格按照分包合同约定执行，在保证工期、质量和安全的前提下，确保进度目标的实现。主要工作如下：

1）项目施工前，所有项目人员熟读合同条款，严格以合同作为项目执行的依据，同时，找出合同中存在的漏洞、误解或错误等问题，在项目执行过程中时刻关注或通过适当措施降低风险；

2）对来往信件、会谈纪要、指令、通知、合同修改等进行合同法律方面的审查；

3）全过程管理合同的收款责任人为项目经理，项目部需积极主动完成全过程管理合同收、付款任务；

4）根据施工总体计划，编制项目联合体全过程管理现金收款流量表，报建管公司计划经营部备案；

5）财务工程师做好本项目的财务调查报告，合同工程师按照合同和院相关流程做好合同结算和支付流程的审查；

6）做好本项目的变更和索赔管理。严格按照合同中变更条款相关要求开展变更工作，在项目实际执行过程中，如有重大偏离合同条款的事实或对项目成本有重大影响的事件，做好相关资料的收集，为索赔或反索赔做好证据收集和保全。

8. 费控管理

（1）成本管理目标

根据院和公司下达的本工程目标考核任务书中的成本目标进行项目成本费用控制。

（2）成本控制措施

项目的成本控制好坏是关系到项目成败的关键因素，成本控制贯穿于项目建设的全过程，包括施工实施阶段和竣工结算阶段，对于每一个控制阶段，又可划分为事前计划预控、事中实施控制及事后纠偏控制等连续过程。因考虑到本项目的特性，并不会出现华东院垫资的情况。分析考虑到项目部需做好以下工作：

1）统一项目收支、独立设账；

2）根据资金使用计划，制定年度、季度和月度收支预测；

3）按照院规定的流程、程序支付费用；

4）编制年度收支报表；

5）解决与财务相关的问题，严格执行会计核算制度；

6）实行施工单位各阶段资金使用计划和工作量报表的分级审查制度；

7）施工单位按工程实际进度编制资金使用计划和工作量报表，由监理单位和跟踪审计单位审核确认后，上报项目部，再由项目部进行审查确认后，上报业主及财政审批。通过层层监控、层层把关，控制项目的投资使用计划；

8）严格设计变更洽商的审批程序，重点加强设计变更的预防工作；

9）对需增加投资成本变更洽商，根据合同要求和现场实际情况，先组织各方各专业工程师从成本、功能要求、质量和工期等方面进行综合审查、比较和经济分析后，再进行签认；

10）重大事项及时通知业主，取得一致意见后，方可实施。

9. 文档管理

为了确保本项目在建设过程中对应的项目文件及归档文件的收集、整理、归档、保管、利用进行有效控制，确保该项目档案的完整、准确、系统，项目部在档案资料管理范围、质量要求、卷宗的整理规定等参照华东院企业标准执行。

（1）工程档案的管理

工程档案自检合格后，项目部编制项目档案验收申请报告，并向业主或档案馆递交项目档案验收申请。

在验收过程中，对业主或档案馆提出的问题，由项目部及时组织督促施工单位进行整改，直至验收合格为止。

（2）工程档案的移交

项目档案验收合格后，根据有关合同、协议及规定在二个月内分别向业主和院档案部门移交项目档案，若需移交项目所在地档案馆的建设项目档案资料，除合同约定或受托外，由项目部负责在工程竣工验收后三个月内移交项目所在地城建档案馆。

（3）档案管理要点

1）技术文档必须完整、准确、真实、并做到整洁、装订整齐、签字手续完备，图片、照片等要附情况说明，不接受经涂改的技术资料；

2）竣工图应反映实际情况，做到图物相符，如加另盖竣工图章，施工记录、检测记录、交接验收记录和变更签证应齐全；

3）项目施工过程中的图片、照片、录音、录像等材料，以及建设项目施工过程中的重大事件、事故等，应有完整文字说明。同时要详细填写档案资料情况登记表；

4）项目部必须认真贯彻现行本工程相关的工程法规、规程、规范，应在材料进场一周内提供随行质量文件；

5）工程竣工时，项目部应将工程往来批件、技术资料和施工图纸整理完好归档，其内容包括建设项目立项批复文件、施工技术资料、设备和材料的质量保证资料、财务报表、项目竣工验收资料、项目投入使用的技术准备文件等；

6）要求各施工单位配备专职资料管理员，负责日常的沟通和资料传递、收集和整理工作；

7）纸质来文均需签收后分类登记，并及时交联合体项目经理阅批。紧急文件，应当在文件右上角标注"急"或"紧急"等字样并提醒联合体项目经理；

8）凡代表全过程咨询联合体项目部参加会议带回的文件，都应进行登记处理。

（4）编码结构图

根据项目合同内容，本工程涉及的文件资料类型主要包括合同、项目管理函件、发包资料、周报月报、进度计划、工程支付、考核单、联系单、会议纪要和验收移交单等。为了更好地管理文件，现拟定本工程编码结构见表4-27，项目实施过程中参照执行。

项目编码结构表   表4-27

序号	项目名称	编号	备注
一、	前期文件		
1.	项目立项审批		
（1）	项目专项评估、论证文件及批复	MZH-01QQGL01-01-001	
（2）	可行性研究报告申报及其评估	MZH-01QQGL01-01-002	
2.	其他前期文件	MZH-01QQGL02-01-001	
二、	沟通管理文件		
1.	项目阶段报告		
（1）	工程周报	MZH-02GTGL01-GCZB-01	
（2）	工程月报	MZH-02GTGL01-GCYB-01	
2.	各参建单位相关材料		
（1）	分包单位	MZH-02GTGL02-SGDW-01	
（2）	业主	MZH-02GTGL02-JSDW-01	
（3）	全过程管理单位	MZH-02GTGL02-ZCBDW-01	
3.	会议纪要		
（1）	项目内部会议纪要	MZH-02GTGL03-HYJY-01	
三、	主合同相关文件		
1.	主合同文件	MZH-03ZHTGL01-HTWJ01-01	
2.	主合同进度结算资料	MZH-03ZHTGL02-JDJS01-01	
3.	合同决算资料	MZH-03ZHTGL03-HTJS01-01	
4.	其他资料	MZH-03ZHTGL04-HTQT01-01	
四、	分包合同相关文件		
1.	施工分包合同文件	MZH-04SGHT01-01HTAA-01	
2.	施工分包合同进度结算文件	MZH-04SGHT02-01JDJSAA-01	
3.	合同完工结算资料	MZH-04SGHT03-01HTJSAA-01	
4.	其他资料	MZH-04SGHT04-HTQTAA-001	
五、	施工管理文件		
（一）	施工进度管理	MZH-05SGGL01-01JDJH-01	
（二）	施工组织文件		
1.	施工组织设计	MZH-05SGGL02-01SGZZ-01	

续表

序号	项目名称	编号	备注
（三）	开工相关文件		
1.	开工报告	MZH-05SGGL03-01ZCBKGBGAA-01	
2.	全过程管理人员、设备报验单	MZH-05SGGL03-01ZCBBYDAA-01	
3.	分包开工报告	MZH-05SGGL03-01SGKGBGAA-01	
4.	分包人员、设备报验单	MZH-05SGGL03-01SGBYDAA-01	
（四）	施工质量管理	MZH-05SGGL04-ZLGL-01	
（五）	其他管理文件	MZH-05SGGL05-QTGL-01	
六、	HSE管理文件		
1.	HSE检查及整改	MZH-06HSE01-JC-01	
2.	应急管理资料	MZH-06HSE02-YJGL-01	
3.	安全教育培训和交底		
（1）	安全教育	MZH-06HSE03-JYPX01-01	
（2）	培训	MZH-06HSE03-JYPX02-01	
（3）	安全交底	MZH-06HSE03-JYPX03-01	
4.	预评价、危险源和环境因素调查		
（1）	环境因素识别	MZH-06HSE04-YSDC01-01	
（2）	危险源辨识	MZH-06HSE04-YSDC01-01	
（3）	重大风险因素清单	MZH-06HSE04-YSDC01-01	
（4）	预评价资料	MZH-06HSE04-YSDC01-01	
（5）	专项实施方案	MZH-06HSE04-YSDC01-01	
5.	专项协议	MZH-06HSE05-ANXY-01	
6.	责任书	MZH-06HSE06-ZRS-01	
七、	成本管理文件		
1.	支付计划	MZH-07CBGL01-ZF-001	
2.	收款计划	MZH-07CBGL02-SK-001	
3.	其他	MZH-07CBGL02-SK-001	
八、	竣工管理		
1.	竣工验收资料	MZH-08JGGLAA-01ZMGC-01	
2.	工程基础资料	MZH-08JGGLAA-01ZMGC-02	

注：具体编码及使用范围可根据实际情况调整。

10. 试运行管理

项目试运行包括联动试运行、试生产等，其中联动试运行之前应完成单机运行，并填写单机调试记录表。

根据茅洲河六标项目建设内容，需要试运行的为湿地工程。在项目建设符合合同及试运行基础条件后，由全过程咨询联合体项目部组织编写试运行大纲，经项目经理审核报监理、业主批准后，全过程咨询联合体项目部应根据准备工作情况和试运行工作大纲编写试运行方案，经项目经理审核，并上报监理、业主批准。

由于联动试运行专业性强，在联动试运行前全过程咨询联合体项目部对参加试运行人员进行技术交底工作，并填写交底记录表；全过程咨询联合体项目部要完成联动试运行前的准备工作检查，确保已按设计文件及相关标准完成各配套系统和辅助系统的施工安装和调试工作，确保已按试运行方案完成技术、人员和物资的准备，确保达到联动试运行条件。

项目联动试运行全部完成，并具备生产投运条件后，全过程咨询联合体项目部向业主及管养单位申请项目使用并移交。

五、创新管理

1. BIM设计

燕川湿地运用了BIM设计进行项目效果图展示，辅助项目施工图设计，有效提高了施工图纸的落地性。

2. 项目管理平台运用

项目部建设信息平台基于华东院研究开发的工程项目管理云平台，通过底层数据互联，BIM数据与项目管理过程中的进度、质量、安全等业务管理数据深入融合，实现基于可视化和数字化的项目全过程精细化管控模式。平台功能涵盖综合办公、采购管理、合同及费用管理、进度管理、质量管理、HSE管理、多方协同等12个子系统模块，通过统一的项目分解结构将项目各管理要素进行有机整合，实现工程项目全空间、全方位、多维度的智能管控。同时，平台可接入业主方、设计方、生产方、施工方、监理方等项目参建单位，使项目实施过程中信息达到有效共享和利用，实现"五方一平台"协同管控，为业主、全过程管理方、设计单位、施工单位、监理单位等提供了一个高效便捷的协同工作环境，提高了项目的整体工作效率、经济效益以及工程安全管控，实现工程项目高性能、高整合、高智能的信息化管理。

六、科研成果

项目部利用茅洲河水环境综合整治项目为国内最大的水环境综合整治项目的契机，收集有关咨询、设计、采购和施工过程中的技术文件，包括（不限于）咨询策划方案、设计优化分析、施工组织设计、专项施工方案，以及相应的质量、安全和进度管理文件，积极开展科研创新和攻关，科研研发费用达到合同额的3%，形成丰富的科研成果，包含标准化产品、施工工法、专利、QC、论文、专著等。其中软基条件下水质改善型人工湿地公园关键技术研究通过华东院科研项目立项，通过软基条件下水质改善型人工湿地公园关键技术研究，总结在河滩地区淤泥层深厚地质条件不利的情况下，水质改善型人工湿地公园从规划设计到施工方面的关键技术，最终形成一系列技术研究成果，包括软基处理施工工法、防渗系统处理、填料选择与施工工艺、水生植物对水质净化处理能力的研究以及相应的专利与论文。从理论到实际的运用，为今后相似的地质条件下水质改善型人工湿地公园从工程规划、地基处理、结构分析、防渗处理以及水生植物对水质净化的影响，提供一定的理论与实际施工经验技术。

七、全过程管理模式实践成效

1. 招标程序合为一体，合同关系简单，减少招标成本

与传统模式设计、施工分开招标相比，全过程管理模式下一次招标，一个合同，招标程序缩减，合同关系简化，招标成本减少。尤其是在国家大力推行的PPP模式中，投资人与全过程管理方一体化招标的模式更容易被接受。

2. 固定总价合同，有利于控制总投资

通过强化项目前期工作，提高项目可行性研究和初步设计深度，可实现对投资总价的控制，省去索赔及费用增加，项目最终价格及工期要求的实现具有更大的确定性。

3. 降低业主多头管理，避免扯皮

全过程管理单位承担了设计、采购、施工的全部责任，即称单一责任。合同责任界面清晰、明确，避免了传统模式中设计、施工责任不清导致的扯皮。

4. 有利于提高工程建设质量和效益

全过程咨询联合体项目部要实现设计、采购、施工各工序的合理交叉和紧密配合，并对工程质量、进度、安全、造价及合同五大控制进行全面负责的项目管理。全过程咨询联合体项目部可以通过设计紧密结合施工、采购将设计意图和设

计理念更好地贯彻于整个工程项目，利于把握项目全局，统筹计划，可以最大限度地发挥全过程管理的积极性，达到降成本、缩工期、保质量的目标。

第十一节 上海市轨道交通17号线岩土工程

一、项目概况

1. 基本信息

上海轨道交通17号线工程线路起自青浦区东方绿舟，止于闵行区虹桥火车站，沿途经青浦区和闵行区2个行政区。线路全长35.30km，其中高架线18.28km，地下线16.13km，过渡段0.89km；共设站点13座，其中高架站6座，地下站7座（1座地下站已建成），平均站间距2.897km。全线设徐泾车辆段1座，选址于崧泽大道以南、徐盈路以西地块，占地约32.94hm²，接轨于徐泾北城站；设朱家角停车场1座，选址于沪青平公路以南、朱家角镇复兴路以东地块，占地约17.68hm²，接轨于朱家角站。另设1座控制中心、2座主变电站及配套系统工程（图4-31）。

图4-31 轨道交通17号线工程线路走向图、站点设置图

本项目由上海勘察设计研究院（集团）有限公司提供全过程咨询服务。

2. 项目特点

（1）工程规模大、线路长、工点多，沿线环境条件和建设条件复杂，全过程多维度风险控制势在必行。

工程线路总长35.3km，涉及多种建（构）筑物，建筑形态各异，荷载、受力复杂，施工工法多，沿线地下障碍物、桩基础、保护建筑多，多次从城市中心穿越，先后近距离穿越诸光路下立交、诸光路人行地道、嘉闵高架、沪昆铁路、虹桥新地中心、上海地铁2号线、虹桥火车站地下空间等，环境保护要求极高。其中下穿地铁2号线隧道是上海有史以来影响范围最广的下穿既有地铁隧道工程，影响区域长达240m。

（2）多标段多单位参与，协调统一难度大，对成果的完备性要求高。

全线勘察共分9个标段，涉及8家勘察单位，各单位在土层编号、分层标准、勘察软件等方面均需要统一，对获得的各类现场和室内试验参数也需要统一，相关协调统一工作的难度大。

（3）场地工程地质与水文地质条件复杂，类似条件地下工程建设经验缺乏，结合各工点有针对性地进行岩土工程全过程风险管控是确保工程安全和质量的关键。

本工程跨越上海湖沼平原I_1区和滨海平原Ⅱ区两大地貌单元，Ⅲ类和Ⅳ类场地交替变化，是上海首条在湖沼平原地貌包含地下段的轨道交通项目（此前完成的11号线、9号线涉及湖沼平原地貌均为高架段），地下段的设计和施工均缺乏工程经验（图4-32）。水文地质条件复杂，涉及潜水、微承压水与承压水，承压含水层厚度变化大，其中第⑥2层微承压含水层富水量大，但分布极不均匀，是原有市区轨道交通建设所未涉及，工程经验缺乏。

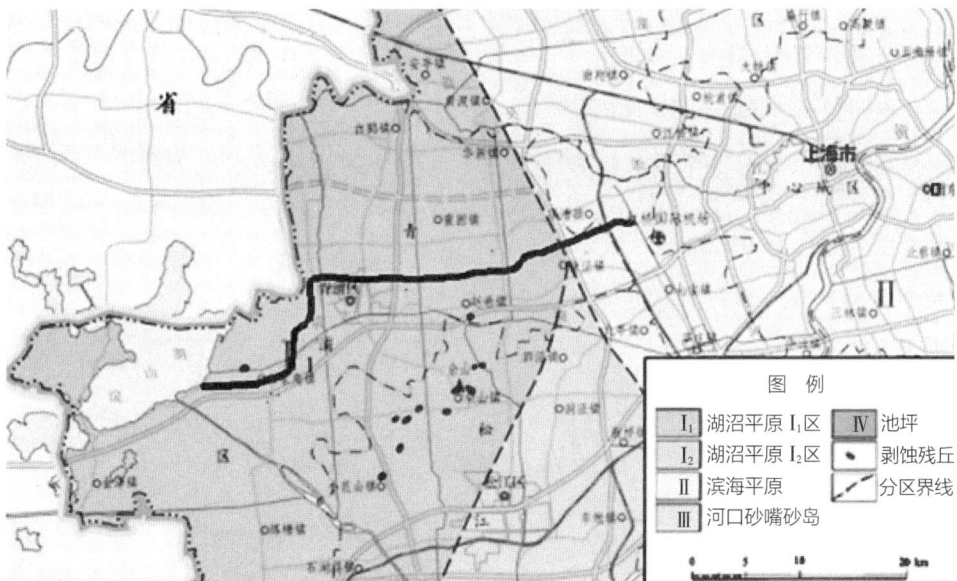

图4-32 本工程沿线地貌图

（4）建设和运营精细化管理对传统勘测工作提出更高要求，岩土工程全过程咨询服务理念和能力提升要求迫切，将传统的勘测延伸至全过程的岩土工程技术咨询是建设的更高要求。

17号线作为上海地区第十五条建成运营的地铁线路，除了确保安全和质量，对低碳、节能和智能化建设管理水平提出了高要求，在工程造价上建设单位控制更加严格。如湖沼平原相对地层土性较好，高架段桩基工程和地下段深基坑有优化设计空间，但实施难度大，需在确保工程建设安全、工程进度满足要求等情况下，开展桩基和基坑设计优化等岩土工程咨询服务，节约成本和工期。

二、咨询服务范围及组织模式

1. 总体咨询服务业务范围

应上海轨道交通17号线发展有限公司委托，上海勘察设计研究院（集团）有限公司在本项目中作为勘察总体单位，主要负责勘察的总体管理，主要目标是在岩土工程勘察工作中进行规范化、标准化管理，进行质量、进度、投资控制；同时提供技术支持，审查各单位各工点岩土工程勘察报告，确保设计使用的岩土工程参数的合理性和正确性，以规避与岩土有关的风险。

在完成勘察总体工作的基础上，创新性地将工程勘察与工程咨询整合，发挥其在上海地区水土认知的优势，结合十几年工程咨询经验，对17号线建设过程中的桩基设计、施工及基坑围护设计、施工等提供咨询建议，在保证工程安全的基础上，节省工程投资和工期。

2. 总体咨询服务的组织模式

为了充分满足业主在本工程项目勘察咨询方面的实际需求，提高本工程全过程工程咨询服务水平，保证优良的服务质量。结合各勘察单位所承担的勘察标段，设立总体技术负责人、工程地质专业负责人、水文地质专业负责人、土工试验专业负责人、现场管理负责人，对现场施工质量、进度以及技术要求等进行把控。

三、总体咨询服务的运作过程

1. 总体工作流程

对全线详勘工作的全过程进行标准统一，对详勘大纲和详勘成果进行审查，并且对野外和室内试验等进行过程抽检，确保了详勘成果的准确性。在工程勘察完成后，对整个线路进行勘察资料的汇总、整理工作，编制勘察总体工作报告，提出设计、施工需要注意的关键问题，以规避风险，提高勘察工作质量（图4-33）。

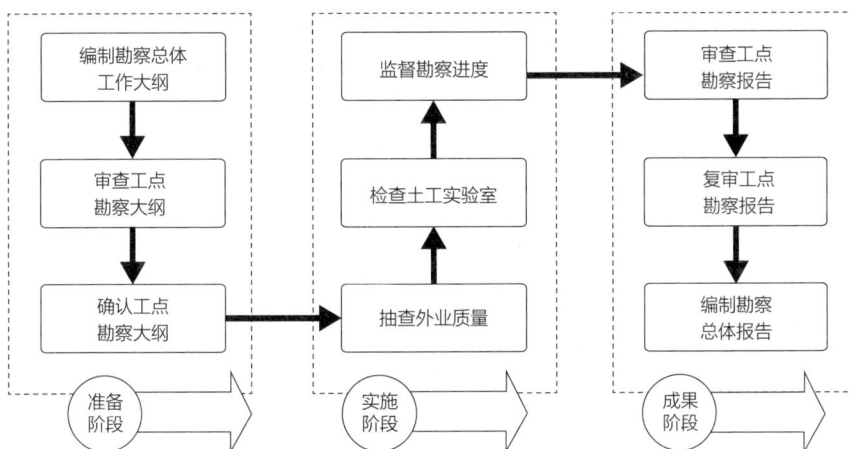

图4-33 总体工作流程

2. 制定质量标准

编制《上海轨道交通17号线岩土工程详细勘察纲要》（总体）和《上海轨道交通17号线工程详勘阶段岩土工程勘察技术要求及资料整理标准》（试行稿），使全线详勘工作统一标准。并在施工前，对各工点的勘察纲要进行审查，重点审查：

（1）勘察工作量是否满足设计要求和相关的规范要求；

（2）勘察手段是否切实可行；

（3）野外作业方案及施工风险控制预案是否可行；

（4）工期能否满足建设单位要求。

同时签署各工点勘察纲要审查单，确定"通过"或"不通过"，对不通过的纲要提出修改意见，达到要求后方能通过。勘察纲要审查通过后方能进场施工。

3. 质量管控模式

根据项目公司要求，定期对详勘工作进行质量抽检。包括对勘察野外施工进行巡查，对各勘察单位的室内土工试验进行抽查，以及时发现问题并责令整改，确保第一手资料的准确性。

（1）对各标段的野外施工进行检查，以随机性抽查为主，原则上每个标段均要覆盖。主要检查以下内容：

1）勘探孔定位准确性和移孔情况；

2）野外钻探作业是否按操作规程进行；

3）原位测试是否按操作规程进行，探头率定是否在有效期内；

4）取土质量；

5）封孔情况（是否有封孔记录、现场是否有封孔材料）；

6）检查结束及时向勘察单位发送野外施工质量检查单，如发现质量问题、安全隐患、操作违规等现象，责令其整改，勘察单位应将整改情况进行回复。对于重大问题及时向建设单位通报。

（2）室内土工试验质量检查

对各单位的土工试验室进行检查，每个标段均要覆盖，发现问题增加频次。主要检查以下内容：

1）试验室能力与每日土样数量是否匹配；开土是否及时，试验内容和数量是否满足纲要计划；

2）试验室计量认证和仪器设备是否在有效期内；

3）土工试验是否按操作规程进行；

4）检查结束及时向勘察单位发送土工试验质量检查单，如发现质量问题、操作违规等现象，责令其整改，勘察单位应将整改情况进行回复。

4. 进度管控模式

为保证工程进度，勘察施工过程中，每周组织一次详勘例会，要求各分项勘察单位每周汇报工作进展，并及时上报项目公司，确保工程顺利进行。

5. 协调管理工作

总体咨询服务单位起到了项目公司、设计单位、勘察单位之间的纽带作用。对项目公司的要求及时、准确地通知各勘察单位，对各勘察单位反映的问题及时与项目公司协商，提出解决方案保障了勘察施工顺利进行，合理控制工程进度。对各分项勘察单位与业主、设计之间的资料和技术文件进行有序、规范管理。检查工程状况，参与鉴定勘察质量责任，并督促勘察单位勘察过程中文明施工，督促勘察单位及时完成未完工程及纠正已完成工程出现的缺陷。

6. 详勘报告审查

根据标准规范对各分项工程每个工点的详勘报告进行审查、咨询和把关，提供有益意见，并协调做好各分项工程勘察资料的衔接和相互利用工作。主要审查要点：

（1）是否有违反强制性条文和强制性标准的内容；

（2）是否有影响工程安全的质量问题；

（3）完成的勘察工作量是否满足规范和设计要求；

（4）土层分层和定名的合理性和准确性；

（5）主要岩土工程设计参数的准确性和合理性；

（6）勘察报告中岩土分析和评价的深度是否满足要求；

（7）结论和建议是否准确；

（8）对岩土工程风险的提示是否恰当；

（9）组织本单位具有丰富轨道交通勘察经验、资深的岩土专家对各工点详勘报告进行审查，并提出审查意见。各单位根据审查意见修改完善后，再提供正式的勘察报告。

7. 详勘报告复审和工作量变更审查

施工图设计完成后，宜对详勘报告进行复审，主要审查以下内容：

（1）最终的设计方案（包括平面位置、施工工法等）与详勘时对比，是否有调整；

（2）详勘报告的孔深是否满足最终的设计方案和规范要求；

（3）对于设计方案变更及时通知勘察单位和项目公司，并对补充勘察方案进行审查；

（4）原有未完成的工作量是否已完成，对于未完成的勘察工作量督促勘察单位及时完成；

（5）根据勘察进度计划审核经质量验收合格的工程量，协助业主进行工程竣工结算工作。

8. 详勘总报告

根据各标段详勘报告资料，进行总结、归纳、整理与分析，形成详勘总结报告，除包含常规工程概况、沿线工程地质条件、沿线水文地质条件、针对各类拟建构筑物的岩土工程总体评价、不同工点风险提示、常规图表外，还额外编制了权限工程地质分区图、关键土层分布图、全线浅部粉性土、砂土及其液化分布图；首次在勘察报告中对全线地质风险进行评估，编制全线基坑围护体施工岩土风险图、降排水与基坑开挖岩土风险图、盾构区间施工岩土风险图、钻孔灌注桩施工岩土风险图。

9. 项目建设期技术咨询服务

在建设期间，积极参与本项目的各类岩土工程相关工作，提供专业的技术服务咨询建议。

（1）参与试桩方案、抗压、抗拔承载力确定以及其他基础设计方案的技术讨论、论证，并提供优化建议，使得基础工程在安全、经济和减少工期三者之间达到最优；

（2）对工程桩承载力和完整性等规范要求的测试内容提供技术建议；

（3）针对试桩报告试验结果，提供用于指导施工图设计的有效桩长和承载力特征值建议；

（4）针对设计院完成的桩基施工图进行安全性、经济性和可操作性的评价；

（5）对全线及工点地质风险进行交底，对基坑围护设计方案的安全性和经济性进行分析，并提供合理的修改意见；

（6）对基坑围护施工图以及总包单位的施工方案提出合理化修改意见；

（7）在基坑开挖过程中对现场基坑监测工作进行技术指导，分析基坑变形原因及应急预案处理方案。

10. 项目运营期技术咨询服务

首次延伸勘察总体咨询服务至运营阶段。根据运营期隧道结构监测数据，在对变形存在超标、变形趋势异常的区域，为业主单位进行咨询服务。作为勘察总体咨询单位，利用既有成果结合精细化有限元数值分析方法，对异常原因进行分析，对维护加固措施提出建议。

11. 信息化咨询服务

首次针对17号线地下管线探测成果，创建了基于地下管线已有成果数据的建模技术标准，制定了包含管线节点、附属物以及连接关系的整套细则；首次开发了基于Revit平台的地下管线建模软件，创建了参数化管线附属物族库，实现了从物探成果数据到精细化管线模型的快捷无缝转换；首次集成了地下管线与其他模型碰撞检测，管线搬迁范围分析，实现BIM技术从建设期到管理期的全流程应用。

在部分车站采用BIM技术实现了地上建筑、景观、地下构筑和地下综合管线等设施的全场景三维一体化建模和展示，精细展示了地下管线、构筑物与拟建车站的相互关系，有效指导了设计和后期的管线迁改工作，得到各方赞赏，提升了全过程咨询工作的服务能级。

四、咨询服务的实践成效

本工程通过岩土工程全过程精心服务，为准确查明地层条件、地下管线、障碍物情况，提供完整、合理、准确的设计依据，为保障轨道交通项目地基基础设计方案的科学性与经济性、保障施工期的建设工程安全与周边环境安全发挥了重要作用。

积极配合全过程咨询服务，创新服务模式，尤其在高架段、徐泾车辆段桩基优化、湖沼平原区参数统一和围护结构的优化等方面，提供全方位优化建议和技术咨询，解决了大量设计施工技术难题，实际节省费用超过3000万元，工期超过2个月，取得了良好的经济效益。

以岩土工程勘察总体咨询为抓手，突破传统勘察总体只服务于勘察阶段的做法，延伸了岩土工程全过程咨询理念至建设期乃至轨道交通运营阶段，提供了优质技术咨询，解决了关键技术问题，为保障隧道结构安全提供了坚实的技术支撑，社会效益显著。

建立了超深基坑和区间施工的四维监测体系，首次创建了基于地下管线已有成果数据的建模技术标准，开发了基于Revit平台的地下管线建模软件，采用BIM技术实现了地上建筑、景观、地下构筑和地下综合管线等设施的全场景三维一体化建模和展示，提升了全过程咨询工作的服务能级，促进了行业的信息化和自动化的水平。

第十二节 四川凉山州杨房沟水电站工程

一、项目概况

杨房沟水电站位于雅砻江中游四川省凉山州木里县境内，是规划中该河段"一库7级"中的第6级水电站。电站正常蓄水位2094m，相应库容4.558亿m³，装机容量1500MW。工程枢纽由混凝土双曲拱坝、泄洪消能建筑物和引水发电系统等主要建筑物组成。工程位于高山峡谷区，具有"工程规模大、高拱坝、高边坡、大规模地下洞室群、工程建筑物布置紧凑、施工交通布置困难"等特点。

杨房沟水电站是以全过程项目管理模式建设的百万千瓦级大型水电工程。工程于2016年1月开工，2016年11月11日提前完成大江截流，计划于2021年11月首台机组发电，2023年6月工程完工，2024年12月工程竣工，合同总工期108个月。

本项目由中国电建水电七局和中国电建集团华东勘测设计研究院组成的联合体全过程咨询。

二、合同服务范围及项目组织机构

1. 全过程项目管理合同服务范围

全过程项目管理合同服务范围主要包括杨房沟水电站施工辅助工程、建筑工程、环境保护工程和水土保持工程、机电设备及安装工程、金属结构设备及安装工程等的勘测设计、采购、施工、试运行、发包人移交承包人执行的项目（上铺子沟砂石加工系统工程、施工供水工程、场内10kV施工供电工程、施工缆索吊工程、加油站、民爆器材供应、前期筹建项目运行维护管理）以及合同约定的其他相关工作。

2. 项目组织机构

为优质、高效地建设好杨房沟水电站项目，本着强强联合、优势互补的原则，中国水利水电第七工程局有限公司与中国电建集团华东勘测设计研究院有限公司组成中国水电七局·华东院雅砻江杨房沟水电站全过程咨询联合体，共同履行合同义务。中国水利水电第七工程局有限公司为联合体责任方，联合比例60%；华东院联合比例40%；工程竣工决算形成最终损益由联合各方按上述比例分担、分享。

根据全过程项目管理合同要求，结合项目实际需要，全过程咨询联合体设如下组织机构：全过程咨询联合体管理董事会（简称：董事会）、监事会、全过程咨询联合体项目部、安全生产委员会、风险管理委员会、工程技术委员会。联合体组织机构如图4-34所示。

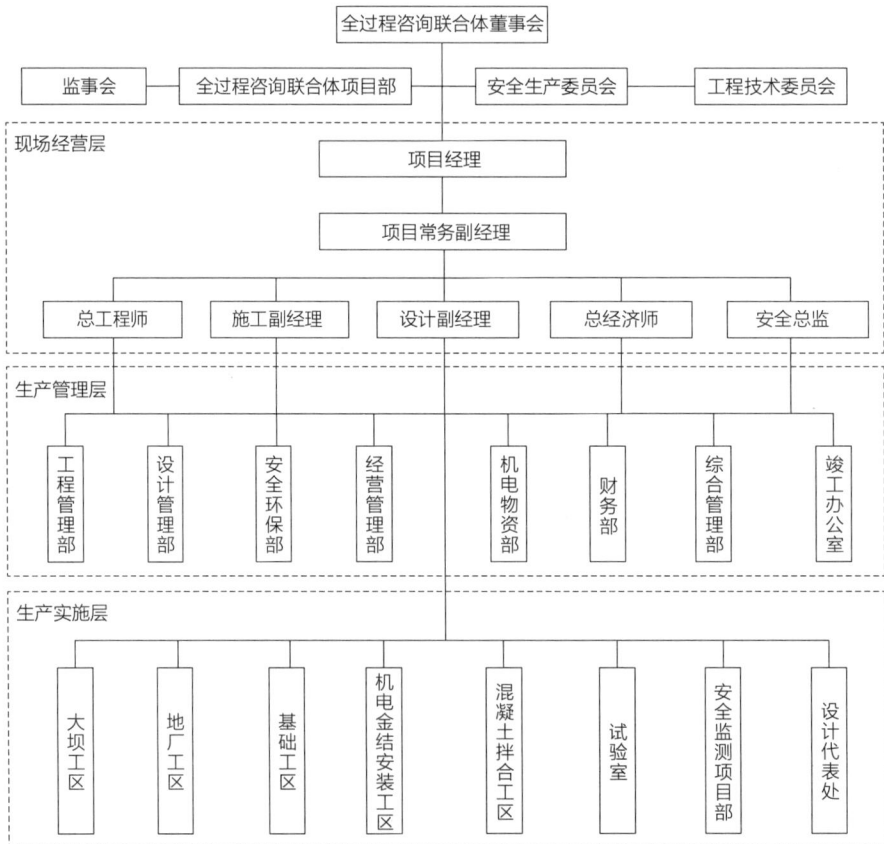

图4-34 联合体组织机构

三、项目管理的具体内容

1. 管理模式

全过程咨询联合体项目部对履约项目按紧密联合模式进行运营，按"统一领导、统一组织、统一规则、统一管理、两级核算"的项目管理模式进行管理。

全过程咨询联合体项目部是联合体在施工现场全面履行合同的实施机构，是董事会领导下的项目经理负责制。现场中国水电七局和华东院共同组建全过程咨询联合体项目部，双方派员进入全过程咨询联合体项目部各个职能部门，统一组织履约项目实施，统一进行现场项目管理。根据合同要求，项目经理由责任方法人出任，现场派驻常务副经理代表项目经理对项目进行管理。

全过程咨询联合体项目部中两家母公司成员在工作中做到无缝对接，深度融合，通过组织机构的一体化保障管理模式的优势充分发挥。通过设计施工文件相互会签、重大技术方案采用专题研讨等，增强了设计与地质、施工结合的紧密性，指导施工安全、快速进行。

2. 制度建设

全过程咨询联合体项目部自进场就根据杨房沟水电站项目特点及工作流程要求，着力建立完善相关制度体系，并不断根据业主、监理等参建各方的意见修订和完善制度体系，以满足项目实际施工需要。

如设计管理方面，制定了《勘测设计管理办法》《设计代表处考核实施细则》《设计优化和变更管理办法》《设计文件报审与发送流程实施细则》《设计交底管理办法》等17项管理制度。再如工程管理方面，制定了《工程技术管理制度》《工程技术文件编制及审批制度》《施工进度管理实施细则》《工程管理临时奖罚实施细则》等14项管理制度。完善的制度建设在工程实施过程中发挥了有效的管理约束作用。

例如，全过程咨询联合体项目部颁发了《混凝土拌和系统混凝土生产供应管理实施细则》，明确了混凝土供应程序、计量程序、质量控制、质量争议和拌和楼管理制度；颁布了《安全投入保障制度》，明确了安全生产费用的提取、使用、管理及相应的职责等。

3. 设计管理

设计管理部是全过程咨询联合体项目部下设的设计管理机构，是设计管理执行的责任部门。代表全过程咨询联合体项目部负责与设计单位的接洽联系，协调设计产品供应，对接现场设计与施工协调。

设计管理的重点是按照合同要求提供勘测设计、科研试验计划及年度、月度和三个月滚动设计产品供应计划，督促勘测设计专业按计划完成并报监理人审查；根据现场条件组织开展动态设计，全面掌握设计动态，把握设计方向，充分理解发包人设计意图，与施工深度融合，积极开展设计优化，提升工程安全、质量和经济效益水平；组织现场设代人员负责现场设代技术服务和设计变更，做好设计交底、现场巡视等工作，指导施工；负责安全监测、物探检测的实施管理、巡视检查、报告审核等工作；负责办公网络建设管理、软硬件设施管理、工程管理信息系统的建设和维护。

在设计管理中，通过设计施工相互会签，提高了设计方案的可实施性；通过按施工进度计划倒排供图计划，保障了图纸供应；通过协调现场设代人力资源保障，实现了现场问题快速反应、快速沟通、快速解决；通过积极推进BIM系统建设与应用，有效推进了工程设计、质量、进度的数字化管理。截至2019年，共完成一般设计报告（含技术要求等）173份；设计优化调整报告35份；招标文件71份；施工图纸569套；设计修改通知939份，满足现场施工需求，产品质量优良。大倾角断层发育岩体坝基开挖爆破与加固关键技术研究荣获中国爆破行业协会科技进步一等奖。

4. 工程管理

工程管理部是全过程咨询联合体项目部下设的工程及技术管理机构，是施工技术管理、施工生产管理执行和施工质量管理的责任部门。对施工现场行使监督、检查、管理及协调的职责。

工程管理的重点在于全过程咨询联合体项目部的施工技术管理、施工生产管理和施工质量管理，具体如下：制订施工技术管理制度、施工生产管理制度和相关管理实施细则等；负责全过程咨询联合体项目部范围内的施工组织管理工作，做好全过程咨询联合体项目部各部门、各工区之间与生产相关的协调工作，加强同监理、业主相关部门的沟通和协调，及时解决生产中存在的问题；负责组织编制工程项目施工组织设计，对实施阶段的总体施工组织设计、阶段施工组织设计、重大的施工组织设计、施工方案和施工技术措施，按规定程序报相关人员审批；负责组织编制各工区上报的年、季、月、周施工进度计划，以及整个工程的网络进度计划跟踪调整。确保工程项目施工质量满足国家有关规程及规范要求，按照PDCA循环理念对工程施工质量实行全过程控制管理，进一步强化施工过程控制，逐步提高施工质量和实体质量，实施工程质量创优管理，实现工程质量目标。

全过程咨询联合体项目部自进场以来，在施工管理方面，加强现场组织与协调，合理安排生产任务，增加施工人员设备资源投入；科学编制进度计划，充分考虑各个工区之间的施工交叉干扰及相互交面程序；针对施工关键线路，组织相关工区召开日协调会，确保工程进度。截至2019年12月底，实现大坝混凝土浇筑高程过半，厂房混凝土浇筑方量过半，水道系统混凝土浇筑完成，比合同工期提前近5个月。在质量管理方面，加强质量自律管理力度，严格统一质量管理标准，落实质量管理标准化，调动质检人员的工作积极性，利用互联网技术等信息化手段，提高质量管理效率和透明度。截至2019年，累计主体工程评定单元13007个，合格13007个，合格率100%，优良单元12605个，综合优良率96.9%。杨房沟EPC模式大坝智能建造质量智慧管理系统荣获全国质量创新大赛QIC-V级奖（最高级），杨房沟大型地下厂房洞室爆破开挖工程被评为中国爆破行业协会部级样板工程。

5. 采购管理

机电物资部负责全过程咨询联合体项目部设备物资资源的采购和优化配置，组织和协调联合体成员企业及各工区之间设备物资的调剂统筹，负责设备租赁及闲置设备的管理工作，对施工期间用水、用电、油料、特种设备及火工材料进行管理。

机电物资部的工作重点是贯彻执行国家有关物资、设备管理的方针和政策及股份公司、联合体成员企业物资、设备管理制度，在项目部领导指导下，建立和完善、执行全过程咨询联合体项目部物资、设备的采购及管理制度。拟订设备物资综合管理目标、建立健全设备物资管理考核制度，并组织实施。负责全过程咨询联合体项目部自购设备物资、辅协供物资、成套永久机电设备的采购、验收、维修、保管、交付安装等工作，包括与业主联合采购永久机电设备的合同管理，并负责整个工程机电金结工程的全面质量管理及机组启动试验、投产、达标验收等技术资料的准备，完成机电金结工程竣工资料的收集、整理、移交等工作。

全过程咨询联合体项目部自进场以来，在材料物资采购供应方面，截至2019年，已经完成所有"辅协供"物资及自购大宗物资的招标和合同签订工作。主要材料与采购程序符合主合同相关条款约定，供应商管理与材料价款符合合同支付规定，材料供应质量满足主合同与规范要求。在机电设备采购安装方面，截至2019年，完成了水轮机及发电机设备招标及合同签订、工厂见证及出厂验收，电气设备的设计联络会，主厂房水轮机埋件安装、桥机安装，引水压力钢管、泄洪中孔钢衬制作安装，各部位的辅助系统电气埋设工作，满足工程进度的要求。

6. 经营管理

经营管理部是在商务副经理的领导下，贯彻执行国家《合同法》《经济法》

及公司相关管理制度，按照有关法律法规，制定各类经营管理制度，开展全过程管理、内部承包（分包）等合同管理工作，对全过程咨询联合体项目部的经营管理工作负责；是工程分包、合同管理的归口管理部门，工程分包领导小组所在机构。

经营管理的重点是制定各类经营管理制度；开展内部承包合同分包工作及交底；开展工程分包及分包监督管理；全面、有效地履行合同，对经营风险进行全面预测和识别，拟定风险应对策略和化解措施，实现项目利益最大化。截至2019年12月，累计完成结算38.6亿元，结算计划完成率为105%。

7. 安全管理

安全环保部是全过程咨询联合体项目部下设的安全管理机构，负责建立和完善全过程咨询联合体项目部安全管理体系、制度，直接对口各工区的现场施工安全监管，对现场施工安全负总体管理职责。

安全管理的重点是根据合同要求，建立健全项目各项安全管理规章制度，制订安全文明施工总体策划、实施方案，明确各级管理人员安全管理职责，制订安全生产考核指标及办法，以"策划、实施、检查、改进"的动态循环模式监督、检查、指导各实施单位各项安全管理工作，建立并保持安全生产标准化系统；通过自我检查、自我纠正和自我完善，建立安全绩效持续改进的安全生产长效机制。

全过程咨询联合体项目部每年初下发《安全生产目标控制分解》，明确目标的制定、分解、实施、考核等内容。每季度对各工区安全生产目标完成情况进行考核评比，每半年对目标完成情况进行评估，及时进行纠偏，年底对目标完成效果进行考核兑现奖惩。截至2019年，未发生各类安全事故，安全生产隐患整改率100%，特种作业人员持证上岗率100%，特种设备检测率100%，重大危险源监控率100%，分包队伍资质审查合格率100%，安全技术交底率100%，员工岗前安全、职业健康培训、操作技能培训率100%。2017～2019年连续三年达到电力安全一级标准化达标。

8. 档案管理

竣工办公室是全过程咨询联合体项目部下设的档案管理机构，代表全过程咨询联合体项目部负责与业主、监理对接，负责全过程咨询联合体项目部产生的所有档案文件的搜集、整理、归档、移交工作。

档案管理的重点是通过管理体系建设与建章立制，做好工程档案管理的标准化管理；通过在签订分包合同或协议时，设立专门的档案管理和归档保证金等约定条款，加强对分包单位档案管理的约束与管控；通过档案交底、培训指导与认证，为有效的文档过程管理提供专业支撑和规范化管理；以检查与考核机制为手段，做好项目文档管理的过程监督与管控；通过开发完善OA收发文管理模块、BIM设计文件报审和质量模块与图档系统的对接，实现电子文件的一键归档，通过制定归档计划，做好归档节点控制，保证工程档案顺利通过"水电工程达标投产及创优""工程档案专项验收"，并为工程审计及"工程整体竣工验收"创造条件。

按照业主档案管理要求，全面梳理各部门、各工区档案管理职责，理清档案管理流程，制定明确的档案管理办法和考核细则，并严格落实到位。在本项目管理模式下，探索档案管理创新思路，借助杨房沟设计施工BIM管理系统，积极推进电子文件数字化归档工作，实现在线电子单元验评及电子文件归档单轨制。

四、创新管理内容

1. 一体化

全过程咨询联合体项目部是联合体在施工现场全面履行合同的实施机构，水电七局和华东院共同组建全过程咨询联合体项目部，双方派员进入全过程咨询联合体项目部各个管理部门，根据各自专长分担相关管理任务，高度融合。统一组织履约项目实施，统一进行现场项目管理。工作中做到无缝对接，深度融合，通过组织机构的一体化保障全过程管理模式的优势充分发挥。

全过程咨询联合体项目部实行设计施工文件相互会签制，使设计方案和施工措施真正适应现场实际情况和设备能力，实效性更好、可操作性更强。重大技术方案采用专题研讨制，通过专题研讨，科学决策技术方案。设计与地质、施工、监测紧密结合，采用"动态设计施工"理念，及时优化开挖、支护参数，指导施工安全、快速进行。

2. 标准化

全过程咨询联合体项目部进场后立刻着手对工程质量、安全以及整体形象进行统一策划。在工程质量标准化方面，着力打造制度标准化与工艺标准化，出台《工程建设标准强制性条文实施计划》《杨房沟水电站工程达标创优实施细则》等文件，根据工程进度，分批分序制定并发布主要施工工艺的标准化文件26份（施工工艺标准、施工工艺手册、施工质量明白卡），结合工艺标准化的使用范围与不同的受众，推广质量标准化管理理念，定期开展宣贯与培训。在安全标准化方面，为了强化施工过程中的安全管理，打造本质安全项目，全过程咨询联合体项目部基于四个责任体系，制定《安全文明施工标准化手册》《安全标准化图册》，不断强化培训与检查考核，在规范现场操作行为、提升现场形象等方面起到了积极的作用。

标准化策划与实施，是全过程咨询联合体项目部站在宏观的角度，整体认识工程，充分发挥整个工程的协同效应，这是传统发承包模式所不具备的优势，通过标准化的实施，消除项目环节冲突，提升工程的整体效益。

3. 信息化

全过程咨询联合体项目部有九个作业工区，六个代管单位（前期中标单位），管理的工作面广、涉及作业种类多、协调工作量大。

全过程咨询联合体项目部投入3000余万元，委托华东院数字公司开发建立国内首个水电工程BIM管理信息系统，系统现已开发九大模块，将设计管理、质量验评、进度管理、投资管理、安全监测、水情测报、视频监控、智能温控、智能灌浆、施工仿真等功能深度整合。实现远程在线图纸审核、手持移动端开展质量验评、现场高清视频实时监控等完全信息化，有效加快了信息流转速度，同时也增加了全过程管理的透明度。在参建各方共同的努力下，经过多次软件性能扩充，现在基本实现了基于BIM管理系统和数字化技术的进度、质量、投资、安全智能化管控。

全过程咨询联合体项目部也委托华东院数字公司开发了OA办公系统、安全风险管控平台，利用信息协同工作平台，加速信息传递，增加了可视效果，提高管理效率。根据现场管理的需要，开发了质量管理APP、安全管理APP，主要解决现场发现的一般质量、安全隐患，通过手机客户端能够及时上传包含地点与缘由等准确信息，根据分级权限，身在不同管理岗位的管理者能够及时接收管理指令，进行处理或监督，限期内处理完毕后，指令才得以闭合。杨房沟基于BIM的大型水电站全过程数字化建设管理创新与应用研究荣获首届全国水利行业BIM应用大赛金奖、中国电力企业联合会电力科技创新一等奖。

通过信息化手段提高信息在通道中的传递与处理速度，体现了信息的便携性、安全性与稳定性，大大简化日常事务处理流程，使得全过程管理向智慧化的方向迈进。

4. 自律管理

在项目投标阶段，联合体提出构建工程自律管理体系的设想，就是希望努力通过这一体系的实施，重构工程领域的现代诚信机制。作为杨房沟这样一个庞大的水电工程，联合体方如何摆脱传统DBB模式的管理思维，让工程受控，让业主满意，建立起业主、监理及项目部三方的信任机制显得尤为重要。经过一年多的调研，全过程咨询联合体项目部基于契约与诚信的初衷，2017年10月全面构建起全过程咨询联合体项目部自律管理体系，成为通达三方信任的桥梁。

全过程咨询联合体项目部自律管理体系是"管理层的自律＋作业班组层的他律"相结合的管理体系。自律管理最突出的特点就是通过这种管理方式，让整个管理决策过程公开透明，所有考评考核结果都有据可查，让业主、监理心里有底，心中有数。对于管理者而言，自律是指在没有人现场监督的情况下，不受外界约束和情感支配，根据自己善良意志，通过自己要求自己，变被动为主动，自觉地遵循法度，拿它来约束自己的一言一行。在工程实施过程中，自律对于管理者或许行之有效，而对于最基层的被管理者（作业工人），现阶段单纯靠自律还是无法有效管理他们的行为，所以引入了他律，即通过一系列的考核制度，建立起首建制、规范作业流程，通过一定时间的适应，能够形成系统的他律力量并影响到主体理性的自觉，使其不知不觉地同化，主动服从他律管理和自觉接受他律管理，也就是具有某种自律的表现。

5. 科技创新成果

杨房沟项目实施四年来，全过程咨询联合体项目部积极开展科技创新工作，截至2019年12月，全过程咨询联合体项目部获得1项省部级科学技术进步一等奖、1项部级样板工程、1项全国质量创新大赛QIC-V级奖、1项电力科技创新奖、15项QC成果（省部级），获得4项工法、24项专利成果及4项院级科研成果。

五、全过程项目管理模式实践成效

经过近四年的全过程项目管理实践，目前全过程咨询联合体项目部内部信息传递总体通畅，管理理念也逐步趋同。采取统一管理、统一协调的管理方式也得到业主与监理的认可，工程安全形势受控，实体质量稳步提升，施工进度均有超前。杨房沟项目部荣获2018年度四川省五一劳动奖状。

1. 设计施工深度融合

全过程咨询联合体项目部以技术为纽带，充分发挥技术先导作用，建立设计施工一体化工作机制，引领制度、人员和文化的深度融合，实现合作方优势互补和互助提升。

全过程咨询联合体项目部建立了设计与施工技术文件互签制度，所有设计图纸在下发前均经联合体技术管理部、相关工区会签，将设计方案与现场施工可能存在冲突的问题、不便于施工的问题解决在图纸向监理报审前，提高设计方案的可实施性。同样，施工支洞布置、施工方案措施等也由设计会签，确保临时工程施工布置及施工措施方面更能满足工程总体结构要求，使布置更为合理，在技术文件的确定中充分体现了设计施工一体化的优势。

建立动态设计施工一体化工作机制，设计与地质、施工、监测紧密结合，采用"动态设计施工"理念，及时优化开挖、支护参数，指导施工安全、快速进行。

限额设计理念贯穿设计过程。全过程咨询联合体项目部充分发挥设计技术优势，在确保工程各部分功能满足合同要求、运行维护便利的情况下，通过设计施工一体化的融合，积极开展科技创新和设计优化，提升项目价值。进场以来，完成并通过审查的较大以上优化23项，相比投标节约工程投资约7000万元。

2. 安全生态管理

在全过程管理模式下，项目主体安全管理责任由直接承担生产管理的承包商负责，承包商责任更明确。全过程咨询联合体项目部积极有序推进安全管理工作，发挥设计施工一体化在隐患排查整治和安全专项措施规划方面的优势，结合项目的实际情况，确立了"一个手册""两个规划""七个台账"的安全管理主线，落实更有效。编制了安全标准化图册，发放到每个工区，安全文明施工形象稳步提升。建立了雅砻江流域首个安全设施体验馆，将安全教育培训日常化，全面提升安全教育。全过程咨询联合体项目部统一进行临建设施规划布置，钢筋厂、模板厂、综合仓库等临建工厂企业统一标准，严禁私搭乱建。严格按安全生产标准化组织实施，确保了进场以来现场生产安全。

从开工至今未发生安全事故，安全生产形势有序、受控。项目开工每年均通过电力安全生产标准化一级达标考核，杨房沟水电站也成为凉山州安全风险管理体系建设首个试点单位。

3. 质量管理

质量部严格自律管理体系，建立起"四体系"（保证体系、责任体系、检查体系、评价体系），运用"四化"（制度化、标准化、表单化、信息化）手段，全过程跟踪质量管理人员的履职情况，每月对管理人员及作业工区落实"三检制"情况进行"月考核、季评价"，质量管理人员月度薪酬与绩效直接与考核结果挂钩，做到奖优罚劣。

积极推行质量标准化作业，根据工程进展，制定主要施工工艺的标准化文件，编制了主要土建项目工序、机电项目工序的质量工艺标准化手册；为了让标准化成果深入一线、落实到人，全过程咨询联合体项目部针对不同层级管理人员，将施工工艺文件细分为"施工工艺标准、施工工艺手册、施工质量明白卡"

三个层次,分别提供项目管理人员、现场质检员、一线操作工人使用,做到重点突出、浅显易懂,方便现场操作。

建成国内水电行业第一个质量展厅,现场所有主要工艺标准与要求均在质量展厅加以呈现,并根据施工进展动态更新,特别是给新入场员工一个直观认识,使展厅发挥"宣传展示、管理对标,教育培训"的实效。

单元工程综合优良率达到96.9%,高于国内同类工程水平,工程实体质量得到历次质量监督专家组的高度评价。

4. 进度管理

施工生产进度管理实行三级管理:一级为全过程咨询联合体项目部施工生产管理系统,由全过程咨询联合体项目部施工管理部及机电部具体负责执行;二级为工区施工生产管理系统,由工区施工部具体负责执行;三级为工区作业层施工生产管理系统,由作业班组级具体负责执行。进度计划包括工程项目总体、年、季、月及周进度计划。工程管理部负责组织编制各阶段的施工进度计划,把握施工重点和关键线路。当出现进度计划偏差时启动预警和纠偏措施,根据关键线路进度计划偏差的严重程度,分黄色(偏差5~7天)、橙色(7~15天)、红色(15天以上)三级预警。结合自律管理体系,对所辖工区及体系人员定期进行考核,确保关键结点近期实现,从而凸显全过程管理对资源的整体把控与整合优势。

目前工程进度满足合同要求,各部位施工进度较合同节点目标均有提前,已确定首台机组提前5个月发电目标。

5. 成本管理

杨房沟全过程咨询联合体项目部采取的结算方式分为对外对内分序进行,业主对全过程咨询联合体项目部采用季度结点结算,每季度按年度确定的结点目标,提供相应的结点结算签证,即可办理结算;全过程咨询联合体项目部对内部作业工区采用的是"背靠背"结算,即结点完成后,业主进行了确认支付后,按内部承包合同向各工区进行结算支付。

第十三节 浙江金融自助产品生产基地项目

一、项目概况

1. 工程概况

浙江建达科技股份有限公司金融自助产品生产基地位于杭州市滨江区物联网

产业园，总建筑面积76904.92m²，概算投资5.08亿元（其中建安费3.16亿元），地下室2层，建筑面积26445.85m²，地上由一幢23层主楼和三幢5层裙楼组成。项目由浙江建达科技股份有限公司投资建设，汉嘉设计集团股份有限公司设计，浙江城投建设有限公司施工总承包。

由杭州信达投资咨询估价监理有限公司提供全过程工程咨询服务。

2. 工程特点与难点

（1）非专业投资人的专业要求

本工程的投资人是一家专业从事城市信息化、金融电子化和建筑智能化应用软件开发、第三方服务和信息系统集成的高新技术企业。与传统的房地产企业和基建单位相比，对基本建设程序并不专业，需要有专业的管理顾问公司帮助其完成全过程的项目管理工作。但由于其承担过大量工程的智能化分包，对成本管控、工期建设、合约管理又有大量个性化的专业要求。因此，投资人对全过程工程咨询的服务要求为"1＋X"，即：建设单位的项目管理＋设计管理＋招标代理＋全过程造价咨询（含竣工决算）＋工程管理（含监理）。同时，基于成本、服务效率与服务质量的考虑，投资人不接受联合体，对咨询服务供应商的专业服务范围、能力及专项资质要求均很高。

（2）高新技术工业建筑的特殊要求

本项目为高新技术企业的工业建筑，对项目的使用功能、绿色环保、智能化、外立面、环境与风水均有非常高的要求。例如，项目设有专门的保密区域、试验室研发中心；员工要求设置室内网球场健身中心、中式古典园林建筑、大面积的水景及绿化等。为实现大跨度、大空间要求，项目结构类型包括框架结构、框架核心筒结构、钢结构等多种类型，主楼一层大堂区域为超高挑空，钢结构雨篷跨度35.85m，高度24m；外立面采用开放式幕墙，包括石材、铝板、玻璃幕墙系统、泛光照明等；机电工程包括双路供电、办公变电站、24小时冷热水及中水处理系统、中央空调系统，智能化需满足BA、OA、CA、FA、SA等专业内容。

针对上述要求，如果采用传统条块分割的咨询服务模式，投资人管理难度很大，咨询顾问各行其是，非常容易造成设计、施工与后期管理相互脱节的情况，轻则成本增加，重则引发合约争议、返工，严重影响项目的建设工期和成本管控。投资人充分意识到了这个问题，因此，在寻找咨询顾问的过程中，注意到了杭州信达公司业务链条完整、专业资质齐全，长期从事全过程项目管理的优势，故委托其实施全过程工程咨询。同时，特别提出了必须重视设计管理工作，以及招标、实施过程中，必须在满足使用功能的前提下充分考虑各专业工程的合约界面管理、交接验收管理、联合验收管理、造价成本管控等要求。

二、全过程工程咨询服务范围及组织模式

1. 全过程工程咨询服务的业务范围

为实现工程管理目标，本工程的全过程工程咨询服务包括全过程项目管理［含项目前期、验收管理（包括专项、竣工验收）、工程备案、项目不动产权办理等］、设计管理、招标代理、全过程造价咨询（含竣工决算）、工程施工管理（含建设监理）、缺陷责任期保修服务。

2. 全过程工程咨询服务的组织模式

针对投资人的要求，咨询顾问需具有的专项资质或资信包括：工程咨询（甲级资信）、招标代理（5A资信）、造价咨询（甲级）、建设监理（房屋建筑甲级或综合）。需投入的人员包括：注册咨询工程师、注册造价工程师、注册监理工程师。

针对本项目全过程工程咨询合同约定的各项工作目标、职责，公司组建了一支经验丰富、专业搭配合理的管理团队，包括项目前期、建筑设计、结构工程、机电安装、幕墙、精装修、园林景观、招标代理、造价控制、工程监理、档案管理等各专业人员。为保证设计管理质量，专门聘请了注册建筑师、结构师、电气工程师负责项目设计管理工作。

全过程工程咨询项目团队实施总咨询师负责制，坚持一个团队管到底，以保证工作效率与服务质量。同时结合项目其他参建单位的管理职责，组织建立了内、外两套管理模式，并在项目实践中运行良好。

（1）内部组织模式

由总咨询工程师全面负责项目全过程工程咨询工作的运行及管理，并设置项目前期管理、设计管理、投资（合同）管理、工程管理及监理等内部架构，各块工作分工不分家，既体现各自工作的专业性，又能兼顾整个项目实施的整体性、信息流畅性、沟通及时性。

1）工程设计及前期管理部：负责落实设计管理、各专业设计协调、各项报批手续、图纸审查；办理工程实施中有关建设、规划、人防、消防、交警、卫生防疫、绿化、国土、环保等各职能部门的报批手续及验收工作。

2）工程造价管理部：负责对项目从单项工程、各专业工程施工招标开始至施工全部结束，完成工程竣工结算资料的整理工作，对项目所有的招标文件、合同文本、变更工程联系单、工程款（含设备材料采购款和服务类）支

付等造价有关的重要文件或事项进行事前审核，实施施工阶段全过程的造价控制。

3）工程管理（监理）部：负责落实工程监理的法定职责及各项工作；协调工程施工建设过程中各有关单位之间的关系，协调并处理好与施工相关的外围关系，负责进行工程安全生产及文明施工管理，负责进行工程质量、进度、成本控制，负责组织项目中间结构验收、节能验收、实体检测、工程竣工验收及人防、消防、环保、绿化、交警、规划等单项验收工作。

4）建立咨询服务团队内部周例会及重大事项沟通机制。保证每周正常一次的内部沟通。涉及设计修改、合约界面、计划调整、交接验收等重大事项时，必须通过会议形式沟通确定后书面报投资人批准，然后由全过程工程咨询部统一书面通知有关单位落实，确保信息准确、不对后期管理造成不利影响。

（2）外部组织模式

组织形成以投资人、全过程工程咨询单位、设计单位、勘察单位、总分包单位为主体的外部协作机制，建立各单位之间周例会、月度高级别领导会议、工程信息传递正式邮箱等有效沟通机制，以项目建设管理目标为核心，从各参建单位挖掘更大的管理潜力。

三、全过程工程咨询服务工作职责

1. 建设管理

（1）按批准的规划条件实施项目建设，并完成本项目规划红线范围内的绿化、公建配套和市政基础设施等所有工程（含专业管线）的建设管理。

（2）前期报批工作：负责落实设计审查、各项报批手续；办理工程实施中有关建设、规划、人防、消防、交警、卫生防疫、绿化、国土、环保等各职能部门的报批手续及验收工作；负责落实施工条件准备工作，完成项目场地的"三通一平"及施工接水、接电等开工准备工作的办理。

（3）设计管理：包括项目初步设计、主体施工图设计审查与优化，市政、绿化、管线综合、室内精装修、机电工程等配套图纸设计工作，督促和检查设计进度，审核设计文件，保证设计质量；组织施工图设计审查并取得相关部门批复；确保项目按照投资人要求以及相关部门审批意见进行设计。

（4）招标代理：组织工程施工和材料设备采购招标，编写招标文件，发布招标公告，发放招标文件，组织对投标人的考察、面试、开标、评标、询标、发放中标通知书等工作，协助签订相关合同。

（5）验收管理：组织各项验收、专项验收工作并办理竣工验收备案工作；负责项目建设资料的收集、整理、归档工作，完成竣工档案移交城建档案馆工作，并将工程档案及相关资料向投资人移交；办理项目不动产权。

（6）缺陷责任期的保修服务：落实规定保修期限和保修范围内的保修责任，直至缺陷责任期结束，并及时妥善处理好因施工质量等引起的各类投诉。

2. 全过程造价咨询

（1）编制工程量清单及招标控制价，落实工程量清单核对工作，负责差异原因分析、依据查找和工程量清单及预算价调整后的复核并出具书面报告。

（2）制定造价控制的实施流程，对施工单位报送的工程预算进行审核并书面确认，确定造价控制目标。

（3）审核施工单位（或供应商、服务单位）报送的每月（期）完成进度款月报表，并提出当月（期）付款建议书且签署书面意见。

（4）审核工程变更、索赔事项，对变更涉及内容进行工程计价并提供咨询意见，会同投资人进行市场询价并签署意见，向投资人提供造价控制动态分析报告。

（5）核定分阶段完工的分部工程结算，及时整理竣工结算资料，会同投资人办理工程竣工结算，提供完整的结算报告及各项费用汇总表。

（6）协助投资人进行工程财务管理，帮助处理工程款审批、拨付、建账、存档及审计等相关事宜。

3. 附加外部协调职能的施工监理

（1）根据法律法规、工程建设标准、勘察设计文件及合同，在施工阶段对建设工程质量、进度、造价进行控制，对合同、信息进行管理，对工程建设相关方的关系进行协调，并履行建设工程安全生产管理法定职责。

（2）负责协调工程建设过程中各有关单位之间的关系，协调并处理好与施工相关的派出所、街道、社区及周边居民等外围关系。

（3）负责组织项目中间结构验收、节能验收、实体检测，做好工程竣工验收及人防、消防、环保、绿化、交警、规划等各项验收组织工作。

四、全过程工程咨询服务过程

1. 管理工作制度化

好的管理成果离不开制度。针对本项目的特点、管理机制，全过程工程咨询项目部制定了一套行之有效的规章制度，内容涉及审批事项管理、设计管理、计划管理、工程管理、项目投资管理、资金支出管理、招投标管理、工程变更、工程档案管理、沟通管理等主要内容，在项目实际运作过程中起到了重要作用。对于项目重大事项的决策，则需经过投资人最高领导决定。

项目还制定了参建各方领导高级别月度联系会议制度，参加会议成员均为各单位主要分管领导，此举措加强了项目参建各方的有效沟通，为项目建设献计献策，充分发挥各单位的有利资源。

2. 过程高效规范化

（1）材料设备管理

材料设备质量直接影响项目的实际质量。项目管理过程中重点做好材料设备的事前及事中管理，通过市场调查、厂家考察及层层对比筛选，从源头上择优选择质量好、性价比高的材料设备。对涉及装修效果的主要材料，通过前期大量准备后，收集材料样品报投资人确定。严格控制材料进场关，对进场材料进行逐项检查，并按规定监督做好材料复试工作，对主要设备按拟定的程序进行开箱查验。对验收不合格的材料、构配件和设备，书面通知承包单位限期予以清退，清退前应做好标记，另行堆放，不得混用，并做好退场记录，确保用于工程的各种材料设备质量符合设计及规范要求。

（2）工程变更管理

工程变更涉及每一个参建单位，范围广、内容多，对项目的质量、投资、进度影响较大。为保证工程变更管理的规范化，保证变更效果，制定了具体的工程变更管理办法，明确变更原则、管理职责，根据变更费用制定重大工程变更、较大工程变更和一般工程变更的审批流程。对于重大变更费用问题，组织召开业内专家会同项目参建单位进行专项评审，为项目结算提供专业评审意见。本项目在施工期间，严格按照制定的工程变更管理办法从造价、进度、质量等多方面审核每项变更内容，完善变更手续，并在施工过程中严格执行。重大变更内容根据拟定的变更管理办法会同投资人财务部门对工程变更工程进行监督、检查和管理，并以纪要形式确定。

（3）费用联合审查机制

为切实加强项目投资管理的安全、准确性以及各项费用审核、签证、支付的及时性，建立了项目费用联合审查机制。打破项目费用管理需要多个单位逐级审核、上报的传统模式，推行集中审核、决策的机制，在保证费用管理合规的前提下，有效简化审核流程，提升工作效率。以本项目工程款支付管理为例，按传统的逐级审查模式，施工单位要收到工程款至少需要15～20天时间，若发生不一致的意见，时间还需延长，直接影响到项目建设进度及施工单位的积极性。采用联合审查机制后，该项工作基本控制在7天内即可完成，此举有效保证了工程进度。

（4）信息管理技术的运用

由于本项目建设规模较大，涉及的使用功能较多，并且超高、超大跨度结构部位多，机电安装系统复杂，为真正达到科学管理促进项目建设增值的目的，本项目运用了BIM信息管理技术。该技术的运用在项目的设计优化、标高控制、机电安装工程、精装修施工管理中发挥了重要作用。既能事先找出设计图纸中存在的问题，避免产生工程碰撞和不必要的返工，同时能对现场安装系统综合管线进行合理优化，为项目科学管理提供了有效支持。

3. 发挥专业管理优势，提出多项合理化建议

全过程工程咨询过程中，充分发挥专业管理优势，在项目招投标、设计管理、施工管理等方面为投资人提供合理化建议，促进项目顺利实施。

（1）招投标阶段

1）在设计招投标阶段，全过程工程咨询单位协助投资人考察设计单位的团队、类似项目的设计经验，择优邀请投标单位并编制详细的招标文件。为提高参与设计投标单位的积极性和重视度，在招标文件中明确未中标单位的方案设计补偿，同时明确了施工图设计达不到要求的风险控制措施；通过对设计方案、报价的多次评审、询标，择优选定中标单位，取得了良好的效果。

2）通过对合同主要条款、技术要求、专业界面划分等方面进行合理设置，包括土建与机电专业、精装修、幕墙等合约界面，交接验收质量标准，交叉施工的基准控制点、线及交接验收标准与流程，总包管理与配合的服务内容、标准等，为后期的项目施工和结算管理打好基础。

（2）设计管理

1）在设计招标文件中明确专项设计要求，减少深化设计的环节，例如幕墙设计需同步到位，施工过程中设计变更较少，投资得到了有效控制，设计服务也更到位等。

2）在设计阶段，全过程工程咨询人员按专业分别与具体设计人员进行深入沟通，在满足功能、安全、合规的前提下，尽可能选择经济性更高的方案。

（3）工程管理

1）在项目实施过程中，合理安排、统筹考虑施工内容，从而达到项目进度、投资的双赢，例如，利用总包单位招标前及前期审批期间，建议先行招标确定土方单位进行场地平整，一方面减少日后地下室土方开挖、外运总量并对地表障碍物进行清障，既缩短工期又减少了钻孔灌注桩空钻的费用。

2）在工程管理过程中，将建设单位管理职能与监理职能有效结合，推动读图讲图、方案点评、样板带路等管理手段在项目中的实施，较好地实现了工程质量的事前控制。

五、全过程工程咨询服务的实践成效

全过程工程咨询服务能够有效优化项目组织、简化咨询顾问合同关系，有效减少信息漏斗，优化管理界面，并克服传统的造价咨询、招标代理、监理等相关单位责任分离、相互脱节的矛盾，缩短项目建设周期、降低工程造价。

本项目在实际运行过程中充分体现了全过程工程咨询单位各专业人员齐全、一个团队战斗力强、充分掌握市场行情、本地资源信息的优势。在项目前期审批、设计、招投标、实施阶段以及项目竣工验收、交付、结算审核等全过程咨询管理服务中，与参建单位共同克服了深基坑、大跨度、项目复杂专业设计等难点，共同创建了"西湖杯"优质工程，成本管控也达到了投资人的要求，为全过程工程咨询服务做出了有益的探索。

1. 项目投资管理成效

项目投资管理是投资人关心的重要内容，既要符合政策法规，更要满足项目使用功能，最大可能地提升项目建设的性价比。本项目的投资管理从项目前期就根据项目批复概算及建设内容进行层层分解，明确项目各阶段成本目标，并通过设计优化、招投标管理以及工程变更等多方位的严格管理，本项目较周边类似项目及概算比较节约总造价约15%。

为了保证投资控制效果，提升施工图设计质量、施工图预算编制质量和施工过程中的投资控制质量，采取工程管理及监理人员向前延伸，造价咨询人员向后拓展服务的方式。一方面充分发挥监理人员在施工管理过程中的现场经验，提前介入工程量清单编制，减少清单描述错误；另一方面借助造价咨询人员编制施工图预算、熟悉清单、熟悉图纸的先天优势，跟进施工过程中的工程变更、工程款支付审核，提高进度款审核的准确性和及时性。

2. 项目质量管理成效

工程管理始终贯彻"高标准、严要求"的质量内控管理要求，并取得良好的管理成效。工程质量一次性验收合格，并获得杭州市"西湖杯"优质工程。

3. 项目进度管理成效

本项目施工期间克服了环保督查导致部分建材停产等多重困难，实际工期30个月，比原计划合同工期提前30天。

4. 项目安全文明管理成效

项目安全生产、文明施工在施工过程中得到有效管控，获得杭州市建设工程安全文明标化示范工地。

六、小结

全过程工程咨询需要咨询顾问单位及从业人员有强烈的责任心，较高的专业能力、协调能力，以及投资人对咨询顾问的高度信任。在当前的市场环境下，不可能一蹴而就，更不能指望政府部门包办一切。打铁还需自身硬，强化自身、练好内功是根本。同时应当具有敏锐的市场意识，主动向客户推介，以项目管理这个"1"为基础，逐步拓展建设监理、造价咨询、招标代理、设计管理等各项业务，为客户创造价值，培育好全过程工程咨询市场。

从本项目的实践看，全过程工程咨询的尽早介入，对工程管理的顺利实施有明显优势。例如，在本项目的前期策划、成本目标设置与分解、择优选择参建单位的方法与措施、过程管理的制度落实、交接验收与联合验收管理、调动各参建单位紧密配合的方法措施等方面，全过程工程咨询单位均发挥了积极的主导作用，收到了良好的效果。当然，实践过程中也暴露出一些实际问题，例如，总咨询师（项目经理）在项目前期立项、方案设计、概算管理方面的统筹意识、专业能力等还需要进一步提升；全过程工程咨询服务单位内部的各专业团队的协作机制需要进一步优化，以提升工作效率，保证服务水平。

第十四节 浙江松阳大型光伏电站项目

一、项目概况

1. 基本信息

某大型光伏电站项目总装机容量35MWp，以一回35kV电压等级的线路接入电网。项目用地约1000亩，总投资2.5亿元。项目于2014年开展相关前期工作，取得地方相关部门同意建设的复函，2014年12月完成项目可行性研究报告，2015年9月在当地发展改革局备案，2016年1月开工建设，2016年6月并网。

本项目由浙江省电力设计院提供全过程工程咨询服务。

2. 项目特点

该项目为"农光互补"型光伏电站，项目全过程秉持高效智能、绿色环保的理念。光伏阵列的布置充分考虑农作物对于阳光、雨水等自然资源的需求。光伏组件距地面约2m，前后排组件间净距离约3m，留出充足的农业种植空间，使光伏组件下的土地得以充分利用。光伏电场的电缆采用架空桥架敷设，较通常的直埋敷设方式，降低了农业种植的安全隐患。

为避免场地排水对山地冲刷造成的不良后果，就山地组织排水进行了专门研究，并修建有效的排水系统，确保山地有组织排水。

根据项目所在地太阳辐射情况，优化光伏系统容配比设计，减少交流侧设备投资，降低工程造价。

光伏阵列的布置克服低丘、缓坡等不利地形制约，通过精心设计，使光伏阵列倾角布置均为正南朝向，较一般的随坡就势的布置方式有利于发电量的提高。

项目建成后预计平均每年可为电网提供电量2876.5万kWh，与相同发电量的燃煤电厂相比，相当于每年可节约标准煤约0.935万t，减少排放二氧化碳2.61t，还可减少烟尘、SO_2、NO_x等排放，具有明显的环境效益。

二、咨询服务范围

1. 咨询服务业务范围

该项目全过程工程咨询服务包括全过程项目建设管理、项目前期咨询、工程设计和造价管控等服务。

2. 咨询服务的组织模式

为提高本项目全过程咨询服务水平，根据项目业主的具体需求，结合项目具体情况，建立具备"1+X"全过程工程咨询特色的组织构架，项目组织架构如图4-35所示。

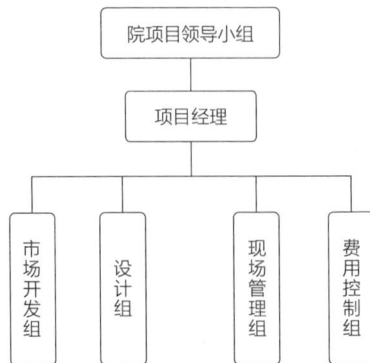

图4-35 项目组织架构

三、咨询服务的运作过程

1. 采用项目经理责任制

在公司内部选拔技术能力、沟通交涉能力、创新能力和工作业绩等综合能力强的技术人员担任全过程工程咨询项目经理。项目经理根据项目的咨询阶段、规模类型成立项目组。项目经理作为项目牵头人，全面负责项目咨询的组织领导、控制、协调及整合。项目经理主要职责如下：

（1）负责组建项目组织机构，选定项目部主要成员，有效地开展项目工作；

（2）确定项目咨询的基本工作方法和程序，编制项目计划，明确项目的总目标和阶段目标，进行目标分解使各项工作协调进行，确保项目咨询按合同要求完成；

（3）组织建立和完善项目部内部及对外信息管理系统，包括会议和报告制度，保证信息交流畅通；

（4）拟定与项目业主、监理、分包单位以及院内、外各协作部门和单位的协调程序，建立其协调关系，为项目实施创造良好的工作环境；

（5）负责协调开发组、设计组、现场管理组等方面之间的关系，解决项目前期及补防过程中出现的问题，确保项目顺利完成；

（6）负责监控项目管理过程，确认计划、实施、检查、处理建议的持续改进；

（7）负责对重大变更的方案和费用进行确认和报批；全面记录变更内容与理由、成本影响分析、变更涉及的有关资料；

（8）定期向项目业主、院领导和有关部门汇报工程进展情况和项目中存在的重大问题，例如项目的建设条件、各部门之间需要协调以及各项控制指标需要调整等问题，以便于工作及时处理和解决；

（9）项目结束时对项目组成员提出考评意见，组织做好项目工作总结和文件、资料的整理归档工作；总结成功的经验、存在的问题和对今后工作的建议，积累有益的经验和资料。

2. 项目前期阶段

项目前期阶段是项目全过程咨询的初始阶段，是项目投资决策阶段，必须对整个项目有一个宏观概括和把握，其决策成果直接影响着投资成败，因此项目前期阶段的咨询工作是项目全过程咨询工作的最重要工作流程之一。项目前期阶段工作内容主要是对拟建项目从经济、技术的角度进行合理、科学的分析，对不同的建设方案做比选并做出可靠的投资估算，为项目的最终决策提供关键数据。该项目决策的正确与否决定着后期工期建设的成败，影响着工程的投资大小和经济效益状况，因此做好项目前期阶段的咨询工作直接影响着项目的技术方案和投资收益。

3. 项目设计阶段

通过投资决策阶段后，建设项目进入设计阶段，该阶段是项目投资决策的具体化。由于设计阶段工程项目实体尚未成型，在这个阶段如果能及时发现问题，可以针对设计提出优化方案的建议，对设计进行修正和完善。设计阶段的关键工作是施工图设计和概算编制，并做出相关指标分析，从经济、技术方面提出评价意见。设计阶段的咨询工作直接影响着项目能否成功或高效率地达到项目预期目标。

4. 项目施工阶段

项目施工阶段的主要任务是将"蓝图"变成工程实体，实现投资决策的意图。结合本项目的特点做好现场管理，协调各行业主管部门做好施工过程中的指导、监督工作，明确施工质量标准，确定质量目标，针对工程特点制定各类工程用表格，编制成品保护措施，加强设计交底和图纸会审工作，设计变更及工程签证审核要及时准确，做到对工程造价变化的动态控制。保障安全投入，建设一流文明环保施工工地，落实周例会、月例会，控制施工进度，并做好施工品质控制，严格做好验收把关。这个阶段工作的专业性很强，咨询人员必须具备丰富的现场工作经验才能完成这项工作，工作量大而复杂且常常时间紧迫，必须引起高度重视。

5. 设备采购阶段

在项目实施过程中，采购工作遵循公平、公开、公正的原则，选定供货厂商。保证按项目的质量、数量和时间要求，以合理的价格和可靠的供货来源，获得所需的设备材料及有关服务。项目部将根据招标文件要求及合同相关规定，编制采购计划，对供应厂商进行资格预审，建立企业认可的合格供货厂商名单，设备的采购由专人负责，严格按照采购管理流程执行，根据项目总体计划的要求，使采购满足设计和现场的要求。质量技术部对采购过程进行监控，并按采购检验流程对质量进行严格的检查。对于影响现场进度的主要设备，可在不违反国家招投标法的情况下，加快审批，尽早招标。

6. 试运行阶段

试运行管理由试运行经理负责，在试运行服务过程中，接受全过程项目建设管理项目经理和业主试运行管理部门负责人的双重领导，试运行管理内容主要包括试运行管理计划编制、试运行准备、人员培训、试运行过程指导和服务等。

7. 项目竣工阶段

竣工阶段的主要任务是对竣工验收资料进行整理收集归档，依据工程承包合同条款的规定，编制审核竣工结算，对项目建设做出准确合理的评价。经过前面阶段的工作，本阶段的工作水到渠成，这是全过程咨询工作与传统的单一咨询工作的重要区别之一。本阶段的主要工作为：整理所有该工程项目建设中相关的工程资料并记录保存、按时编制审核工程结算、对项目进行合理评价。

四、实践成效

传统的建设模式是将建设项目中的设计、施工、监理等阶段分隔开来，各单位分别负责不同环节和不同专业的工作，这不仅增加了成本，也分割了建设工程的内在联系，在这个过程中由于缺少整体把控，信息流被切断，很容易导致工程项目管理过程中各种问题的出现以及带来安全和质量的隐患，使得业主难以得到完整的服务。实行全过程工程咨询，实现咨询服务内容的高度整合，有效地规避了风险，这是政策导向也是行业进步的体现。

全过程工程咨询可大幅减少业主日常管理工作和人力资源投入，确保信息的准确传达、优化管理界面。

实行全过程工程咨询不再需要传统模式冗长繁多的招标次数和期限，可有效优化项目组织和简化合同关系，有效解决了设计、造价、招标、监理等相关单位责任分离等矛盾，有利于加快工程进度、缩短工期。

全过程工程咨询弥补了单一服务模式下可能出现的管理疏漏和缺陷，各阶段工作综合协调，优化资源配置，提高建设效率，提高服务质量和项目品质。

全过程工程咨询服务公司作为项目的主要负责方，将发挥全过程管理优势，通过强化管控，减少生产安全事故，从而有效降低建设单位主体责任风险。

参考文献

［1］项目管理协会. 项目管理知识体系指南［M］. 4版. 北京：电子工业出版社，2009.

［2］何继善. 工程管理论［M］. 北京：中国建筑工业出版社，2017.

［3］杨卫东，敖永杰，翁晓红，等. 全过程工程咨询实践指南［M］. 北京：中国建筑工业出版社，
    2018.

［4］鲁贵卿. 工程建设企业管理信息化实用案例精选［M］. 北京：中国建筑工业出版社，2019.

［5］史蒂夫·纽恩多夫. 六西格玛在项目管理中的应用. 北京：机械工业出版社，2006.

［6］国务院办公厅关于促进建筑业持续健康发展的意见（国办发〔2017〕19号）［Z］.

［7］关于开展全过程工程咨询试点工作的通知（建市〔2017〕101号）［Z］.

［8］浙江省全过程工程咨询试点工作方案（浙建发〔2017〕208号）［Z］.

［9］关于推进全过程工程咨询服务发展的指导意见（发改投资规〔2019〕515号）［Z］.

［10］关于完善质量保障体系提升建筑工程品质指导意见的通知（国办函〔2019〕92号）［Z］.

［11］关于进一步推进全过程工程咨询服务工作的通知（中建监协〔2019〕23号）［Z］.

［12］中华人民共和国国家标准. 工程建设施工企业质量管理规范GB/T 50430—2017［S］. 北京：
    中国建筑工业出版社，2017.

［13］于瑞海. 大型建设项目的设计管理研究［D］. 广州：华南理工大学，2012.

［14］陈晓明. 路面工程施工监理计划范本编制研究［D］. 天津：天津理工大学，2012.

［15］王瑞波. 建设工程监理的现状分析及规范化研究［D］. 郑州：郑州大学，2012.

［16］周笑悦. 试析建筑工程项目建设全过程造价咨询管理策略［D］. 郑州：郑州大学，2012.

［17］马末妍. 基于LEED标准的绿色建筑设计模式研究［D］. 合肥：合肥工业大学，2010.

［18］邢雅熙. 美国LEED绿色节能认证标准在中国的适用性研究［D］. 北京：北京建筑大学.

［19］隋建军. 代建管理模式及代建取费研究［D］. 北京：清华大学，2008.

［20］江潮. 基于河西走廊地域性的绿色建筑设计策略研究［D］. 兰州：兰州交通大学.

［21］于瑶. 关于全过程工程咨询各阶段控制要点的分析［J］. 建筑科学，2014（18）：241-241.

［22］赵晓燕. 工程建设项目施工阶段的全过程造价咨询分析［J］. 企业改革与管理，2014.